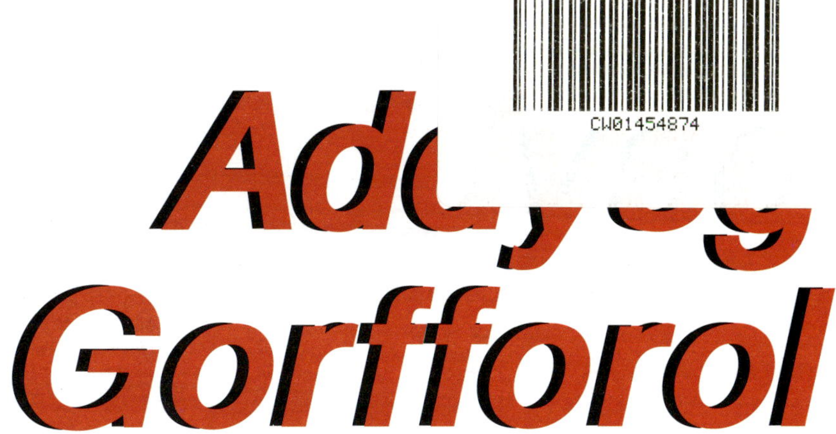

hyd at 16

Sally Fountain a Linda Gee
Addasiad Cymraeg: Colin Isaac

ISBN 1 85644 606 9

Cyhoeddwyd y fersiwn Saesneg gan
Oxford University Press
Great Clarendon Street, Oxford OX2 6DP

Argraffiad cyntaf: 2001

Cyhoeddwyd yr addasiad Cymraeg gan:
Y Ganolfan Astudiaethau Addysg, Prifysgol Cymru,
Yr Hen Goleg, Aberystwyth, Ceredigion SY23 2AX

Gwaith celf a dylunio: Ian Foulis & Associates, Saltish, Cernyw.

Argraffwyd yr addasiad Cymraeg gan Argraffwyr Cambria, Llanbadarn Fawr, Aberystwyth.

Cydnabyddiaethau

Diolch i'r canlynol am eu caniatâd i atgynhyrchu ffotograffau a deunydd arall sydd dan hawlfraint:

tud. 6 Ace/Mugshots/G Palmer (chwith), Allsport (dde); tud. 7 Allsport; tud. 9 Colorsport (chwith), Allsport (dde); tud.11 Sporting Pictures; tud.14 Science Photo Library/NASA (dde); tud.17 SPL/J Stevenson (pob un); tud.18 SPL/J Stevenson; tud.19 SPL/M Kage; tud. 20 Bubbles/I West; tud. 21 SPL/A Tsiaris; tud. 25 Allsport (pob un); tud. 28 SPL/M Kage, SPL/yr Athro Motta E Vizza; tud. 31 Allsport (chwith), Colorsport (dde); tud. 41 Allsport; tud. 42 SPL/J Revy; tud. 45 Micro Medical (chwith a dde uchaf), Allsport (isaf); tud. 50 SPL/Ysbyty J Radcliffe; tud. 51 SPL; tud. 52 SPL/BSIP, LBL; tud. 53 SPL/Doctor Marazzi (dde uchaf), SPL/Doctor H Robinson (dde isaf); tud. 54 SPL/J Selby; tud. 55 SPL/S Terry; tud. 57 Colorsport; tud. 59 Allsport; tud. 63 Allsport (pob un); tud. 65 Allsport (uchaf), Colorsport (isaf); tud. 67 Allsport (pob un); tud. 69 Colorsport; tud. 76 Action Images; tud. 77 Allsport (chwith), SPL/L Mulvehill (dde); tud. 78 Colorsport; tud. 81 Allsport; tud. 83 Physio-med; tud. 84 Allsport (pob un); tud. 88, 89 Colorsport; tud. 97 Action Images; tud.102 SPL/yr Athro P Motta; tud.105,106 Colorsport; tud.109 SPL/J Stevenson; tud.110 SPL/Eye of Science (dde uchaf), Allsport (chwith); tud.111 SPL/Doctor P Marazzi (pob un); tud.114 Allsport; tud.115 Action Images (pob un); tud.117 Action Plus; tud.121 Action Images (chwith), Colorsport (dde); tud.124 Allsport; tud.127 D Cooper/Photostage (chwith), Allsport (dde); tud.128 Allsport; tud.129 J Allan Cash; tud. 132,133 Action Images; tud.136 SHOUT; tud.138 SPL; tud.141 Colorsport; tud.142 J Allan Cash; tud.143, 147, 149, 151 Action Images; tud.152 Allsport; tud.156,157 R Price; tud.158 Colorsport; tud.165 Popperfoto; tud.165 J Allan Cash; tud.169 Allsport; tud.170 Popperfoto; tud.172 Allsport; tud.173 Popperfoto; tud.177 Colorsport; tud.177,178 Action Images; tud.179, 180, 181 Colorsport; tud.182 Bubbles/J Farrow (uchaf), Ace/R Howard (isaf); tud.185 Allsport (uchaf), Sporting Pictures (isaf); tud.186 Colorsport; tud.187 Action Plus.

Diolch i'r sefydliadau perthnasol am ganiatâd i ddefnyddio eu logo.

Cartwnau: tud. 34 Steve Evans.

Diolch i Ysgol Astor, Dover am eu cymorth.

Ffotograffau ychwanegol: Martin Sookias.

Ffotograff y clawr blaen: Tony Stone Images.

Ni fu'n bosibl olrhain perchennog pob hawlfraint. Gwahoddir y perchenogion hynny i gysylltu â'r cyhoeddwr.

Diolch i'r canlynol am eu cymorth gyda'r fersiwn Saesneg: Ray Kershaw, Swyddfa Ystadegau Cenedlaethol, Bernard Lee, Victoria Powell, Jem Nicholls a RoseMarie Gallagher.

Cydnabyddiaethau'r addasiad Cymraeg

Diolch i Oxford University Press am eu cydweithrediad parod ar y project hwn.

Diolch i Awdurdod Cymwysterau, Cwricwlwm ac Asesu Cymru am noddi'r project.

Diolch i Gyngor Chwaraeon Cymru a Chyngor Cefn Gwlad Cymru am eu cymorth.

Diolch i'r canlynol am eu gwaith ar y project:

Golygu: Janice Williams
Dylunio: Alan Rhys Thomas

Pwyllgor Monitro ACCAC:
Angharad Dafydd-Styles (Ysgol Cwm Rhymni)
Gareth Owen (Ysgol Maes Garmon)

Rhagarweiniad

Mae Addysg Gorfforol yn bwnc cyffrous. Byddwch yn dysgu sut y mae eich corff yn gweithio a sut i ddod yn ffit a chadw'n ffit. Cewch wybod sut i 'ddysgu' camp a'r ffactorau fydd yn effeithio ar eich perfformiad yn y gamp. Byddwch hefyd yn bwrw golwg ehangach ar chwaraeon: sut y maent wedi'u trefnu a materion sy'n gysylltiedig â chwaraeon yn ein cymdeithas.

Nod y llyfr hwn yw gwneud eich gwaith o astudio Addysg Gorfforol yn hawdd ac yn rhywbeth i'w fwynhau. Edrychwch ar restr y cynnwys. Fe welwch fod pob pennod wedi'i rhannu'n bynciau. Dim ond dwy dudalen sydd ar bob pwnc.

Ar ddiwedd pob pwnc rhoddir set o gwestiynau. Bydd y rhain yn eich helpu i weld a ydych wedi deall y pwnc. Ar ddiwedd pob pennod fe gewch set hirach o gwestiynau. Bydd y rhain yn ddefnyddiol wrth i chi baratoi ar gyfer eich arholiad.

Ond cofiwch fod yr hyn a ddysgwch mewn gwersi Addysg Gorfforol yn fwy na rhywbeth i'w ddysgu ar gyfer arholiad. Bydd hefyd yn eich helpu i gadw'n ffit ac iach ac i gael y gorau o'ch bywyd.

Cynnwys

Adran 1 Y corff

Adran 2 Dod yn ffit a chadw'n ffit

Adran 3 Chwaraeon a chi

Adran 4 Chwaraeon yn y gymdeithas

1.1 Iechyd a Ffitrwydd

Does dim annwyd arnoch chi na'r ffliw nac unrhyw boenau, ac fe allwch redeg milltir mewn chwe munud. Ond ydy hynny'n golygu eich bod yn iach ac yn ffit?

Beth yw iechyd?

Mae iechyd yn golygu mwy na bod heb afiechyd.
Iechyd yw'r cyflwr lle bo lles corfforol, meddyliol a chymdeithasol yr unigolyn mewn cytgord llwyr.
Mae'n golygu eich bod yn teimlo'n dda yn gyffredinol.

Lles Corfforol Mae lles corfforol yn golygu'r canlynol:

- mae eich calon, eich ysgyfaint a systemau eraill eich corff yn gweithio'n dda.
- dydych chi ddim yn dioddef o unrhyw afiechyd nac anafiadau.

Lles meddyliol Mae lles meddyliol yn golygu'r canlynol:

- rydych yn medru ymdopi â thyndra, e.e. pan gewch broblemau neu pan fyddwch yn gorfod gweithio'n galed iawn cyn arholiadau.
- rydych yn medru rheoli eich emosiynau. Hyd yn oed os byddwch yn ddig iawn fyddwch chi ddim yn gwylltio.
- rydych yn teimlo'n bositif ynglŷn â chi eich hun. Fe wyddoch eich bod yn iawn fel unigolyn. Mae gennych **hunan-barch**.

Lles cymdeithasol Mae lles cymdeithasol yn golygu'r canlynol:

- mae gennych ddigon o fwyd a dillad a lloches. Dyma'r anghenion dynol mwyaf sylfaenol.
- mae gennych ffrindiau a chefnogaeth.
- rydych yn credu eich bod o werth i'r gymdeithas, boed yn yr ysgol neu mewn swydd neu yn eich teulu.

Mae'r mathau yma o les yn gysylltiedig â'i gilydd. Gall cael eich anafu mewn damwain car effeithio ar eich lles meddyliol. Gall effeithio hefyd ar eich lles cymdeithasol os byddwch yn methu gweithio a chadw mewn cysylltiad â'ch ffrindiau.

Mae cael hwyl gyda'ch ffrindiau yn rhan o ffordd iach o fyw. Ond ydych chi mor ffit â mabolgampwr o'r safon uchaf? Oes angen i chi fod mor ffit â hynny? Allech chi fod mor ffit â hynny?

I reslwr swmo gall bywyd fod yn faich mawr!

Beth yw ffitrwydd?

Mae ffitrwydd yn golygu mwy na medru gwneud eisteddiadau neu redeg yn gyflym.
Y gallu i gwrdd â gofynion yr amgylchedd yw ffitrwydd.

Eich amgylchedd yw popeth o'ch amgylch. Mae'n cynnwys y cartref, yr ysgol, y teulu a ffrindiau. Mae'r rhain i gyd yn rhoi gofynion arnoch. Mae cwrdd â'r gofynion hynny yn golygu cyflawni tasgau a gweithgareddau. Er enghraifft:

beicio i'r ysgol ac yn ôl adref bob dydd
canolbwyntio ar wersi drwy'r dydd
gwneud dwy awr o waith ysgol bob nos
helpu gartref gyda'r siopa a'r glanhau
chwarae i'r tîm ddwywaith yr wythnos
gweithio yn yr uwchfarchnad ar ddydd Sadwrn
mynd allan gyda'ch ffrindiau i barti ar y penwythnos

Os gallwch wneud yr holl dasgau a gweithgareddau yma *heb flino gormod* a bod â digon o egni i wynebu unrhyw argyfwng, rydych yn ffit.

Y cysylltiad rhwng iechyd a ffitrwydd

Mae cysylltiad agos rhwng iechyd a ffitrwydd. Po hawsaf y gallwch gwrdd â'r gofynion arnoch, lleiaf tebygol y byddwch o ddioddef o straen, salwch neu anaf. Ond os byddwch yn sâl, fyddwch chi ddim yn gallu cwrdd â'r gofynion hynny. Efallai y bydd yn rhaid i chi golli ysgol, rhoi'r gorau i'ch gwaith dydd Sadwrn ac aros yn y gwely am wythnos neu ddwy.

Bydd **ymarfer** yn eich gwneud yn fwy iach. Bydd hefyd yn eich gwneud yn fwy ffit. Cewch fwy o wybodaeth am hyn yn yr Uned nesaf.

Cwestiynau

1 Beth yw *iechyd*?
2 Rhowch ddwy enghraifft o les meddyliol.
3 Beth yw *lles corfforol*?
4 Rhowch ddwy enghraifft o les cymdeithasol.
5 Beth yw: **a** ffitrwydd **b** eich amgylchedd?
6 Mae 'bod yn ffit' yn wahanol i chi ac i sbrintiwr Olympaidd. Eglurwch pam.
7 A oes cysylltiad rhwng iechyd a ffitrwydd? Eglurwch.

1.2 Pam ymarfer?

Mae sawl ffordd o ymarfer. Dyma rai: cerdded, nofio, ymarferion aerobig, rygbi, golff a jwdo. Mae yna lawer o fanteision i ymarfer fel y gwelwch isod.

Manteision corfforol

Bydd ymarfer yn eich helpu i edrych yn dda ac i deimlo'n dda.

- Bydd yn llosgi braster corff sydd wedi'i storio, gan felly eich gwneud yn fwy siapus ac ysgafnach.
- Bydd yn tynhau cyhyrau eich cefn a'ch abdomen, felly bydd eich ymddaliad (*posture*) yn gwella.
- Bydd yn cryfhau eich esgyrn.
- Bydd yn cadw eich cymalau'n hyblyg, felly byddwch yn gallu symud yn effeithlon.
- Bydd yn gwneud i'ch calon a'ch ysgyfaint weithio'n fwy effeithlon, felly fyddwch chi ddim yn blino mor hawdd.
- Bydd yn helpu i atal clefyd y galon, pwysedd gwaed uchel, poen yn y cefn a chanser. Bydd nofio a cherdded yn helpu pobl sydd ag asthma.

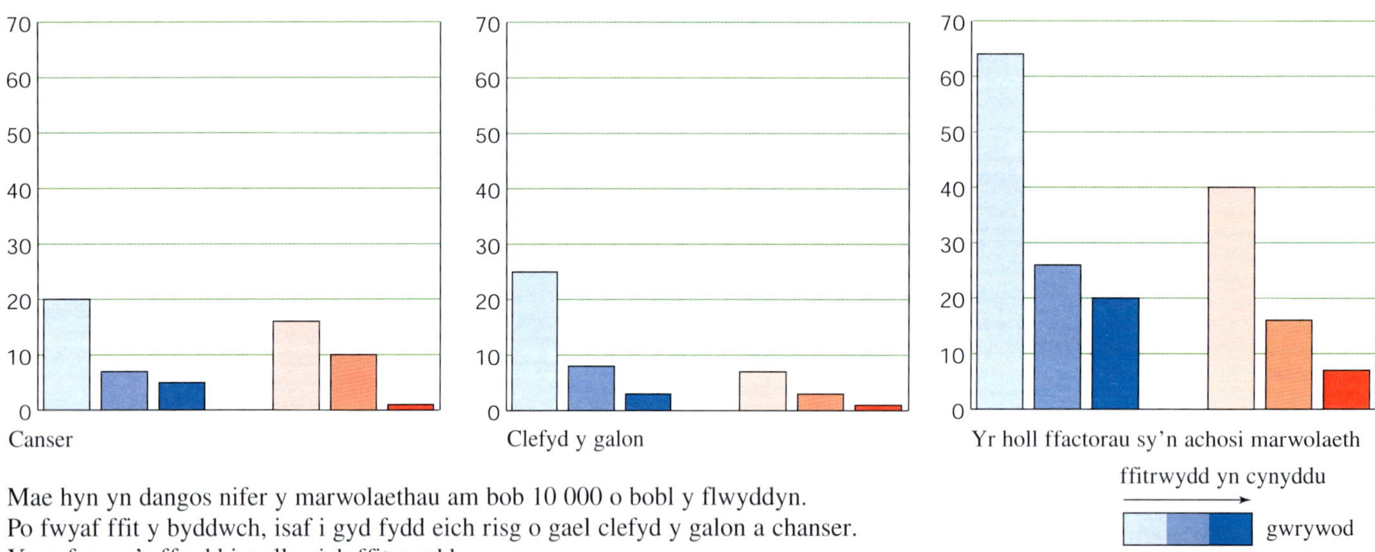

Mae hyn yn dangos nifer y marwolaethau am bob 10 000 o bobl y flwyddyn.
Po fwyaf ffit y byddwch, isaf i gyd fydd eich risg o gael clefyd y galon a chanser.
Ymarfer yw'r ffordd i wella eich ffitrwydd.

Manteision meddyliol

Bydd ymarfer yn helpu eich lles meddyliol hefyd.

- Mae'n gyffrous ac yn hwyl. Bydd yn eich bywiogi.
- Bydd yn lleihau tyndra, a all achosi pwysedd gwaed uchel a chlefyd y galon. Bydd gêm fywiog neu sesiwn ymarfer yn eich helpu i gael gwared â thensiynau diwrnod anodd.
- Bydd yn cael gwared ag ymosodedd. Os byddwch wedi'ch cynhyrfu, gwell o lawer fydd dial ar bêl neu bedalau beic yn hytrach nag ar bobl eraill.
- Bydd yn eich helpu i anghofio'ch problemau. Pan fyddwch yn meddwl amdanynt yn ddiweddarach, fyddan nhw ddim yn ymddangos mor ddifrifol.
- Bydd yn lleddfu diflastod ac yn rhoi her i chi.
- Bydd yn eich helpu i gysgu'n well, felly cewch les o orffwys.
- Os byddwch yn edrych yn well ac yn teimlo'n well, bydd gennych fwy o hunanhyder.
- Mae llwyddo mewn chwaraeon yn rhoi hwb i'ch hunan-barch.

Gall fod yna fanteision lawer hyd yn oed o *wylio* chwaraeon. Allwch chi enwi rhai?

Lles cymdeithasol

Bydd ymarfer yn meithrin eich lles cymdeithasol, yn enwedig os bydd ar ffurf camp benodol.

- Bydd ymarfer yn helpu i'ch gwneud yn hyderus. Wedyn byddwch yn gallu ymdopi'n well â phobl drafferthus a sefyllfaoedd anodd.
- Mae cymryd rhan mewn camp yn ffordd o gyfarfod pobl a gwneud ffrindiau.
- Mae chwaraeon yn datblygu cyd-dynnu a chydweithredu. Bydd y nodweddion hyn yn eich helpu ym myd gwaith.
- Efallai y gwelwch fod gennych ddawn mewn camp benodol. Efallai y gallech ei datblygu'n yrfa.
- Gallwch ddewis camp sy'n gweddu i'ch personoliaeth ac sy'n rhoi boddhad i chi. Er enghraifft, gallai dringo creigiau fod yn addas os ydych am ddianc rhag popeth ac os ydych yn mwynhau her.

Brough Scott, a fu gynt yn joci, ond sydd erbyn hyn yn sylwebydd ar y teledu. Gall diddordeb mewn chwaraeon arwain at yrfa hyd yn oed os nad ydych yn berfformiwr o'r safon uchaf.

Ymarfer a ffitrwydd

Mae'r holl fanteision hyn yn golygu bod ymarfer yn eich helpu i gwrdd â gofynion eich amgylchedd yn haws. Hynny yw, mae'n eich gwneud yn ffwy ffit.
O ganlyniad i hynny, byddwch yn gallu gweithio'n galetach, yn teimlo'n llai blinedig ac yn gallu mwynhau bywyd i'r eithaf.

Cwestiynau

1 Rhowch ddwy enghraifft yn dangos sut y bydd ymarfer:
   a yn eich helpu i edrych yn well;
   b yn helpu eich corff i weithio'n well;
   c yn helpu i gadw clefydau draw.

2 Rhowch dair o fanteision meddyliol ymarfer.

3 Gall cymryd rhan mewn camp wella eich lles cymdeithasol. Ysgrifennwch bedair ffordd y gall wneud hyn.

4 Mae llawer o bobl yn ennill bywoliaeth o chwaraeon ac ymarfer, e.e. gohebwyr chwaraeon ac athrawon aerobeg. Ysgrifennwch gynifer o rai eraill ag y gallwch.

1.3 Ymarfer a systemau'r corff

Mae gan gar system danio, system frecio, system oeri ac yn y blaen. Mae gan eich corff hefyd wahanol systemau. Byddan nhw'n gweithio gyda'i gilydd i wneud y corff yn beiriant gwirioneddol arbennig.

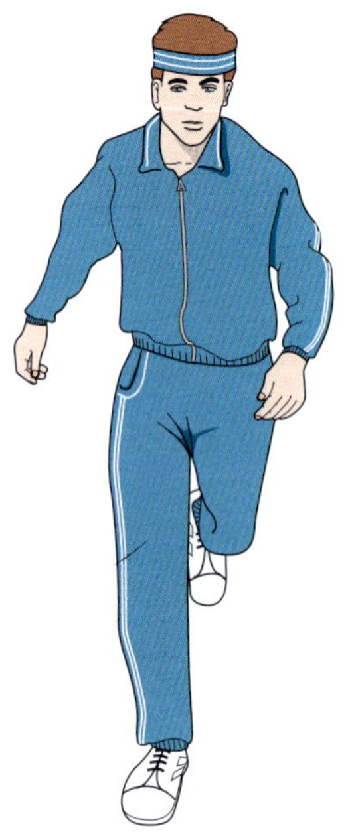

Pan fyddwch yn rhedeg byddwch yn gwneud mwy na symud eich breichiau a'ch coesau. Bydd holl **systemau eich corff** yn gweithio gyda'i gilydd.

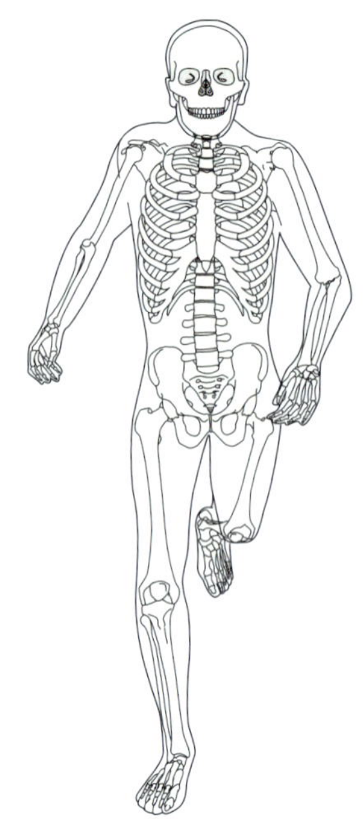

Eich **system sgerbydol** - eich esgyrn a'ch cymalau. Heb esgyrn fe fyddech yn bentwr di-siâp. Y cymalau sy'n eich galluogi i symud.

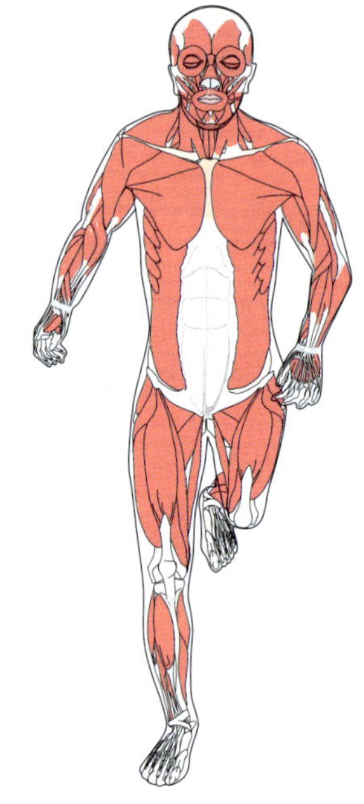

Eich **system gyhyrol**. Y cig coch o gwmpas yr esgyrn yw'r cyhyrau. Maen nhw'n tynnu ar yr esgyrn ac yn gwneud iddyn nhw symud.

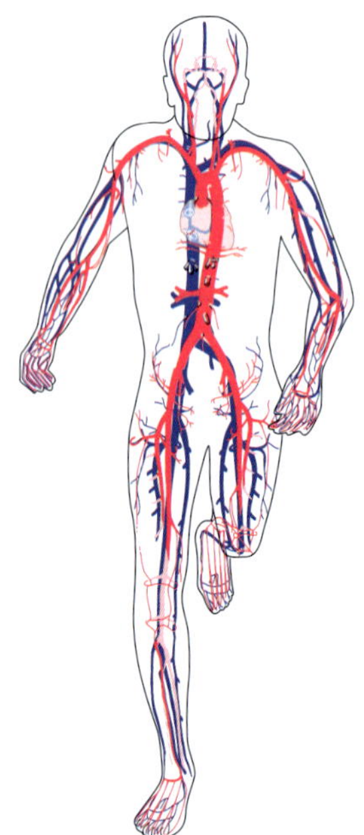

System cylchrediad y gwaed: y gwaed, y galon a'r pibellau gwaed. Mae'r gwaed yn cludo bwyd ac ocsigen o gwmpas y corff ac yn cludo gwastraff i ffwrdd.

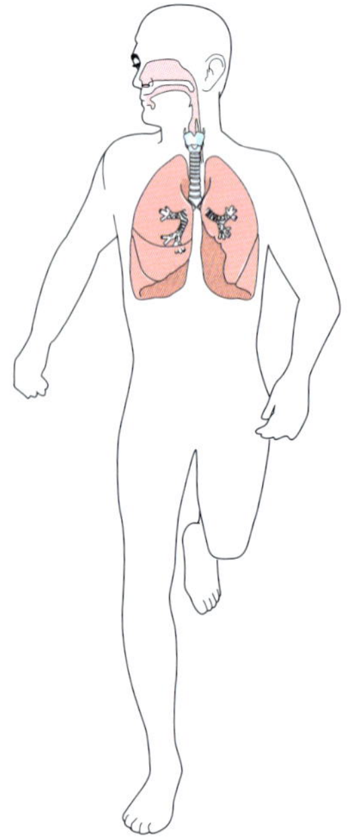

Eich **system resbiradol**: yr ysgyfaint a'r bibell anadlu. Dyma sut y cymerwch ocsigen i mewn ac y cewch wared â charbon deuocsid.

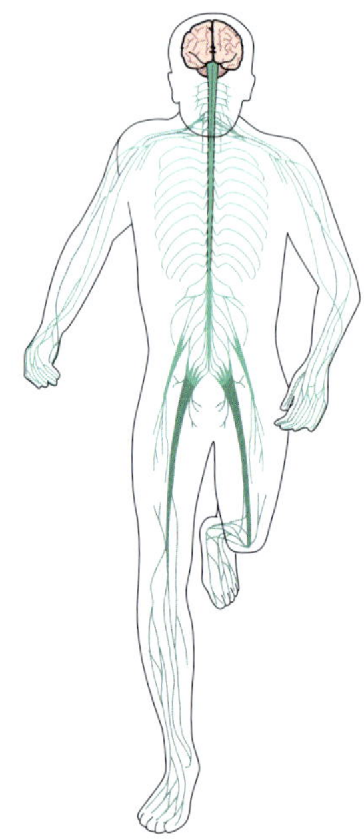

Eich **system nerfol**: yr ymennydd, madruddyn y cefn a rhwydwaith o nerfau. Mae'n rheoli ac yn cyd-drefnu symudiadau'r corff.

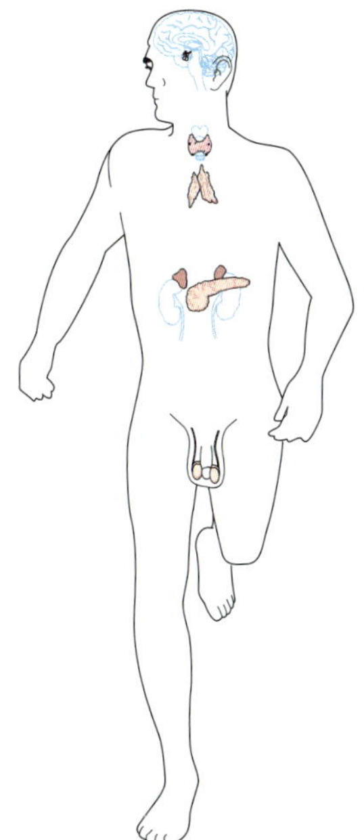

Eich **system hormonaidd**: set o chwarennau sy'n gwneud **hormonau**: Mae'r cemegau hyn yn helpu i reoli'r hyn sy'n digwydd yn eich corff.

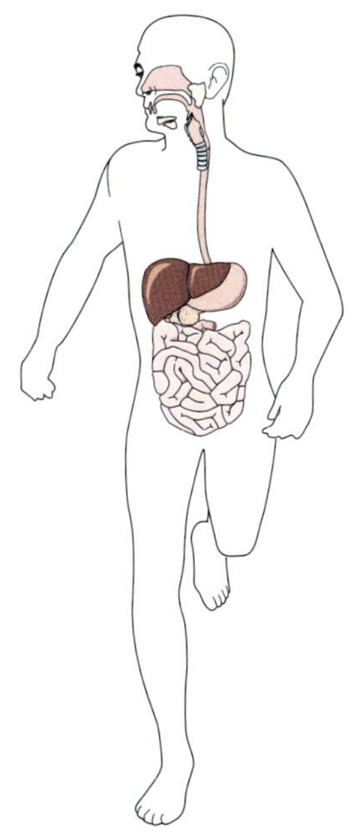

Eich **system dreulio**: y stumog a'r coluddion, lle caiff y bwyd a fwytewch ei dorri i lawr. Fe ddefnyddiwch fwyd wedi'i dreulio fel tanwydd.

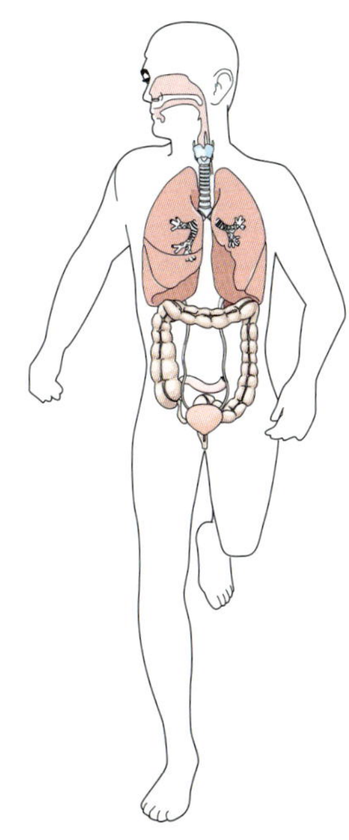

Eich **system ysgarthiol**: yr ysgyfaint, yr arennau a'r coluddyn. Mae'r rhain yn cael gwared â (**ysgarthu**) y gwastraff o'ch corff.

Sut y mae systemau'r corff yn cydweithio: enghraifft

Fyddwch chi'n gwneud ymarferion cynhesu cyn gêm bwysig? Mae'r canlynol yn dangos sut y mae systemau'r corff yn cydweithio:

1 Bydd arwyddion o'r llygaid, y clustiau, y cyhyrau a'r croen yn dweud wrth eich ymennydd eich bod ar fin cychwyn. Bydd yn ymateb drwy anfon arwyddion o gwmpas eich corff ar hyd y system nerfol.

2 Pan gaiff arwydd, bydd chwarren yn pwmpio **adrenalin** i'ch gwaed. Bydd yr hormon hwn yn gwneud i'ch calon a'ch ysgyfaint weithio'n gyflymach a bydd yn cael eich cyhyrau'n barod i weithio.

3 Bydd eich calon yn pwmpio gwaed i'ch cyhyrau. Bydd yn cludo bwyd, ocsigen ac adrenalin. Bydd yn cludo carbon deuocsid i ffwrdd.

4 Bydd arwyddion o'ch ymennydd yn dweud wrth eich cyhyrau i gyfangu. Pan fyddan nhw'n cyfangu byddan nhw'n tynnu ar eich esgyrn. Bydd hyn yn gwneud i chi symud.

5 Caiff bwyd o'ch system dreulio ei storio fel **braster corff** ac fel **glycogen** yn y cyhyrau. Bydd eich cyhyrau'n defnyddio'r rhain fel tanwydd i gael egni ar gyfer symudiadau.

6 Bydd yr ysgyfaint yn cymryd ocsigen i mewn. Mae angen hwn arnoch hefyd ar gyfer egni. Ar yr un pryd bydd yr ysgyfaint yn ysgarthu carbon deuocsid, sy'n ddefnydd gwastraff.

Cwestiynau

1. Rhestrwch wyth system sy'n cydweithio i gynnal eich corff. Nodwch yr hyn y mae pob un yn ei wneud.
2. Beth yw ystyr *ysgarthu*?
3. Beth yw *adrenalin*? Beth mae'n ei wneud?
4. Edrychwch ar nodyn 4 gyferbyn â'r ffotograff uchod. Mae'n dangos y systemau nerfol a chyhyrol yn cydweithio. Ar gyfer pob un o'r nodiadau eraill, nodwch ba system neu systemau sydd ar waith.

Cwestiynau ar Bennod 1

1 Beth yw iechyd?

2 Cysylltwch bob un o'r gosodiadau isod â'r llythyren A, B neu C. Efallai y byddwch am ddewis mwy nag un llythyren ar gyfer rhai.
A lles corfforol B lles meddyliol
C lles cymdeithasol

a Rydych ar delerau da â'ch ffrindiau ac maen nhw'n eich helpu ar adegau anodd.
b Mae eich pwysedd gwaed yn normal.
c Mae gennych swydd ac mae'n talu'n go dda.
d Rydych yn chwarae mewn tîm pêl-droed ac yn ei wir fwynhau.
e Pan fydd rhywbeth yn eich cynhyrfu, byddwch yn ystyried y mater ond wnewch chi ddim gadael iddo eich digalonni.
f Dydych chi ddim wedi cael haint ers blynyddoedd.
g Mae gennych lawer o hunan-barch.

3 Cysylltwch bob un o'r gosodiadau isod â'r llythyren A, B neu C. Efallai y byddwch am ddewis mwy nag un llythyren ar gyfer rhai.
A lles corfforol B lles meddyliol
C lles cymdeithasol

a iselder ysbryd
b torri coes
c bod yn ddigartref
d tensiwn yn y gwaith
e y rhydwelïau'n caledu
f ysgariad
g ofni croesi'r ffordd

4 Weithiau bydd pobl mor isel eu hysbryd fel na allan nhw weithio na mynd allan na bwyta'n iawn. Felly byddan nhw'n gwanhau ac yn mynd yn sâl. Bydd eu lles corfforol, meddyliol a chymdeithasol i gyd yn dioddef.
Lluniwch enghraifft arall yn dangos sut y mae'r tair agwedd ar iechyd yn effeithio ar ei gilydd.

5 a Beth yw ffitrwydd?
b Mae angen i chwaraewr tennis sy'n cynrychioli'r sir a chwaraewr tennis rhyngwladol fod yn ffit. Ond mae angen lefel uwch o ffitrwydd ar y chwaraewr rhyngwladol. Ydych chi'n cytuno? Eglurwch eich ateb.

6 Mae'r gofynion corfforol ar bob un o'r canlynol yn wahanol. Rhowch nhw mewn trefn gyda'r gofynion lleiaf yn gyntaf.

aelod o dîm rhwyfo Cymru
casglwr tocynnau ar fws
gweithiwr swyddfa sy'n eistedd wrth ddesg drwy'r dydd
chwaraewr pêl-droed sy'n chwarae i dîm-dan-16 y sir
unigolyn 70 oed sy'n gaeth i'r gwely
pencampwr triathlon Olympaidd

7 a Rhestrwch yr holl resymau pam y mae ymarfer yn dda i chi.
b Yn awr rhowch y rhesymau hyn yn nhrefn eu pwysigrwydd i chi.

8

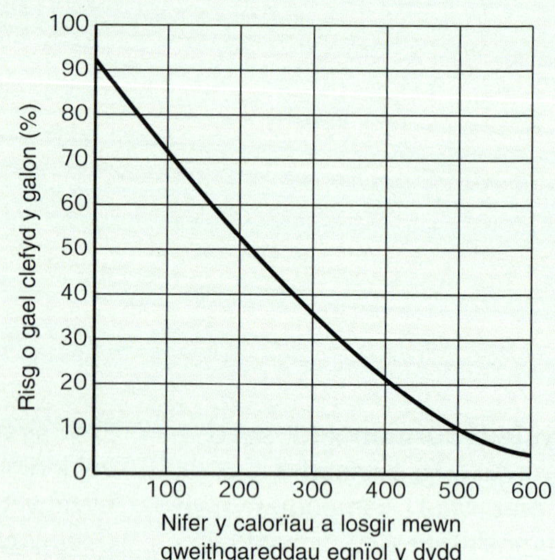

Mae'r graff hwn yn dangos, ar gyfer y boblogaeth yn gyffredinol, sut y bydd y risg cyfartalog o gael clefyd y galon yn newid gydag ymarfer.

Mae risg o 100% yn golygu eich bod yn sicr o gael rhyw fath o glefyd y galon. *Nid* yw'n golygu y byddwch yn marw ohono! Mae risg o 80% yn golygu eich bod yn debygol iawn o gael clefyd y galon.

a Beth yw uchafswm y risg o gael clefyd y galon i rywun nad yw'n gwneud dim ymarfer egnïol?
b Byddwch yn llosgi tua 100 o galorïau o egni pan fyddwch yn cerdded milltir yn sionc.
Beth fydd y risg o gael clefyd y galon os gwnewch hyn bob dydd? Faint yw'r gostyngiad o'r uchafswm?
c Byddwch yn llosgi tua 10 calori y munud pan fyddwch yn rhedeg yn weddol gyflym. Tua faint y byddech yn ei losgi wrth redeg am 30 munud?
d Beth fydd y risg o gael clefyd y galon os gwnewch hyn bob dydd? Faint yw'r gostyngiad o'r uchafswm?
e Pa gasgliad y gallwch ei lunio ynglŷn ag ymarfer fel amddiffyniad rhag clefyd y galon?

9 Nodwch ydy'r gosodiad yn gywir neu'n anghywir.
a Mae garddio a glanhau yn fathau o ymarfer.
b Nid yw'n bosibl i unigolyn 70 oed fod yn ffit.
c Does dim cysylltiad rhwng ffitrwydd ac iechyd.
d Dim ond yr aer o'ch amgylch yw'r amgylchedd.
e Bydd ymarfer yn gwella eich ffitrwydd.
f Po fwyaf ffit y byddwch, mwyaf i gyd o ofynion y gallwch gwrdd â nhw.
g Os byddwch yn blino'n hawdd o wneud eich gweithgareddau arferol, dydych chi ddim yn ffit.

10 Ceisiwch ateb heb fwrw golwg yn ôl ar y bennod. Ar gyfer pob system o'r corff, nodwch y canlynol:

i ei henw
ii yr hyn y mae'n ei gynnwys
iii ei gwaith.

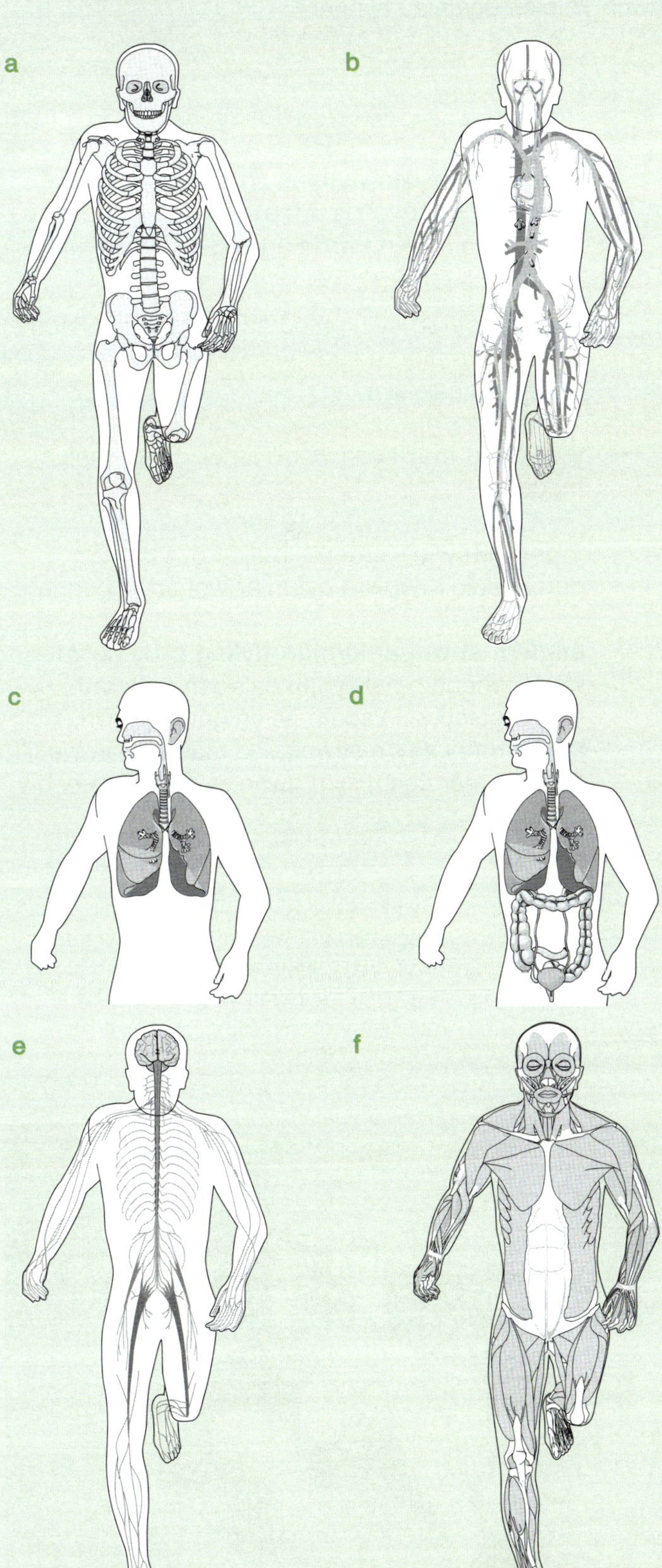

11 Ni chewch yr atebion i'r cwestiwn hwn yn y bennod. Ceisiwch ateb cymaint ag y medrwch heb gymorth. Efallai y bydd mwy nag un ateb i bob rhan.

Edrychwch eto ar systemau'r corff yng nghwestiwn 10. Pa rai y bydd y canlynol yn effeithio arnynt?

i ysmygu
ii bwyd gwael
iii diffyg calsiwm
iv bod yn rhy drwm
v diffyg haearn
vi cweryla teuluol
vii gormod o nosweithiau hwyr
viii y frech goch
ix bod yn ddigartref
x alcohol
xi camddefnyddio cyffuriau
xii torri coes mewn damwain sgïo

12 Edrychwch eto ar systemau'r corff yng nghwestiwn 10. Pa rai y bydd ymarfer yn effeithio arnynt?

13 Nodwch ddwy enghraifft i ddangos sut y gall y canlynol effeithio ar ffitrwydd:

a golwg *(eyesight)* wael
b clyw gwael

14 Bydd eich amgylchoedd *(surroundings)* ffisegol a'r hyn y byddwch yn ei fwyta yn effeithio ar eich iechyd ac felly ar eich ffitrwydd. Nodwch un enghraifft o'r canlynol yn effeithio ar iechyd pobl:

a llygredd aer
b llygredd dŵr
c sŵn
ch heulwen
d bwyd wedi'i halogi

15 Bydd ysmygu'n effeithio ar iechyd a ffitrwydd. Daeth y ffigurau isod o ymchwil a gynhaliwyd sawl blwyddyn yn ôl.

	Marwolaeth o ganser yr ysgyfaint am bob 100 000 o bobl
pobl nad ydynt yn ysmygu	7
pobl sy'n ysmygu ychydig	47
pobl sy'n ysmygu dipyn	86
pobl sy'n ysmygu'n drwm	166

Beth allwch chi ei ddweud ynglŷn â'r berthynas rhwng ysmygu a chanser yr ysgyfaint?

16 a Yn y flwyddyn 1991-92 collwyd 53 miliwn o ddiwrnodau gwaith oherwydd clefyd y galon. Talodd y llywodraeth ar gyfartaledd £8 o fudd-dal afiechyd y dydd i bawb oedd yn sâl. Faint gostiodd clefyd y galon i'r llywodraeth o ran y budd-dal afiechyd a dalwyd y flwyddyn honno?

b Dychmygwch mai chi yw'r Gweinidog dros Iechyd. Nodwch bum peth y byddech yn eu gwneud i wneud poblogaeth y Deyrnas Unedig yn fwy iach.

2.1 Esgyrn

Pa mor dal fyddwch chi? Bydd hynny'n dibynnu ar ba mor gyflym y bydd eich esgyrn yn tyfu. Fyddan nhw ddim yn gorffen tyfu yn gyfan gwbl nes y byddwch yn eich ugeiniau cynnar.

Asgwrn hir nodweddiadol oedolyn

Dyma olwg ar esgyrn breichiau a choesau oedolyn:

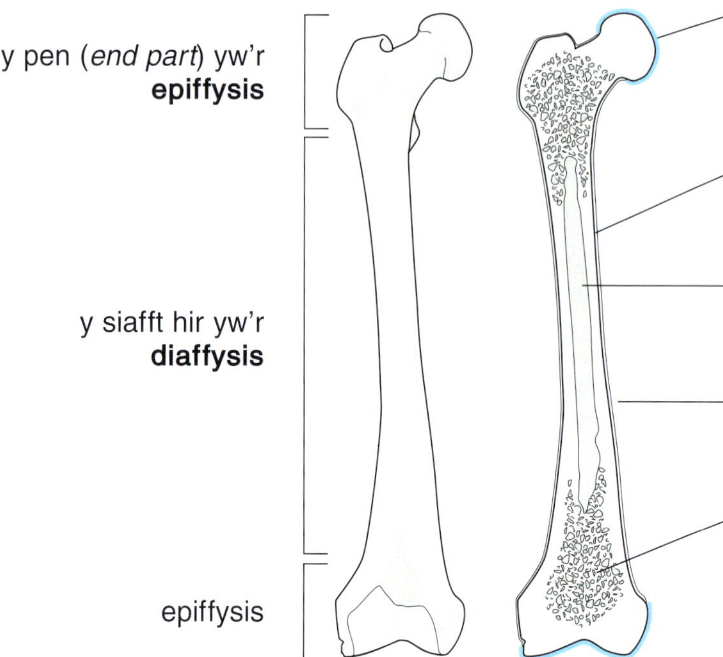

Celloedd asgwrn

Hyd yn oed pan fydd asgwrn wedi gorffen tyfu, bydd yn llawn bywyd. Bydd celloedd asgwrn a elwir yn **osteoblastau** byth a beunydd yn gwneud asgwrn newydd. Ar yr un pryd bydd celloedd asgwrn eraill a elwir yn **osteoclastau** yn ei dorri i lawr.

Pan fyddwch yn ymarfer byddwch yn rhoi pwysau ar eich esgyrn. Bydd hynny'n gwneud i'r osteoblastau weithio'n galetach ac yn helpu i gadw eich esgyrn yn gryf.

Bydd gwasg-godiadau'n cael yr osteoblastau i weithio! Ond yn y gofod mae diffyg pwysau yn golygu y bydd yr esgyrn a'r cyhyrau yn gwanhau. Bydd peiriant ymarfer, felly, yn rhan o git gofod y gofodwr.

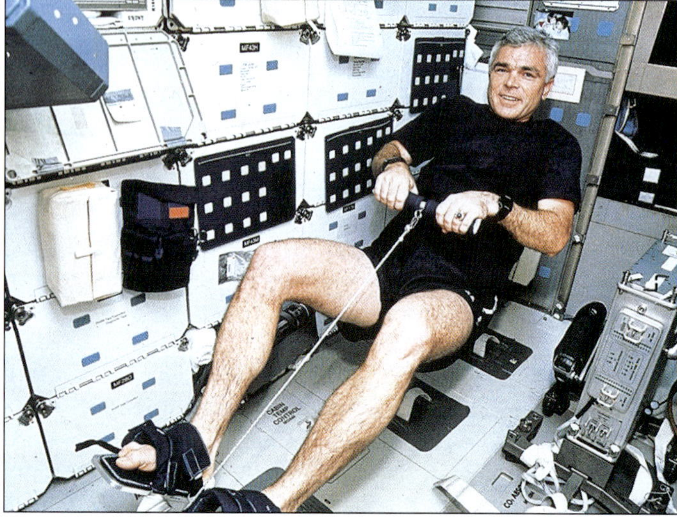

Sut y mae esgyrn yn tyfu

Yn y groth mae esgyrn yn cychwyn eu hoes fel **cartilag**.
Dros y blynyddoedd bydd yn troi'n asgwrn mewn proses a elwir yn **asgwrneiddio**.
Gwelir isod yr hyn sy'n digwydd:

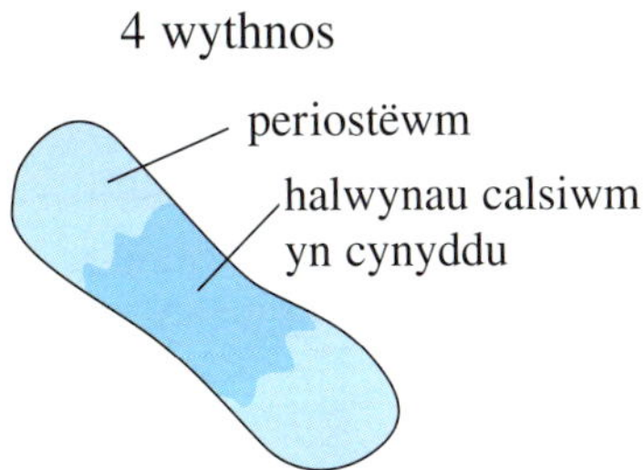

Mae periostëwm yn tyfu o amgylch y cartilag. Hyn sy'n rheoli siâp a thrwch yr asgwrn. Yna bydd yr halwynau calsiwm yn cynyddu.

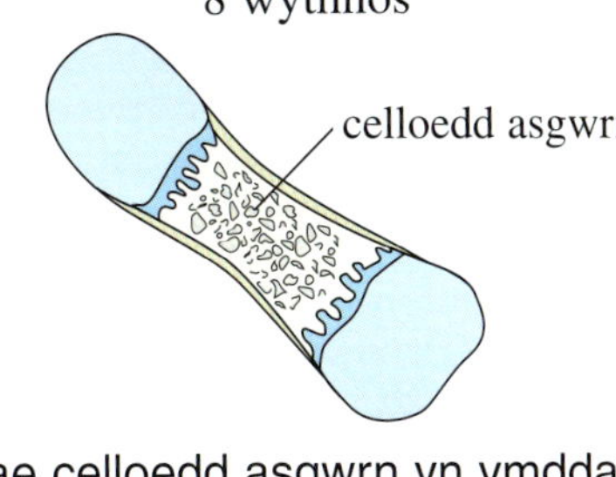

Mae celloedd asgwrn yn ymddangos yn y canol. Maen nhw'n dechrau newid y cartilag yn asgwrn. Mae'r periostëwm hefyd yn troi'n asgwrn.

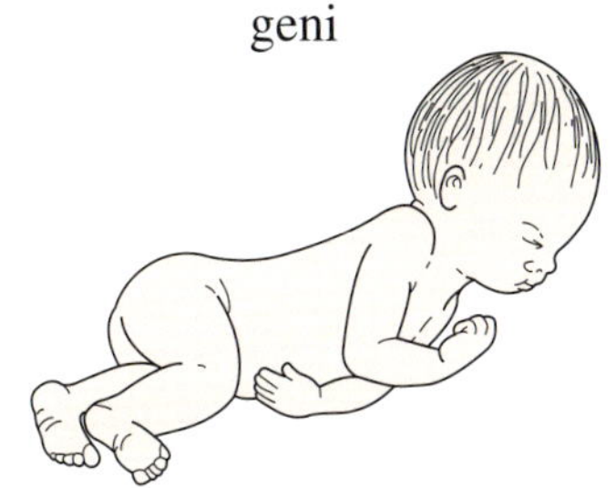

Adeg y geni mae'r esgyrn yn dal i fod yn gartilag yn bennaf. Maen nhw'n eithaf meddal ac yn plygu'n rhwydd.

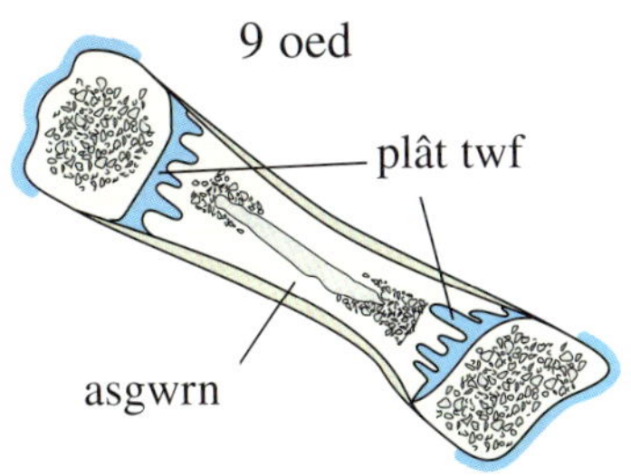

Mae celloedd asgwrn yn ymddangos ar y pennau ac yn newid y rhain yn asgwrn. Mae dau fand o gartilag ar ôl, sef y **platiau twf**.

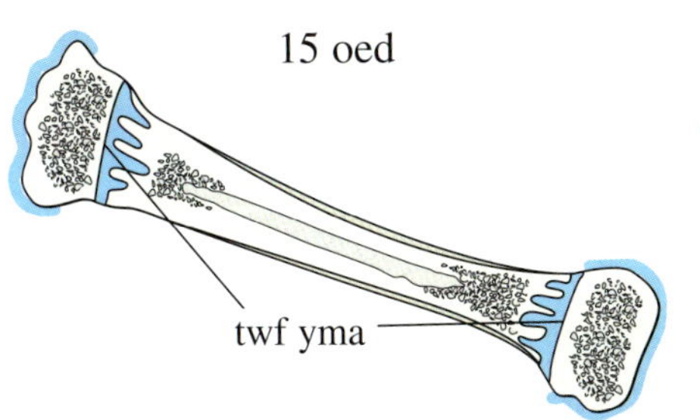

Mae'r platiau'n tyfu ar yr ymyl allanol. Felly mae'r asgwrn yn mynd yn hirach. Ond ar yr un pryd mae'r ymyl mewnol yn troi'n asgwrn.

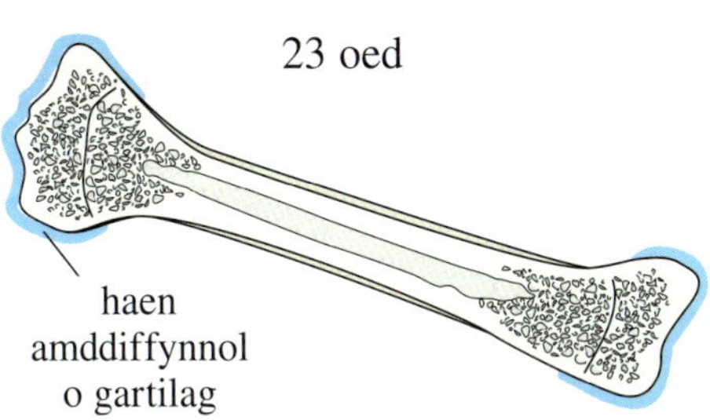

Daw'r twf i ben pan fydd y platiau'n asgwrn i gyd. Yr unig gartilag sydd ar ôl yn yr asgwrn yw'r haen denau ar bob pen.

Rheolir yr holl broses gan hormonau. Os bydd gormod o'r **hormon twf**, bydd y cartilag yn y platiau yn tyfu'n rhy gyflym a bydd yr unigolyn yn gawr. Os bydd rhy ychydig ohono, fydd yr unigolyn ddim yn tyfu.

Esgyrn a heneiddio

Mae esgyrn dynion yn fwy ac yn drymach nag esgyrn merched. Ond mae pob asgwrn yn mynd yn ysgafnach wrth i bobl fynd yn hŷn am na fydd yr osteoblastau'n gweithio mor galed. Mae llawer o fenywod hŷn yn dioddef o **osteoporosis**, lle mae'r esgyrn yn mynd yn wan iawn ac yn torri'n rhwydd.

Ond mae ymarfer yn helpu i gryfhau'r osteoblastau. Felly, mae'n bwysig ymarfer hyd yn oed pan fyddwch chi'n hŷn.

Cwestiynau

1 Lluniwch ddiagram o asgwrn hir oedolyn a labelwch y rhannau.
2 Pa waith y mae'r canlynol yn ei wneud yn yr asgwrn hir?
   a cartilag b mêr coch
   c y periostëwm
3 Pa rannau o asgwrn na fydd y periostëwm yn eu gorchuddio?
4 Eglurwch pam y bydd gwasg-godiadau'n cryfhau esgyrn y breichiau.
5 Pam y mae arnoch angen calsiwm yn eich bwyd? Ble allwch chi ei gael?
6 Beth yw platiau twf? Ble maen nhw? A oes gennych chi rai?
7 Ar ba adeg y daw twf esgyrn i ben?
8 Beth yw asgwrneiddio?

2.2 Y sgerbwd

Heb eich sgerbwd fyddech chi'n ddim ond sach ddi-siâp o gnawd.

Mae gan y sgerbwd 206 o esgyrn, sydd wedi'u dal at ei gilydd yn y **cymalau** gan ffibrau cadarn, sef **gewynnau**. Dyma'r prif esgyrn:

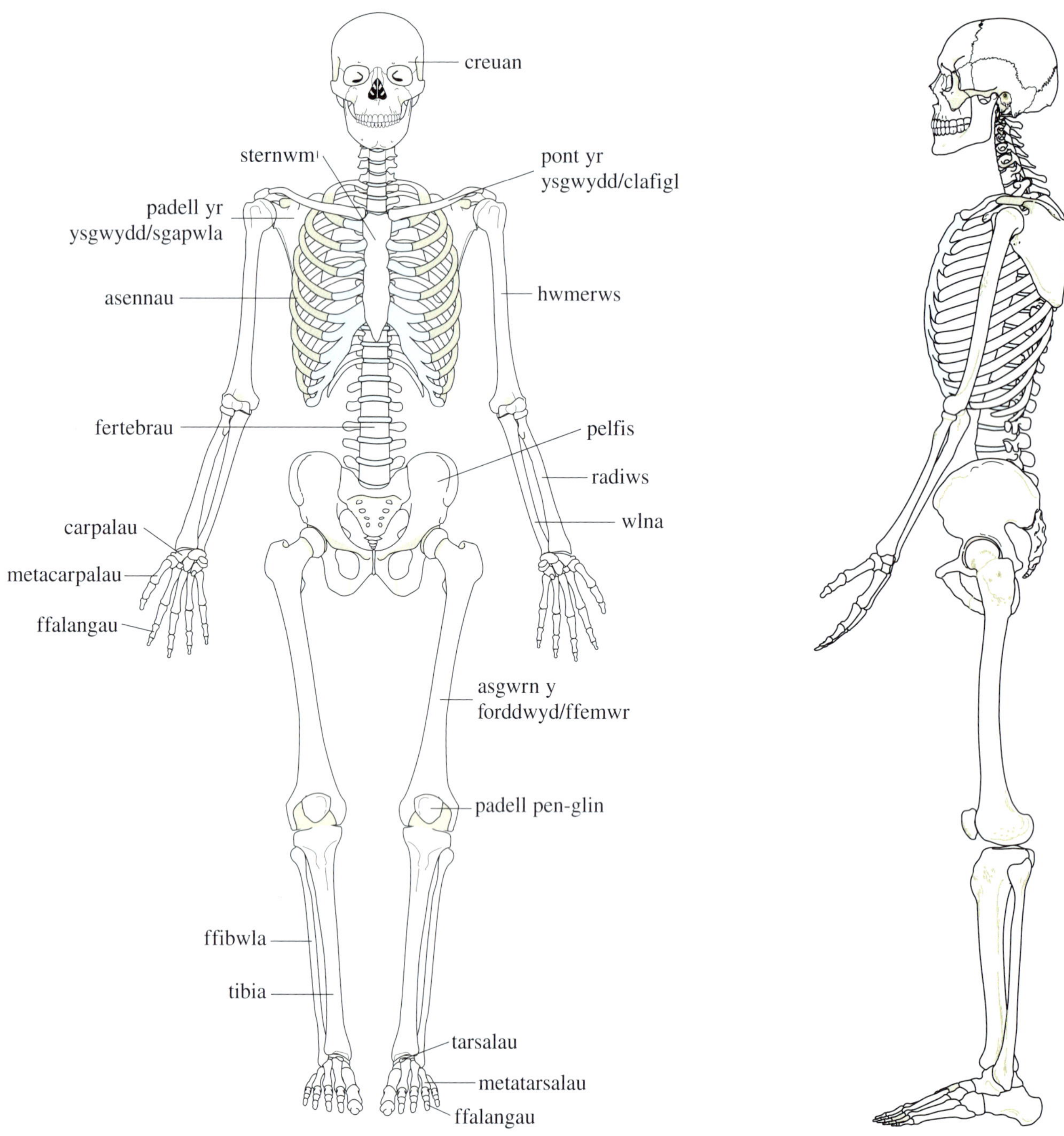

Mae gan bob braich a choes dri asgwrn hir. Edrychwch ar yr asgwrn sy'n estyn allan ar waelod yr asgwrn cefn yn y llun o sgerbwd o'r ochr. Gweddillion cynffon yw hwn!

Sgerbwd benyw a welir yma. Mae sgerbydau gwrywod a benywod yn wahanol mewn rhai ffyrdd, e.e. fel rheol mae sgerbwd gwryw yn fwy. Mae'r pelfis yn fwy llydan mewn sgerbwd benyw i'w gwneud hi'n haws iddi gael plant.

Swyddogaethau'r sgerbwd

1 **Cynnal**. Mae'n ffurfio fframwaith i gynnal eich corff a rhoi siâp iddo. Yn union fel yr hytrawstiau dur mewn adeilad!

2 **Amddiffyn**. Mae rhai rhannau o'ch corff yn eiddil ac yn gallu cael niwed yn hawdd. Mae'r sgerbwd yn eu hamddiffyn. Mae eich creuan yn amddiffyn eich ymennydd. Mae eich asennau a'ch sternwm yn amddiffyn eich calon a'ch ysgyfaint.

3 **Caniatáu symud**. Mae eich cyhyrau wedi'u cysylltu'n gadarn â'ch sgerbwd. Mae'r cyhyrau'n gweithio drwy **gyfangu** neu fyrhau. Pan fyddan nhw'n cyfangu byddan nhw'n tynnu ar esgyrn. Bydd hyn yn gwneud i'r esgyrn symud.

4 **Cynhyrchu gwaed**. Mae rhai esgyrn yn cynnwys mêr *coch* sy'n gwneud celloedd coch, celloedd gwyn a phlatennau ar gyfer y gwaed. Mae mêr coch gan yr asennau, y fertebrau, yr hwmerws a'r ffemwr.

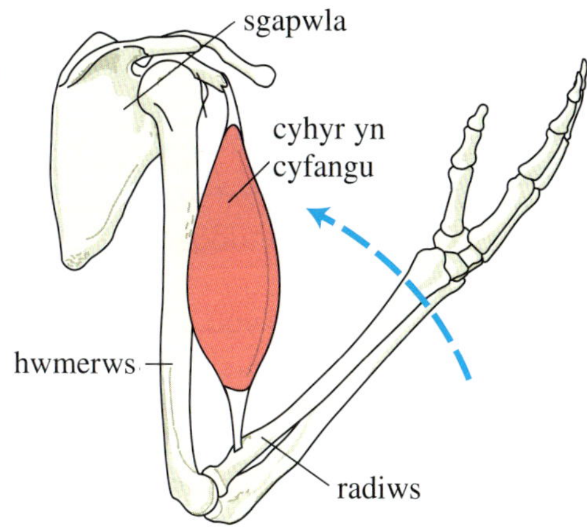

Bydd esgyrn yn symud pan fydd cyhyrau'n cyfangu.

Y pedwar math o esgyrn yn eich sgerbwd

Mae siapiau a meintiau gwahanol i'ch esgyrn am fod ganddynt waith gwahanol i'w wneud. Fe gânt eu rhannu'n bedwar grŵp:

1 **Esgyrn hir**. Mae siâp y rhain yn debyg i'r asgwrn a welir ar dudalen 14. Mae ganddynt ddiaffysis, epiffysisau a chanol gwag. Bydd eich taldra, maint eich esgidiau a maint eich menyg yn dibynnu ar esgyrn hir.

Enghreifftiau: esgyrn rhannau uchaf ac isaf y coesau a'r breichiau, pont yr ysgwydd, yr asennau, y metatarsalau, y metacarpalau a'r ffalangau.

2 **Esgyrn byr**. Maen nhw'n fach ac yn drwchus. Mae'r asgwrn sbwngaidd wedi'i orchuddio â haen denau o asgwrn caled. Felly maen nhw'n ysgafn ac yn gryf iawn.

Enghreifftiau: carpalau'r arddwrn, tarsalau'r traed.

3 **Esgyrn fflat**. Asgwrn sbwngaidd rhwng dwy haen o asgwrn caled yw'r rhain. Mae ganddynt arwynebedd arwyneb mawr.

Enghreifftiau: y sgapwla, y pelfis a'r greuan.
Rhaid i'r sgapwla a'r pelfis fod ag arwynebedd arwyneb mawr ar gyfer yr holl gyhyrau sydd wedi'u cysylltu â nhw. Rhaid i'r greuan fod ag arwynebedd mawr i amddiffyn yr ymennydd.

4 **Esgyrn afreolaidd**. Mae'r rhain yn asgwrn sbwngaidd y tu mewn ac asgwrn caled y tu allan. Mae siapiau arbennig iddynt ar gyfer y gwaith sydd ganddynt i'w wneud.

Enghreifftiau: padell pen-glin, y fertebrau.

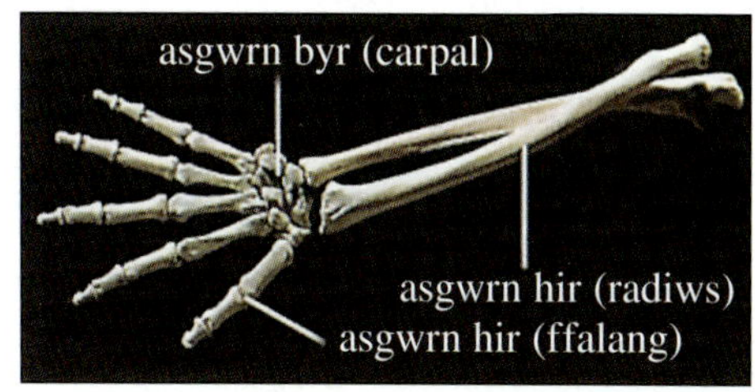

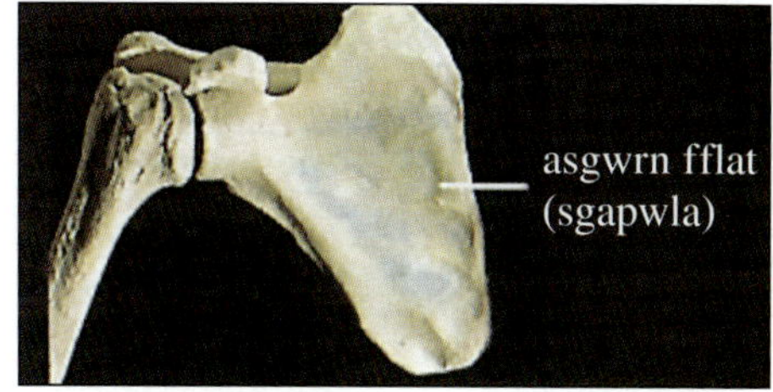

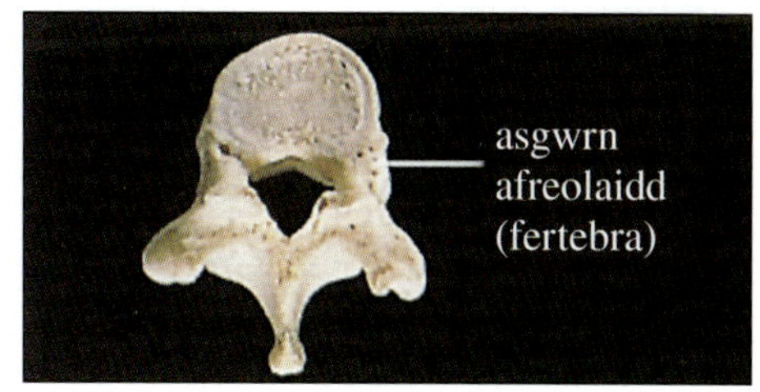

Cwestiynau

1 Nodwch enw arall a ddefnyddir am y canlynol:
a ffemwr **b** sgapwla **c** clafigl
2 Beth yw pedair swyddogaeth y sgerbwd?
3 Rhowch ddwy enghraifft o sut y mae'r sgerbwd yn amddiffyn.
4 Rhowch ddwy enghraifft o esgyrn fflat. Nodwch pam y mae angen arwynebedd arwyneb mawr arnynt.
5 Enwch un asgwrn hir sy'n effeithio'n fawr ar eich taldra.

2.3 Golwg fwy manwl ar y sgerbwd

Yr asgwrn cefn

I lawr cefn eich sgerbwd mae'r **asgwrn cefn** neu'r golofn fertebrol. Mae ganddo wahanol swyddogaethau.

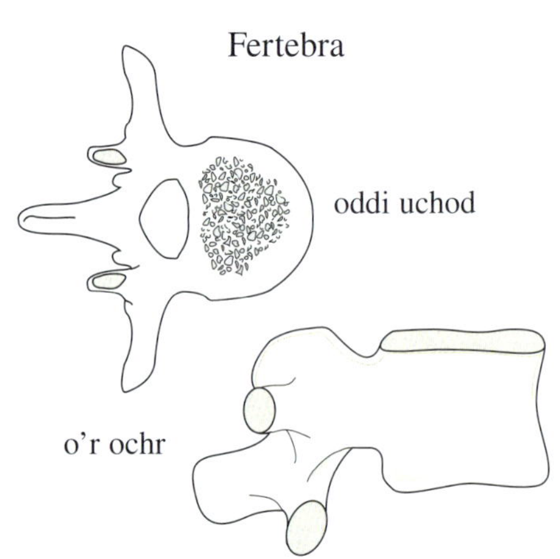

- Rhaid iddo fedru plygu a throelli. Felly, mae'n cynnwys 34 asgwrn bach yn hytrach nag un asgwrn hir. Fe'u gelwir yn **fertebrau**. Gall y rhan fwyaf ohonynt symud ychydig. Maen nhw'n gwneud yr asgwrn cefn yn hyblyg iawn.
- Rhaid iddo fod yn gadarn er mwyn cynnal gwahanol rannau o'ch corff. Felly mae'n **grwm**. Mae adeileddau crwm yn fwy cadarn na rhai syth. (Meddyliwch am fwa pont.)
- Rhaid iddo amddiffyn **madruddyn y cefn**, y sypynnau o nerfau sy'n mynd i lawr o'ch ymennydd. Rhaid, felly, i'r fertebrau gael twll ar gyfer madruddyn y cefn.

Gwahanol rannau'r asgwrn cefn

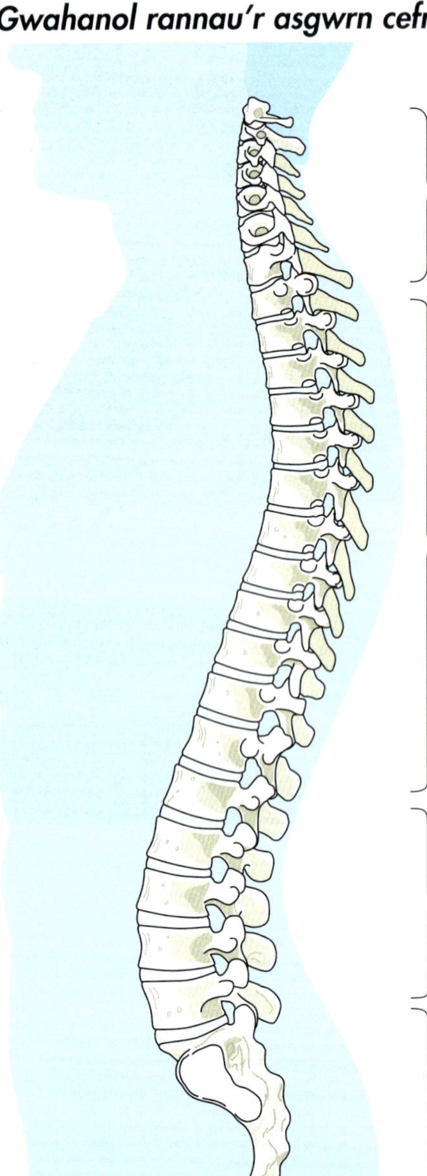

Mae'r fertebrau wedi'u rhannu'n bum grŵp. Mae gan bob grŵp waith gwahanol.

Y fertebrau cerfigol (7). Mae'r rhain yn cynnal y gwddf a'r pen. Y rhain sy'n caniatáu fwyaf o symud, gan adael i chi blygu a gwyro'ch pen ac edrych dros eich ysgwydd.

Y fertebrau thorasig (12). Mae eich asennau wedi'u cysylltu â'r rhain. Nid ydynt yn symud llawer, fel na chaiff eich calon a'ch ysgyfaint eu gwasgu.

Y fertebrau meingefnol (*lumbar*) (5). Mae'r rhain yn fawr er mwyn cynnal y gweddill. Maen nhw'n caniatáu digon o droelli a throi. Mae cyhyrau grymus y cefn wedi'u cysylltu â'r esgyll ar y naill ochr a'r llall.

Y sacrwm (5 fertebra wedi ymasio â'i gilydd). Mae'r rhain yn ffurfio un asgwrn sy'n sownd wrth y gwregys pelfig. Mae hyn yn sylfaen gadarn ar gyfer y bongorff a'r coesau.

Yr asgwrn cynffon (*coccyx*) (5 fertebra wedi ymasio â'i gilydd). Roedd cynffon gan ein hynafiaid ac fe adawyd y rhan hon ar ôl!

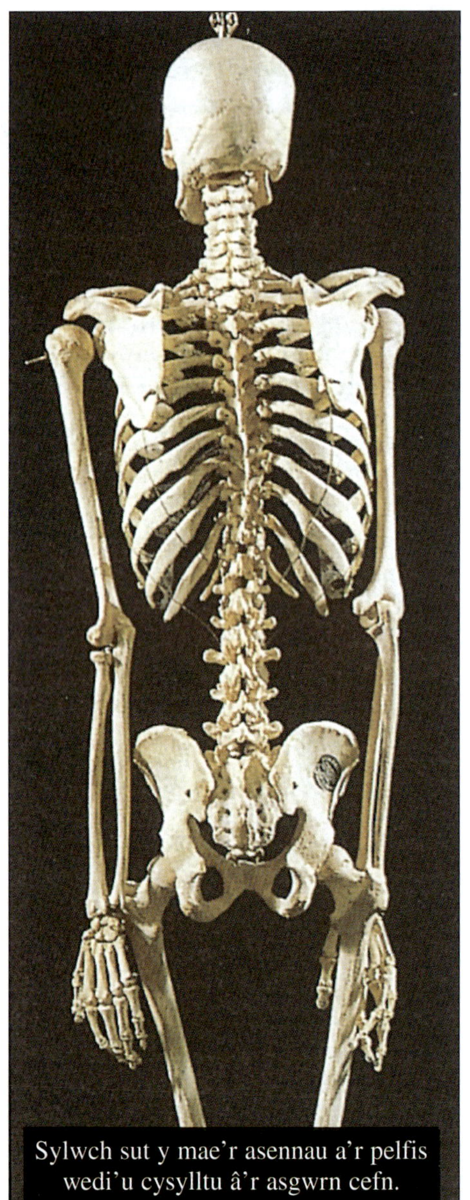

Sylwch sut y mae'r asennau a'r pelfis wedi'u cysylltu â'r asgwrn cefn.

Esgyrn eraill y sgerbwd

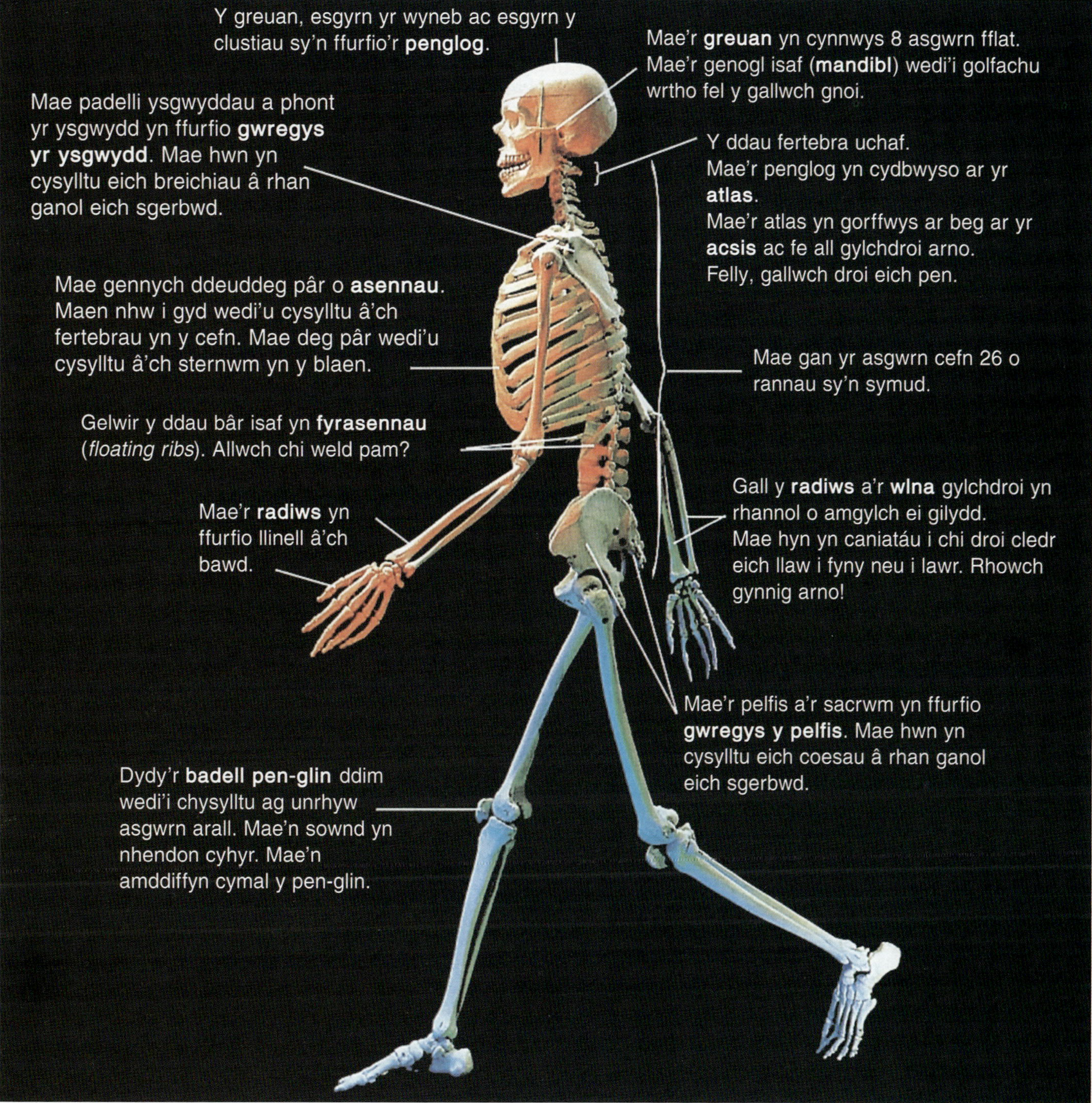

Cwestiynau

1 Nodwch enghraifft o gamp lle mae'n ddefnyddiol iawn:
  a bod gan eich asgwrn cefn 26 o rannau sy'n symud
  b bod eich asgwrn cefn yn grwm
  c bod eich sacrwm yn sownd wrth eich pelfis
  d bod eich fertebrau cerfigol yn gallu symud dipyn.

2 Brasluniwch yr asgwrn cefn a labelwch y rhannau.

3 Pa asgwrn yw'r atlas? Beth mae'n ei wneud?

4 Sawl pâr o asennau sydd gennych?

5 Pam y gelwir y ddau bâr isaf o asennau yn fyrasennau?

6 Pam y gallwch droi cledr eich llaw i fyny *ac* i lawr?

2.4 Gwahanol fathau o gymalau

Mae eich sgerbwd yn cynnwys esgyrn. **Cymalau** yw'r man lle daw esgyrn at ei gilydd. Mae tri math, yn dibynnu ar ba mor rhwydd y gall yr esgyrn symud.

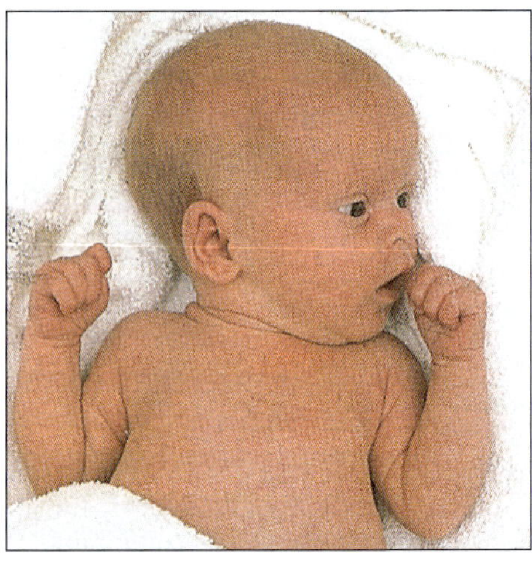

Mae bylchau rhwng platiau yn y greuan yn caniatáu i ben y babi wasgu adeg y geni. Gelwir y bylchau hyn yn **ffontanelau**. Deuddeg mis yn ddiweddarach bydd y bylchau wedi cau a bydd cymalau sefydlog wedi dechrau ffurfio.

Cymalau sefydlog

Mewn cymal sefydlog ni all yr esgyrn symud o gwbl. Maen nhw'n cydgloi neu'n gorgyffwrdd. Maen nhw'n cael eu dal at ei gilydd gan ffibr gwydn. Enghraifft dda yw'r cymalau rhwng y platiau yn y greuan.

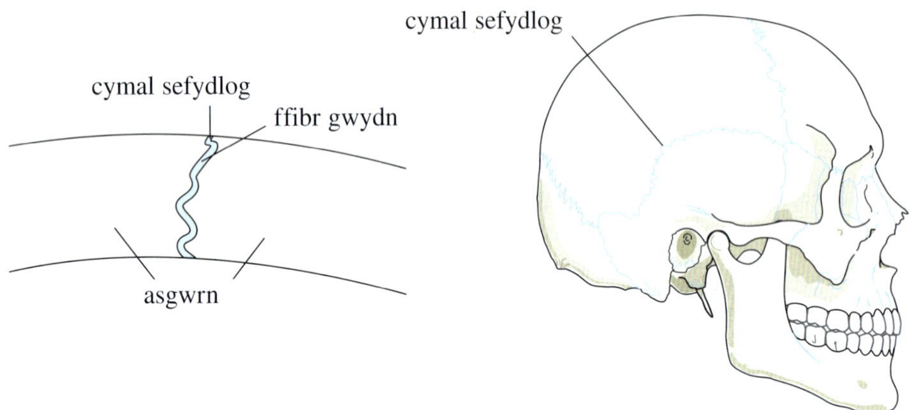

Enghraifft arall yw'r cymalau sydd wedi ymasio â'i gilydd yn y sacrwm.

Cymalau sy'n caniatáu peth symud

Mae'r esgyrn yn y math hwn o gymal yn gallu symud ychydig yn unig.

Maen nhw'n cael eu dal at ei gilydd gan strapiau neu gortynnau gwyn cryf, sef **gewynnau,** ac fe'u cysylltir â'i gilydd gan **gartilag**. Mae hwn fel clustog gwydn. Mae'n atal yr esgyrn rhag taro yn erbyn ei gilydd. Gall wasgu ychydig i ganiatáu iddyn nhw symud.

Mae'r cymalau rhwng y rhan fwyaf o'ch fertebrau yn caniatáu peth symud. Mae'r padiau cartilag rhyngddynt yn gweithredu fel siocleddfwyr fel na fydd yr esgyrn yn ysgytio pan fyddwch yn rhedeg ac yn neidio.

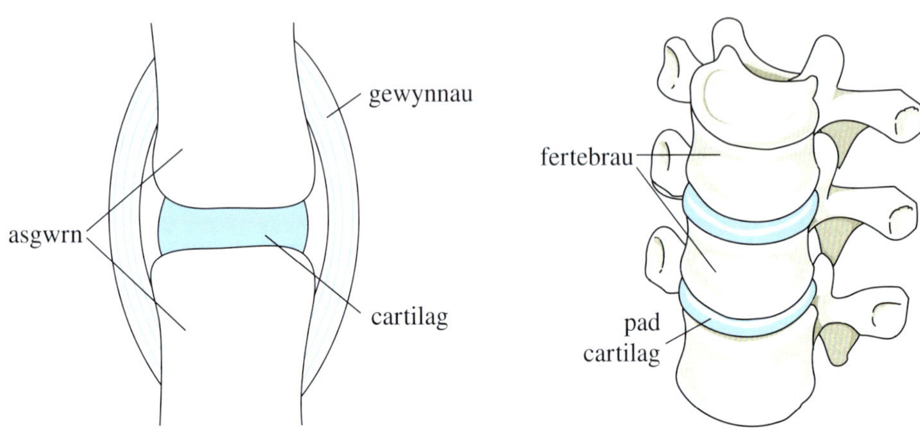

Mae'r cymalau rhwng eich asennau a'ch sternwm hefyd yn caniatáu peth symud. Byddan nhw'n symud ychydig pan fyddwch yn anadlu i mewn ac allan.

Cymalau sy'n caniatáu symudiad rhwydd

Yn y math hwn o gymal gall yr esgyrn symud yn eithaf rhwydd. Enghraifft dda yw cymal y pen-glin.

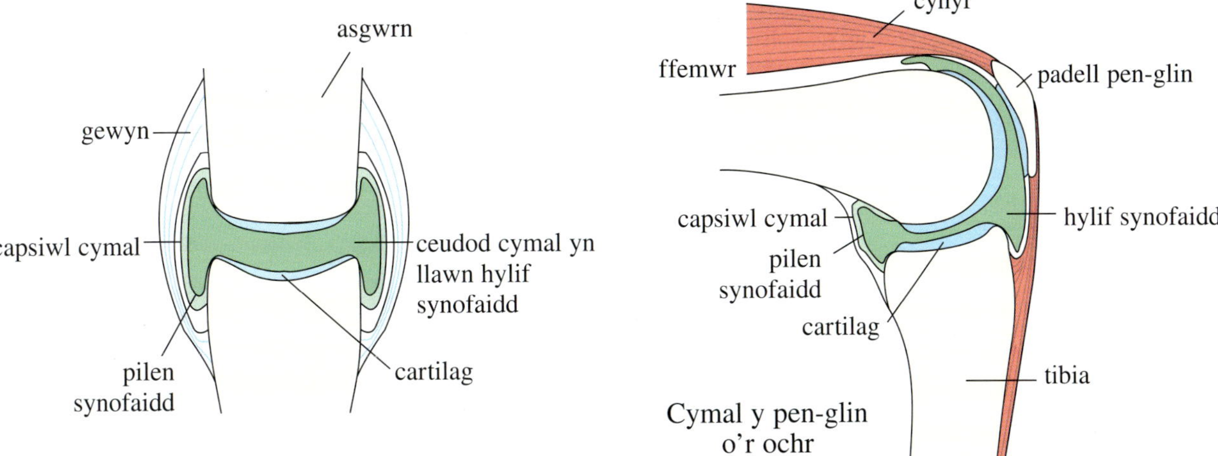

Mae gan gymal sy'n caniatáu symudiad rhwydd y rhannau canlynol:

- **capsiwl cymal** neu lawes allanol. Mae'n dal yr esgyrn gyda'i gilydd ac yn amddiffyn y cymal. Mae'n barhad o'r croen neu'r periostëwm sy'n gorchuddio pob asgwrn.
- **pilen synofaidd**. Mae'n leinio'r capsiwl ac mae'n diferu hylif llithrig a elwir yn **hylif synofaidd**.
- **ceudod cymal**. Dyma'r bwlch bach rhwng yr esgyrn. Mae'n llawn hylif synofaidd. Mae'r hylif hwn yn iro'r cymal fel y gall yr esgyrn symud yn rhwyddach.
- haen o **gartilag** llithrig llyfn ar bennau'r esgyrn. Mae'n eu hatal rhag taro yn erbyn ei gilydd.
- **gewynnau** sy'n dal yr esgyrn gyda'i gilydd ac yn eu cadw yn eu lle.

Term arall am gymalau sy'n caniatáu symudiad rhwydd yw **cymalau synofaidd**. (Pam?) Mae'r rhan fwyaf o'ch cymalau'n synofaidd. Fel arall allech chi ddim symud mor rhwydd! Enghreifftiau yw cymalau'r penelin, yr ysgwydd, y glun a'r bysedd.

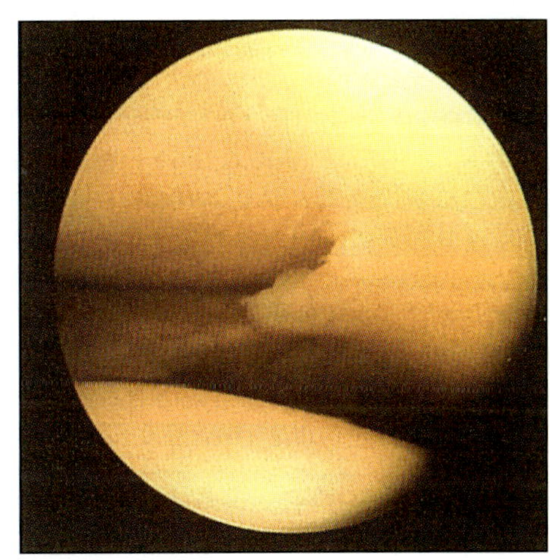

Cartilag pen-glin wedi'i niweidio. Fe'i ffilmiwyd gan gamera bach wedi'i gysylltu â chyllell llawfeddyg a roddwyd i mewn i gymal y pen-glin drwy doriad bach. Gall y llawfeddyg lyfnu ac ailsiapio'r cartilag drwy reolaeth bell *(remote control)*.

Cartilag a gewynnau: crynodeb

Mae **cartilag** yn amddiffyn yr esgyrn ac yn eu hatal rhag taro yn erbyn ei gilydd. Mae'n ffurfio clustog gwydn rhwng yr esgyrn mewn cymalau sy'n caniatáu peth symud. Mae'n ffurfio haen lithrig lefn ar bennau'r esgyrn mewn cymalau sy'n caniatáu symudiad rhwydd.

Gewynnau yw'r cortynnau a'r strapiau cryf sy'n rhwymo'r esgyrn gyda'i gilydd ac yn cadw cymal yn ei le. Maen nhw ychydig yn elastig - digon i ganiatáu i'r esgyrn symud. (Pe bai'r esgyrn yn symud gormod bydden nhw'n rhwygo eich cnawd.)

Cwestiynau

1 Beth yw *cymal*?
2 Disgrifiwch y canlynol: a cymal sefydlog b cymal sy'n caniatáu peth symud. Rhowch ddwy enghraifft o'r ddau.
3 Pa fath o gymalau sydd fwyaf cyffredin yn eich corff? Rhowch bedair enghraifft.
4 a Lluniwch a labelwch gymal synofaidd.
b Eglurwch swyddogaeth pob rhan.
5 Beth yw gewynnau? Beth maen nhw'n ei wneud?
6 Mae peth cartilag yn llyfn a llithrig. Mae peth yn wydn. Ble gewch chi y naill fath a'r llall?

2.5 Cymalau synofaidd

Mae'r rhan fwyaf o'ch cymalau yn **gymalau synofaidd**, h.y. cymalau sy'n caniatáu symudiad rhwydd. Maen nhw'n caniatáu gwahanol fathau o symud, yn dibynnu ar siâp yr esgyrn yn y cymal a'r gewynnau sy'n eu dal nhw gyda'i gilydd. Mae'r lluniau hyn yn dangos yr esgyrn yn unig.

Cymal pelen a chrau

Dyma'r cymal sy'n caniatáu fwyaf o symud. Mae gan un asgwrn chwydd fel pelen ar y pen. Mae hwn yn ffitio i mewn i grau yn yr asgwrn arall. Gall droi i sawl cyfeiriad.

Enghreifftiau

- cymal y glun
- cymal yr ysgwydd

pelfis

ffemwr

Cymal y glun

Cymal colfach

Mae hwn yn gweithio fel colfach ar ddrws. Gall yr asgwrn swingio yn ôl ac ymlaen. Siâp rîl o edau sydd i ben un asgwrn. Mae'n ffitio i mewn i gafn yn y llall. Bydd y cymal yn agor nes y bydd yn syth, a dim pellach.

Enghreifftiau

- cymal y penelin (rhwng yr hwmerws a'r wlna)
- cymal y pen-glin (rhwng y tibia a'r ffemwr)

hwmerws

wlna

Cymal y penelin

Cymal colynnog

Mae gan un asgwrn ddarn sy'n estyn allan, fel peg neu grib (*ridge*). Mae hwn yn ffitio ar gylch neu ric (*notch*) ar yr asgwrn arall. Mae'r cymal hwn yn caniatáu cylchdroi yn unig.

Enghreifftiau

- y cymal rhwng yr atlas a'r acsis (y ddau fertebra uchaf)
- y cymal rhwng y radiws a'r wlna, islaw'r penelin

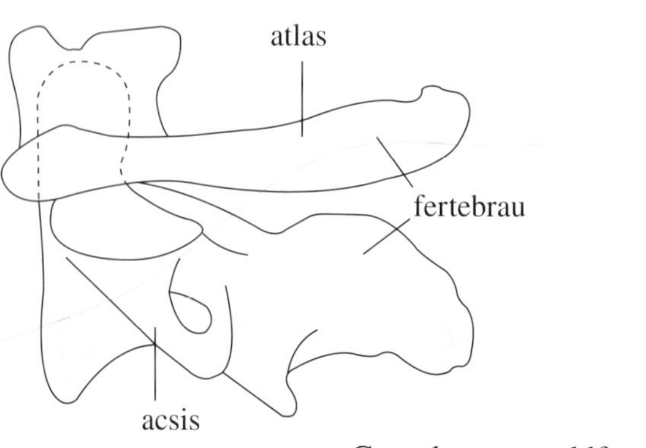

Cymal yn y gwddf

Cymal cyfrwy

Siâp cyfrwy sydd i bennau'r esgyrn. Maen nhw'n ffitio yn dynn yn ei gilydd.
Mae'r cymal yn caniatáu symud yn ôl ac ymlaen ac o ochr i ochr.

Enghraifft

- y cymal ar waelod y bawd rhwng y metacarpal a charpal. (Dyma'r unig gymal cyfrwy yn eich corff.)

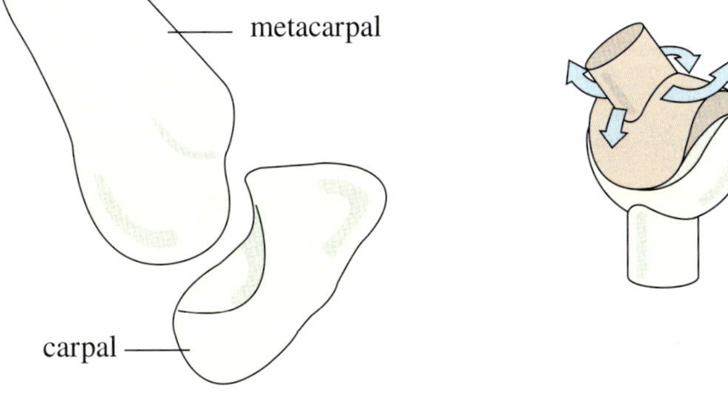

Cymal ar waelod y bawd

Cymal condylaidd

Mae lwmp crwn ar un asgwrn yn aros yn y cafn a ffurfiwyd gan asgwrn arall neu esgyrn eraill. Mae'r cymal yn caniatáu symud yn ôl ac ymlaen ac o ochr i ochr. Mae'r gewynnau'n atal yr esgyrn rhag cylchdroi.

Enghreifftiau

- y cymal yn yr arddwrn rhwng y radiws a'r carpalau
- y cymal rhwng gwaelod y penglog a'r fertebra uchaf (yr atlas)

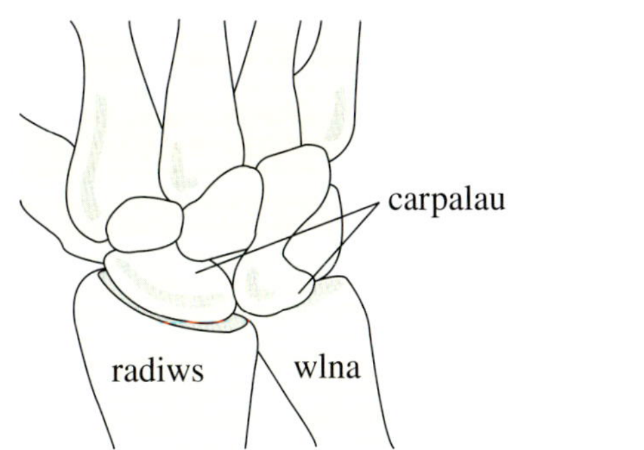

Cymal yn yr arddwrn

Cymal llithro

Mae pennau'r esgyrn yn ddigon fflat i lithro dros ei gilydd. Mae ychydig o symud i bob cyfeiriad. O'r holl gymalau synofaidd hwn sy'n caniatáu leiaf o symud.

Enghreifftiau

- y cymalau rhwng y carpalau (yn y llaw)
- y cymalau rhwng y tarsalau (yn y droed)

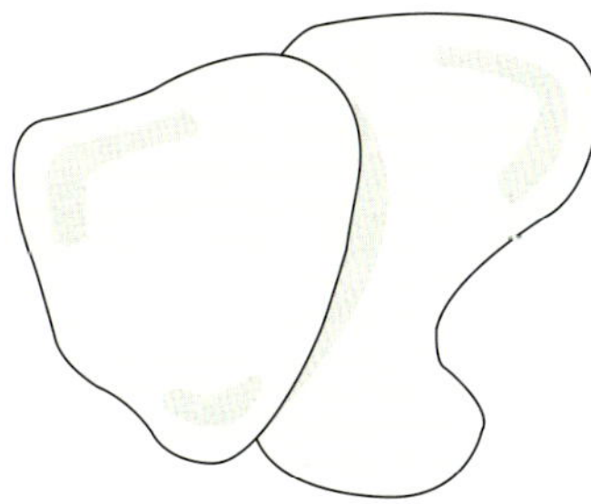

Cymal rhwng dau garpal

Cwestiynau

1 Cymal pelen a chrau sy'n caniatáu fwyaf o symud.
   a Pam?
   b Ble gewch chi un yn eich corff?
   c Eglurwch sut y mae'n helpu chwaraewr tennis.

2 Chwiliwch am y ffalangau ar eich bys blaen. Sawl cymal colfach sydd rhyngddynt?

3 Mae un cymal yn caniatáu i chi droi eich pen.
   a Ble mae hwn? b Pa fath o gymal yw hwn?

4 Beth sy'n arbennig am y cymal ar waelod eich bawd?

5 Mae un cymal yn caniatáu i chi nodio a gwyro eich pen.
   a Ble mae hwn? b Pa fath o gymal yw hwn?

2.6 Gwahanol symudiadau

Plygu ac estyn

Mae **estyn** yn golygu sythu rhan o'r corff i'w ystum arferol. Fe wyddoch ystyr **plygu**.

Pan sefwch yn syth fel hyn, mae eich breichiau, eich coesau, eich pen, eich dwylo a'ch traed wedi'u **hestyn** i'w hystum arferol.

Yma mae'r fraich dde wedi'i **phlygu** yng nghymal y penelin. Mae'r goes chwith wedi'i phlygu yng nghymal y pen-glin. Ydy'r ffêr/pigwrn chwith wedi'i phlygu?

Pan fyddwch yn rhedeg byddwch yn plygu ac estyn cymalau eich cluniau, eich pengliniau, eich fferau, eich penelinoedd a'ch ysgwyddau dro ar ôl tro.

Enghreifftiau eraill o blygu:

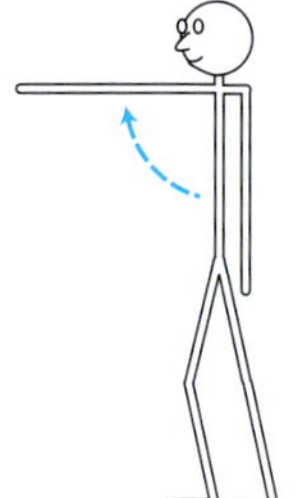

y fraich yng nghymal yr ysgwydd

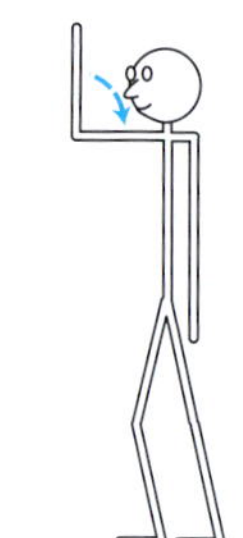

y fraich yng nghymal y penelin a'r ysgwydd

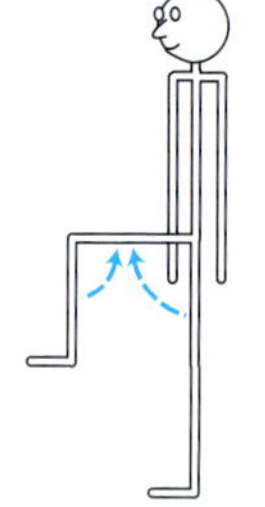

y goes yng nghymal y glun a'r pen-glin

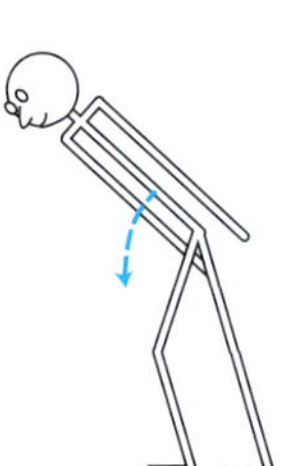

y cefn yng nghymalau'r cluniau

Mae hwn yn dangos **gorestyn** cymal y gwddf.

Alldynnu ac atynnu

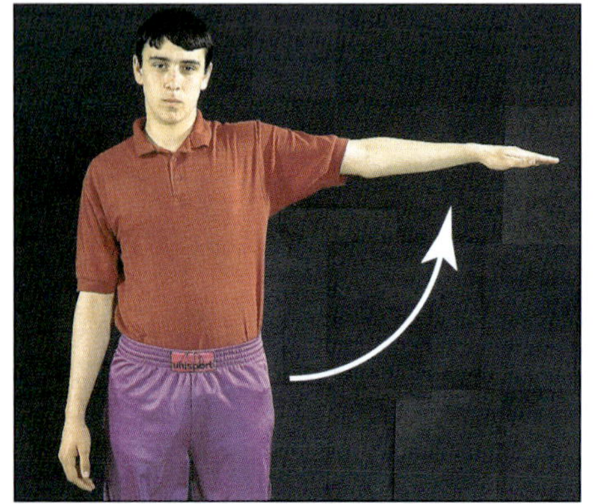

Dychmygwch linell wedi'i thynnu i lawr canol eich corff. **Alldynnu** (*abduction*) yw symudiad aelod (*limb*) i'r ochr, allan o linell y canol.

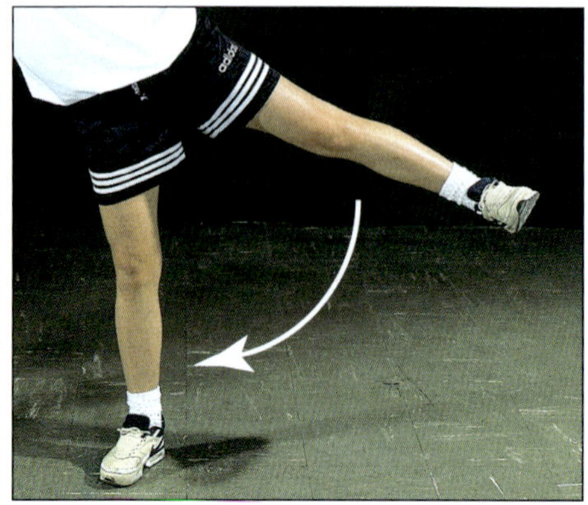

Atynnu (*adduction*) yw symudiad i'r ochr, fel hyn, tuag at linell y canol a hyd yn oed drosti. (**At**ynnu yw tuag **at** y canol!)

Mae'r gic *karate* hon yn enghraifft o alldynnu. Allwch chi feddwl am enghraifft arall o fyd tennis? Neu o fyd gymnasteg?

Cylchdroi ac amdynnu

Symudiadau cylchol yw'r rhain.

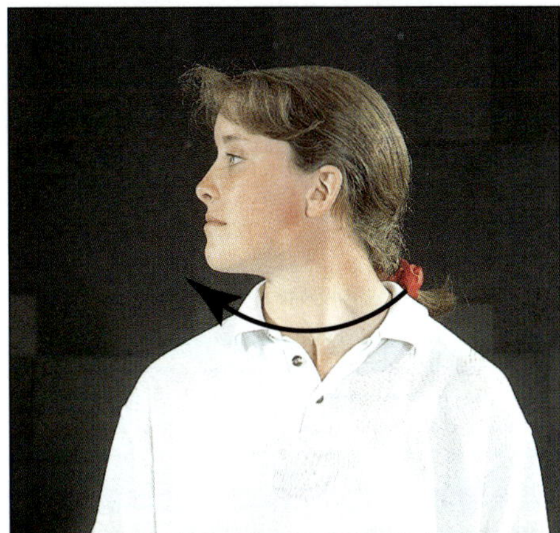

Cylchdroi yw symudiad troi o amgylch llinell ddychmygol, fel olwyn yn troi ar ei hechel. Mae troi eich pen yn enghraifft.

Mae'r trosben hwn yn enghraifft arall. Mae corff y ferch yn cylchdroi fel olwyn ar echel ddychmygol.

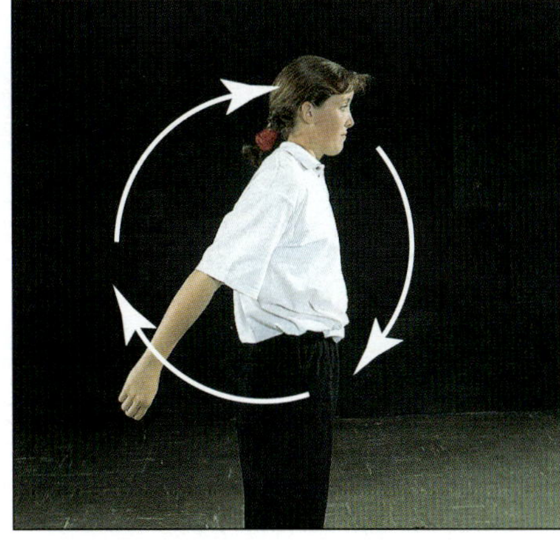

Yn achos **amdynnu** (*circumduction*), mae pen asgwrn yn symud mewn cylch. Mae swingio eich braich mewn cylch yn enghraifft. Mae bowlwyr yn gwneud hyn!

Cymalau a symud: crynodeb

Yn yr Uned flaenorol nodwyd bod cymalau gwahanol yn caniatáu mathau gwahanol o symud. Dyma grynodeb o'r mathau o symud y maent yn eu caniatáu.

Math o gymal	*Symudiad a ganiateir*
pelen a chrau	plygu ac estyn alldynnu ac atynnu cylchdroi ac amdynnu
colfach	plygu ac estyn
colynnog	cylchdroi yn unig
cyfrwy	plygu ac estyn alldynnu ac atynnu
condylaidd	plygu ac estyn alldynnu ac atynnu
llithro	ychydig o lithro i bob cyfeiriad (dim plygu na symudiadau cylchol)

Cwestiynau

1. Eisteddwch i fyny yn eich cadair, gyda'ch penelinoedd wrth eich ochr, eich dwylo'n fflat ar eich pengliniau a'ch traed yn fflat ar y llawr.
   a Pa gymalau sydd wedi'u plygu?
   b Enwch ddau gymal sydd wedi'u hestyn.
2. Sefwch a dangoswch enghraifft o:
   a atynnu
   b alldynnu
3. Estynnwch eich braich allan yn syth a dangos y canlynol: **a** cylchdroi yng nghymal yr ysgwydd
   b amdynnu
4. Gorffwyswch eich penelin ar eich desg a chylchdroi'r rhan isaf o'ch braich. Pa gymal sy'n caniatáu y symudiad hwn?
5. Ar gyfer y ffotograff uchod: **a** enwch y cymalau sydd wedi'u rhifo **b** enwch y symudiad yn y cymal.

Cwestiynau ar Bennod 2

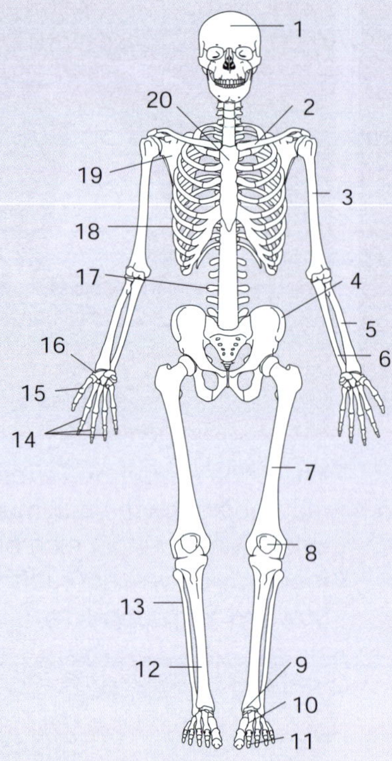

1 a Ysgrifennwch y rhifau 1 i 20 ar ffurf rhestr, i gyfateb i'r rhifau ar y sgerbwd uchod.
  b Gyferbyn â phob rhif ysgrifennwch enw gwyddonol cywir yr asgwrn.

2 Copïwch y tabl isod. Yna cwblhewch y tabl drwy nodi ym mha ran o'r corff y ceir yr esgyrn hyn.

Asgwrn	Pa ran o'r corff?
creuan	pen
sgapwla	
sternwm	
clafigl	
ffemwr	
ffalangau	
metatarsalau	
tarsalau	
tibia	
padell pen-glin	
metacarpalau	
carpalau	
asgwrn cynffon	

3 Mae esgyrn yn hir, byr, afreolaidd neu fflat. I ba grŵp y mae'r esgyrn canlynol yn perthyn?
  a padell pen-glin b carpalau'r llaw
  c yr hwmerws d esgyrn y greuan
  e y metatarsalau f y fertebrau

4 Mae'r diagram isod yn dangos yr asgwrn cefn gyda'r labeli A-G.

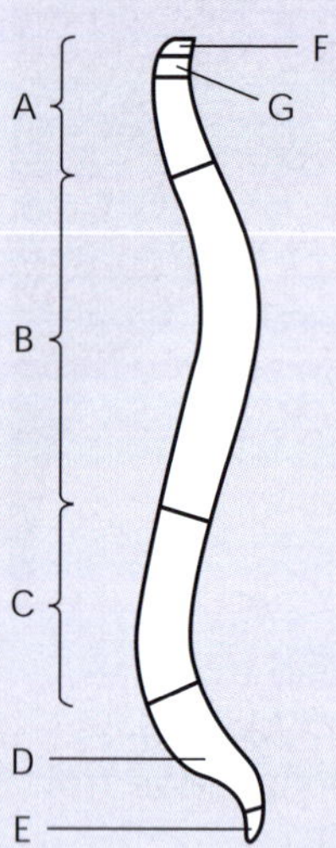

  a Copïwch y tabl hwn.

	Enw	Nifer y fertebrau	Disgrifiad
A			
B			
C			
D			
E			
F			
G			

  b Yn yr ail golofn nodwch enw cywir y rhan a labelwyd. Dewiswch o'r rhestr ganlynol:
  fertebrau meingefnol acsis fertebrau cerfigol
  fertebrau thorasig asgwrn cynffon atlas sacrwm
  c Yn y drydedd golofn ysgrifennwch nifer y fertebrau yn y rhan honno. Dewiswch o'r rhestr ganlynol:
  1 1 4 5 5 7 12
  d Yn y bedwaredd golofn ysgrifennwch y disgrifiad cywir. Dewiswch o'r rhestr ganlynol:
  mae'n caniatáu i'r pen droi o ochr i ochr
  mae pob fertebra wedi'i gysylltu â phâr o asennau
  mae'n ffurfio asgwrn trionglog mawr
  y fertebrau mwyaf a chryfaf
  gweddillion cynffon
  fertebrau ardal y gwddf
  mae'n caniatáu i'r pen nodio

5 Pa *ddau* osodiad o'r canlynol sy'n gywir?
Mae'r asgwrn cefn wedi'i amddiffyn rhag niwed drwy ysgytwad oherwydd:
  A bod ei siâp yn gwneud iddo weithredu fel sbring
  B na chaniateir unrhyw symud rhwng y fertebrau
  C bod y disgiau o gartilag yn gweithredu fel siocleddfwyr
  D bod gewynnau'n dal y fertebrau yn gadarn yn eu lle

6 Mae'r diagram hwn yn dangos un fertebra:

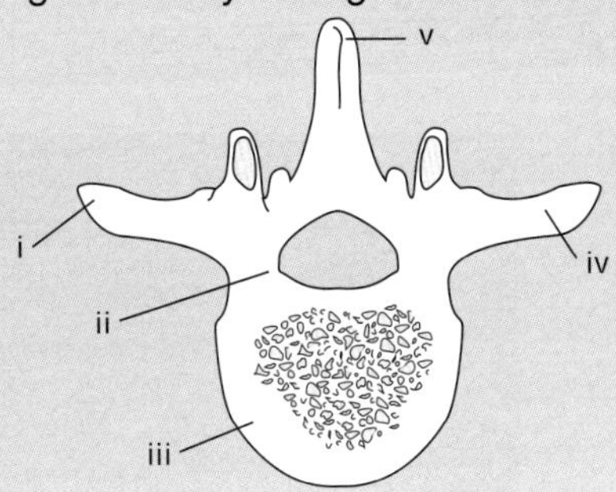

Pa un sy'n gywir?
Mae cyhyrau pwerus y cefn wedi'u cysylltu â rhannau:
A i a ii
B ii a iii
C iii a v
D iv a i

7 Mae'r cwestiwn hwn yn gysylltiedig â'r fertebra uchod.
a Pa ran o'r fertebra sy'n cynnal pwysau'r fertebrau sydd uwchlaw iddo?
b Pa ran sy'n amgáu madruddyn y cefn?
c Pa enw a roddir ar y siâp hwn o asgwrn?

8 a Lluniwch a labelwch asgwrn hir oedolyn.
b Yna ysgrifennwch swyddogaeth pob rhan o'r asgwrn.

9 Pa un sy'n wir am asgwrn sbwngaidd?
A Mae'r bylchau wedi'u llenwi â mêr.
B Mae'n feddal a sbwngaidd.
C Mae'r bylchau wedi'u llenwi ag aer.
D Mae'r bylchau wedi'u llenwi ag aer a mêr.

10 Eglurwch sut y bydd esgyrn yn tyfu o ran hyd. Lluniwch ddiagramau i'ch helpu.

11 Wrth i esgyrn ifanc dyfu, bydd asgwrn yn cymryd lle cartilag? Pa enw a roddir ar y broses hon?
A asgwrneiddio
B osteoarthritis
C osteopatheg
D osteoporosis

12 Atebwch y cwestiynau hyn am esgyrn.
a Enwch sylwedd sydd ei angen i ffurfio esgyrn cadarn ac iach.
b Rhowch ddwy enghraifft o fwydydd sy'n darparu'r sylwedd hwn.
c Beth yw swyddogaeth y cartilag ar bennau'r esgyrn?
d Mae rhannau sbwngaidd i esgyrn. Sut y bydd hyn o gymorth i chi wrth chwarae campau?
e Ym mha ran o'r asgwrn y caiff celloedd coch eu gwneud?
f A gaiff celloedd coch eu gwneud ym *mhob* asgwrn?
g Tua pa oedran fyddwch chi pan fydd y sgerbwd yn gorffen tyfu?
h Faint o fertebrau sydd yn eich asgwrn cefn?

13 Pa un sy'n gywir?
Mae'r rhan fwyaf o'r gewynnau yn y corff yn cysylltu:
A esgyrn ag esgyrn eraill
B cartilag â chartilag
C esgyrn â chyhyrau
D tendonau ag esgyrn

14 Mae'r isod yn dangos cymal synofaidd, gyda rhannau wedi'u labelu'n 1 i 4.

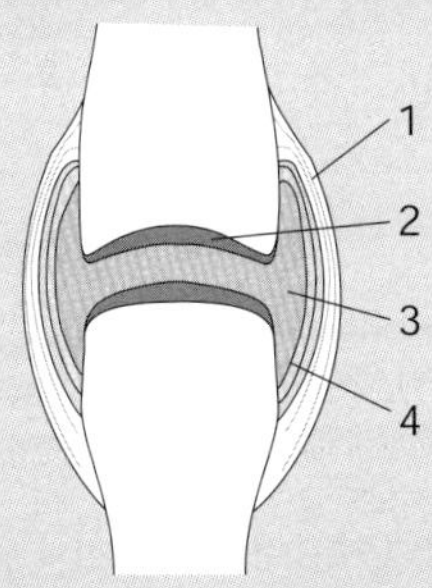

a Copïwch y tabl:

Rhif	Enw	Ei swyddogaeth
1		
2		
3		
4		

b Yn awr cwblhewch yr ail a'r drydedd golofn ar gyfer pob rhan o'r cymal.

15 Mae'r diagram isod yn dangos cymalau'r corff.

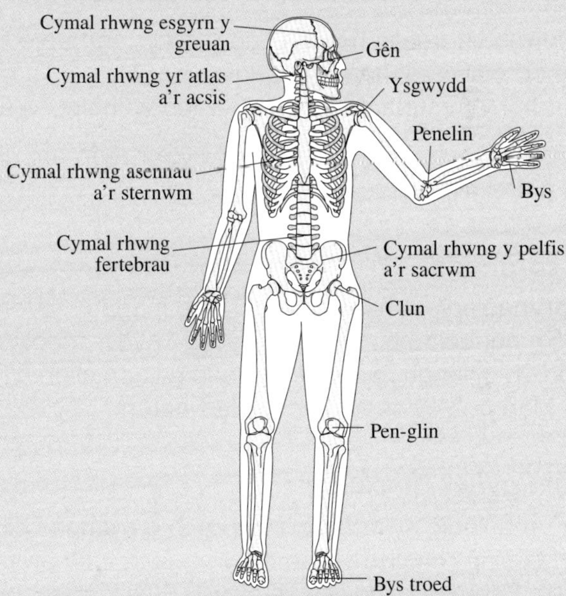

a Gwnewch dabl â phum colofn. Ysgrifennwch y penawdau hyn ar ben y colofnau:
Sefydlog Yn caniatáu peth symud
Pelen a chrau Colfach Colynnog
b Yn awr ysgrifennwch bob cymal sydd yn y diagram yn y golofn gywir yn y tabl.

3.1 Gwahanol fathau o gyhyrau

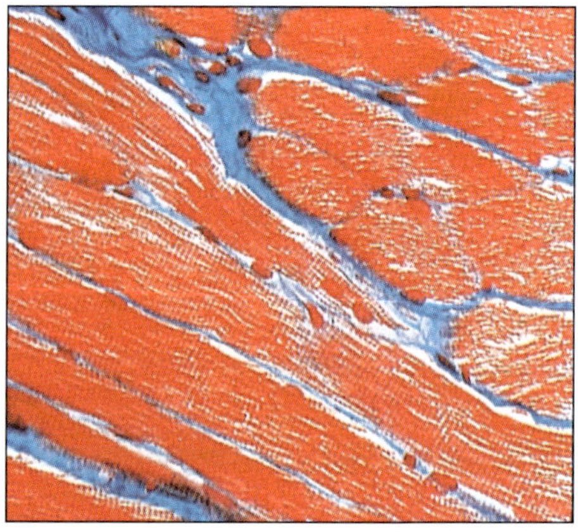

Ffibrau cyhyr rheoledig, wedi'u staenio â llifyn i ddangos y rhesi ac wedi'u chwyddo 200 gwaith.

Allech chi ddim byw heb gyhyrau. Allech chi ddim anadlu na threulio bwyd na hyd yn oed amrantu. Maen nhw ynghlwm wrth bob un o symudiadau eich corff, y tu mewn a'r tu allan.

Mae pob cyhyr yn gweithio drwy fyrhau neu **gyfangu**. Pan fydd y cyhyrau rhwng eich ceg ac esgyrn eich genau yn cyfangu, byddwch yn gwenu!

Mae tri math gwahanol o gyhyrau yn eich corff.

Cyhyr rheoledig

Mae hwn yn gysylltiedig ag esgyrn. Bydd yn gweithio pan fyddwch am iddo weithio. Ystyr *rheoledig* yw ei fod *dan eich rheolaeth chi.*

Tybiwch eich bod yn penderfynu rhedeg neu daflu pêl. Mae arwydd yn mynd yn gyflym o'ch ymennydd, ar hyd eich system nerfol, i'r cyhyrau rheoledig sydd eu hangen ar gyfer y gwaith. Mae'r cyhyrau'n cyfangu, gan dynnu ar yr esgyrn. Mae hynny'n creu symud.

Termau eraill am gyhyr rheoledig yw:

- **cyhyr sgerbydol** am ei fod yn gysylltiedig ag esgyrn
- **cyhyr rhesog** oherwydd o edrych arno o dan ficrosgop gallwch weld rhesi ar ei draws.

Ffibrau cyhyr llyfn wedi'u chwyddo 900 gwaith. Nerf yw'r llinell olau donnog.

Cyhyr anrheoledig

Fe'i ceir ym muriau eich organau mewnol: y stumog, y coludd, y bledren a'r pibellau gwaed. Fe'i gelwir yn *anrheoledig* am ei fod yn gweithio ar ei ben ei hun. Does dim angen i chi feddwl amdano.

Pan fyddwch yn treulio bwyd, bydd y cyhyr anrheoledig ym muriau'r coludd yn cyfangu mewn tonnau, gan wthio'r bwyd yn ei flaen. Yn yr un modd bydd cyfangiadau ym muriau'r pibellau gwaed yn helpu i gadw'r gwaed i lifo.

Term arall am gyhyr anrheoledig yw **cyhyr llyfn** am ei fod yn ymddangos yn llyfn o dan ficrosgop, heb unrhyw resi.

Cyhyr cardiaidd

Cyhyr anrheoledig arbennig sy'n ffurfio muriau'r galon yw hwn. Mae'n gweithio'n ddi-baid heb flino. Yn debyg i gyhyr rheoledig, mae'n rhesog. Pan fydd yn cyfangu, bydd yn pwmpio gwaed allan o'r galon ac o gwmpas y corff. Mae pob cyfangiad yn **guriad calon**.

Mwy am gyhyr rheoledig

Cyhyrau rheoledig sy'n ffurfio'r cig coch o gwmpas eich esgyrn. Maen nhw'n rhoi siâp i'ch corff. Mae mwy na 40% o'ch pwysau yn gyhyrau rheoledig. Felly, os byddwch yn pwyso 50 cilogram, bydd mwy na 20 cilogram o hynny yn gyhyrau rheoledig.

Mae'r dudalen nesaf yn dangos y prif gyhyrau rheoledig yn eich corff. Edrychwch arnynt a cheisiwch ddyfalu'r hyn a wnânt pan fyddan nhw'n cyfangu. Yna gwiriwch eich atebion drwy edrych ar y rhestr. Ar gyfer rhai gweithredoedd bydd sawl cyhyr yn gweithio gyda'i gilydd, e.e. pan fyddwch yn swingio eich braich mewn cylch.

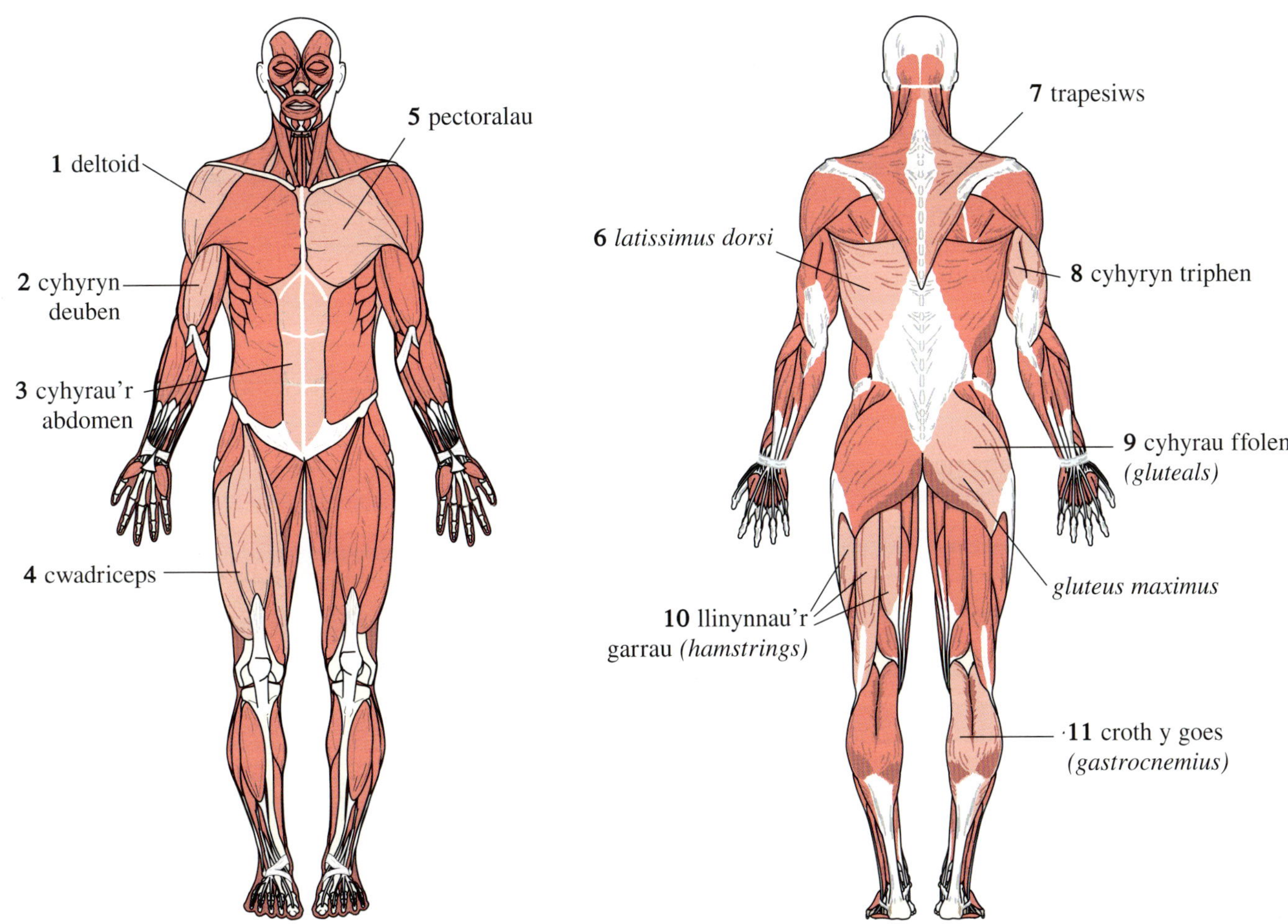

Cyhyr(au)		Prif weithred(oedd)
1	deltoid	Codi eich braich i'r ochr yn yr ysgwydd.
2	cyhyryn deuben	Plygu eich braich yn y penelin.
3	cyhyrau'r abdomen (4 cyhyryn)	Tynnu'r abdomen i mewn. Plygu'r cefn fel y gallwch blygu ymlaen.
4	cwadriceps (4 cyhyryn)	Sythu'r goes yn y pen-glin. Ei chadw'n syth pan fyddwch yn sefyll.
5	pectoralau	Codi eich braich yn yr ysgwydd. Ei thynnu ar draws eich brest.
6	*latissimus dorsi*	Tynnu eich braich i lawr yn yr ysgwydd. Ei thynnu y tu ôl i'ch cefn.
7	trapesiws	Dal a chylchdroi eich ysgwyddau. Symud eich pen yn ôl ac i'r ochr.
8	cyhyryn triphen	Sythu eich braich yng nghymal y penelin.
9	cyhyrau ffolen (3 chyhyryn)	Tynnu eich coes yn ôl yn y glun. Ei chodi i'r ochr yn y glun. Y mwyaf o'r cyhyrau hyn yw'r *gluteus maximus.*
10	llinynnau'r garrau (3 chyhyryn)	Plygu eich coes yn y pen-glin.
11	croth y goes	Sythu cymal y ffêr fel y gallwch sefyll ar flaenau eich traed.

Cwestiynau

1 a Enwch y tri math o gyhyrau sydd ar waith yn eich corff wrth i chi ateb y cwestiwn hwn.
  b Rhowch enghreifftiau o bob un ohonynt.

2 Pa enwau eraill a roddir ar gyhyr rheoledig?

3 Ble mae'r cyhyrau hyn a pha waith a wnânt?
  a pectoralau b cyhyryn deuben c cyhyryn triphen
  d deltoidau e llinynnau'r garrau f cwadriceps

4 Pa gyhyryn sy'n cyfangu wrth i chi edrych i fyny?

3.2 Cyhyrau a symud

Sut y mae cyhyrau'n gweithio

Fel rheol mae cyhyr rheoledig yn gweithio ar draws cymal. Mae wedi'i gysylltu â'r ddau asgwrn gan gortynnau cryf, sef **tendonau**.

Fel rheol dim ond un asgwrn fydd yn symud pan fydd y cyhyr yn cyfangu.

Er enghraifft, pan fydd y cyhyryn deuben yn y fraich yn cyfangu, bydd y radiws yn symud ond fydd y sgapwla ddim.

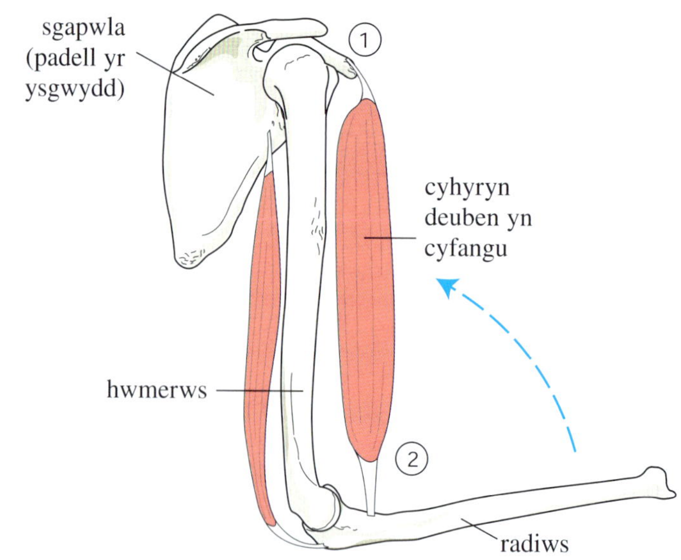

Tarddle a mewnosodiad

Fel rheol dim ond un asgwrn fydd yn symud pan fydd cyhyr yn cyfangu. Mae'r llall yn sefydlog. Y **tarddle** (*origin*) yw'r man lle mae'r cyhyr yn cydio wrth yr asgwrn sefydlog (1 yn y diagram uchod). Y **mewnosodiad** (*insertion*) yw'r man lle mae'r cyhyr yn cydio wrth yr asgwrn symudol (2). Pan fydd cyhyr yn cyfangu, **bydd y mewnosodiad yn symud tuag at y tarddle**.

Cyhyrau'n gweithio mewn parau

Fel rheol bydd cyhyrau'n gweithio mewn parau neu grwpiau. Er enghraifft bydd y cyhyryn deuben yn plygu'r penelin. Bydd y cyhyryn triphen yn ei estyn.

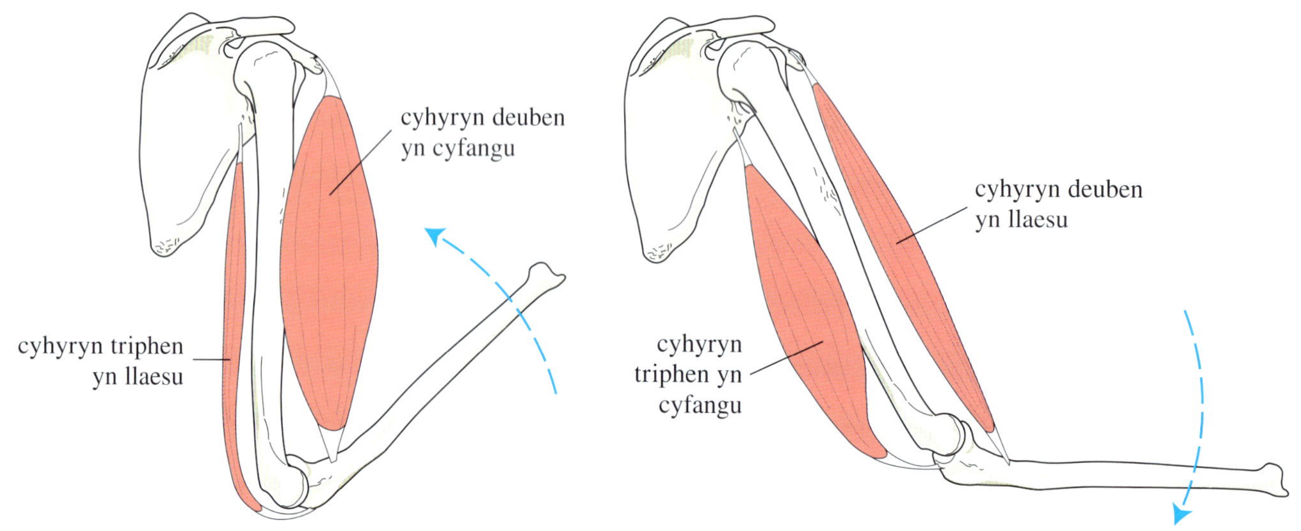

I blygu'r penelin bydd y cyhyryn deuben yn **cyfangu** (byrhau) a'r cyhyryn triphen yn **llaesu** (ymestyn).

I estyn y penelin bydd y cyhyryn deuben yn llaesu a'r cyhyryn triphen yn cyfangu.

Defnyddir y term **gweithrediad cyhyrau gwrthweithiol** (*antagonistic muscle action*) am hyn. Y **prif symudwr** neu'r **tynhäwr** (*agonist*) yw'r cyhyr sy'n gweithio. Y **gwrthweithydd** (*antagonist*) yw'r cyhyr sy'n llaesu.

Gôl! I sythu'r pen-glin yn rhan ola'r gic, bydd y cwadriceps yn gweithredu fel y tynhäwr a llinynnau'r garrau fel y gwrthweithydd.

Mae rhwydwaith o gyhyrau yn gweithredu fel synergyddion i'w dal hi yn ei lle ar gyfer y symudiad hwn.

Bydd cyhyrau eraill a elwir yn **synergyddion** yn helpu'r prif symudwr. Bydd y rhain yn cyfangu ar yr un pryd â'r tynhäwr. Maen nhw'n dal y corff yn ei le fel y gall y prif symudwr weithio'n rhwydd.

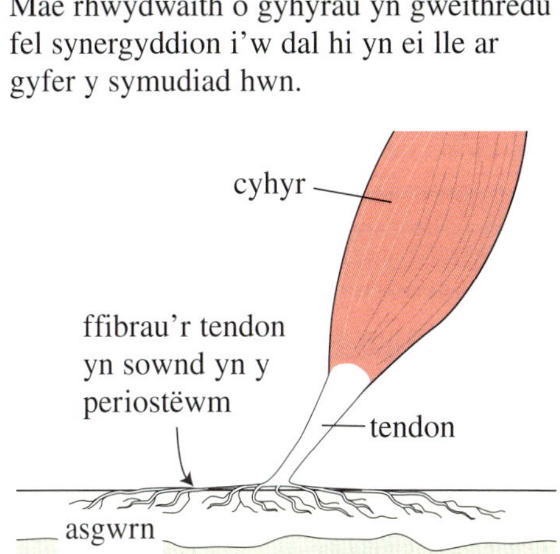

Tendonau

Tendonau yw'r cortynnau a'r strapiau sy'n cysylltu'r cyhyrau â'r esgyrn. Maen nhw'n wyn, yn hyblyg ac yn gryf iawn.

Mae ffibrau'r tendon yn sownd ym mheriostëwm yr asgwrn. Mae hyn yn angori'r tendon yn gadarn ac yn lledu grym y cyfangiad. Fydd y tendon felly ddim yn rhwygo ymaith yn rhwydd.

Siâp a maint y cyhyrau

Mae gwahanol siapiau a meintiau i'r cyhyrau, yn dibynnu ar y gwaith sydd ganddynt i'w wneud. Dyma rai enghreifftiau.

Sylwch ar siapiau gwahanol y tendonau sy'n mynd gyda nhw.

Sylwch fod gan y drydedd enghraifft ddau darddle.

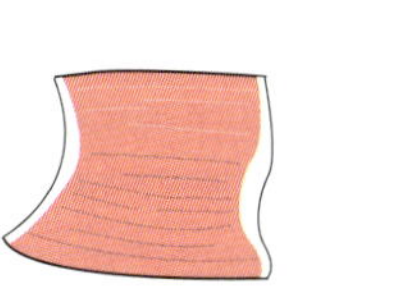

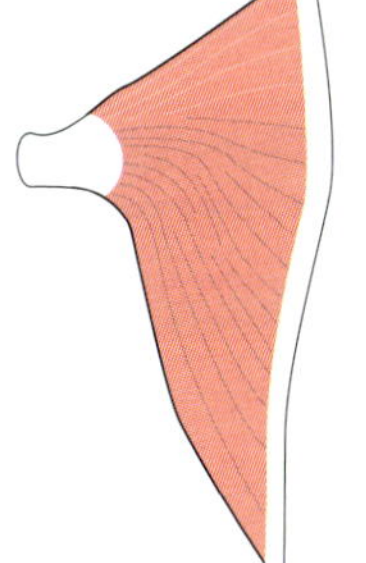

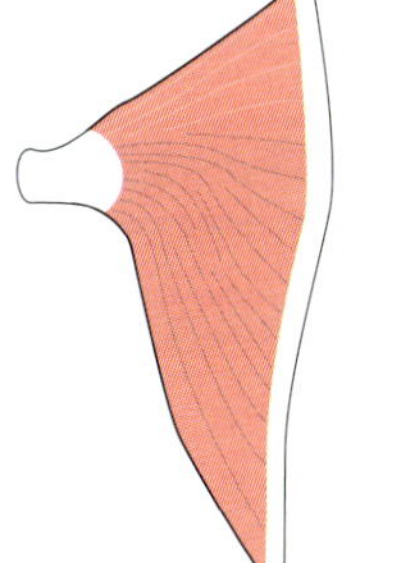

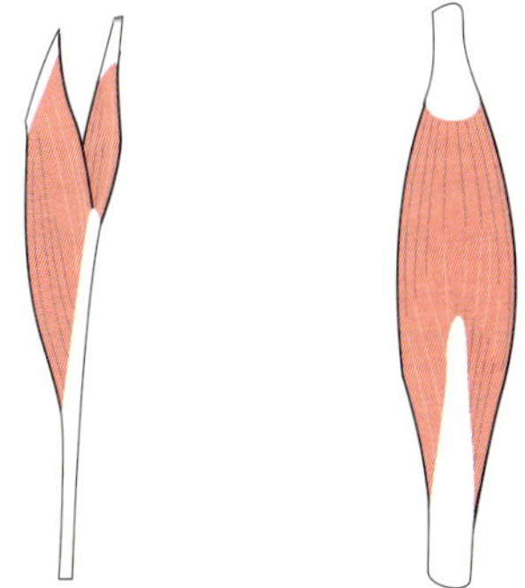

Cwestiynau

1 **a** Lluniwch ddiagram i ddangos sut y mae'r cyhyryn deuben yn gweithio.
b Pam na fydd yr hwmerws yn symud?

2 **a** Ar ba asgwrn y mae tarddle'r cyhyryn deuben?
b Ar ba asgwrn y mae'r mewnosodiad?

3 Ble mae mewnosodiad: **a** y cyhyryn triphen?
b y deltoid?

4 Eglurwch sut y mae'r canlynol o gymorth.
a Fel rheol, pan fydd cyhyr yn cyfangu ar draws cymal, dim ond un asgwrn fydd yn symud.
b Mae tendonau'n sownd yn y periostëwm.

5 'Dim ond un tarddle y gall cyhyr ei gael.' Cywir neu anghywir?

3.3 Liferi yn eich corff

Gwneud lifer

Ers miloedd o flynyddoedd mae dynion wedi defnyddio liferi i'w helpu i symud llwythi. Gwnewch eich lifer eich hun a rhoi cynnig ar ei ddefnyddio.

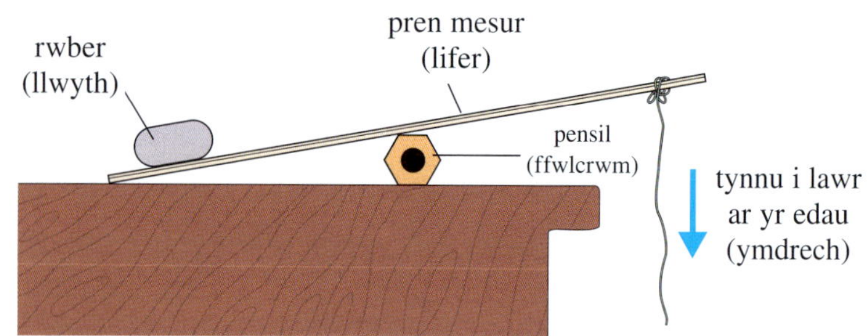

Bydd arnoch angen pensil, pren mesur, rwber a darn o edau (tua 15 cm). Clymwch yr edau o amgylch un pen i'r pren mesur, tua 3 cm o'r pen. Yn awr rhowch y darnau yn eu lle fel y dangosir yma.

Beth sy'n digwydd pan dynnwch ar yr edau?

Y pren mesur yw'r **lifer**. Y pensil yw'r colyn neu'r **ffwlcrwm**. Y rwber yw'r **llwyth**. Chi sy'n darparu'r **ymdrech** wrth dynnu pen y lifer i lawr.

Mae tri math gwahanol o lifer, yn dibynnu ar safle'r ffwlcrwm, y llwyth a'r ymdrech. Gelwir yr un cyntaf yma yn lifer **dosbarth cyntaf**. Mae gan eich corff enghreifftiau o bob un o'r tri.

Liferi yn y corff

Yn eich corff mae'r cyhyrau, y cymalau a'r esgyrn yn gweithio gyda'i gilydd fel systemau liferi:

- asgwrn yw'r lifer. Ond dydy e ddim yn syth fel eich pren mesur chi!
- cymal yw'r ffwlcrwm fel rheol.
- y llwyth yw pwysau'r rhan o'r corff sy'n cael ei symud ynghyd ag unrhyw bwysau y mae'n ei gario (e.e. eich braich ynghyd â raced dennis).
- mae'r ymdrech yn cael ei darparu gan gyhyrau'n cyfangu. Mae tendonau'r cyhyrau yn gweithredu fel yr edau yn eich lifer chi.

Liferi dosbarth 1

Yma mae'r ffwlcrwm rhwng yr ymdrech a'r llwyth.

Mae codi eich pen yn dangos lifer dosbarth 1 ar waith:

- mae'r penglog yn gweithredu fel y lifer.
- y ffwlcrwm yw'r cymal rhwng y penglog a'r atlas.
- y llwyth yw pwysau'r pen. Mae'n tynnu'r pen ymlaen.
- mae'r ymdrech yn cael ei darparu gan y cyhyryn trapesiws. Pan fydd yn cyfangu bydd yn tynnu'r pen yn ôl.

Rhowch eich bys ar eich gwddf fel hyn a nodiwch eich pen. Gallwch deimlo'r trapesiws yn gweithio.

Liferi dosbarth 2

Y tro hwn mae'r llwyth rhwng y ffwlcrwm a'r ymdrech.

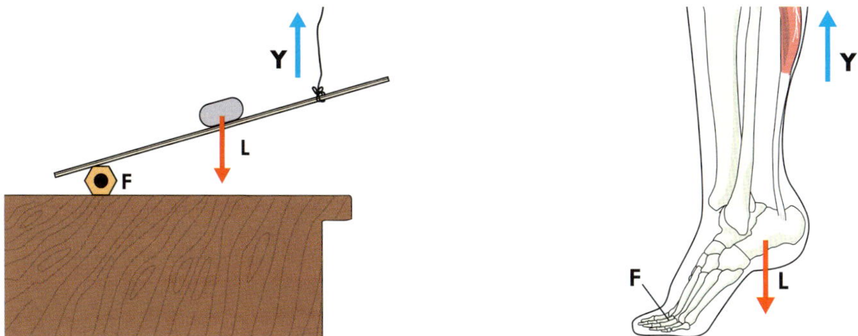

Mae sefyll ar flaenau'ch traed yn dangos lifer dosbarth 2 ar waith:

- mae asgwrn eich sawdl yn gweithredu fel y lifer.
- y ffwlcrwm yw pwynt y cyswllt rhwng bysedd eich traed a'r llawr.
- y llwyth yw pwysau eich corff.
- mae'r ymdrech yn cael ei darparu gan gyhyryn croth y groes sy'n tynnu ar asgwrn eich sawdl. **Gweyllen y ffêr** (*Achilles tendon*) sy'n cysylltu'r cyhyryn â'r asgwrn.

Liferi dosbarth 3

Y tro hwn mae'r ymdrech rhwng y llwyth a'r ffwlcrwm.

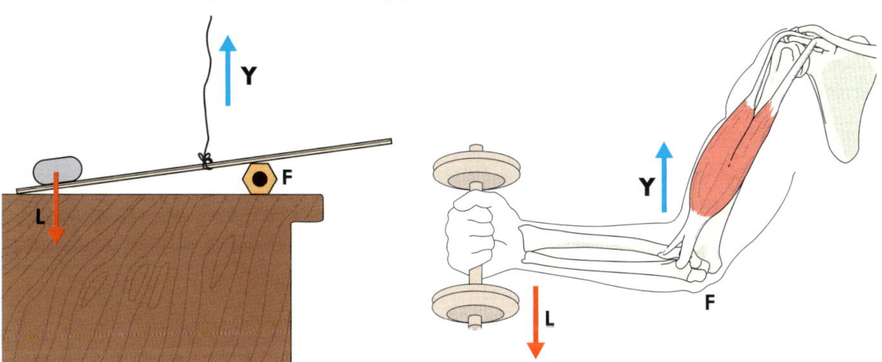

Mae codi pwysau yn dangos lifer dosbarth 3 ar waith:

- mae'r radiws a'r wlna yn gweithredu fel y lifer.
- y ffwlcrwm yw cymal y penelin.
- y llwyth yw pwysau rhan isa'r fraich ynghyd â'r llwyth a godir.
- mae'r ymdrech yn cael ei darparu gan y cyhyryn deuben yn cyfangu.

Yn achos lifer dosbarth 3, mae'r cyhyr wedi'i gysylltu yn agos iawn at y cymal. Bydd cyfangiad bach, felly, yn creu symudiad mawr. Mae hynny'n gwneud y liferi hyn yn ddefnyddiol iawn. Dyma'r math mwyaf cyffredin yn eich corff.

Gadewch i'ch braich hongian yn syth, yna plygwch hi fel hyn. Bydd cyfangiad o ychydig o gentimetrau yn eich cyhyryn deuben yn codi eich dwrn tua 60 centimetr. Mae liferi dosbarth 3 yn effeithiol iawn!

Cwestiynau

1 Beth mae lifer yn ei wneud?
2 Beth mae'r ffwlcrwm yn ei wneud?
3 Lluniwch ddiagramau syml o'r systemau liferi hyn:
a dosbarth 1 **b** dosbarth 2 **c** dosbarth 3
4 Gyferbyn â phob un o'ch diagramau ysgrifennwch enghraifft a geir yn eich corff.
5 Pa un yw'r math mwyaf cyffredin o lifer yn eich corff? Pam y mae mor ddefnyddiol?

3.4 Cyflymder cyhyrau a ffyrfiant cyhyrol

Ffibrau cyhyrol

Mae cyhyrau'n cynnwys celloedd a elwir yn **ffibrau cyhyrol**. Bydd y cyhyrau'n cyfangu (byrhau) am fod y ffibrau'n cyfangu.

Ond dydy'r ffibrau ddim i gyd yn cyfangu gyda'i gilydd. Bydd y nifer fydd yn cyfangu ar adeg benodol yn dibynnu ar faint o rym sydd ei angen.

Er enghraifft, bydd mwy o ffibrau yn eich cyhyryn deuben yn cyfangu pan fyddwch yn codi'r llyfr hwn na phan fyddwch yn codi pensil.

Mae dau fath gwahanol o ffibrau cyhyrol, **ffibrau sy'n ymateb yn araf** a **ffibrau sy'n ymateb yn gyflym**.

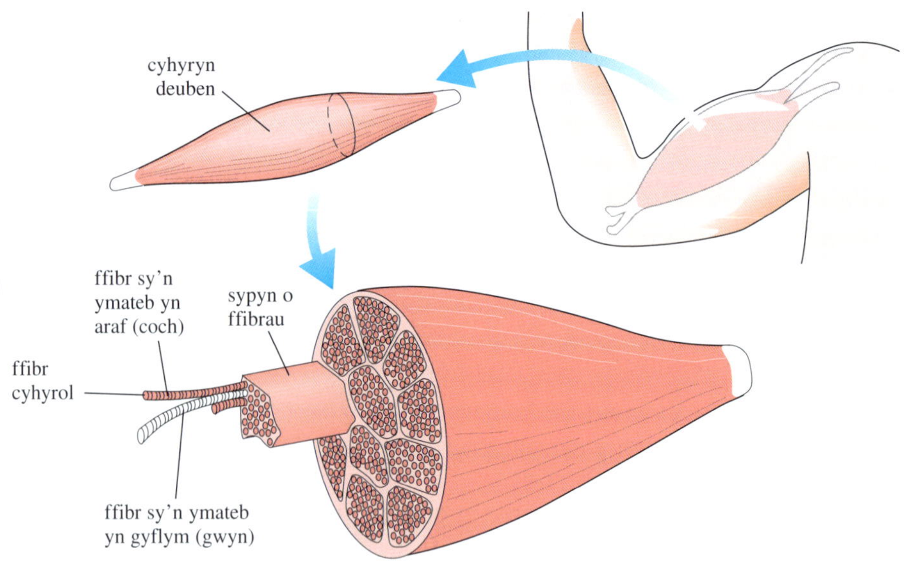

Ffibrau sy'n ymateb yn gyflym/araf

Ym mha gampau y byddwch chi'n perfformio orau? Mae'n dibynnu yn rhannol ar y cymysgedd o ffibrau sy'n ymateb yn araf a ffibrau sy'n ymateb yn gyflym yn eich cyhyrau.

Mae **ffibrau sy'n ymateb yn araf** yn cyfangu'n araf a heb lawer o rym. Ond dydyn nhw ddim yn blino'n rhwydd. Felly, mae'n nhw'n addas ar gyfer gweithgareddau lle mae angen dygnwch (*endurance*), e.e. loncian, rhedeg pellter hir a sefyll am gyfnodau hir.

Mae **ffibrau sy'n ymateb yn gyflym** yn cyfangu'n fwy cyflym o lawer na ffibrau sy'n ymateb yn araf a chyda llawer mwy o rym. Ond maen nhw'n blino'n fuan. Felly, maen nhw'n addas ar gyfer gweithgareddau lle mae angen hyrddiau o gryfder a phŵer, e.e. sbrintio a chodi pwysau.

Mae pob cyhyr yn cynnwys cymysgedd o'r ffibrau hyn. Ond:

Mae'r cymysgedd yn wahanol mewn cyhyrau gwahanol. Mae cyhyryn croth y goes, er enghraifft, yn cynnwys llawer o ffibrau sy'n ymateb yn gyflym. Mae'n flinedig sefyll ar flaenau'ch traed!

Mae'r cymysgedd yn wahanol ar gyfer pobl wahanol. Mae gan rai rhedwyr pellter hir 80% yn ffibrau sy'n ymateb yn araf ac mae gan rai codwyr pwysau 80% yn ffibrau sy'n ymateb yn gyflym.

Pam mae 'na wahaniaeth? Eich rhieni sydd ar fai am hyn! Fe wnaethoch chi etifeddu'r cymysgedd oddi wrthyn nhw ac mae'n rhy hwyr i'w newid erbyn hyn ...

Sut y bydd cyflymder cyhyrau yn effeithio ar berfformiad

Po fwyaf o ffibrau sy'n ymateb yn gyflym sydd gennych, mwyaf addas y byddwch ar gyfer campau lle mae angen hyrddiau o gryfder a phŵer. Pan fyddwch yn chwarae er mwyn hwyl, dydy cymysgedd y ffibrau ddim o bwys. Ond ar lefelau uwch gall olygu'r gwahaniaeth rhwng ennill a cholli.

Dychmygwch fod dwy sbrintwraig W ac Y yn cystadlu yn erbyn ei gilydd. Maen nhw'n debyg i'w gilydd o ran oed, pwysau a ffitrwydd. Ond 75% yw canran y ffibrau sy'n ymateb yn gyflym yng nghyhyrau coesau W a 55% yw'r canran yng nghyhyrau coesau Y. Felly, dylai W fedru rhedeg yn gyflymach, cyflymu'n gyflymach a sbrintio'n gyflymach nag Y. Mae ganddi well gobaith o ennill.

Ffyrfiant cyhyrol *(Muscle tone)*

Hyd yn oed pan fydd cyhyr wedi'i laesu, bydd ychydig o'i ffibrau wedi'u cyfangu - digon i gadw'r cyhyr yn dynn ond nid digon i achosi symud. Y term am y cyfangiad rhannol hwn yw **ffyrfiant cyhyrol**. Hebddo allech chi ddim sefyll yn syth!

Mae disgyrchiant yn ceisio tynnu eich pen ymlaen, fel y dangosir yma. Ond bydd cyfangu rhannol neu ffyrfiant cyhyrol yn y trapesiws yn ei gadw'n syth.

Mae ffyrfiant cyhyrol yn y cwadriceps yn cydbwyso'r ffyrfiant cyhyrol yn llinynnau'r garrau i gadw eich coesau'n syth yn y pen-glin.

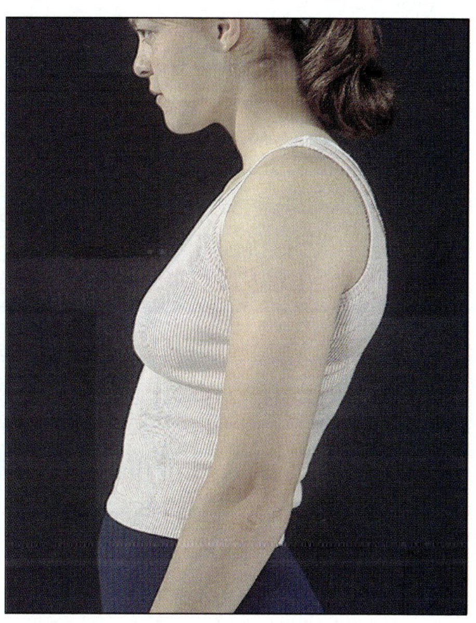

Os bydd y ffyrfiant cyhyrol yng nghyhyrau'r abdomen yn wael, bydd eich asgwrn cefn yn crymu gormod. Y canlyniad fydd ymddaliad (*posture*) gwael.

I gynnal ffyrfiant cyhyrol heb flino, bydd grwpiau o ffibrau cyhyrol yn cymryd eu tro i gyfangu. Bydd y naill grŵp yn gweithio ar ôl y llall.

Mae ffyrfiant cyhyrol gwael yn arwain at ymddaliad gwael. Ond mae ymarfer yn gwella ffyrfiant cyhyrol. Mae'n gwneud y ffibrau cyhyrol yn fwy trwchus ac felly byddan nhw'n cyfangu'n gryfach.

Cwestiynau

1 **a** Beth yw enw arall ar gell cyhyr?
  b Mae dau fath gwahanol. Beth ydyn nhw?
2 Pam y mae ffibrau sy'n ymateb yn gyflym yn addas ar gyfer codi pwysau?
3 Pam y mae ffibrau sy'n ymateb yn araf yn addas ar gyfer loncian?
4 Pa fath o ffibrau sy'n addas ar gyfer sgïo traws gwlad.
5 Beth yw *ffyrfiant cyhyrol*?
6 Heb ffyrfiant cyhyrol byddech yn cwympo i'r llawr. Eglurwch pam.

3.5 Ymddaliad

Pwysigrwydd ymddaliad da

Mae **ymddaliad da** yn golygu rhoi eich corff yn yr ystum sy'n rhoi **leiaf o straen** ar y cyhyrau, y tendonau, y gewynnau a'r esgyrn.

Manteision ymddaliad da

- Mae'n eich helpu chi i edrych dda a'ch dillad.
- Mae'n helpu eich calon, eich anadlu a'ch system dreulio i weithio'n iawn.
- Mae'n helpu i atal straen ac anaf mewn chwaraeon a gweithgareddau eraill.
- Mae'n eich gwneud chi'n llai blinedig am eich bod yn defnyddio llai o egni.

Anfanteision ymddaliad gwael

- Does dim cystal golwg arnoch ag y gallai fod, pa mor dda bynnag y bo'ch dillad a'ch gwallt.
- Mae'n rhaid i'ch cyhyrau weithio'n galetach, felly byddwch yn blino'n gynt.
- Gall y straen ar yr esgyrn, y tendonau a'r gewynnau arwain at anaf, e.e. ysigiad *(strain)* yn y cefn a thraed fflat-wadn *(fallen arches)*.
- Mae llai o le i'ch calon a'ch ysgyfaint. Gall hynny amharu ar eu gweithrediad. Os ydych yn gefngrwm mae'n fwy anodd anadlu'n ddwfn.
- Gall effeithio ar dreulio bwyd. Pwy sydd am gael hynny?
- Gall problemau a achosir gan ymddaliad gwael gymryd blynyddoedd i'w hunioni.

Niwed i'r asgwrn cefn

Mae'r troeon yn eich cefn yn gwneud eich asgwrn cefn yn gryf. Ond pan fyddan nhw allan o siâp, mae'n hawdd niweidio'r asgwrn cefn, e.e. os byddwch yn plygu i godi bocs trwm neu'n troi'n sydyn neu'n datblygu ymddaliad gwael.

Gall pwysau ar y fertebrau wasgu'r disg cartilag gymaint fel ei fod yn gwasgu ar fadruddyn y cefn. Y term am hyn yw **disg wedi llithro** *(slipped disk)*. Mae'n boenus iawn.

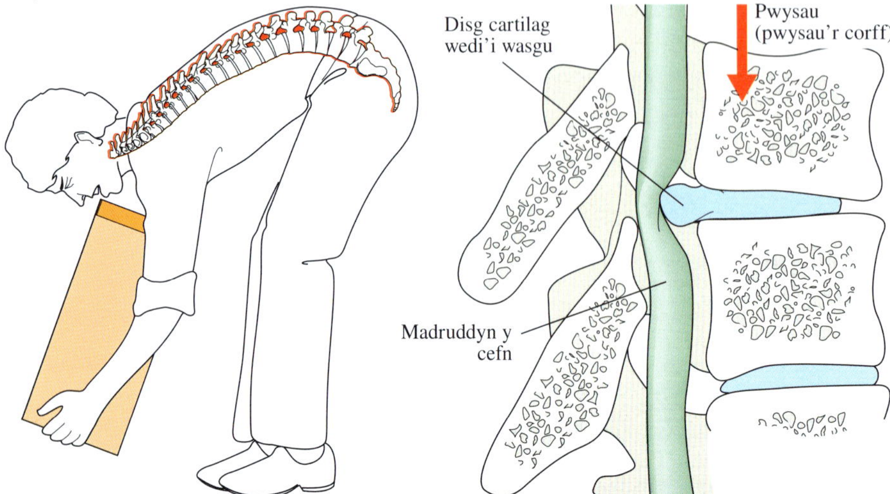

Gall codi pwysau trwm yn y modd hwn niweidio'ch asgwrn cefn.

Toriad trwy ddau fertebra yn dangos disg wedi llithro.

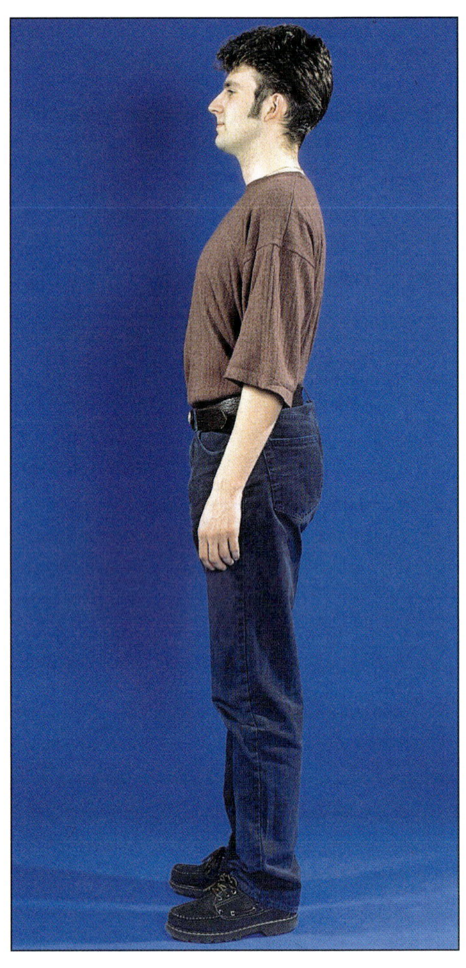

Mae ymddaliad da yn golygu llai o straen ar y cyhyrau, y tendonau, y gewynnau a'r esgyrn.

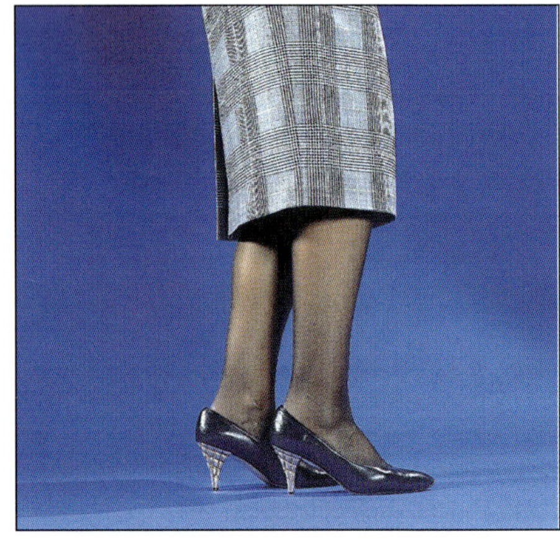

Mae sodlau uchel yn taflu'r corff ymlaen. Mae'r cyhyrau'n gweithio'n galed i'w sythu eto. Gall hynny fod yn flinedig!

Sicrhau ymddaliad da

P'un ai y byddwch yn eistedd, yn sefyll, yn cerdded neu'n codi rhywbeth, dyma'r rheol bwysig:
Cadwch eich asgwrn cefn mor unionsyth ag sy'n bosibl, gyda'i droeon arferol.

Ymddaliad da wrth sefyll

- Y pen i fyny, y gwddf yn estynedig.
- Yr ên i mewn ychydig.
- Yr asgwrn cefn yn ymestyn i fyny.
- Y frest yn uchel ac yn agored fel y gallwch anadlu'n rhwydd.
- Y breichiau yn llac wrth eich ymyl.
- Y pengliniau wedi'u llaesu.
- Y traed tua 15 cm ar wahân, gyda'ch pwysau'n gytbwys rhwng y sodlau a phelenni'r traed.

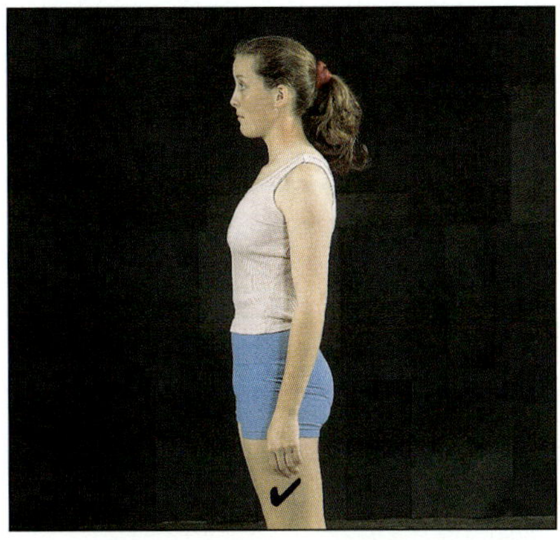

Ymddaliad da wrth eistedd

- Eistedd ymhell yn ôl yn y gadair gan adael iddi eich cynnal.
- Yr asgwrn cefn a'r gwddf yn estynedig.
- Y morddwydydd yn syth o'ch blaen.
- Y traed yn fflat ar y llawr o'ch blaen (nid o dan y gadair).
- Y breichiau wedi'u llaesu.

Yn gweithio wrth eich desg:

- eistedd yn union o flaen y ddesg ac yn ei hwynebu
- plygu ymlacn o'r cluniau yn hytrach na chrymu eich asgwrn cefn.

Ymddaliad da wrth godi

- Sefyll yn union o flaen y gwrthrych, yn agos ato a chyda'ch traed ar wahân.
- Plygu eich pengliniau i'w gyrraedd, gan gadw eich asgwrn cefn yn syth.
- Defnyddio holl gryfder eich coesau i'ch helpu i'w godi.

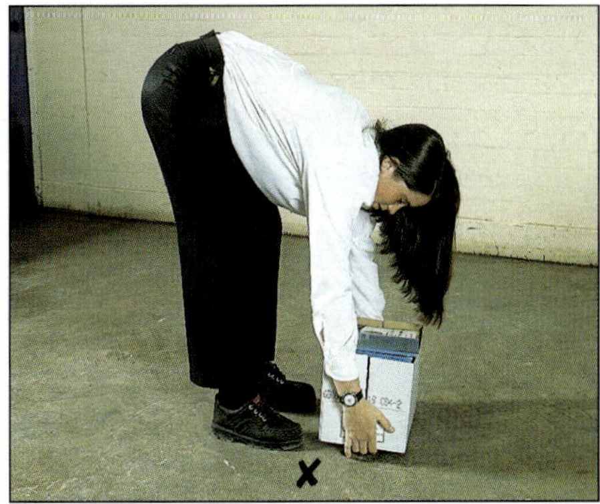

Cwestiynau

1. Nodwch bum rheswm pam y mae ymddaliad gwael yn niweidiol.
2. Nodwch enghreifftiau o gampau lle mae'r perygl mwyaf o anaf i'ch asgwrn cefn.
3. Beth yw prif reol ymddaliad da?
4. Ysgrifennwch gyfarwyddiadau ynglŷn ag ymddaliad yn dweud wrth rywun:
   a. sut i godi siwtces trwm
   b. sut i eistedd wrth y bwrdd i fwyta
   c. sut i gerdded i fyny'r grisiau

Cwestiynau ar Bennod 3

1 Cysylltwch y cyhyrau yn i-v isod ag A, B neu C.
A rheoledig a rhesog
B anrheoledig a rhesog
C rheoledig ond heb fod yn rhesog

i cyhyr cardiaidd
ii y cyhyr ym muriau'r stumog
iii y cyhyryn deuben
iv y trapesiws
v y cyhyrau ym muriau'r rhydwelïau

2 Cysylltwch bob un o'r gosodiadau i-vii isod ag A, B, C, D neu E.
A cyfangiad
B llaesu
C cyhyrau
D ffibrau cyhyrol
E tendonau

i mae cyhyrau'n ceisio dychwelyd i'w hyd gwreiddiol
ii yn gallu ymateb yn araf neu ymateb yn gyflym
iii yn wyn, yn gryf ac yn hyblyg
iv fel rheol yn gysylltiedig â dau asgwrn ar draws cymal
v y cyhyr yn byrhau
vi bydd mwy yn cyfangu pan fyddwch yn codi pwysau trwm
vii yn cysylltu cyhyrau ag esgyrn

3 Mae'r diagramau A-F isod yn dangos cyhyrau gwahanol. Ar gyfer pob diagram:
a Enwch y cyhyr.
b Nodwch ym mha ran o'ch corff y mae'r:
i mewnosodiad ii tarddle.
(Does dim angen enwi'r esgyrn.)
c Nodwch y symudiad a geir pan fydd y cyhyr yn cyfangu. Defnyddiwch air o'r rhestr ganlynol:
plygu estyn atynnu alldynnu cylchdroi

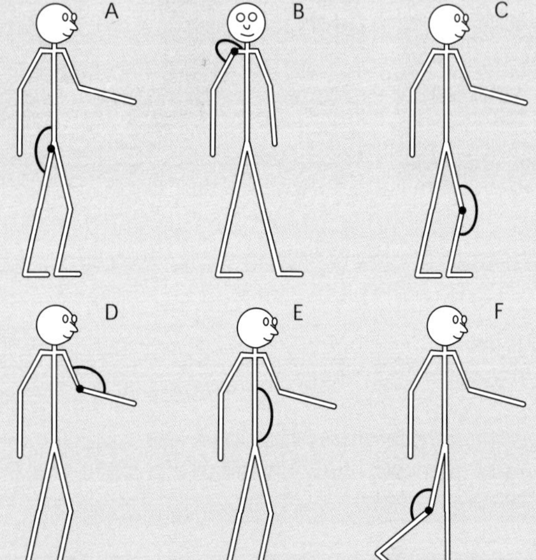

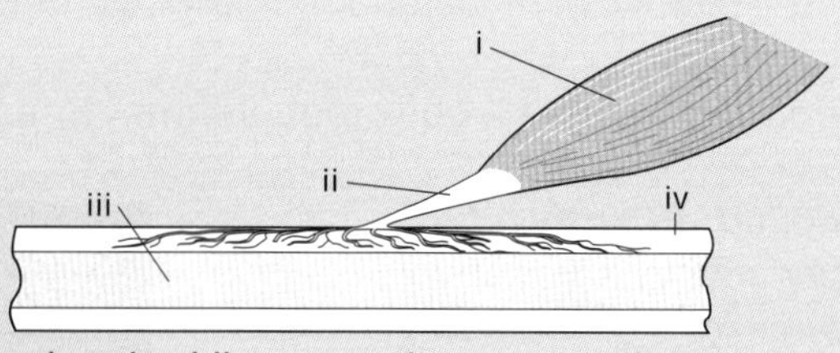

4 Fe welwch uchod lle mae cyhyr yn cysylltu ag asgwrn.
a Enwch y rhannau a labelwyd â rhifau.
b Mae rhan ii yn sownd yn rhan iv. Sut y bydd hyn o gymorth i chi?

5 Fel rheol bydd dau gyhyr yn gweithio gyda'i gilydd i symud asgwrn. Er enghraifft, i blygu cymal y glun, fel yn A isod, bydd un cyhyr yn cyfangu a chyhyr arall yn llaesu.

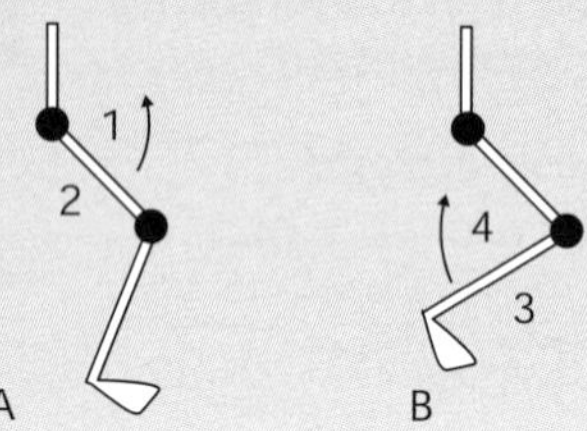

Yn niagram A:
a Ai cyhyr 1 neu 2 sy'n gorfod cyfangu i godi'r forddwyd?
b Ai cyhyr 1 neu 2 sy'n gorfod llaesu i ganiatáu i hyn ddigwydd?
c Pa un yw'r tynhäwr?
d Pa derm arall a ddefnyddir am y tynhäwr?
e Pa un yw'r gwrthweithydd?
f Pa derm a ddefnyddir am y math hwn o weithrediad cyhyrol?
g Rhowch enwau cywir y cyhyrau 1 a 2.

Yn niagram B mae cymal y pen-glin yn cael ei blygu.
h Ai cyhyr 3 neu 4 yw'r tynhäwr?
i Ai cyhyr 3 neu 4 yw'r gwrthweithydd?
j Rhowch enwau cywir y cyhyrau 3 a 4.
k Bydd cyhyrau eraill, sef synergyddion, hefyd yn ymwneud â'r symudiadau hyn. Pa waith maen nhw'n ei wneud?

6 Ar gyfer gweithrediadau a-d isod, pa gyhyrau yw'r tynhäwyr a pha rai yw'r gwrthweithyddion?
(Bydd y diagramau ar dudalen 30 o gymorth i chi.)

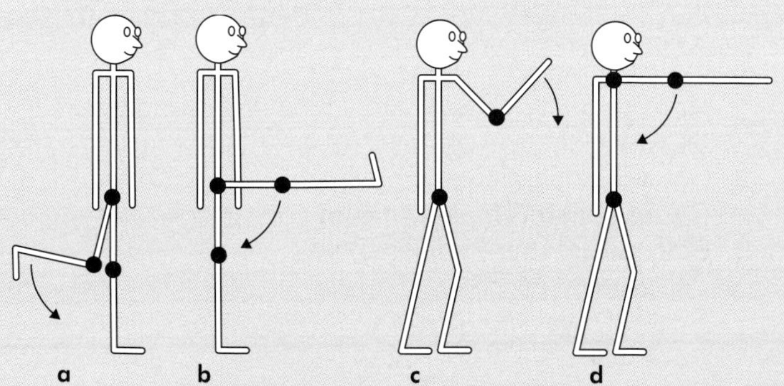

7

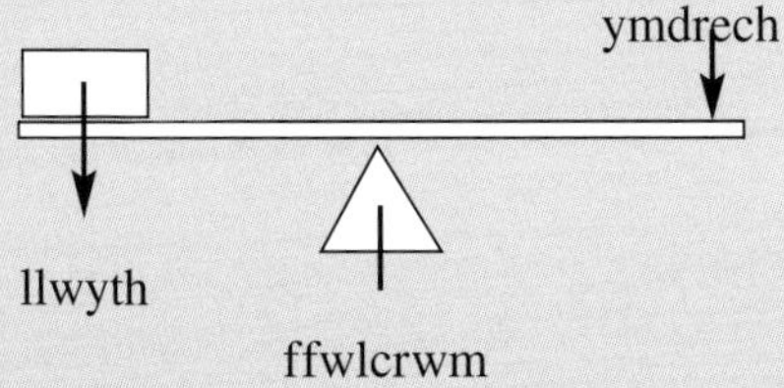

a Beth yw unig bwrpas lifer?
b Mae gan lifer **lwyth**, **ffwlcrwm** ac **ymdrech**, fel y gwelir uchod. Eglurwch ystyr y termau hyn.

8 Copïwch y diagramau hyn o liferi. Marciwch arnynt y llwyth (L) a'r ymdrech (Y). Yna gyferbyn â phob diagram ysgrifennwch enghraifft ohono yn eich corff.

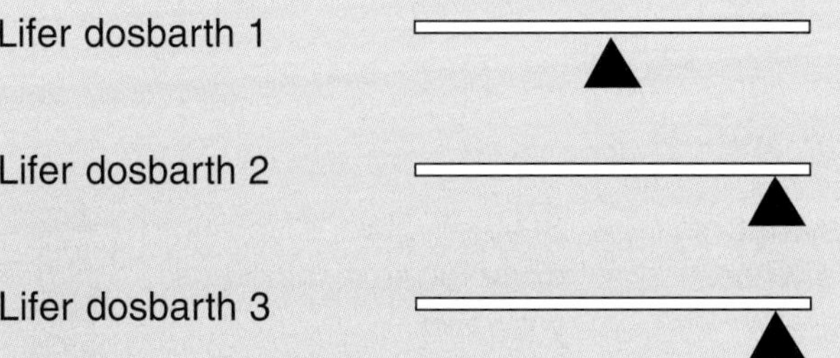

9 a Pa fath o lifer sy'n caniatáu'r symudiad mwyaf o'r llwyth am y symudiad lleiaf o'r ymdrech?
b Pa fath o lifer sydd fwyaf cyffredin yn eich corff? Pam, yn eich barn chi, y mae hyn yn wir?

10 Oni fyddwch yn anymwybodol, bydd eich cyhyrau bob amser wedi'u cyfangu yn rhannol.
a Pa enw a roddir ar y cyflwr hwn?
b Eglurwch sut y mae hyn yn eich helpu i ddal eich pen i fyny.
c Eglurwch sut y mae hyn yn eich helpu i edrych yn well.
d Pam na fydd y cyhyrau'n blino?

11 Mae pob cyhyr yn eich corff yn gymysgedd o ffibrau sy'n ymateb yn araf a ffibrau sy'n ymateb yn gyflym.
a Pa fath sy'n rhoi'r cyfangiadau cryfaf?
b Pa fath sy'n blino rwyddaf?
c Pa fath sy'n gallu dal ati'n hirach?
d 'Po fwyaf y byddwch yn ymarfer, mwyaf i gyd o ffibrau sy'n ymateb yn gyflym fydd gennych.' Ydy hyn yn wir? Eglurwch eich ateb.

12 Pa fath o ffibrau cyhyrol y byddwch yn dibynnu arnynt er mwyn:
a loncian?
b gwneud trosben yn ôl?
c codi pwysau trwm iawn?
d cario'ch llyfrau adref o'r ysgol?
e taflu'r siot?
f gweithio wrth y cownter mewn siop?
g ras nofio 100 m?
h chwarae golff?
i tynnu mewn gornest dynnu rhaff?
j chwarae gêm o dennis?

13 Enwch un cyhyr sy'n cael ei ymarfer ym mhob gweithgaredd.

4.1 Egni ar gyfer ymarfer

Achosir symudiadau gan gyhyrau'n cyfangu. Rhaid cael **egni** ar gyfer hyn. Mae eich cyhyrau'n cael egni o **fwyd**. Mae bwyd yn gymysgedd o garbohydradau, brasterau, proteinau, fitaminau, mwynau a ffibr. Pan fyddwch yn bwyta, dyma sy'n digwydd:

- caiff y bwyd ei dorri i lawr yn hylif yn eich coludd. Y term am hyn yw **treulio**.
- bydd y bwyd hylifol yn symud drwy fur y coludd i'r gwaed.
- bydd y gwaed yn ei gludo i'r holl gelloedd, gan gynnwys y ffibrau cyhyrol. Bydd y celloedd yn ei ddefnyddio ar gyfer egni, tyfu ac atgyweirio.

Sut y caiff carbohydradau eu treulio

Mae eich cyhyrau'n defnyddio carbohydradau a brasterau i gael egni. Yma ystyriwn garbohydradau yn unig. Yn gyntaf cânt eu torri i lawr yn **glwcos**.

1 Carbohydrad a geir mewn bwydydd fel pasta a reis yw startsh. Llinyn o foleciwlau glwcos wedi'u cysylltu â'i gilydd ydyw.

2 Yn y coludd mae ensymau yn torri'r startsh i lawr yn glwcos.

3 Mae'r glwcos yn mynd drwy furiau'r coludd i lif y gwaed.

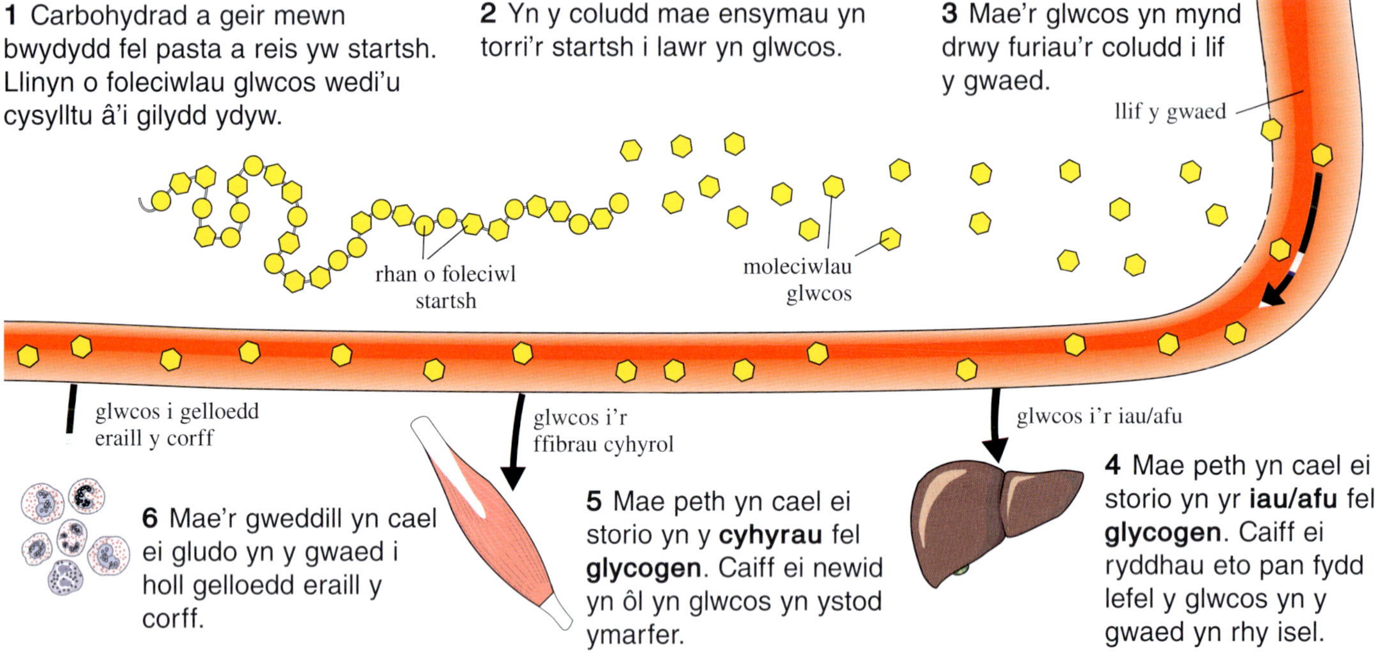

4 Mae peth yn cael ei storio yn yr **iau/afu** fel **glycogen**. Caiff ei ryddhau eto pan fydd lefel y glwcos yn y gwaed yn rhy isel.

5 Mae peth yn cael ei storio yn y **cyhyrau** fel **glycogen**. Caiff ei newid yn ôl yn glwcos yn ystod ymarfer.

6 Mae'r gweddill yn cael ei gludo yn y gwaed i holl gelloedd eraill y corff.

Resbiradaeth celloedd

Mae'r celloedd yn cael egni o glwcos mewn proses a elwir yn **resbiradaeth celloedd**.
Fe geir dau fath o resbiradaeth yn y ffibrau cyhyrol.

Resbiradaeth aerobig. Mae hyn yn defnyddio ocsigen i gynhyrchu egni:

- Defnyddir peth o'r egni gan y cyhyrau er mwyn creu symudiad.
- Cynhyrchir y rhan fwyaf fel gwres. Dyna pam y bydd ymarfer yn eich cynhesu!
- Mae'r gwaed yn cludo'r carbon deuocsid, y dŵr a'r gwres i ffwrdd o'r cyhyrau. Caiff y carbon deuocsid ei **ysgarthu** drwy'r ysgyfaint.

Resbiradaeth anaerobig. Dydy hyn ddim yn defnyddio ocsigen.

glwcos → egni + asid lactig

- Mae hyn yn rhoi llawer llai o egni na resbiradaeth aerobig.
- Pan fydd gormod o asid lactig yn eich cyhyrau, bydd yn gweithredu fel gwenwyn ysgafn. Bydd yn achosi poen a blinder. Bydd eich cyhyrau'n peidio â gweithio.

Ar gyfer gweithgareddau pob dydd fel beicio i'r ysgol, bydd eich cyhyrau'n defnyddio ocsigen i gael egni.

Resbiradaeth celloedd yn ystod ymarfer

Fel rheol mae'r cyhyrau'n cael eu hegni o resbiradaeth aerobig, e.e. pan fyddwch yn cerdded, yn loncian, yn dawnsio, yn nofio neu'n beicio.

Ond weithiau mae angen llawer o egni ar y cyhyrau yn gyflym iawn, e.e. pan fyddwch yn sbrintio. Allwch chi ddim darparu digon drwy resbiradaeth aerobig am na all ocsigen gyrraedd y cyhyrau'n ddigon cyflym. Felly mae resbiradaeth anaerobig yn cymryd trosodd.

Ond ar ôl llai na munud, bydd yr asid lactig yn atal eich cyhyrau rhag gweithio. Os byddwch yn dal ati i sbrintio, byddwch yn llewygu.

Asid lactig a'r ddyled ocsigen

Ar ôl ymarfer egnïol fel sbrintio, mae angen ocsigen ychwanegol ar y cyhyrau i gael gwared ag asid lactig. Y term am yr ocsigen ychwanegol yw'r **ddyled ocsigen**. Rydych yn talu'r ddyled drwy lowcio aer i'ch ysgyfaint.

- Caiff y rhan fwyaf o'r asid lactig ei droi'n garbon deuocsid a dŵr. Mae hyn yn rhyddhau llawer o egni.
- Caiff peth ei newid yn ôl yn glwcos a glycogen.

Llowcio aer ar ôl ras galed i ad-dalu'r ddyled ocsigen.

Adfer glycogen

Wrth ymarfer yn galed, caiff y glycogen sydd yn y cyhyrau ac ychydig o'r glycogen sydd yn yr iau ei ddisbyddu. Rhaid i'r storau hyn gael eu hadfer. Bydd mabolgampwyr, felly, yn bwyta bananas a bwydydd startshlyd eraill cyn gynted ag y bydd yr ymarfer ar ben. Gall gymryd sawl diwrnod i redwyr marathon adfer eu stôr o glycogen.

Cewch fwy o wybodaeth am adfer glycogen ac ymadfer ar ôl ymarfer ar dudalen 95.

Cwestiynau

1 Pan gaiff carbohydradau eu treulio, pa sylwedd sy'n cael ei ffurfio?
2 Sut y mae'r sylwedd hwn yn cyrraedd eich cyhyrau?
3 Beth sy'n digwydd iddo yno?
4 a Beth yw *resbiradaeth celloedd*?
  b Enwch y ddau fath a geir mewn ffibrau cyhyrol.
  c Ysgrifennwch hafaliad geiriau ar gyfer y naill fath a'r llall.
5 Mewn gêm o dennis efallai y defnyddiwch y ddau fath o resbiradaeth celloedd. Eglurwch.
6 Ysgrifennwch *ddwy* o fanteision resbiradaeth aerobig o'i chymharu â resbiradaeth anaerobig.
7 a Beth yw'r *ddyled ocsigen*?
  b Sut y mae'n digwydd?
  c Sut rydych yn ei ad-dalu.

4.2 Y system resbiradol

Y system resbiradol

Mae eich celloedd yn cael egni drwy resbiradaeth aerobig. Mae angen ocsigen ar gyfer hynny. Bydd eich corff yn ei gymryd o'r aer drwy'r **system resbiradol**.

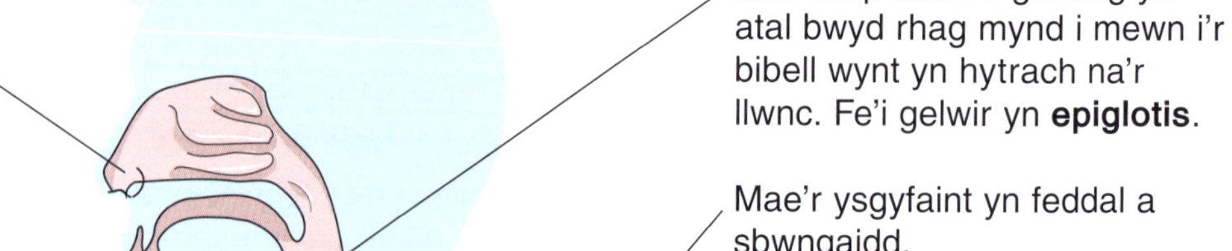

Mae aer yn cael ei dynnu i mewn trwy'r trwyn, lle mae'n cael ei hidlo gan flew mân a'i gynhesu a'i wlychu gan **fwcws**.

Mae'r **laryncs** yn gwneud synau ar gyfer siarad.

Y **tracea** neu'r bibell wynt. Mae'n diwb hyblyg a gedwir ar agor gan gylchlynnau o gartilag.

Yn yr ysgyfaint mae'r tracea'n isrannu'n ddau **froncws**. **Bronci** yw'r lluosog.

Mae'r bronci'n isrannu'n diwbiau llai, sef **bronciolynnau**.

Mae'r bronciolynnau'n diweddu mewn clystyrau o fân godennau aer a elwir yn **alfeoli**. Mae eu muriau mor denau fel y gall nwyon fynd trwyddynt.

calon

Mae fflap bach o gartilag yn atal bwyd rhag mynd i mewn i'r bibell wynt yn hytrach na'r llwnc. Fe'i gelwir yn **epiglotis**.

Mae'r ysgyfaint yn feddal a sbwngaidd.

Mae'r ysgyfaint mewn lle gwag, sef y **ceudod thorasig**.

Croen llithrig sy'n leinio'r ceudod yw'r **bilen eisbilennol**. Mae'n amddiffyn yr ysgyfaint wrth iddynt rwbio yn erbyn yr asennau.

Mae'r **asennau** yn amddiffyn yr ysgyfaint.

Mae'r **cyhyrau rhyngasennol** (*intercostal*) rhwng yr asennau yn eich helpu i anadlu i mewn ac allan.

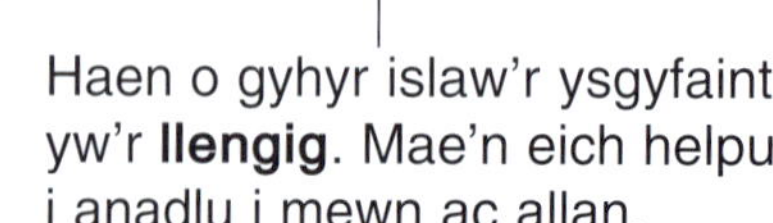

Haen o gyhyr islaw'r ysgyfaint yw'r **llengig**. Mae'n eich helpu i anadlu i mewn ac allan.

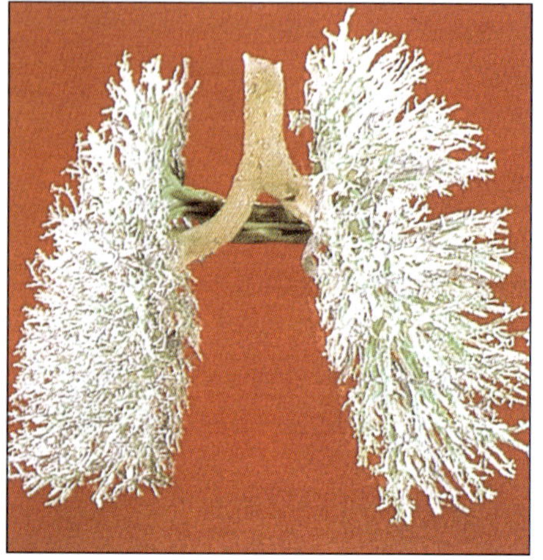

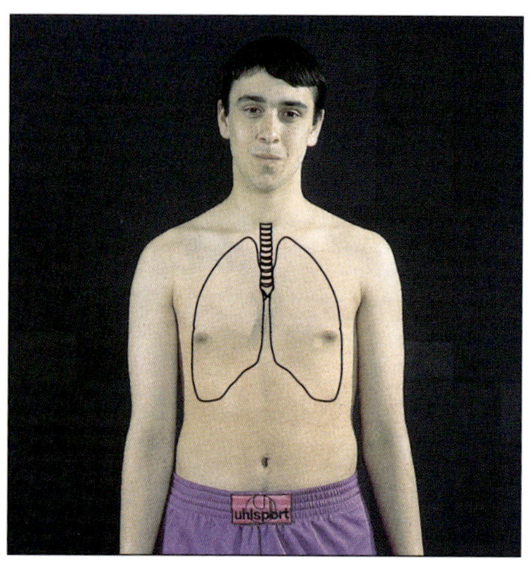

Cast resin o'r ysgyfaint ac amlinelliad o'u safle yn y corff. Y tiwbiau gwyrdd yn y cast resin yw'r tiwbiau sy'n cludo'r cyflenwad gwaed.

Yr alfeoli

Mae'r ysgyfaint yn cymryd ocsigen i mewn ac yn rhoi allan carbon deuocsid. Mae'r **cyfnewid nwyon** hyn yn digwydd yn alfeoli'r ysgyfaint.

Mae'r alfeoli ar y pen (*end*) i fronciolyn. Mae pob un yn llai na gronyn o halen.

Mae muriau'r alfeoli'n denau a llaith, sy'n helpu'r nwyon i fynd trwyddynt.

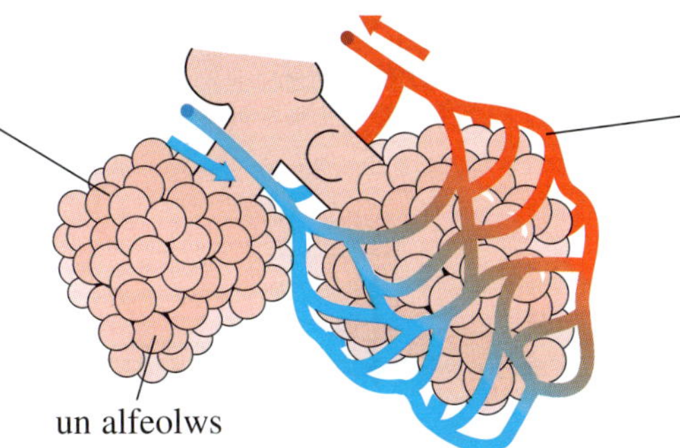

Mae'r alfeoli wedi'u hamgylchynu gan fân bibellau gwaed, sef **capilarïau**. Gall nwyon fynd drwy furiau'r capilarïau.

Cyfnewid nwyon yn yr alfeoli

Mae hyn yn dangos yr hyn sy'n digwydd yn yr afleoli.

1 Mae'r gwaed yn cludo carbon deuocsid o'r corffgelloedd i'r alfeoli.

2 Mae'r carbon deuocsid yn mynd drwy furiau'r capilarïau ac i mewn i'r alfeoli.

3 O'r alfeoli mae'n mynd allan o'r ysgyfaint ac i fyny'r bibell wynt.

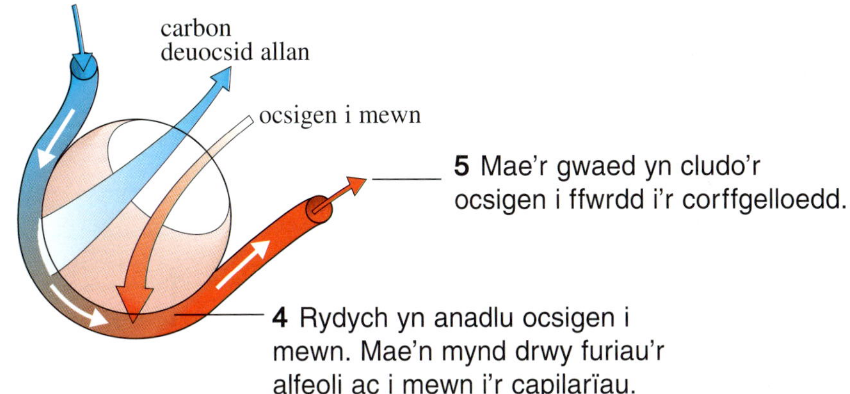

4 Rydych yn anadlu ocsigen i mewn. Mae'n mynd drwy furiau'r alfeoli ac i mewn i'r capilarïau.

5 Mae'r gwaed yn cludo'r ocsigen i ffwrdd i'r corffgelloedd.

Sut y bydd aer yn newid yn eich ysgyfaint

Yn yr ysgyfaint cymerir ocsigen o'r aer ac ychwanegir carbon deuocsid ato. Felly mae'r aer rydych yn ei anadlu i mewn yn wahanol i'r aer rydych yn ei anadlu allan. Mae'r tabl hwn yn dangos y newidiadau.

Nwy	Faint sydd yn yr aer a anadlwch i mewn	Faint sydd yn yr aer a anadlwch allan
ocsigen	21 %	17%
carbon deuocsid	ychydig bach	3%
nitrogen	79%	79%
anwedd dŵr	ychydig	llawer

Sylwch ar nitrogen. Dydy'r maint ddim yn newid. Allwch chi egluro pam?

Cwestiynau

1 Pa waith y mae'r blew yn y trwyn yn ei wneud?
2 Beth yw'r enw arall ar y bibell wynt?
3 Beth sy'n atal bwyd rhag mynd i mewn i'r bibell wynt?
4 Pa waith y mae'r bilen eisbilennol yn ei wneud?
5 Pa ddau nwy sy'n cael eu cyfnewid yn yr ysgyfaint?
6 Ble yn yr ysgyfaint y mae cyfnewid nwyon yn digwydd?
7 Mae muriau tenau iawn i'r alfeoli. Pam mae hynny'n ddefnyddiol?
8 Ydych chi'n defnyddio'r holl ocsigen a anadlwch i mewn?
9 Byddwch yn anadlu allan yr un faint o nitrogen ag y byddwch yn ei anadlu i mewn. Pam?

4.3 Anadlu ac ymarfer

Term arall am anadlu yw **resbiradaeth allanol** neu **resbiradaeth** yn unig. Peidiwch â drysu rhwng hyn a resbiradaeth celloedd! Y term am anadlu i mewn yw **mewnanadlu**. Y term am anadlu allan yw **allanadlu**.

Pan fyddwch yn anadlu i mewn

Mae sawl newid yn digwydd.

1 Mae'r cyhyrau rhyngasennol yn cyfangu. Mae hyn yn tynnu'r cawell asennau i fyny. Felly mae'r frest yn ehangu.

2 Mae'r llengig yn cyfangu. Mae hyn yn ei dynnu i lawr ac yn ei wastatáu, gan wneud y frest yn fwy byth.

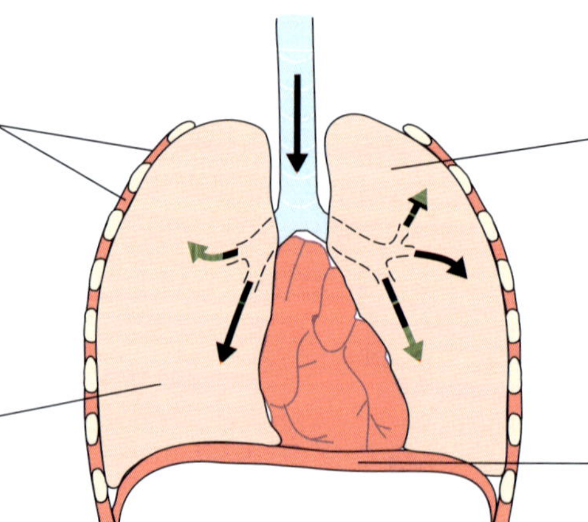

3 Pan fydd y frest yn ehangu bydd yr ysgyfaint yn ehangu hefyd, am fod eu harwyneb llaith yn glynu wrth leinin y frest.

4 Pan fydd yr ysgyfaint yn ehangu bydd y gwasgedd y tu mewn iddynt yn gostwng. Felly caiff mwy o aer ei sugno i lawr y bibell wynt ac i mewn i'r ysgyfaint.

Pan fyddwch yn anadlu allan

Mae'r gwrthwyneb yn digwydd.

1 Mae'r cyhyrau rhyngasennol yn llaesu. Mae hyn yn gostwng y cawell asennau ac yn gwneud y frest yn llai.

2 Mae'r llengig yn llaesu fel y bydd yn chwyddo tuag i fyny eto. Mae hyn yn gwneud y frest yn llai byth.

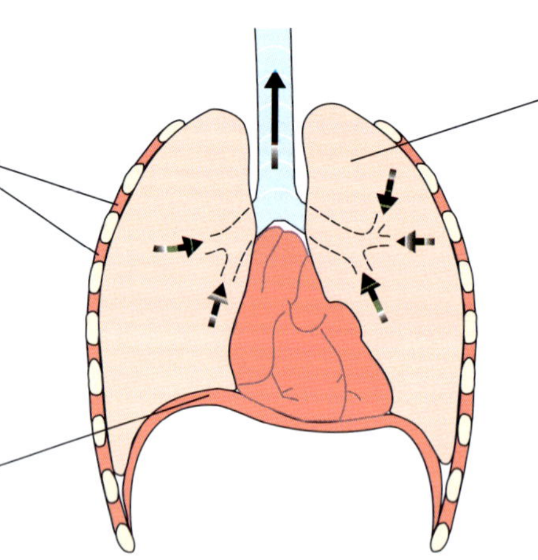

3 Pan fydd y frest yn lleihau caiff yr ysgyfaint eu cywasgu. Felly caiff aer ei wthio allan ac i fyny'r bibell wynt.

Faint o aer y byddwch yn ei anadlu?

- Cyfaint yr aer y byddwch yn ei anadlu i mewn neu allan â phob anadl yw'r **cyfaint cyfnewid** (*tidal volume*). Pan fyddwch yn anadlu'n ddwfn bydd hwn yn cynyddu.
- Nifer yr anadliadau a gymerir gennych bob munud yw'r **gyfradd resbiradol**.
- Cyfaint yr aer y byddwch yn ei fewnanadlu bob munud yw'r **cyfaint y munud**.
  Cyfaint y munud = cyfaint cyfnewid x cyfradd resbiradol
  Po fwyaf fydd hwn, mwyaf i gyd o ocsigen fydd yn cyrraedd eich celloedd.
- Defnyddir y term **cyfaint anadlol** (*vital capacity*) am y cyfaint mwyaf o aer y gallwch ei anadlu allan ar ôl anadlu i mewn mor ddwfn ag y gallwch. Mae fel rheol tua 4.5 neu 5 litr.
- Defnyddir y term **cyfaint gweddillol** am yr aer sydd ar ôl yn eich ysgyfaint ar ôl i chi anadlu allan mor galed ag y gallwch. Mae fel rheol tua 1.5 litr. Ni allwch fyth wacáu eich ysgyfaint yn llwyr.

Cyfrifo eich cyfaint y munud

Enghraifft

Cyfaint cyfnewid: 0.6 litr
Cyfradd resbiradol: 14 anadl y munud

Felly cyfaint y munud

= 14 x 0.6 litr y munud
= 8.4 litr y munud.

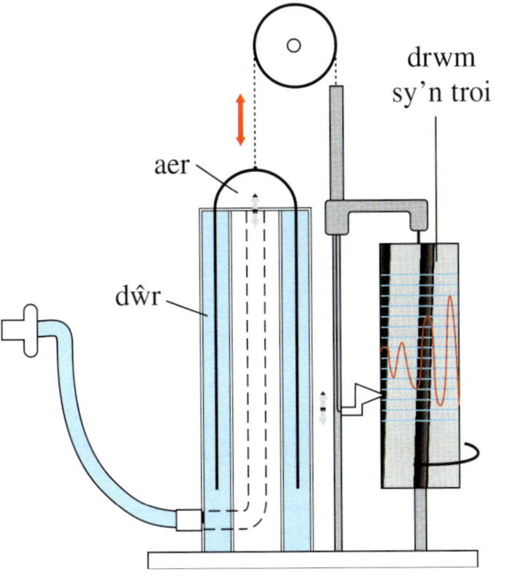

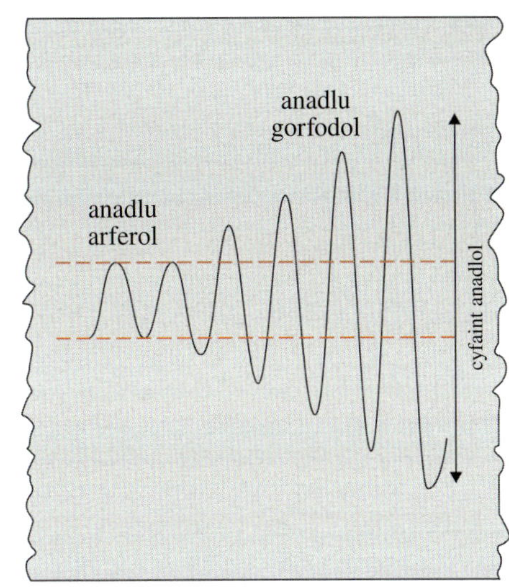

Gellir defnyddio sbiromedr i fesur cyfaint yr aer y byddwch yn ei anadlu i mewn ac allan. Pan fyddwch yn anadlu i mewn i'r geg offeryn, bydd y gromen *(dome)* yn codi ac felly bydd y pen yn disgyn, gan farcio olin ar y papur..

Eich ysgyfaint ac ymarfer

Mae'r ysgyfaint a'r galon yn gweithio fel tîm i fynd ag ocsigen o gwmpas y corff ac i gael gwared â charbon deuocsid. Pan fyddwch yn ymarfer, mae'n rhaid i'ch calon a'ch ysgyfaint weithio'n galetach. Dyma sy'n digwydd:

1 Yn ystod ymarfer, mae resbiradaeth celloedd yn y cyhyrau yn cynyddu. Felly mae lefel y carbon deuocsid yn y gwaed yn cynyddu.

2 Mae'r ymennydd yn canfod hyn. Mae'n anfon arwydd i'r ysgyfaint i anadlu'n gyflymach ac yn ddyfnach.

3 Felly mae'r cyfnewid nwyon yn yr ysgyfaint yn cyflymu. Mae mwy o garbon deuocsid yn mynd allan o'r gwaed a mwy o ocsigen yn mynd i mewn iddo.

4 Mae'r ymennydd hefyd yn anfon arwydd i'r galon i guro'n gyflymach. Felly:

- caiff mwy o waed ei bwmpio i'r ysgyfaint ar gyfer cyfnewid nwyon
- caiff mwy o waed ei bwmpio i'r cyhyrau, yn cludo ocsigen ac yn cael gwared â charbon deuocsid.

Sylwch sut y bydd anadlu'n newid yn ystod ymarfer:

Ar gyfer unigolyn 18 oed ...	*yn gorffwys*	*yn ystod ymarfer*
cyfaint cyfnewid	0.5 litr	2.5 litr
cyfradd resbiradol	12 anadl y munud	30 anadl y munud
cyfaint y munud	6 litr y munud	75 litr y munud

Cwestiynau

1 Beth yw: **a** mewnanadlu? **b** allanadlu?

2 Pan fyddwch yn anadlu i mewn bydd eich brest yn ehangu. Eglurwch:
 a sut y mae hyn yn digwydd.
 b pam y bydd eich ysgyfaint yn ehangu hefyd.

3 Pam y bydd aer yn gadael yr ysgyfaint pan fyddwch yn anadlu allan?

4 Beth yw: a cyfaint cyfnewid? **b** cyfradd resbiradol?

5 Yn y tabl uchod, sut y gwnaeth ymarfer newid:
 a y cyfaint cyfnewid? **b** y gyfradd resbiradol?
 c cyfaint y munud?

6 Sut y gwnaeth y newidiadau hyn helpu'r unigolyn?

Cwestiynau ar Bennod 4

1 Yn debyg i sylweddau eraill mewn bwyd, caiff carbohydradau eu torri i lawr yn ystod treulio. Gall y sylwedd a gynhyrchir gael ei ddefnyddio gan eich cyhyrau i gael egni.

- a Enwch y sylwedd hwn.
- b Trwy ba broses y ceir egni o'r sylwedd hwnnw?
- c Caiff peth o'r sylwedd ei storio yn eich cyhyrau. Ar ba ffurf y caiff ei storio?
- d Pam y caiff ei storio yn y cyhyrau?
- e Beth sy'n digwydd i'r stôr yma yn ystod ymarfer?
- f Caiff y sylwedd ei storio yn yr iau hefyd. Ar ôl rhedeg marathon, bydd y stôr ohono yn yr iau yn isel. Pam?

2 Copïwch a chwblhewch y paragraff isod gan ddefnyddio geiriau o'r rhestr. Gallwch ddefnyddio gair fwy nag unwaith neu ddim o gwbl.

glycogen poen asid lactig ocsigen anaerobig aerobig resbiradaeth carbon deuocsid

Pan fydd y cyhyrau'n defnyddio ____________ i gael egni, gelwir y broses yn _______ _______. Pan na fyddan nhw'n defnyddio ocsigen, gelwir y broses yn _____ _____. Ond wedyn dim ond am gyfnod byr y gall hyn barhau oherwydd bod ________ _______ yn cael ei gynhyrchu. Mae hyn yn achosi _______ a blinder. Bydd y cyhyrau'n peidio â gweithio.

3 a Ysgrifennwch hafaliad geiriau ar gyfer resbiradaeth aerobig yn y cyhyrau yn defnyddio glwcos.

- b Eglurwch yr hyn sy'n digwydd i bob sylwedd a gynhyrchir.

4 a Ysgrifennwch hafaliad geiriau ar gyfer resbiradaeth anaerobig yn y cyhyrau yn defnyddio glwcos.

- b Eglurwch yr hyn sy'n digwydd i bob sylwedd a gynhyrchir.

5 Cysylltwch bob gosodiad i-ix isod ag A, B, C neu D. Dewiswch y cysylltiad gorau bob tro.

- A resbiradaeth allanol
- B resbiradaeth celloedd
- C mewnanadlu
- D allanadlu

- i Mae'r broses hon yn cynhyrchu egni o glwcos.
- ii Mae'r aer a symudir yn y broses hon yn cynnwys llai o ocsigen nag sydd mewn aer normal.
- iii Fel rheol defnyddir ocsigen ar gyfer y broses hon.
- iv Dyma derm arall am anadlu.
- v Yn ystod hyn fe gewch wared â charbon deuocsid.
- vi Gelwir yr aer a symudir yn ystod hyn yn aer mewnanadledig.
- vii Gelwir aer a symudir yn ystod hyn yn aer allanadledig.
- viii Yn ystod hyn byddwch yn cymryd ocsigen i mewn.
- ix Gall hyn ddigwydd hefyd heb ocsigen.

6 Ar y diagram hwn o'r system resbiradol mae rhifau ond does dim labeli.

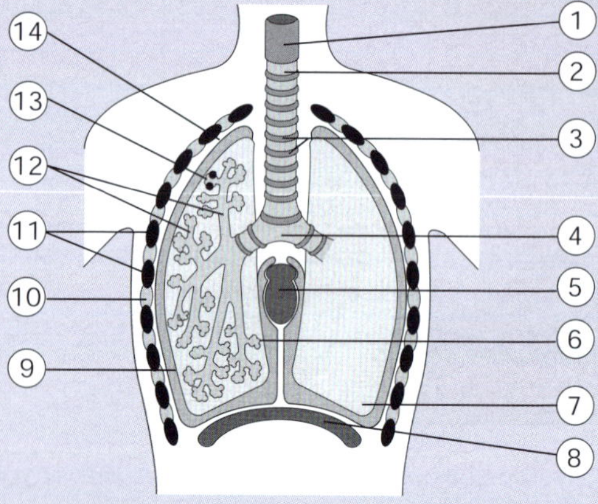

- a Ysgrifennwch y rhifau 1 i 14 mewn rhestr.
- b Gyferbyn â phob rhif ysgrifennwch y label cywir.
- c Beth yw pwrpas y system resbiradol?

7 Copïwch a chwblhewch y paragraff isod gan ddefnyddio geiriau o'r rhestr. Gallwch ddefnyddio gair fwy nag unwaith neu ddim o gwbl.

asennau llengig gyfaint lleihau allanadledig llaesu rhyngasennol ysgyfaint allanadlu calon

Yn ystod mewnanadlu mae'r cyhyrau __________ yn cyfangu ac yn tynnu'r __________ i fyny ac allan. Ar yr un pryd mae'r ___________ yn cyfangu, yn newid o gromen i siâp mwy gwastad. Mae'r symudiadau hyn yn achosi i __________ yr ___________ gynyddu. Yn ystod __________ mae'r rhain i gyd yn __________, gan achosi i aer gael ei __________.

8 Edrychwch ar y tabl hwn:

	% ocsigen	% carbon deuocsid
Aer mewnanadledig	21	0.03
Aer allanadledig wrth anadlu'n dawel	17	3
Aer allanadledig wrth ymarfer	15	6

- a Pam y mae *llai* o ocsigen mewn aer allanadledig nag sydd mewn aer mewnanadledig?
- b Pam y mae *mwy* o garbon deuocsid mewn aer allanadledig nag sydd mewn aer mewnanadledig?
- c Eglurwch pam y mae canran ocsigen mewn aer allanadledig yn gostwng yn ystod ymarfer.
- d Eglurwch pam y mae canran carbon deuocsid mewn aer allanadledig yn cynyddu yn ystod ymarfer.
- e Mae 15% o leiaf o aer allanadledig yn ocsigen. Eglurwch pam y mae hyn yn gwneud 'cusan bywyd' yn bosibl.

9 Gwelir isod y cyfarpar y bydd myfyrwyr yn ei ddefnyddio i fesur eu cyfaint anadlol a'u cyfaint cyfnewid. Mae'r cynhwysydd plastig wedi'i farcio'n litrau.

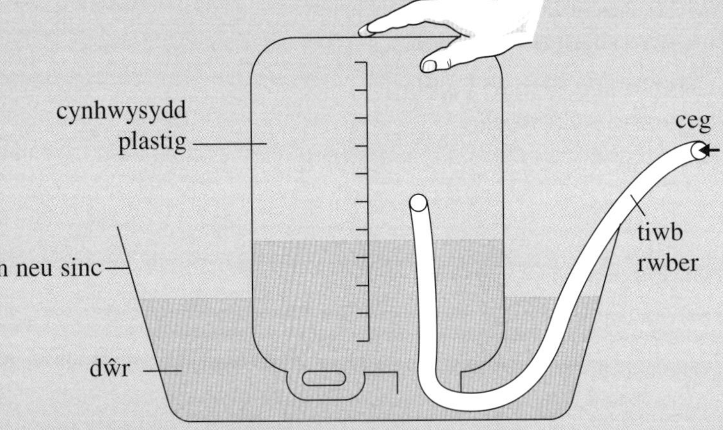

- **a** Beth yw cyfaint cyfnewid?
- **b** Beth yw cyfaint anadlol?
- **c** Beth fydd yn digwydd i lefel y dŵr pan fyddwch yn anadlu i mewn ac allan yn normal drwy'r tiwb rwber?
- **d** Eglurwch sut y gallech ddefnyddio hyn i ddarganfod eich cyfaint cyfnewid.
- **e** Sut y byddech yn defnyddio'r cyfarpar hwn i ddarganfod eich cyfaint anadlol?

10 Defnyddiwyd sbiromedr i gofnodi anadlu mabolgampwraig wrth orffwys ac ar ôl ymarfer. Mae pob ton (o'r naill gafn i'r nesaf) yn cynrychioli un anadl. Ar sail uchder y don gallwch weld cyfaint yr aer a anadlwyd i mewn.

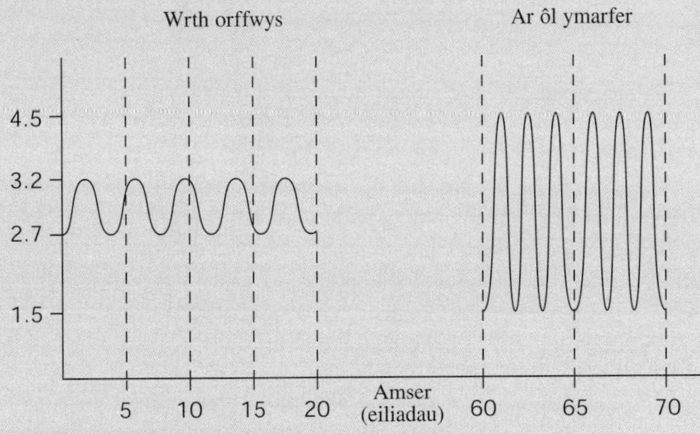

- **a** Beth oedd ei chyfaint cyfnewid wrth orffwys?
- **b** Beth oedd ei chyfaint cyfnewid ar ôl ymarfer?
- **c** Faint o anadliadau a gymerodd hi bob munud:
  i wrth orffwys? **ii** ar ôl ymarfer?
- **d** Beth oedd ei chyfaint y munud:
  i wrth orffwys? **ii** ar ôl ymarfer?
- **e** Eglurwch y gwahaniaeth rhwng eich atebion yn d.
- **f** Mae 21% o aer mewnanadledig yn ocsigen. Faint o ocsigen a anadlodd y fabolgampwraig i mewn bob munud:
  i wrth orffwys? **ii** ar ôl ymarfer?
- **g** Pam roedd angen y newid hwn mewn ocsigen?

Pethau i'w gwneud

Yma byddwch yn cymharu eich cyfaint cyfnewid (CC), eich cyfradd resbiradol (CR) a'ch cyfaint y munud (CM) wrth orffwys ac wrth ymarfer. Bydd angen i chi weithio gyda phartner.

1 Tabl ar gyfer eich canlyniadau
Yn gyntaf, copïwch y tabl hwn. Byddwch yn defnyddio'ch copi chi i gofnodi'ch canlyniadau:

Yn ystod ...	CC (litrau)	CR (anadliadau y munud)	CM (litrau)
gorffwys			
ymarfer ysgafn	1.5		
ymarfer egnïol	2		

2 Cyfaint cyfnewid
Gallwch fesur hwn gan ddefnyddio'r dull a ddangosir yng nghwestiwn 9. Ond gwnewch hyn ar gyfer eich CC wrth orffwys. (Mae'n anodd mesur CC yn y modd hwn wrth ymarfer, felly rhoddwyd dau amcangyfrif yn y tabl i chi.)

- **a** Trefnwch y cyfarpar fel y dangosir yng nghwestiwn 9.
- **b** Anadlwch yn normal i mewn i'r tiwb. Bydd lefel y dŵr yn codi a gostwng.
- **c** Dylai eich partner gofnodi uchafbwynt ac isafbwynt lefel y dŵr mor gywir ag y bo modd.
- **d** Yna cyfrifwch eich CC a chofnodi'r canlyniad yn y tabl.

3 Cyfradd resbiradol
Dyma nifer yr anadliadau a gymerir gennych bob munud.

- **a** Eisteddwch ac ymlaciwch am sawl munud. Yna pan fydd eich partner yn dweud 'lawn' dechreuwch gyfrif eich anadliadau. Bydd eich partner yn dweud pan fydd y munud ar ben. Cofnodwch y canlyniad yn y tabl.
- **b** Ailwnewch yr arbrawf, ond gan gyfrif eich anadliadau y tro hwn tra byddwch yn loncian yn yr unfan.
- **c** Gwnewch yr arbrawf eto gan loncian yn galed yn yr unfan y tro hwn a chodi'ch pengliniau'n uchel.

4 Cyfaint y munud
Dyma gyfaint yr aer y byddwch yn ei fewnanadlu bob munud.
Rhoddir cyfaint y munud gan y fformiwla CM = CC x CR.
Defnyddiwch y fformiwla i gwblhau'r golofn olaf yn y tabl.

5 Dadansoddi'r canlyniadau

- **a** Sut y newidiodd y CC, y CR a'r CM wrth ymarfer?
- **b** Pam y mae angen y newidiadau hyn?
- **c** Cymharwch eich canlyniadau â chanlyniadau gweddill y dosbarth. Pam y mae CM rhai pobl yn uwch? Ydy hyn yn dibynnu ar gorffoledd? Neu ar ffitrwydd?
- **d** Trwy ymarfer gallwch gynyddu eich cyfaint y munud. Pam y byddai hyn yn ddefnyddiol?
- **e** Pa gyhyrau yn arbennig sy'n gorfod dod yn gryfach er mwyn i'r cynnydd hwn ddigwydd?
- **f** Awgrymwch ymarfer i'w ddefnyddio i'r diben hwn.

5.1 System cylchrediad y gwaed

Mae eich gwaed yn gweithio'n ddi-baid 24 awr y dydd. Mae'n cludo bwyd ac ocsigen i'ch corffgelloedd. Mae'n cludo carbon deuocsid a gwastraff arall i ffwrdd.

Caiff y gwaed ei bwmpio o gwmpas y corff gan y **galon**. Mae'n llifo ar hyd tiwbiau a elwir yn **bibellau gwaed**. Y gwaed, y galon a'r pibellau gwaed sy'n ffurfio **system cylchrediad y gwaed**.

Golwg gyntaf ar system cylchrediad y gwaed

Dyma gynllun syml o system cylchrediad y gwaed. Mae'n dangos y galon a'r pedair prif bibell waed:

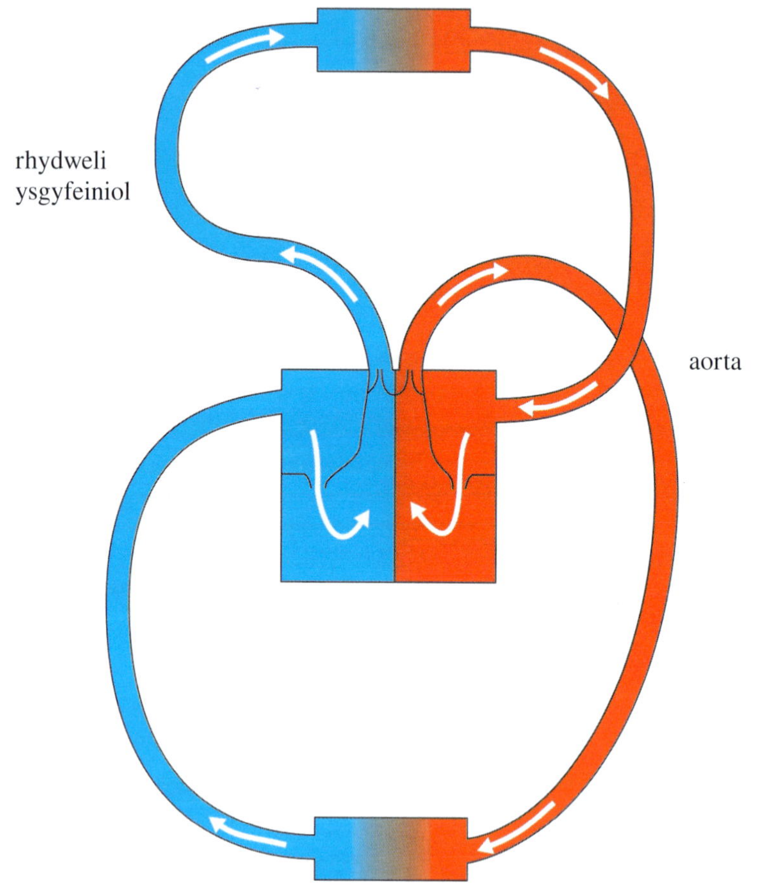

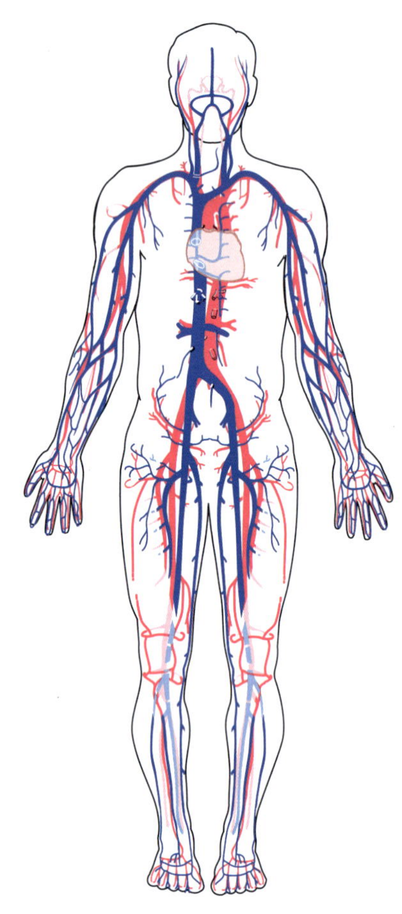

Y prif rydwelïau a gwythiennau yn y corff. Yn y diagram mae'r rhydwelïau'n goch a'r gwythiennau'n las.

- Sylwch fod y galon wedi'i rhannu'n ddwy. Mae'r naill ran a'r llall yn bwmp, felly **pwmp dwbl** yw'r galon.
- Mae'r rhan dde yn pwmpio gwaed i'r ysgyfaint i gasglu ocsigen.
- Mae'r rhan chwith yn pwmpio'r gwaed **ocsigenedig** hwn o gwmpas gweddill y corff.
- Gelwir y tiwbiau mawr sy'n cludo gwaed i ffwrdd o'r galon yn **rhydwelïau** (*arteries*). Yr **aorta** yw'r rhydweli fwyaf.
- Yr enw ar y tiwbiau mawr sy'n cludo gwaed yn ôl i'r galon yw **gwythiennau** (*veins*). Y **fena cafa** yw'r wythïen fwyaf.
- Ystyr **ysgyfeiniol** yw *yn gysylltiedig â'r ysgyfaint*.
- Mae'r **rhydweli ysgyfeiniol** yn cludo gwaed o'r galon i'r ysgyfaint i gasglu ocsigen. Dyma'r unig rywdweli sy'n cludo gwaed **diocsigenedig**.
- Mae pedair falf yn rheoli llif y gwaed drwy'r galon. Cewch fwy o wybodaeth am y rhain yn yr Uned nesaf.

Llif y gwaed o'r galon

DD	→	ysgyfaint	→	CH
CH	→	corff	→	DD

Sylwch fod DD ar y chwith gan fod y diagram yn eich wynebu.

Sut y caiff y gwaed ei gludo o gwmpas y corff

Bob tro y bydd eich calon yn curo bydd yn pwmpio gwaed ar bwysedd uchel i'r rhydwelïau.

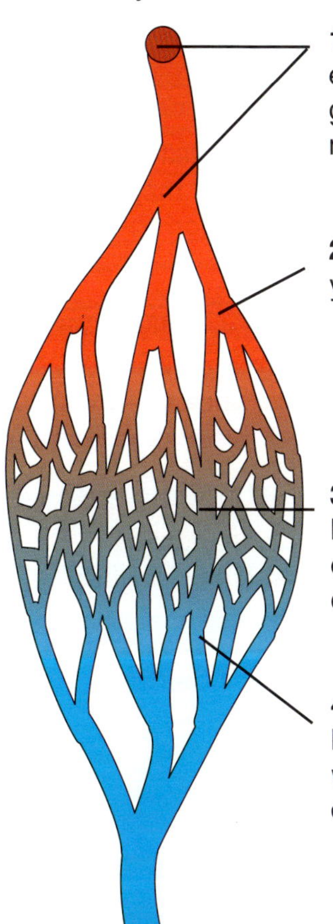

1 Rhydweli. Mae ei muriau'n cynnwys meinwe elastig a chyhyr. Mae'r muriau'n ymestyn pan gaiff gwaed ei bwmpio i mewn. Yna mae'r muriau'n cyfangu ac yn gwthio'r gwaed ymlaen.

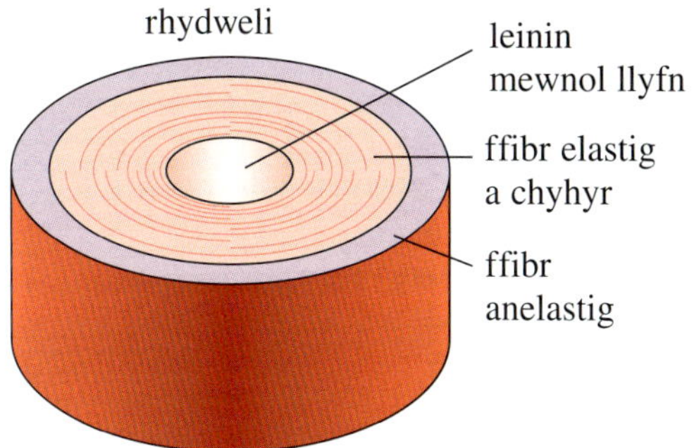

2 Mae'r rhydweli'n isrannu'n diwbiau llai a elwir yn **rhydweliynnau** (*arterioles*) ...

3 ... sy'n isrannu'n fân bibellau, sef **capilarïau**. Mae eu muriau mor denau fel y gall bwyd ac ocsigen fynd allan i'r corffgelloedd. Gall carbon deuocsid a gwastraff arall ddod i mewn.

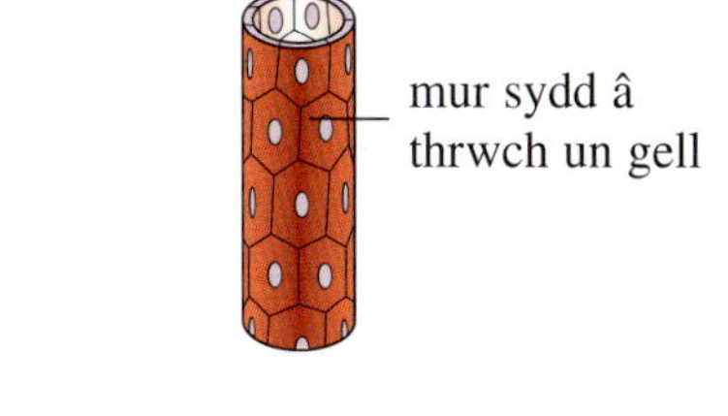

4 O'r capilarïau mae'r gwaed yn llifo i mewn i bibellau mwy, sef **gwythienigau** (*venules*). Mae wedi gollwng ei ocsigen. Mae'n **ddiocsigenedig**.

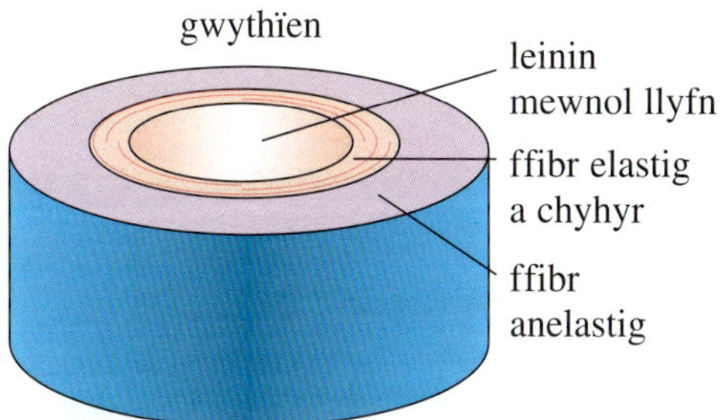

5 O'r gwythienigau mae'n llifo i mewn i **wythïen**, sy'n ei gludo'n ôl i'r galon.

Y falfiau mewn gwythiennau

Erbyn i'r gwaed gyrraedd y gwythiennau mae'n llifo'n fwy araf ar bwysedd is. Felly mae gan y gwythiennau falfiau i sicrhau na all y gwaed lifo'n ôl.

Mae llawer o wythiennau mawr yng nghyhyrau'r coesau a'r breichiau. Pan fydd y cyhyrau'n cyfangu, byddant yn chwistrellu'r gwaed tua'r galon.

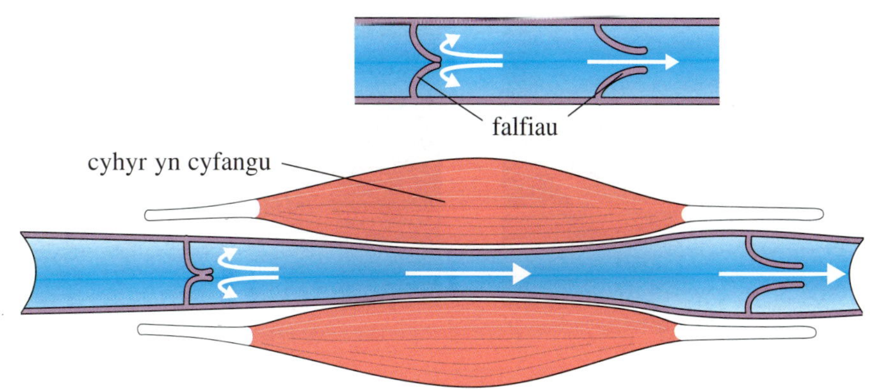

Cwestiynau

1 Pwmp dwbl yw'r galon. Eglurwch.

2 Pa fath o bibell waed fawr sy'n cludo gwaed:
  a i ffwrdd o'r galon? b i'r galon?

3 Mae pob rhydweli ond un yn cludo gwaed ocsigenedig. Pa rydweli yw'r eithriad? Beth mae'n ei wneud?

4 Cymharwch rydweli, gwythïen a chapilari. Pa un:
  a sydd fwyaf llydan y tu mewn?
  b sydd â haen drwchus o gyhyr a meinwe elastig?
  c sydd â falfiau? Pam y mae angen y rhain?
  d sydd â muriau tenau iawn? Pam y mae hyn yn ddefnyddiol?

5.2 Sut y mae'r galon yn gweithio

Y tu mewn i'r galon

Dyma ddiagram syml o'r tu mewn i'r galon.

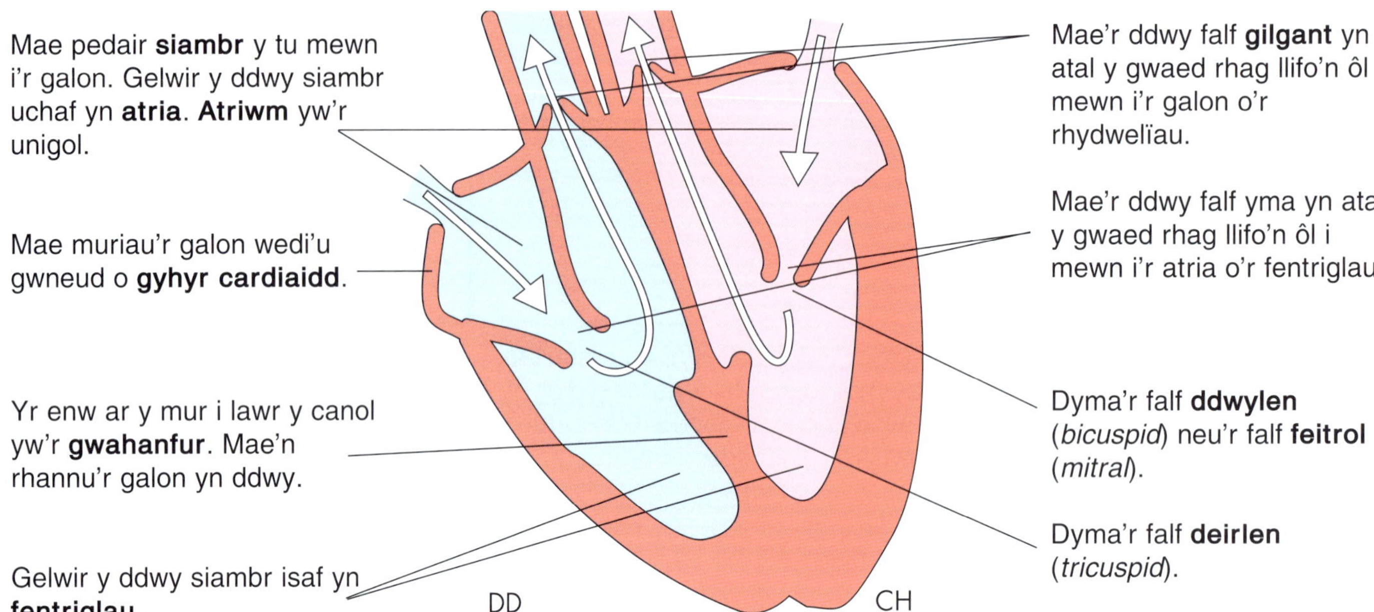

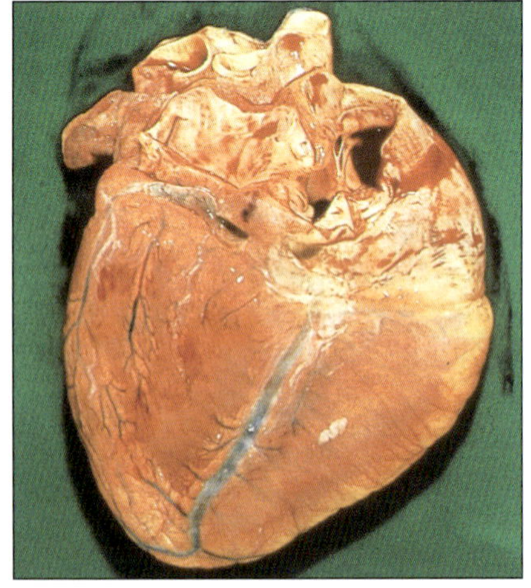

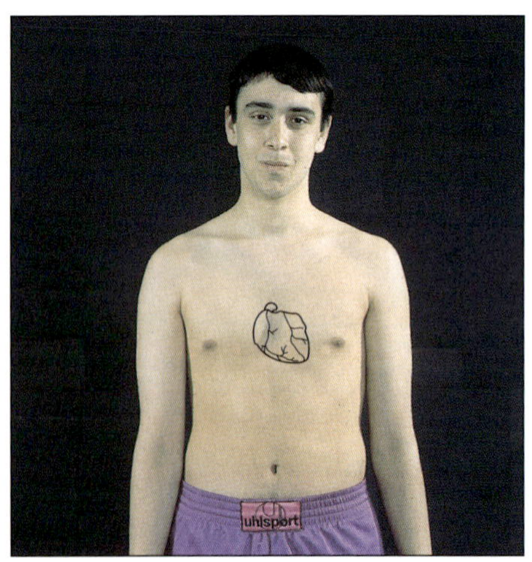

Y galon: sut olwg sydd arni a'i lleoliad yn y corff. Mae rhwng eich ysgyfaint ac mae'n cael ei hamddiffyn gan yr asennau.

Y cyhyr cardiaidd

Mae muriau'r galon wedi'u gwneud o gyhyr cardiaidd. Pan fydd yn cyfangu bydd y galon yn lleihau ac felly caiff gwaed ei bwmpio allan.

Mae'r ochr dde'n pwmpio gwaed diocsigenedig i'r ysgyfaint ar bwysedd isel. Mae'r ochr chwith yn pwmpio gwaed ocsigenedig o gwmpas y corff ar bwysedd uwch o lawer. Mae angen mwy o rym i wneud hyn, felly mae muriau mwy trwchus gan yr ochr chwith.

Sylwch ar y fentrigl chwith. Hwn sydd â'r muriau mwyaf trwchus gan mai hwn sy'n gweithio galetaf oll. Pan fydd yn cyfangu, bydd yn pwmpio gwaed i mewn i'r aorta ac o gwmpas y corff.

Sut y mae'r galon yn pwmpio gwaed

Mae'r galon yn pwmpio gwaed drwy **gyfangu**. Mae'n gwneud hyn mewn dau gam. Yn gyntaf mae'r atria'n cyfangu. Yna tua degfed ran o eiliad yn ddiweddarach mae'r fentriglau'n cyfangu. Dangosir isod yr hyn sy'n digwydd:

1 Pan fo'r galon yn llaesu, mae'r ddwy ochr yn llenwi â gwaed o'r gwythiennau. (Ond ni all gwaed lifo i mewn o'r rhydweliau. Allwch chi weld pam?)

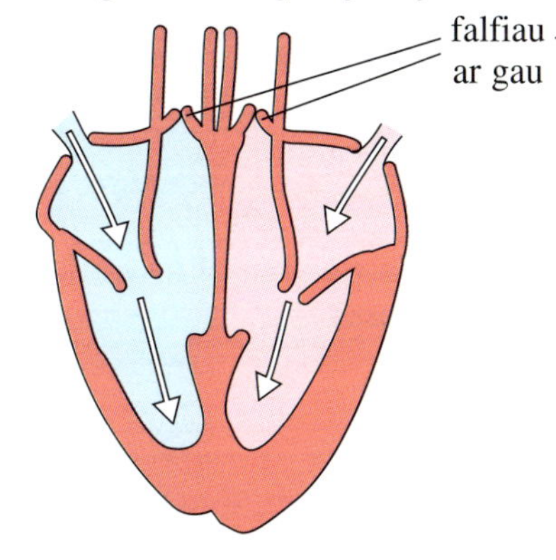

Falf gilgant ar gau. Pan fydd y fentriglau'n cyfangu yng ngham 3, bydd y chwistrelliad o waed yn gwthio'r tri fflap yma ar agor. Bydd y gwaed yn rhuthro drwy'r falf (tuag atoch) i mewn i'r rhydweli.

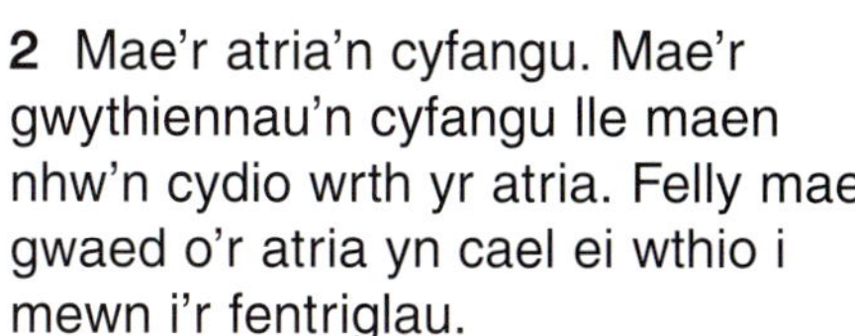

2 Mae'r atria'n cyfangu. Mae'r gwythiennau'n cyfangu lle maen nhw'n cydio wrth yr atria. Felly mae gwaed o'r atria yn cael ei wthio i mewn i'r fentriglau.

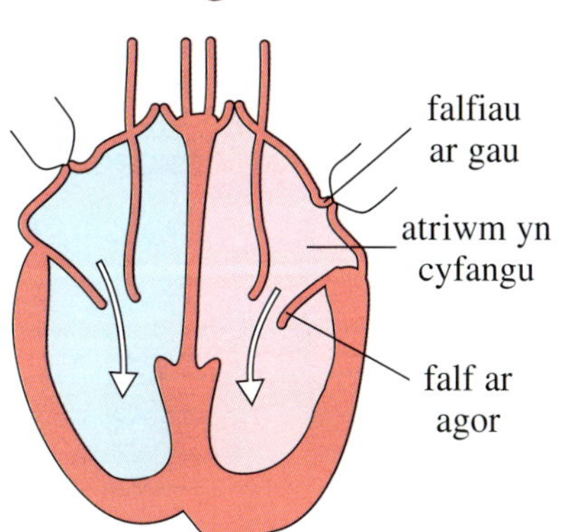

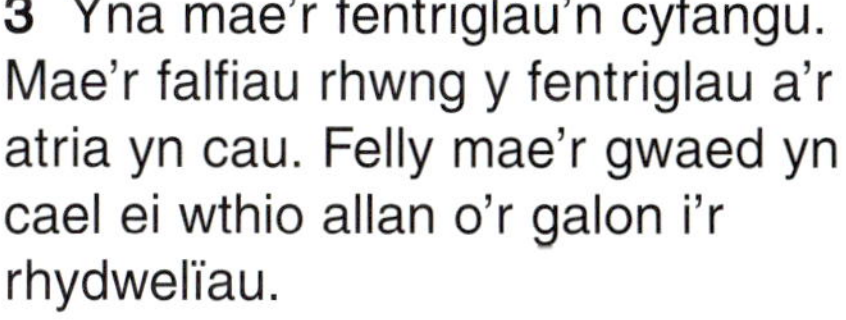

3 Yna mae'r fentriglau'n cyfangu. Mae'r falfiau rhwng y fentriglau a'r atria yn cau. Felly mae'r gwaed yn cael ei wthio allan o'r galon i'r rhydwelïau.

4 Mae cyhyr y galon yn llaesu eto ac mae camau 1-3 yn ailgychwyn.

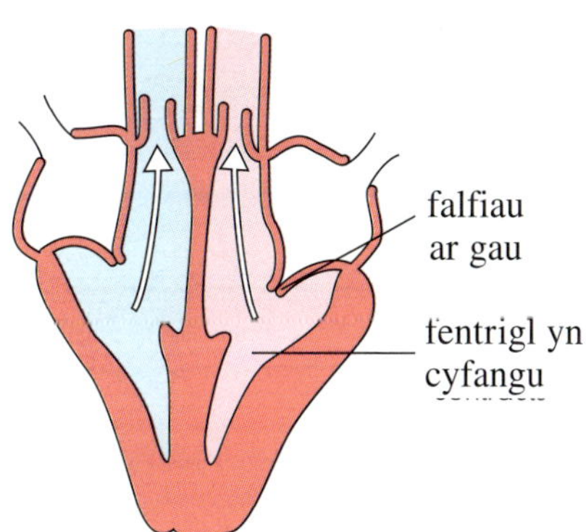

Y term am y gylchred hon o ddigwyddiadau yw'r **gylchred gardiaidd**.
Un gylchred gyfan o gyfangu a llaesu yw **curiad calon**.
Bydd eich calon yn curo tua 70 gwaith y munud pan fyddwch yn gorffwys.
Gall hyn godi i 200 curiad y munud pan fyddwch yn rhedeg yn gyflym iawn.
Y term am nifer y curiadau y munud yw **cyfradd curiad y galon**.

Cwestiynau

1 O beth y mae muriau'r galon wedi'u gwneud?
2 Pa enw a roddir ar y ddwy siambr uchaf?
3 Pa enw a roddir ar y ddwy siambr isaf?
4 Pa enw a roddir ar y mur mewnol?
5 Beth mae'r falfiau'n ei wneud?
6 Ble mae: a y falf ddwylen? b y falf deirlen? c falf gilgant?
7 Ble mae muriau'r galon fwyaf trwchus? Pam?
8 Ble maen nhw fwyaf tenau? Pam?
9 Beth yw: a y gylchred gardiaidd? b curiad calon?

5.3 Beth sydd mewn gwaed?

Mae gwaed yn hylif a elwir yn blasma, gyda chelloedd coch, celloedd gwyn a phlatennau yn nofio ynddo. Mae gennych bron 5 litr ohono yn eich corff - digon i lenwi 8 neu 9 potel laeth!

Sampl gwaed sydd newydd gael ei allgyrchu *(centrifuged)*. Plasma yw'r hylif melyn. Mae'r celloedd coch wedi ymgasglu ar waelod y tiwb.

Plasma

Hylif melyn yw plasma. Mae'n ddŵr yn bennaf gyda gwahanol sylweddau wedi'u hydoddi ynddo. Mae'r sylweddau hyn yn cynnwys:

- glwcos a maetholynnau eraill o fwyd wedi'i dreulio
- hormonau
- carbon deuocsid a gwastraff arall o'r celloedd

Celloedd coch

Y celloedd coch sy'n gyfrifol am gludo ocsigen. Maen nhw'n cynnwys sylwedd coch, sef **haemoglobin**, sy'n cyfuno'n rhwydd ag ocsigen. Haemoglobin sy'n rhoi'r lliw coch i'r celloedd.

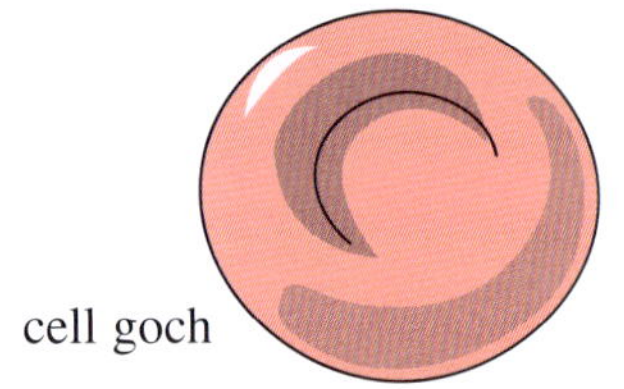

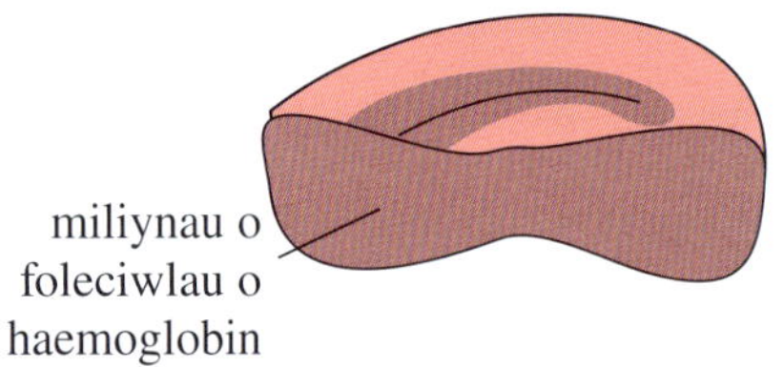

Gwneir y celloedd coch yn y mêr coch sydd mewn rhai esgyrn (yn bennaf yr asennau, y fertebrau, yr hwmerws a'r ffemwr). Mae gennych lawer ohonynt: tua 5 miliwn *ym mhob diferyn o waed.*

Sut y mae'r celloedd coch yn cludo ocsigen

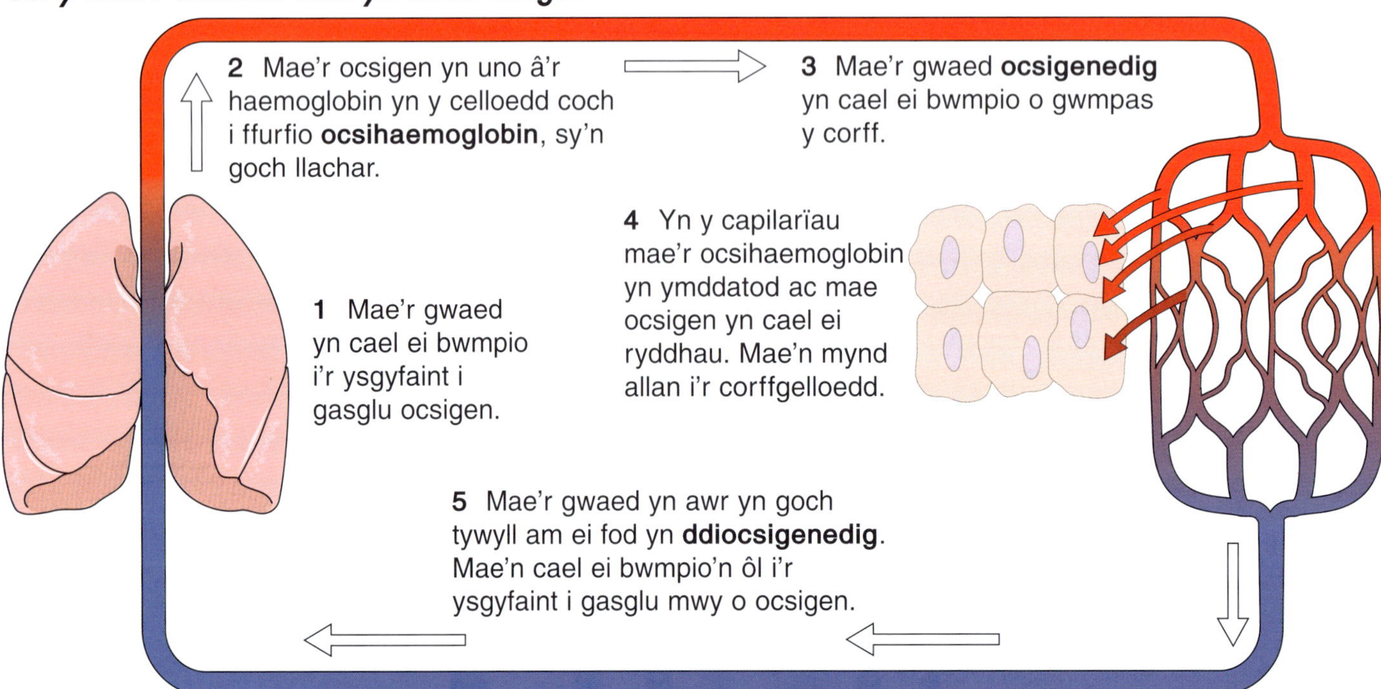

Celloedd gwyn

Mae'r celloedd gwyn yn amddiffyn y corff rhag clefydau.
Maen nhw'n fwy na'r celloedd coch o ran maint ac mae ganddynt gnewyllyn.
Mae sawl math gwahanol o gelloedd gwyn, gyda phob math yn gwneud gwaith gwahanol.
Er enghraifft, mae'r celloedd gwyn a elwir yn **ffagocytau** yn treulio germau:

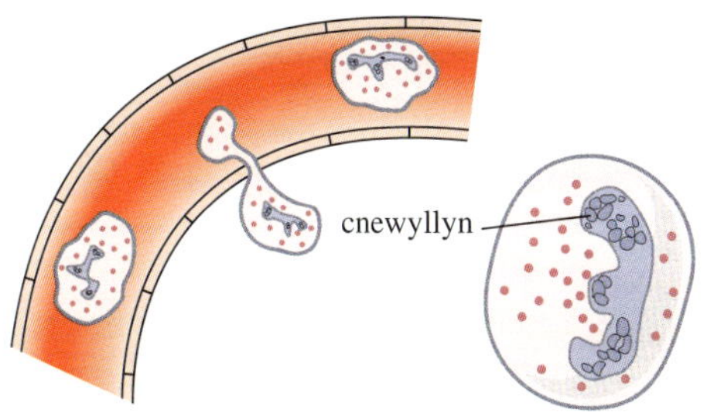

1 Mae'r ffagocytau'n mynd allan drwy furiau'r capilarïau i'r meinwe sydd wedi'i heintio.

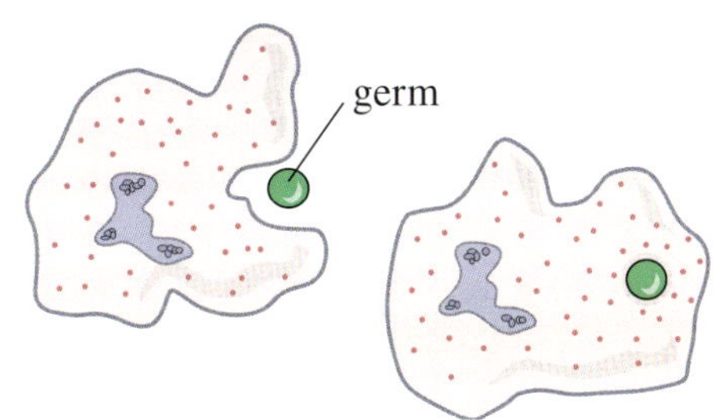

2 Maen nhw'n newid eu siâp i amgylchynu'r germau. Maen nhw'n cynhyrchu ensymau i'w lladd a'u treulio.

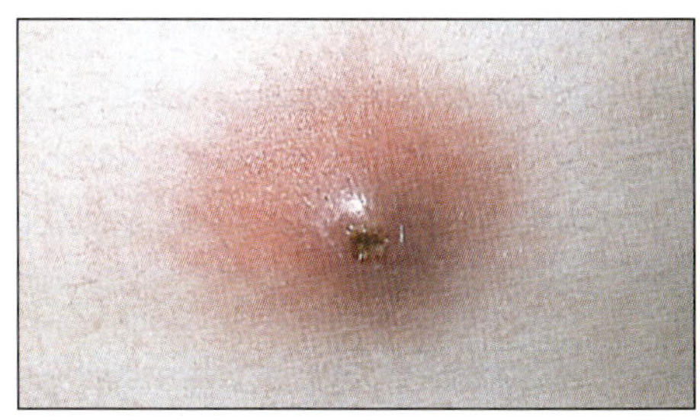

3 Dim ond am amser byr y mae ffagocytau'n byw. Mae ffagocytau meirw, germau meirw a hylif yn ffurfio **crawn** *(pus)* yn y man a heintiwyd.

Mae celloedd gwyn eraill yn gwneud **gwrthgyrff**, h.y. cemegau sy'n lladd germau.
Mae angen gwrthgyrff gwahanol ar gyfer germau gwahanol.

Gwneir y celloedd gwyn ym mêr coch esgyrn, yn y nodau lymff ac yn y ddueg (*spleen*). Mae llai o lawer o gelloedd gwyn yn y corff na chelloedd coch. Ond pan fyddwch yn sâl, caiff mwy o gelloedd gwyn eu cynhyrchu i'ch helpu i ymladd yr haint.

Platennau

Darnau o gelloedd arbennig a wneir ym mêr coch esgyrn yw platennau. Maen nhw'n glynu wrth ei gilydd yn rhwydd. Eu gwaith yw atal y corff rhag colli gwaed. Gwnânt hyn drwy wneud i'r gwaed **geulo** (*clot*). Dyma sut maen nhw'n gweithio:

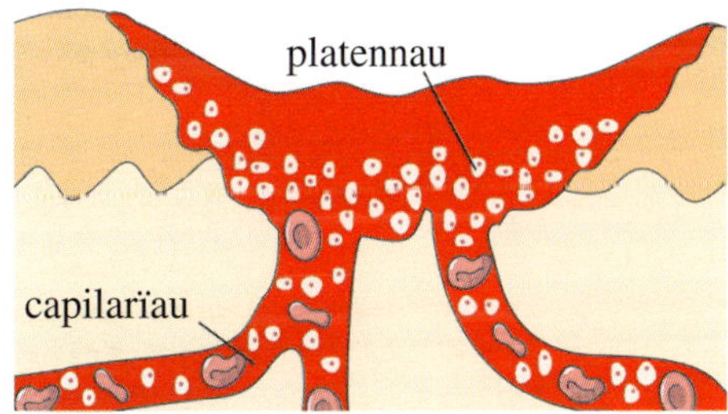

1 Pan gewch archoll ar eich llaw, bydd platennau'n glynu wrth arwyneb y clwyf ac i'w gilydd.

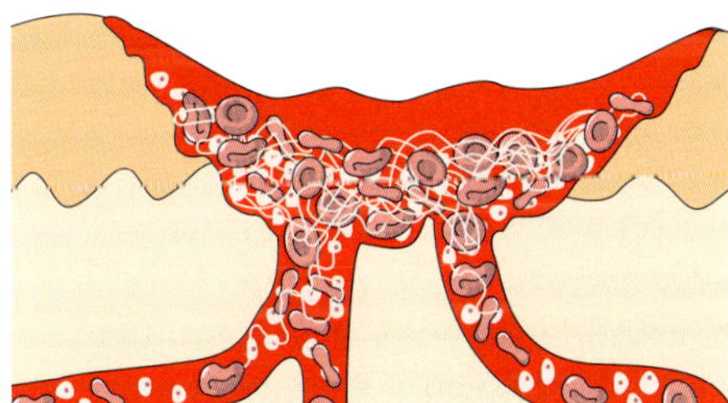

2 Maen nhw'n cynhyrchu sylwedd sy'n gwneud i fân ffibrau dyfu. Bydd celloedd coch yn cael eu dal yn y ffibrau. Bydd tolchen *(clot)* yn ffurfio.

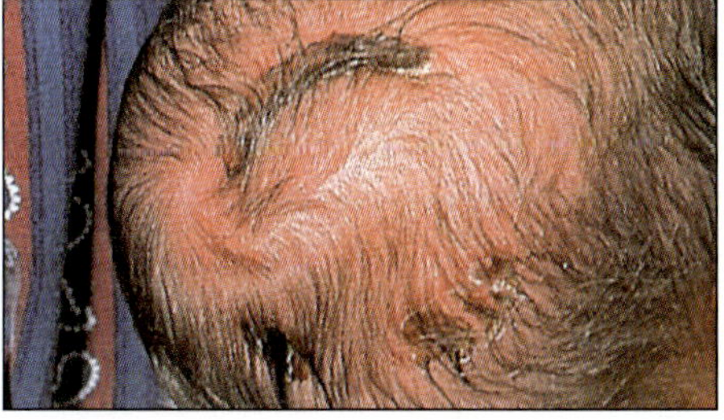

3 Mae'r dolchen yn caledu'n grachen, fel y gwelir yn y clwyf yn y llun uchod. Bydd y grachen yn disgyn i ffwrdd pan fydd croen newydd yn tyfu.

Cwestiynau

1 Beth yw gwaed?
2 Beth yw'r prif sylwedd mewn plasma?
3 Enwch dri sylwedd arall mewn plasma.
4 a Beth yw gwaith celloedd coch?
  b Pa sylwedd sy'n eu helpu i wneud y gwaith hwn?
  b Sut y mae'r sylwedd hwn yn gweithio?
5 Mae cnewyllyn gan un math o gelloedd y gwaed. Pa un?
6 Beth yw gwaith celloedd gwyn?
7 Eglurwch sut y mae ffagocytau'n treulio germau.
8 Beth yw gwrthgyrff? Beth sy'n eu cynhyrchu?
9 Sut y mae platennau'n atal archoll rhag gwaedu?

5.4 Yr hyn y mae'r gwaed yn ei wneud

Mae gan eich gwaed ddwy swyddogaeth: cludo pethau o gwmpas y corff a'ch amddiffyn rhag heintiau.

Yr hyn y mae'r gwaed yn ei gludo

Mae eich gwaed fel gwasanaeth dosbarthu di-baid. Mae'n casglu pethau yn un rhan o'r corff ac yn eu cludo i ran arall.

Mae'r gwaed yn cludo	*Sut*
1 ocsigen o'r ysgyfaint i'r holl gorffgelloedd	yn y celloedd coch
2 carbon deuocsid o'r celloedd i'r ysgyfaint i gael ei ysgarthu	yn bennaf yn y plasma
3 gwastraff arall a dŵr dros ben o'r celloedd i'r arennau i gael eu hysgarthu	yn y plasma
4 glwcos a maetholynnau eraill o'r coludd i'r celloedd	yn y plasma
5 hormonau o'r chwarennau i'r rhannau sy'n eu defnyddio	yn y plasma
6 celloedd gwyn i'r mannau sydd wedi'u heintio	yn arnofio yn y plasma
7 gwres o rannau mwy cynnes o'r corff i rannau oerach o'r corff ac i'r croen i gael gwared ag ef	ym mhob rhan o'r gwaed

Sut y mae'r gwaed yn eich amddiffyn

Bacteria a **firysau** sy'n achosi clefydau yw germau. Gallan nhw ddod i mewn i'r corff drwy'r ysgyfaint, drwy archollion ac mewn bwyd a dŵr. Mae'r platennau a'r celloedd gwyn yn y gwaed yn eich amddiffyn.

- Mae'r platennau'n achosi i'r gwaed **geulo**. Mae hyn yn atal germau rhag mynd i mewn i archollion.
- Os bydd germau'n mynd i mewn i'r corff, bydd rhai celloedd gwyn yn eu treulio. Bydd eraill yn gwneud gwrthgyrff i'w lladd.

Os ydy'r germau'n rhai nad ydy'r celloedd gwyn wedi cwrdd â nhw o'r blaen, gall gymryd peth amser i'r celloedd gwyn wneud gwrthgorff. Ond ar ôl iddynt wneud hynny, gallan nhw ei wneud yn gynt y tro nesaf. Os bydd y germau'n dychwelyd fe gânt eu lladd ar unwaith. Byddwch yn **imiwn** i'r clefyd.

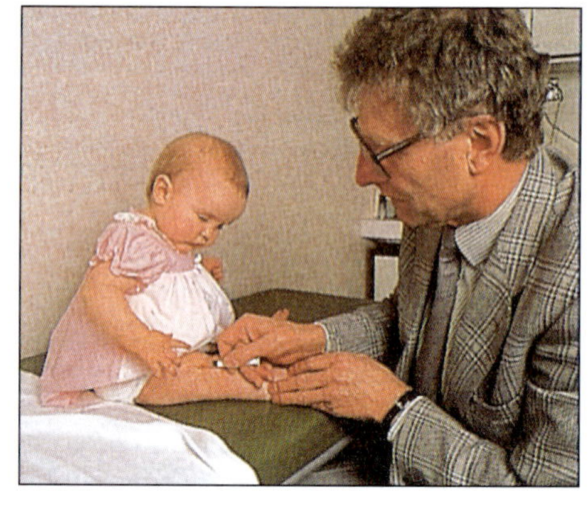

Imiwneiddio. Mae'r baban yn cael pigiad â math gwan o'r bacteria sy'n achosi llid yr ymennydd. Bydd ei chelloedd gwyn yn datblygu gwrthgyrff, gan ei gwneud hi'n imiwn i'r clefyd.

Cwestiynau

1 Beth yw dwy swyddogaeth y gwaed.
2 Enwch ddau beth sy'n cael eu cludo yn y gwaed:
  a sy'n nwyon. Sut y mae'r gwaed yn eu cludo?
  b y bydd y corff yn eu hysgarthu.
3 Beth yw germau?
4 Enwch ddau beth yn y gwaed sy'n eich amddiffyn.
5 Os cewch y frech goch unwaith, ni chewch hi eto. Eglurwch pam.

5.5 Pwysedd gwaed

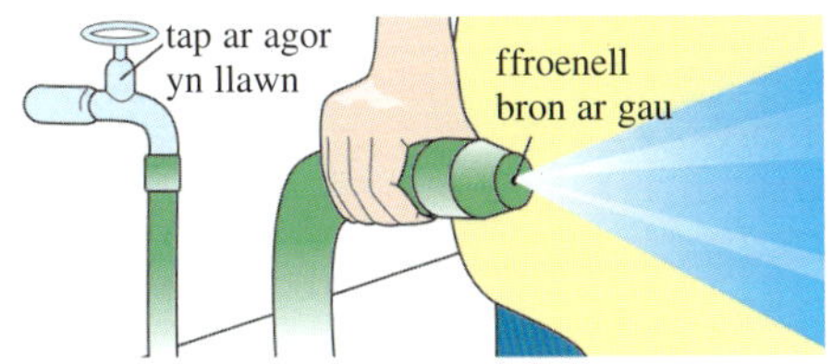

Pan fydd y tap ar agor yn llawn a'r ffroenell bron ar gau, bydd gwasgedd y dŵr yn y beipen yn uchel iawn. Yn ddigon uchel i niweidio planhigion.

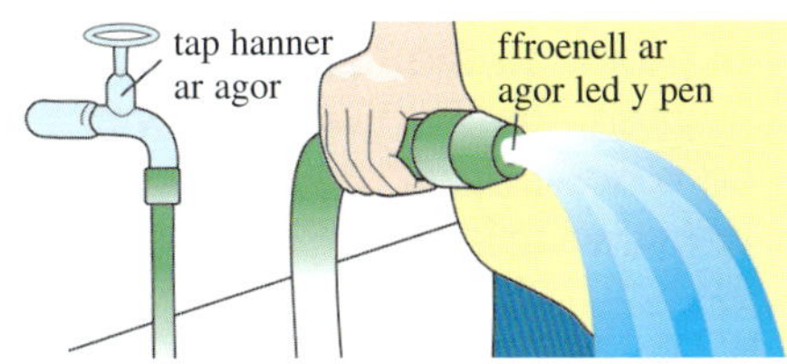

Yn awr mae'n is o lawer.
Mae'r gwasgedd yn dibynnu ar faint o ddŵr sy'n llifo i mewn i'r beipen a pha mor rwydd y gall lifo allan.

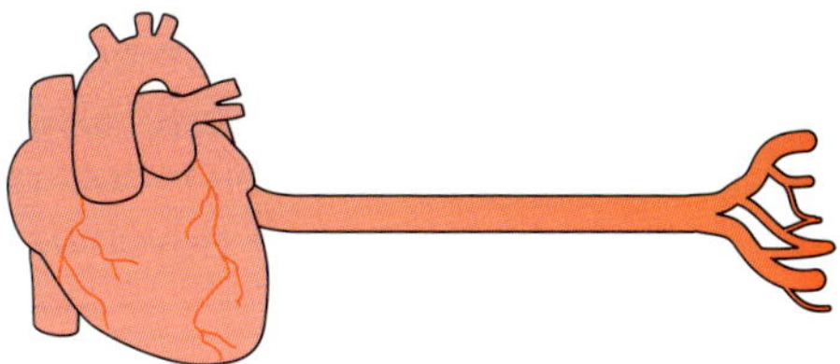

Mae'r un peth yn wir am bwysedd gwaed. Mae'n dibynnu ar faint o waed sy'n llifo i mewn i bibell waed a pha mor rwydd y gall lifo allan.

Dyna pam y mae pwysedd gwaed yn wahanol mewn pibellau gwaed gwahanol.

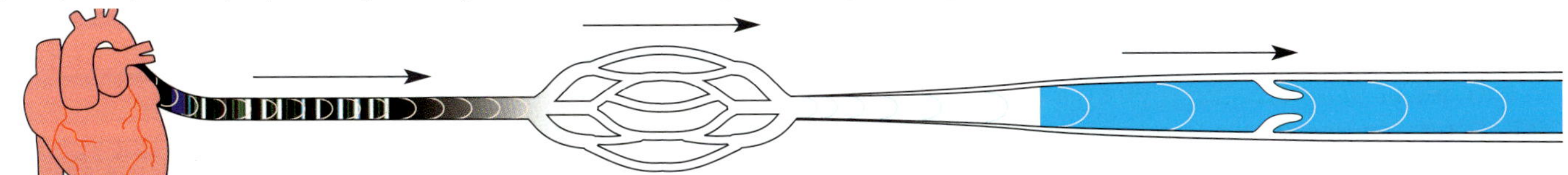

Mae uchaf yn y rhydwelïau. Mae'r gwaed yn pwmpio i mewn yn gyflym, ond ni all lifo allan drwy'r rhydweliynnau yn rhwydd am eu bod nhw mor gul.

Mae'n is yn y capilarïau, am fod y gwaed yn llifo i mewn iddynt yn fwy araf ac yna'n llifo allan i bibellau mwy llydan.

Mae isaf yn y gwythiennau am fod y gwaed yn llifo i mewn iddynt yn go araf a nhw yw'r pibellau gwaed mwyaf llydan.

Mesur pwysedd gwaed

Caiff pwysedd gwaed ei fesur bob amser ar rydweli yn eich braich. Fe'i mesurir gan ddefnyddio rhwymyn rwber wedi'i gysylltu â thiwb tenau o fercwri.

Bydd y pwysedd gwaed yn y rhydweli yn codi pan fydd eich calon yn cyfangu ac yn disgyn pan fydd y galon yn llaesu. Mesurir y ddau werth. Mae'r pwysedd gwaed normal tua 120/80. Ar lafar dywedir **120 dros 80**. Mae hyn yn golygu mai 120 mm yw'r pwysedd pan fo'r galon yn cyfangu ac 80 mm pan fo'n llaesu. (120 mm ac 80 mm yw uchder y mercwri yn y tiwb.)

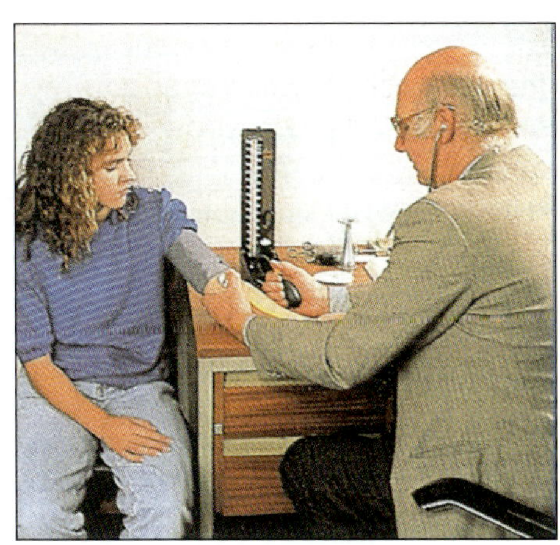

Mesur pwysedd gwaed. Mae'r doctor yn pwmpio'r rhwymyn i fyny nes y bydd y gwasgedd y tu mewn iddo yn gyfartal â'r pwysedd yn y rhydweli. Gall wybod hyn drwy wrando drwy'r stethosgop. Wrth i'r rhwymyn gael ei bwmpio i fyny, bydd y mercwri yn codi yn y tiwb.

Pwysedd gwaed ac ymarfer

Pan fyddwch yn ymarfer, bydd eich calon yn curo'n gyflymach ac yn pwmpio allan mwy o waed. Felly bydd eich pwysedd gwaed yn codi. Os bydd yn codi gormod bydd yn beryglus. Bydd eich corff yn gweithredu i atal hyn.

Er enghraifft, bydd yr ymennydd yn anfon neges i'r rhydweliynnau i agor yn lletach. Bydd hynny'n gostwng y pwysedd gwaed. Ond bydd hefyd yn eich helpu mewn ffordd arall. Yn awr bydd mwy o waed yn cyrraedd eich cyhyrau yn gynt, gan gludo ocsigen ar gyfer resbiradaeth.

Cwestiynau

1. Pam y mae'r pwysedd gwaed uchaf yn y rhydwelïau?
2. Pam y mae'r pwysedd gwaed isaf yn y gwythiennau?
3. Ble yn y corff y mesurir pwysedd gwaed?
4. Pe baech yn torri rhydweli byddai'r gwaed yn pwmpio allan mewn hyrddiadau. Pe baech yn torri gwythïen byddai'n tryddiferu *(seep)* allan yn raddol. Ceisiwch egluro'r gwahaniaeth hwn.

5.6 Gwaed, gwres a dŵr

Dyw eich corff ddim yn hoffi newid. Fel rheol mae tymheredd eich corff tua 37°C, a dŵr yw tua 50% o'ch gwaed. Os byddwch yn twymo gormod wrth ymarfer, neu'n colli gormod o ddŵr drwy chwysu, bydd y corff yn cymryd camau i ddychwelyd i'w gyflwr arferol.

Os byddwch yn rhy dwym

Mae ymarfer yn eich cynhesu. Y rheswm yw bod resbiradaeth celloedd yn y cyhyrau yn cynyddu, gan gynhyrchu gwres. Mae'r gwaed yn cludo'r gwres o gwmpas y corff. Ond pan fydd eich tymheredd yn dechrau codi, dyma fydd yn digwydd:

1 Bydd y pibellau gwaed dan y croen yn ymledu. Gelwir hyn yn **fasoymlediad**. Yn awr bydd mwy o waed yn llifo ger yr arwyneb. Bydd yn colli gwres drwy **belydriad**. Yn union fel rheiddiadur!

2 Bydd y chwarennau chwys yn gwneud mwy o chwys. Bydd y chwys ar ffurf **dŵr** yn bennaf. Bydd gwres o'ch corff yn gwneud i'r chwys **anweddu**, sy'n helpu i'ch oeri.

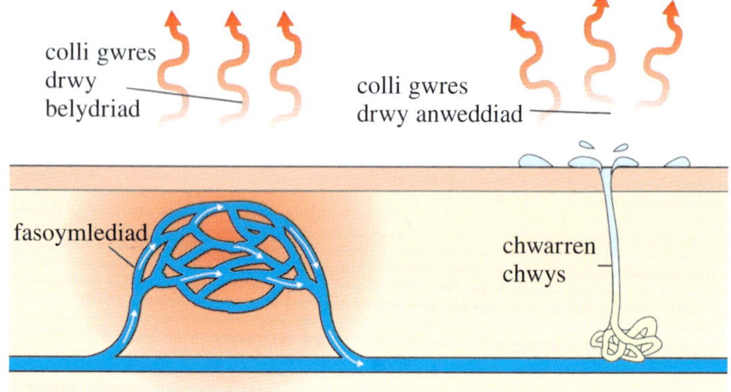

Pan fyddwch yn ymarfer ar ddiwrnod poeth a sych gallwch golli llawer o ddŵr fel chwys. Os bydd yr aer yn boeth a *llaith*, fydd y chwys ddim yn anweddu. Gallai eich tymheredd godi allan o reolaeth. Y term am hyn yw **trawiad gwres** ac mae'n gallu eich lladd.

Os ewch yn rhy oer

Os bydd tymheredd eich corff yn disgyn yn is na 37°C, bydd eich corff yn ceisio'i atal rhag mynd yn oerach:

1 Byddwch yn stopio chwysu.

2 Bydd y pibellau gwaed dan y croen yn cyfyngu. Gelwir hyn yn **fasogyfyngiad**. Yn awr bydd llai o waed yn llifo ger yr arwyneb, felly bydd llai o wres yn cael ei golli.

3 Efallai y bydd eich cyhyrau'n dechrau **crynu**. Bydd hyn yn cynhyrchu gwres.

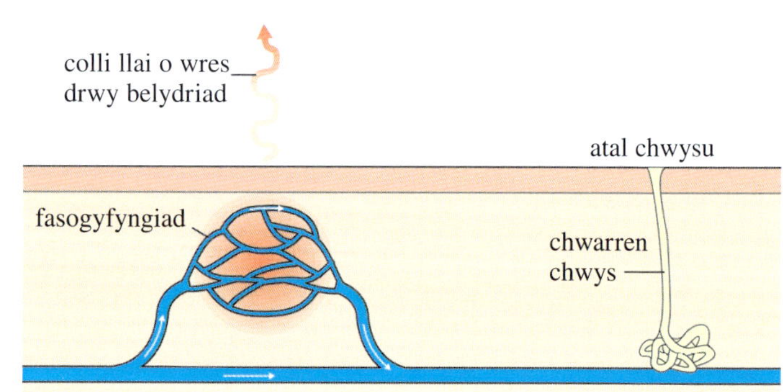

Ond os ewch yn ddigon oer, bydd eich adweithiau'n arafu. Byddwch yn colli rheolaeth ar eich dwylo a fyddwch chi ddim yn gallu cerdded yn iawn. Fyddwch chi ddim yn gallu meddwl yn glir. Byddwch yn dioddef o **hypothermia**. Mae'n gallu eich lladd.

Dŵr yn y corff

- Mae eich corff yn **cymryd dŵr i mewn** yn eich bwyd a'ch diod.
- Mae'n **cynhyrchu** dŵr yn ystod resbiradaeth celloedd.
- Mae'n **colli** dŵr yn y troeth, mewn chwys, yn eich anadl ac yn yr ymgarthion.

Yr arennau a rheoli dŵr

Yr arennau yw prif ganolfan rheoli dŵr y corff.

Mae'r arennau'n hidlo eich holl waed tua 300 gwaith y dydd. Maen nhw'n ysgarthu sylweddau gwastraff a dŵr fel **troeth**.

Os cymerwch i mewn fwy o ddŵr nag sydd ei angen arnoch, bydd yr arennau'n gwneud mwy o droeth.

Po leiaf o ddŵr a gymerwch i mewn, lleiaf i gyd o droeth a gaiff ei wneud.

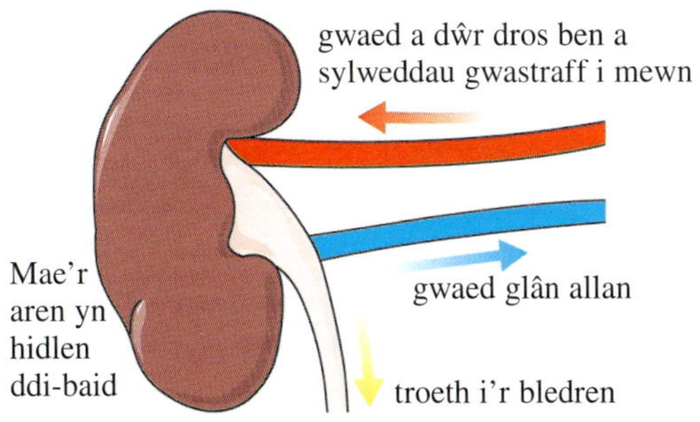

Pe baech yn peidio â chymryd dŵr i mewn, byddai eich arennau yn fuan yn peidio â gwneud troeth. Ond wedyn byddai'r sylweddau gwastraff yn cynyddu yn eich corff ac yn eich gwenwyno.

Sut y mae syched yn helpu

Pan fyddwch yn colli llawer o ddŵr, bydd eich ymennydd yn eich atgoffa i yfed drwy eich gwneud yn sychedig.

1 Pan fyddwch yn ymarfer yn galed byddwch yn chwysu llawer i oeri. Felly, bydd eich corff yn colli dŵr.

2 Am fod llai o ddŵr yn eich corff, bydd llai o boer yn ffurfio yn eich ceg. Bydd eich ceg yn sych.

3 Bydd eich ymennydd yn canfod hyn ac yn gwneud i chi deimlo'n sychedig. Byddwch, felly, yn yfed. Bydd y dŵr sydd gennych yn eich corff yn cynyddu eto.

Gallwch golli hyd at 3 litr o chwys yr awr. Gwnewch yn siŵr, felly, eich bod yn yfed digon o ddŵr wrth ymarfer ac ar ôl ymarfer. Os na wnewch hyn gallech ddioddef o **ddiffyg hylif** (*dehydration*), sy'n gwneud i chi deimlo'n wan ac yn benysgafn.

Cwestiynau

1 Pam y bydd ymarfer yn eich cynhesu?
2 Beth yw tymheredd arferol y corff?
3 Beth yw *fasoymlediad*? Eglurwch sut y mae'n helpu i'ch oeri?
4 Pam y bydd eich croen yn cochi wrth i chi ymarfer?
5 Sut y mae crynu yn eich helpu?
6 Beth yw: **a** trawiad gwres? **b** hypothermia?
7 Rhestrwch y pedair ffordd y bydd eich corff yn colli dŵr.
8 Sut y mae'r arennau'n helpu i reoli dŵr y corff?
9 Pam y dylech yfed dŵr wrth ymarfer ac ar ôl ymarfer?

5.7 Cylchrediad y gwaed ac ymarfer

Pa mor dda y mae eich calon yn pwmpio?

- **Cyfradd curiad y galon** yw nifer y troeon y bydd y galon yn curo bob munud.
- Cyfaint y gwaed sy'n gadael fentrigl bob tro y bydd y galon yn curo yw'r **cyfaint strôc**. (Yr un yw'r cyfaint ar gyfer pob fentrigl.)
- Cyfaint y gwaed sy'n gadael y fentrigl chwith mewn un munud, i gael ei bwmpio o gwmpas y corff, yw'r **allbwn cardiaidd**.
- Felly **allbwn cardiaidd** = **cyfaint strôc** x **cyfradd curiad y galon**

Cyfrifo eich allbwn cardiaidd

Enghraifft

Cyfradd curiad y galon: 68 curiad y munud

Cyfaint strôc: 75 ml y curiad

Felly allbwn cardiaidd
= 75 x 68 ml y munud
= 5100 ml y munud
= 5.1 litr y munud.

Sut i fesur cyfradd curiad y galon

Gyda phob curiad y galon, caiff gwaed ei bwmpio i'r rhydwelïau. Mae'n gwneud i furiau'r rhydwelïau ehangu. Yna mae'n nhw'n cyfangu. Y term am un ehangiad ac un cyfangiad yw **pwls**.

Gallwch deimlo pylsiau mewn sawl man yn eich corff. Trwy gyfrif y pylsiau gallwch nodi cyfradd curiad y galon.

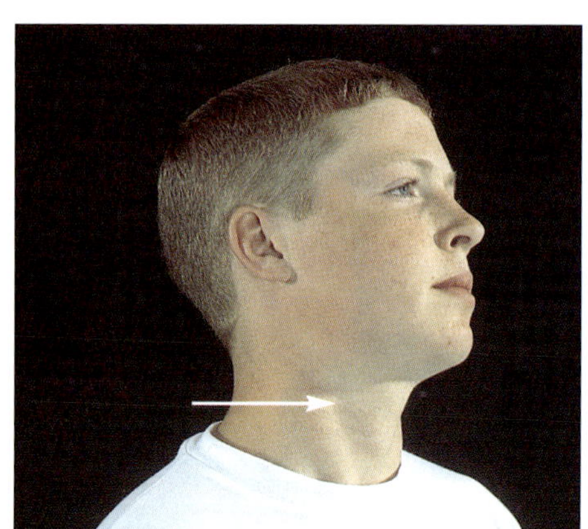

Mae un **pwynt pwls** ar hyd y rhydweli **garotid** yn eich gwddf, yn y rhigol ger y bibell wynt. Bydd y naill ochr neu'r llall yn iawn! Triwch ei theimlo.

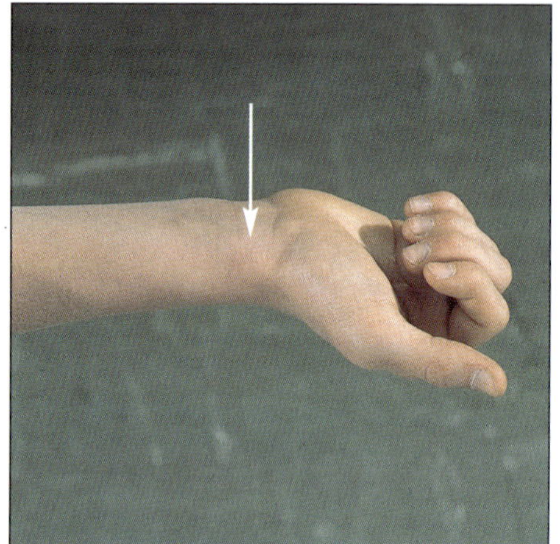

Mae pwynt pwls arall ar hyd y rhydweli **radiol** yn eich arddwrn, islaw'r bawd. I fesur y pwls, mae angen watsh sydd â bys eiliadau.

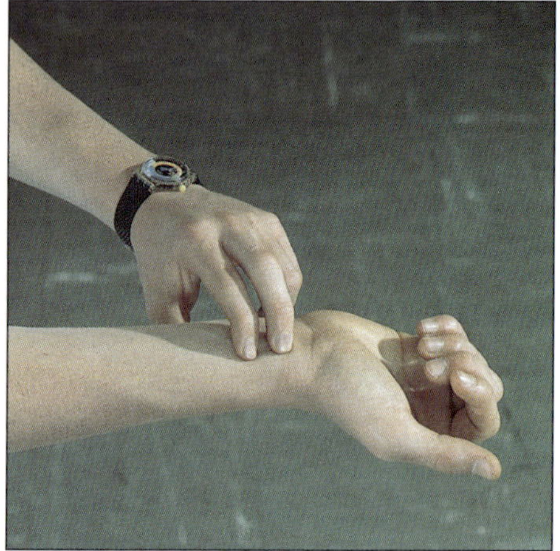

Gwasgwch yn ysgafn ar y pwynt pwls â'ch dau fys cyntaf. Nodwch yr amser. Dechreuwch gyfrif. Stopiwch ar ôl munud.

Mae nifer y pylsiau mewn un munud yn hafal i gyfradd curiad eich calon - tua 70 wrth i chi orffwys. Yna rhedwch yn yr unfan am funud a mesurwch eich pwls eto. Beth yw'r gyfradd y tro hwn? Beth mae hyn yn ei ddangos?

Cyfaint strôc

Mae'r cyfaint strôc hefyd yn cynyddu yn ystod ymarfer. Dyma pam.

- Mae cyhyrau sy'n cyfangu yn gwasgu ar eich gwythiennau. Mae hynny'n achosi i fwy o waed chwistrellu'n ôl i'r galon.
- Felly mae'r galon yn mynd yn llawnach. Mae hynny'n gwneud i'w ffibrau ymestyn fwy.
- Am fod ei ffibrau'n fwy estynedig, mae'r galon yn cyfangu'n gryfach - yn debyg i'r hyn sy'n digwydd pan fyddwch yn estyn band elastig. Mae cyfangiad cryfach yn pwmpio allan mwy o waed.

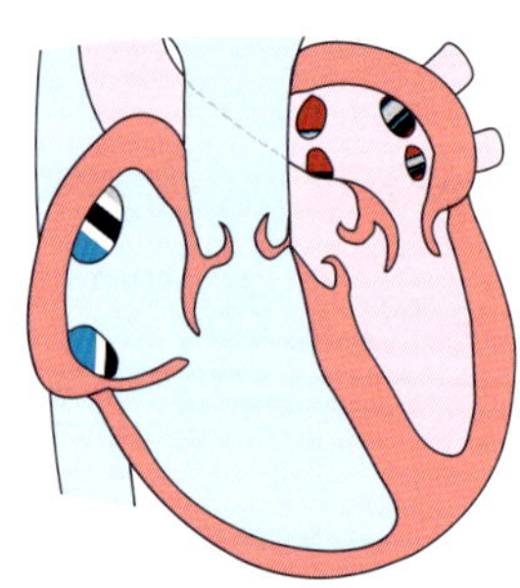

Po lawnaf y bydd y galon, mwyaf i gyd fydd ei ffibrau'n ymestyn.

Sut y mae'r corff yn newid yn ystod ymarfer

Nodwyd ar dudalen 45 sut y mae'r ysgyfaint a'r galon yn gweithio'n galetach yn ystod ymarfer. Yma edrychwn eto ar y newidiadau hyn ac ychwanegwn fwy.

1 Yn ystod ymarfer, mae resbiradaeth celloedd yn y cyhyrau yn cynyddu. Felly mae lefel y carbon deuocsid yn y gwaed yn cynyddu.

2 Mae'r ymennydd yn canfod hyn. Mae'n anfon arwydd i'r ysgyfaint i anadlu'n gyflymach ac yn ddyfnach.

3 Felly mae'r cyfnewid nwyon yn yr ysgyfaint yn cyflymu. Mae mwy o garbon deuocsid yn mynd allan o'r gwaed a mwy o ocsigen yn mynd i mewn iddo.

4 Mae'r ymennydd hefyd yn anfon arwydd i'r galon i guro'n gyflymach. Mae **cyfradd curiad y galon** yn cynyddu.

5 Mae'r cyhyrau'n gwasgu ar y gwythiennau, gan anfon mwy o waed yn ôl i'r galon. Mae hyn yn gwneud i'r **cyfaint strôc** gynyddu.

6 Felly mae'r **allbwn cardiaidd** yn cynyddu hefyd. Caiff mwy o waed ei bwmpio i'r cyhyrau bob munud.

7 O ganlyniad mae mwy o ocsigen yn cyrraedd y cyhyrau bob munud a mwy o garbon deuocsid yn cael ei gludo ymaith.

Noder y newidiadau hyn hefyd:

8 Mae'r rhydweliynnau'n ymledu fel na fydd y pwysedd gwaed yn mynd yn rhy uchel.

9 Mae'r gwaed yn cael ei symud o'r mannau lle mae llai o angen amdano i'r mannau sy'n gweithredu, e.e. o'r coludd i'r coesau.

I achosi hyn, mae'r pibellau gwaed yn ymledu ac yn cyfyngu mewn mannau gwahanol (fasoymlediad a fasogyfyngiad).

10 Mae'r ymarfer yn cynhyrchu gwres. Felly mae eich gwaed yn twymo. Mae mwy o waed yn cael ei symud yn agos at y croen i oeri. Mae hyn yn achosi i'ch croen gochi.

11 Byddwch yn chwysu, sy'n eich oeri drwy anweddiad.

Mae'r tabl hwn yn dangos sut y bydd y galon yn gweithio'n galetach yn ystod ymarfer:

Ar gyfer unigolyn 18 oed ...	*yn gorffwys*	*yn ystod ymarfer caled*
cyfradd curiad y galon (CCG)	70 curiad y munud	200 curiad y munud
cyfaint strôc (CS)	70 ml y curiad	150 ml y curiad
allbwn cardiaidd (AC)	4.9 litr y munud	30 litr y munud

Newid ml yn litrau

1000 ml = 1 litr

felly rhannwch nifer y ml ag 1000 i'w newid yn litrau:
4900 ml = 4.9 litr

Cwestiynau

1 Beth yw: a cyfradd curiad y galon?
  b cyfaint strôc?
2 Beth yw *pwls*?
3 Rhowch ddwy enghraifft o bwyntiau pwls yn y corff.
4 Beth yw cyfradd curiad y galon os yw'r pwls yn:
  a 100 am 60 eiliad? b 70 am 30 eiliad?
  c 12 am 10 eiliad?
5 Pam y mae'r cyfaint strôc yn cynyddu yn ystod ymarfer?
6 Pan fyddwch yn ymarfer, caiff peth gwaed ei symud i'r mannau lle mae mwy o angen amdano. Rhowch enghraifft.
7 Cyfrifwch yr allbwn cardiaidd pan fydd:
  a CCG yn 70 curiad y munud, CS yn 110 ml y curiad;
  b CCG yn 150 curiad y munud, CS yn 150 ml y curiad.

Cwestiynau ar Bennod 5

Awgrymiadau

I ateb cwestiynau am y galon a chylchrediad y gwaed, dechreuwch drwy lunio diagram syml fel hyn.

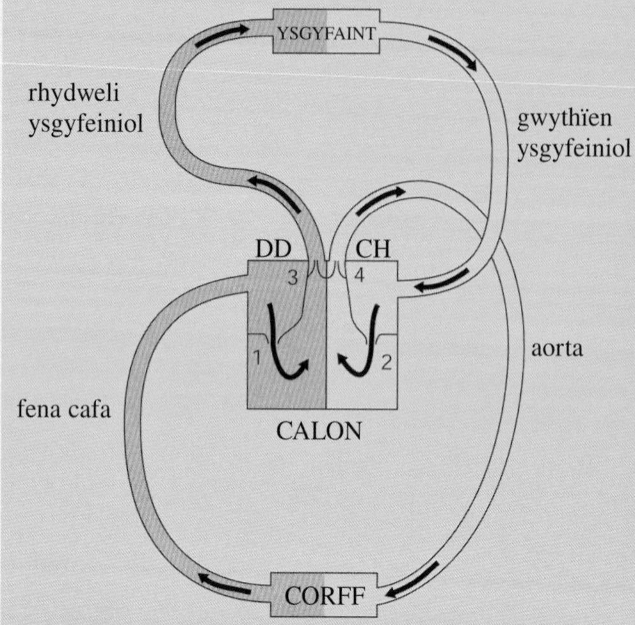

1 Yn gyntaf lluniwch focs sgwâr i gynrychioli'r galon. Tynnwch linell i lawr y canol y gynrychioli'r gwahanfur. Marciwch y ddau hanner yn DD a CH ar gyfer yr ochr *dde* a'r ochr *chwith.* (Cofiwch eich bod yn wynebu'r diagram, felly mae DD ar y chwith!)

2 Lluniwch ddau flwch arall ar gyfer y corff a'r ysgyfaint.

3 Lluniwch y pibellau gwaed a chyfeiriad llif y gwaed. Cofiwch ei fod yn llifo *allan* wrth ymyl y gwahanfur.

DD → ysgyfaint → CH
CH → corff → DD

4 Labelwch y pibellau gwaed. Cofiwch y canlynol:
- mae'r **rhydwelïau** yn cludo gwaed i ffwrdd o'r galon.
- mae'r **gwythiennau** yn cludo gwaed i'r galon.
- y brif rydweli o'r galon yw'r **aorta**.
- y brif wythïen i'r galon yw'r **fena cafa**.
- ystyr **ysgyfeiniol** yw 'yn gysylltiedig â'r ysgyfaint'.

5 Yn awr lluniwch y pedair falf yn y galon.
- Mae 1 a 2 yn gwahanu siambrau uchaf ac isaf y galon. 1 yw'r falf **deirlen** a 2 yw'r falf **ddwylen** neu **feitrol**.
- Mae 3 a 4 yn arwain *allan* o'r galon. Dyma'r falfiau **cilgant**.

6 Siambrau uchaf y galon yw'r **atria**.
Y siambrau isaf yw'r **fentriglau**.
Ychwanegwch y labeli hyn.

1 Lluniwch ddiagram syml o'r galon a chylchrediad y gwaed drwy ddilyn y cyfarwyddiadau ar y chwith. Dylech ymarfer hyn nes y gallwch ei wneud mewn llai na 2 funud.

2 a Beth yw gwaed *ocsigenedig*?
b Enwch bibell waed lle y ceir hwn.
c Beth yw gwaed *diocsigenedig*?
d Enwch bibell waed lle y ceir hwn.
e Dim ond un rhydweli sy'n cludo gwaed diocsigenedig. Pa un?
f Ble mae'r gwaed yn cael ocsigen?
g Dim ond un wythïen sy'n cludo gwaed ocsigenedig. Pa un?
h Mae sylwedd coch yn y gwaed yn casglu'r ocsigen. Beth yw enw'r sylwedd hwn?

3 Ar y diagram syml yng nghwestiwn 1:
a lliwiwch y gwaed ocsigenedig yn goch;
b lliwiwch y gwaed diocsigenedig yn las.

4 Edrychwch ar y diagram isod o'r galon. Mae'r rhifau 1-11 yno, ond does dim labeli.

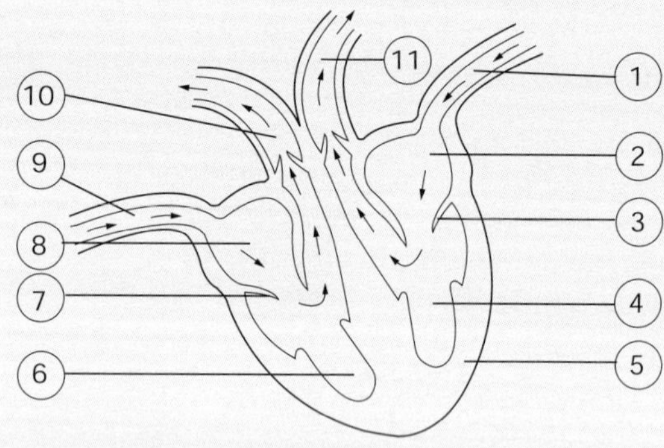

a Ysgrifennwch y rhifau 1-11 ar ffurf rhestr.
b Gyferbyn â phob rhif ysgrifennwch y label cywir.

5 Pan fydd y gwaed yn gadael y galon ac yn mynd o gwmpas y corff, bydd yn symud drwy'r pibellau gwaed hyn:
1 gwythiennau
2 rhydwelïau
3 capilarïau
4 rhydweliynnau
5 gwythienigau

Ym mha drefn y bydd yn symud drwyddynt?

A 1, 5, 3, 4, 2
B 1, 2, 4, 3, 5
C 2, 4, 3, 1, 5
D 2, 4, 3, 5, 1

6

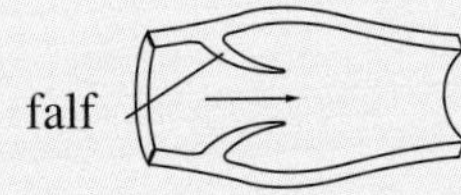

Gwelir yma falf mewn gwythïen. Beth yw ei gwaith?

A cau'r wythïen ar ôl pob curiad calon
B cadw'r wythïen ar agor bob amser
C atal y gwaed rhag llifo'n ôl
D atal y gwaed rhag llifo'n rhy gyflym

7 Mae hwn yn dangos gwythïen a chyhyr yn y goes.

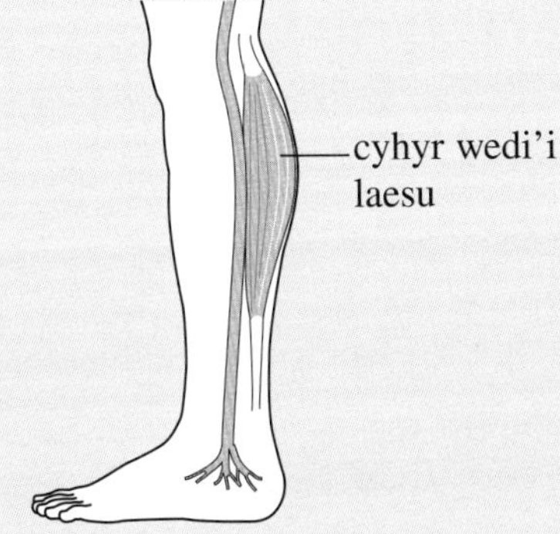

a Sut y bydd siâp y cyhyr yn newid pan fydd yn cyfangu i ganiatáu i chi redeg ymlaen?
b Pa effaith y bydd hyn yn ei chael ar y wythïen?
c Pa effaith y bydd yn ei chael ar y galon?
d Nid oes ar rydwelïau angen y math hwn o gymorth gan gyhyrau. Pam?
e Pam y mae angen y math hwn o gymorth ar wythiennau?
f Os eisteddwch yn llonydd am gyfnod hir, bydd eich coesau'n teimlo'n drwm a chwyddedig. Pam?
g Sut y byddech yn gwella'r broblem hon?

8

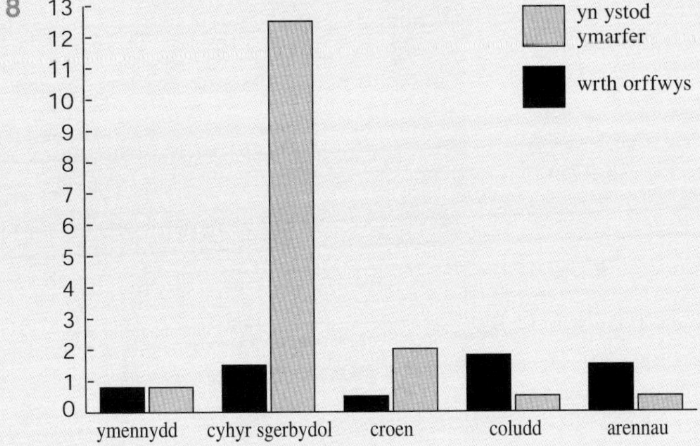

Mae'r uchod yn dangos sut y mae llif y gwaed i wahanol rannau o'r corff yn newid yn ystod ymarfer.

a Eglurwch sut a pham y mae ymarfer yn effeithio ar lif y gwaed:
   i i'r croen   ii i'r cyhyrau
   iii i'r coludd   iv i'r arennau
b Fydd ymarfer ddim yn effeithio ar lif y gwaed i'r ymennydd. Pam y mae hyn yn bwysig?

9 Cysylltwch bob un o'r gosodiadau i-viii isod ag A, B, C neu D. Dewiswch fwy nag un llythyren os oes angen:

A platennau
B celloedd coch y gwaed
C celloedd gwyn y gwaed
D plasma

i yn ymladd germau
ii â chnewyllyn
iii yn ddŵr yn bennaf
iv yn glynu wrth ei gilydd yn rhwydd
v yn gallu symud drwy furiau'r capilarïau
vi celloedd mwyaf y gwaed
vii yn gwneud i waed geulo
viii yn cludo glwcos a hormonau

10 Eglurwch sut y mae pob un o'r canlynol o gymorth i chi.

a Rydych yn chwysu llawer wrth ymarfer ar ddiwrnod poeth.
b Mae pibellau gwaed dan y croen yn ymledu yn ystod ymarfer.
c Efallai y caiff gwaed ei symud o'ch coludd i'ch coesau yn ystod ymarfer.
d Rydych yn crynu wrth iddi oeri.
e Rydych yn sychedig ar ôl ymarfer.

11

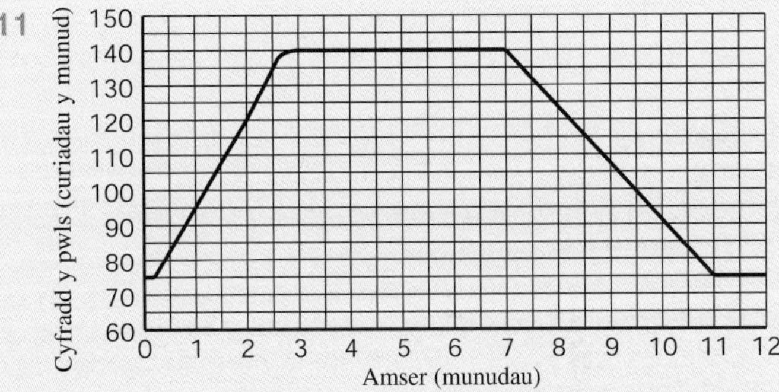

Mae'r graff uchod yn dangos sut y newidiodd cyfradd pwls unigolyn yn ei arddegau wrth iddo redeg am 8 munud.

a Beth oedd cyfradd ei bwls wrth orffwys?
b Faint o amser gymerodd ei bwls i gyrraedd ei werth uchaf?
c Pam y cyflymodd ei bwls?
d Wnaeth e redeg ar gyflymder cyson neu amrywio'r cyflymder? Eglurwch eich ateb.
e Ar ôl gorffen rhedeg, faint o amser gymerodd ei bwls i ddychwelyd i'r gyfradd arferol?

12 a Beth yw: i cyfaint strôc? ii allbwn cardiaidd?
b Sut y byddech yn disgwyl i'r rhain newid yn ystod y sesiwn rhedeg yng nghwestiwn 11? Eglurwch pam.
c Copïwch a chwblhewch y tabl isod ar gyfer y bachgen:

	Gorffwys	Gwerth uchaf yn ystod ymarfer
Cyfradd curiad y galon		
Cyfaint strôc	70 ml	150 ml
Allbwn cardiaidd		

6.1 Beth yw ffitrwydd?

Ffitrwydd yw'r gallu i gwrdd â gofynion yr amgylchedd.
Os ydych yn ffit, gallwch ymdopi â'ch holl dasgau a gweithgareddau heb flino gormod a bod â digon o egni i wynebu unrhyw argyfwng.

Caiff ffitrwydd ei rannu'n ddau faes, sef **cyffredinol** a **phenodol**.

Ffitrwydd cyffredinol

Mae ffitrwydd cyffredinol yn ymwneud â gweithrediad y corff o ddydd i ddydd. Mae nifer o wahanol agweddau ar ffitrwydd cyffredinol:

- **Stamina** neu **ddygnwch** - gallu'r corff i ddal ati am gyfnodau hir heb flino. Mae'n cynnwys:

  1 dygnwch cardiofasgwlaidd - gallu'r galon i ddosbarthu ocsigen i'r cyhyrau dros gyfnodau hir o ymarfer. Gan fod yr ysgyfaint ynghlwm wrth hyn fe'i gelwir weithiau yn **ddygnwch cardioresbiradol**.

  2 dygnwch cyhyrol - gallu'r cyhyrau i gynnal cyfangiadau ac i gyfangu dro ar ôl tro heb flino.

  Mae'r ddau'n gysylltiedig â'i gilydd, gan y bydd y cyhyrau'n blino'n rhwydd os na chânt ddigon o ocsigen.

  Mewn llawer o weithgareddau mae angen y ddau fath o ddygnwch, e.e. stacio silffoedd mewn siop drwy'r dydd, nofio neu loncian.

- **Cryfder** - y grym y mae'r cyhyrau'n ei weithredu wrth gyfangu. Mae angen cryfder i godi siwtces neu i wthio mewn sgrym rygbi. Os nad oes gennych ddigon o gryfder rydych mewn perygl o gael anaf wrth godi, tynnu neu wthio pethau.

- **Hyblygrwydd** (*flexibility*) - cwmpas y symud mewn cymal. Mae angen hyblygrwydd arnoch i glymu eich careiau, i estyn i fyny at silff neu i gymryd rhan mewn chwaraeon. Os oes gennych hyblygrwydd gwael, byddwch yn symud yn stiff a byddwch yn fwy tebygol o niweidio'ch tendonau a'ch gewynnau mewn symudiadau gwyllt.

- **Cyflymder** - yr amser a gymerir i symud y corff neu ran o'r corff dros bellter penodol. Mae angen symud yn gyflym i osgoi traffig, i ddal bws ac i gyrraedd y bêl mewn gêm bêl-droed.

Mofyn, cario, pentyrru. Mae hyn i gyd yn rhan o ddiwrnod gwaith rhai pobl ac yn gofyn am ffitrwydd cyffredinol.

Ffitrwydd cyffredinol ac iechyd

Weithiau gelwir ffitrwydd cyffredinol yn ffitrwydd **sy'n gysylltiedig ag iechyd** am ei fod yn helpu i'ch cadw chi'n iach. Mae'n helpu i'ch amddiffyn rhag damweiniau, clefyd y galon, tyndra, anafiadau i'r cyhyrau a phroblemau eraill sy'n gysylltiedig ag iechyd.

Mae angen rhyw lefel isaf o ffitrwydd cyffredinol arnom i gyd i ymdopi â bywyd pob dydd. Ar gyfer chwaraeon mae angen lefel uwch o ffitrwydd mewn rhai meysydd o leiaf. Mae angen llawer o gryfder ar gymnastwr(aig), er enghraifft. A oes angen cyflymder arno/arni hefyd? Neu hyblygrwydd?

Mae angen cydbwysedd eithriadol ar gyfer hyn...

... ac mae angen lefel uchel o gryfder ffrwydrol ar gyfer hyn.

Ffitrwydd penodol

Bydd ffitrwydd cyffredinol yn eich helpu i chwarae camp yn well. Ond i fod yn wirioneddol *dda* ynddi bydd angen hefyd ffitrwydd penodol mewn rhai o leiaf o'r meysydd hyn.

- **Pŵer** neu **gryfder ffrwydrol** - cyfuniad o gryfder a chyflymder. Mae angen pŵer i daro'r bêl yn galed mewn tennis neu i daflu'r ddisgen neu i roi ergyd *karate*.
- **Ystwythder** (*agility*) - y gallu i newid ystum a chyfeiriad y corff yn gyflym. Mae angen bod yn ystwyth wrth chwarae sboncen, er enghraifft. Mae'n eich helpu i osgoi anaf yn ogystal â tharo'r bêl.
- **Cydbwysedd** - y gallu i gynnal ystum arbennig heb siglo na chwympo, e.e. pan fyddwch yn sefyll ar un goes. Mae angen cydbwysedd da ar gyfer gymnasteg a sglefrio.
- **Cyd-drefniant** (*co-ordination*) - y gallu i symud rhannau o'r corff yn esmwyth ac yn gywir mewn ymateb i'r negesau gan eich synhwyrau, e.e. wrth ddychwelyd serfiad mewn tennis.
- **Cyflymder adweithio** - yr amser a gymerir i ymateb i symbyliad, e.e. faint o amser a gymerir i ddechrau rhedeg mewn ymateb i'r gwn cychwyn. Mae'r gallu i adweithio'n gyflym yn fantais fawr yn y rhan fwyaf o gampau.
- **Amseru da** - y gallu i weithredu ar yr union foment gywir, e.e. barnu'r amser gorau i daclo gwrthwynebydd ar y maes pêl-droed neu ddychwelyd ergyd galed mewn tennis.

Gelwir ffitrwydd penodol yn **ffitrwydd sy'n gysylltiedig â sgiliau**. Pam?

Cwestiynau

1 Ysgrifennwch enw arall ar *ddygnwch*.

2 **a** Beth yw'r ddau fath gwahanol o ddygnwch?
b Sut y maent yn gysylltiedig â'i gilydd?

3 Ar ba un y mae angen fwyaf o hyblygrwydd?
a adeiladwr **b** gymnastwr **c** clwydwr

4 Ar ba un y mae angen fwyaf o gryfder?
a chwaraewr rygbi **b** nofiwr **c** golffwr

5 **a** pŵer coesau **b** cydbwysedd **c** cyd-drefniant da **d** adweithio cyflym **e** amseru da **f** ystwythder
Cysylltwch bob un o'r rhain â champ neu gampau lle mae'n bwysig. Dewiswch o'r rhestr ganlynol:
sbrintio rygbi nofio canŵio
naid bolyn sgïo jwdo golff

6 Pam y gelwir ffitrwydd penodol yn ffitrwydd *sy'n gysylltiedig â sgiliau*?

6.2 Ffactorau sy'n effeithio ar ffitrwydd

Pa mor ffit yr ydych chi yn awr? Mae hynny'n dibynnu ar sawl ffactor. Dydyn nhw ddim i gyd dan eich reolaeth chi!

1 Oed

Fel rheol bydd eich ffitrwydd ar ei uchaf yn eich ugeiniau. Mae'r graff hwn yn dangos ffitrwydd yn nhermau'r ocsigen a ddefnyddir am bob cilogram o bwysau'r corff. Po fwyaf a ddefnyddiwch, mwyaf ffit y byddwch (tud. 68).

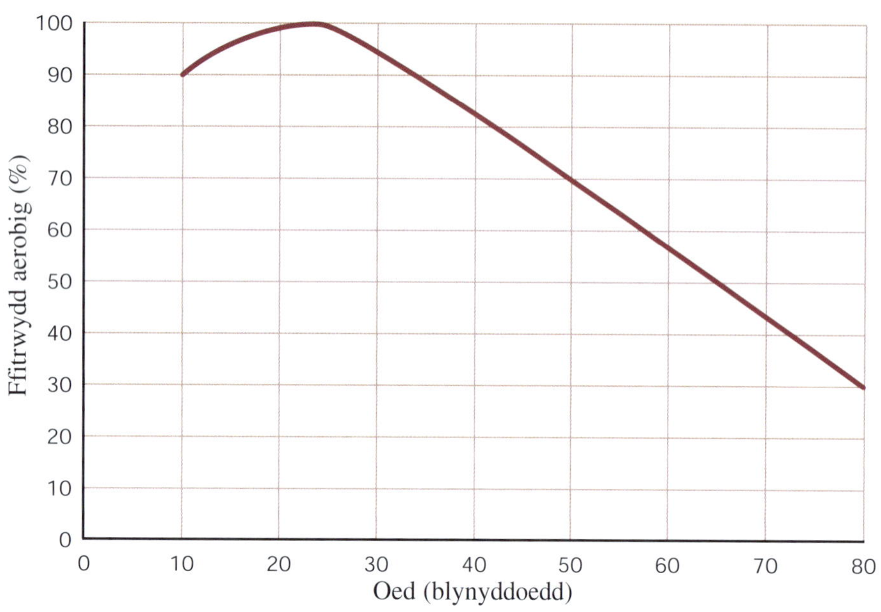

O'ch tri degau ymlaen, bydd ffitrwydd yn gostwng oherwydd:

- bydd y cyhyrau'n gwanhau
- bydd yr esgyrn yn ysgafnhau
- bydd cyfradd curiad y galon yn gostwng
- bydd y cymalau'n stiffio
- bydd y symudiadau'n arafu
- bydd braster corff yn cynyddu.

Ond gall ymarfer arafu'r newidiadau hyn a hyd yn oed eu gwrthdroi.

2 Rhyw

Hyd at tua 11 oed, mae bechgyn a merched yn gyfartal o ran ffitrwydd cyffredinol. Ond mae pethau'n newid ar ôl hynny ...

- **Cryfder**. Mae gwrywod tua 50% yn gryfach na benywod am fod ganddynt fwy o gyhyrau. Mae'r hormon **testosteron** mewn gwrywod yn hybu twf cyhyrau ac esgyrn. Fe gaiff ei ryddhau adeg y glasoed.
- **Dygnwch cardiofasgwlaidd**. Mae gwrywod yn cludo ocsigen yn well na benywod. Mae calonau ac ysgyfaint gwrywod yn fwy ac mae ganddynt fwy o waed. Mae celloedd coch eu gwaed yn cynnwys mwy o haemoglobin, sy'n cludo ocsigen.
- **Adeiledd esgyrn**. Fel rheol mae gwrywod yn fwy ac yn drymach na benywod am fod eu hesgyrn yn fwy o ran eu maint. Hefyd mae pelfis gwrywod yn gulach na phelfis benywod. Mae hynny'n ei gwneud hi'n haws trosglwyddo pŵer rhwng y coesau a'r bongorff, sydd yn fantais yn y rhan fwyaf o gampau.
- **Cyflymder**. Am fod eu hesgyrn yn hirach a'u cyhyrau'n fwy, gall gwrywod symud yn gyflymach. Mae hyn yn golygu eu bod nhw hefyd yn cynhyrchu mwy o bŵer.
- **Hyblygrwydd**. Mae benywod yn well o ran hyblygrwydd. Mae benywod o bob oed yn tueddu i fod yn fwy hyblyg na gwrywod.
- **Cyfansoddiad y corff**. Fel rheol mae gan fenywod fwy o fraster corff na gwrywod. Mae braster yn gweithredu fel padin ac mae'n eich cadw'n gynnes. Ond mae'n bwysau ychwanegol i'w cario. Mae'n rhoi straen ychwanegol ar y galon, y cymalau a'r cyhyrau.

3 Corffoledd
Mae eich corffoledd a'ch siâp yn eich gwneud yn fwy addas ar gyfer rhai campau na'i gilydd. Mae'n debyg y bydd unigolyn tal a thenau yn fwy addas ar gyfer pêl-fasged na bocsio. Cewch fwy o wybodaeth am chwaraeon a chorffoledd yn yr Uned nesaf.

4 Diet
Mae angen sylweddau arbennig ar eich corff i gael egni ac i dyfu ac atgyweirio. Cewch y rhain o fwyd. Os na fyddwch yn bwyta'n iachus fydd eich corff ddim yn gweithredu'n iawn.
Cewch fwy o wybodaeth am fwyta ar gyfer ffitrwydd ar dud. 100-105.

5 Ymarfer
Pa mor anffit bynnag y byddwch, bydd ymarfer rheolaidd yn eich gwneud yn fwy ffit. Cewch weld effaith ymarfer ar eich corff ar dud. 88–89.

6 Anabledd corfforol
Ystyr **anabledd** yw nad yw rhan o'ch corff yn gweithio'n iawn. Ond gall ymarfer gadw gweddill y corff yn ffit iawn. Mae llawer o bobl anabl yn fabolgampwyr o'r safon uchaf.

7 Afiechyd a blinder
Pan fyddwch yn flinedig neu'n sâl byddwch yn llai ffit ar gyfer unrhyw weithgaredd.

8 Cymryd cyffuriau
Mae alcohol, sigaréts a llawer o sylweddau eraill yn lleihau eich ffitrwydd. Gweler tud. 106-109 am fwy o wybodaeth am gyffuriau.

9 Tyndra
Arholiadau, cweryla, gorweithio, problemau ariannol - gall y rhain i gyd achosi tyndra. Bydd tyndra parhaol yn effeithio ar eich iechyd, gan achosi pwysedd gwaed uchel a chlefyd y galon. Mae hefyd yn gysylltiedig â chanser.

Gall tyndra tymor byr effeithio ar eich perfformiad mewn campau. Bydd eich cyhyrau'n dynn, allwch chi ddim canolbwyntio, byddwch yn gwneud camgymeriadau. Un ffordd dda o ddelio â thyndra yw **ymlacio**.

10 Yr amgylchedd
Bydd mygdarthau o draffig a ffatrïoedd dros gyfnod hir yn niweidio'ch ysgyfaint ac yn ei gwneud hi'n anodd anadlu. O ganlyniad bydd eich ffitrwydd yn dioddef.

Bydd yr amgylchedd hefyd yn effeithio ar eich perfformiad mewn camp. Ar ddiwrnod poeth a llaith, er enghraifft, gallech orgynhesu ac o ganlyniad deimlo'n wan a phenysgafn. Enghraifft arall yw chwarae tennis ar ddiwrnod gwyntog.

Mewn mannau uchel mae'r aer yn 'fwy tenau', ac felly rhaid anadlu'n galetach i gael digon o ocsigen. I berfformio'n dda mewn camp mewn man uchel bydd arnoch angen amser i addasu.

Mustapha Badid o Ffrainc, pencampwr y byd ymhlith athletwyr mewn cadair olwyn

Mewn bordhwylio *(windsurfing)* mae cyflymder y gwynt yn cael effaith sylweddol ar berfformiad.

Cwestiynau

1 Tua pha oed y bydd pobl fwyaf ffit?
2 Eglurwch sut y mae gwrywod a benywod yn wahanol o ran:
 a cryfder b cludo ocsigen c braster corff
3 Sut y gall tyndra effeithio ar eich perfformiad mewn chwaraeon?
4 Eglurwch sut y gall llygredd effeithio ar ffitrwydd.
5 Allai unigolyn fod yn fwy ffit yn 40 oed nag yn 20 oed? Eglurwch.

6.3 Dosbarthu somatig

Allech chi fod yn dda mewn gymnasteg? Neu reslo?
Mae llwyddiant mewn chwaraeon yn dibynnu i raddau helaeth ar eich corffoledd.

Ffordd i ddisgrifio corffoledd yw **dosbarthu somatig** *(somatotyping)*. Mae'n ystyried pa mor dew, pa mor gyhyrog a pha mor llinol yw'r corff, yn y drefn honno. Mesurir pob un ar raddfa o 1 i 7. Dyma'r tri eithaf.

Endomorff eithafol

- cluniau llydan ac ysgwyddau cul (siâp gellygen)
- llawer o fraster ar y corff
- llawer o fraster ar ran ucha'r breichiau a'r morddwydydd
- arddyrnau a fferau eithaf main

Sgôr dosbarthiad somatig: **7 1 1**.

Mesomorff eithafol

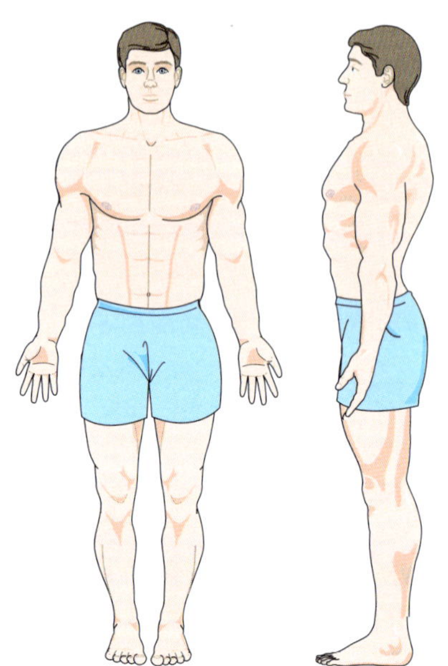

- ysgwyddau llydan a chluniau cul (siâp triongl)
- pen mawr
- corff cyhyrog
- elinau a morddwydydd cryf
- fawr ddim braster corff

Sgôr dosbarthiad somatig: **1 7 1**.

Ectomorff eithafol

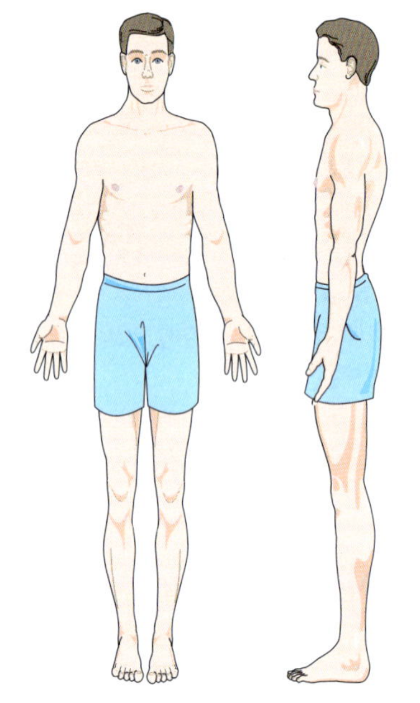

- ysgwyddau a chluniau cul
- wyneb cul a thalcen uchel
- brest ac abdomen cul a thenau
- coesau a breichiau tenau
- fawr ddim cyhyr na braster corff

Sgôr dosbarthiad somatig: **1 1 7**.

Mae mesomorffiaid yn gyhyrog. Mae ectomorffiaid yn denau ac yn aml yn dal. Bydd endomorffiaid yn dal i fod â siâp gellygen hyd yn oed pan gollant bwysau.

Beth yw'ch sgôr chi?

Mae'r rhan fwyaf o bobl rhwng yr eithafion hyn, gyda sgorau fel 3 4 4 neu 3 5 2 neu 4 3 3.

I ddarganfod eich sgôr chi byddai'n rhaid cymryd mesuriadau cymhleth iawn. Ond gallwch o leiaf fwrw amcan arni. Beth fyddai eich sgôr yn eich barn chi?

Byddwch yn etifeddu eich corffoledd sylfaenol o'ch rhieni. Ond gallwch ei newid rywfaint drwy ymarfer a diet.

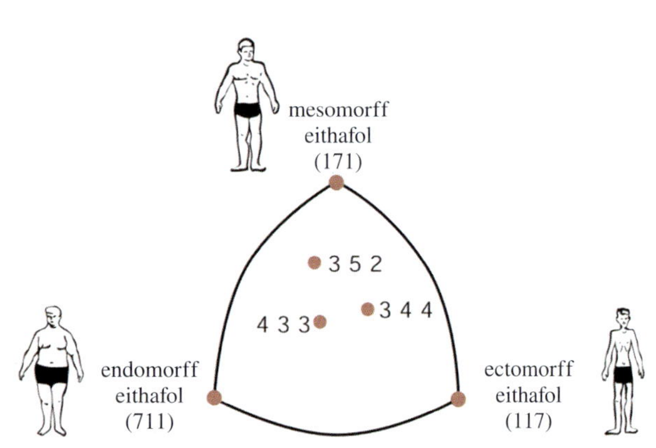

Gellir dangos dosbarthiadau somatig ar siart somatig fel hwn.

Beth yw'r gorffoledd ddelfrydol ar gyfer camp?

I fod yn neidiwr uchel mae bod yn dal ac yn ysgafn yn fantais. Ond mae angen cyhyrau cryf ar gyfer pŵer ac esgyn. Y gorffoledd ddelfrydol: ectomorff gyda pheth mesomorff.

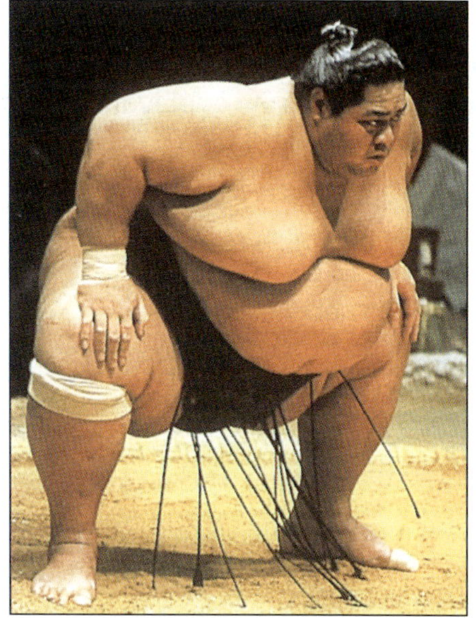

Mae angen i reslwr swmo fod yn drwm er mwyn bod yn anodd ei wthio neu ei godi. Mae angen hefyd gryfder a phŵer i symud ei wrthwynebydd. Y gorffoledd ddelfrydol: endomorff gyda pheth mesomorff.

Mae bod yn ysgafn yn fantais i gymnastwraig. Ond mae angen cyhyrau cryf i fedru ei chodi ei hun a chynnal ystum arbennig. Y gorffoledd ddelfrydol: ectomorff gyda pheth mesomorff.

Dosbarthiadau somatig mabolgampwyr o safon uchel

Mae'r siart isod yn dangos y sgorau cyfartalog ar gyfer mabolgampwyr o safon uchel.

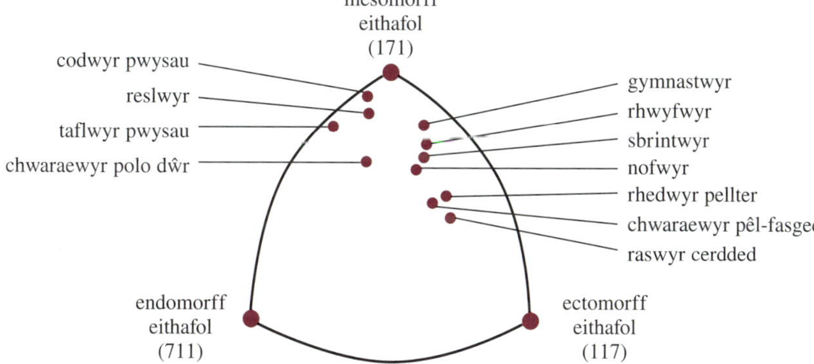

Maen nhw i gyd o gwmpas pen y mesomorff. Mae hynny'n profi pwysigrwydd cyhyrau ar y lefel hon! Fel y byddech yn ei ddisgwyl, mae codwyr pwysau, reslwyr a thaflwyr pwysau yn fwy endomorffaidd na mabolgampwyr eraill.

Cwestiynau

1 Beth yw *dosbarthu somatig*?
2 Pa gorffoledd sydd â'r: **a** mwyaf o gyhyr? **b** mwyaf o fraster? **c** lleiaf o gyhyr a braster?
3 Allwch chi newid eich corffoledd yn llwyr? Eglurwch.
4 Beth, yn eich barn chi, fyddai corffoledd ddelfrydol: **a** clwydwr? **b** neidiwr hir? **c** joci?
5 Mae tuedd i nofwyr pellter o safon uchel fod â mwy o fraster corff na gymnastwyr o safon uchel. Sut y gallai hyn fod o gymorth iddynt?

6.4 Profi ffitrwydd aerobig

Y ffactor pwysicaf mewn perthynas â ffitrwydd yw gallu eich calon a'ch ysgyfaint i ddosbarthu ocsigen a gallu eich cyhyrau i'w ddefnyddio. Y term am hyn yw **ffitrwydd aerobig**. Allwch chi weld pam?

Po uchaf yw eich ffitrwydd aerobig:

- isaf i gyd fydd cyfradd curiad eich calon (cyfradd eich pwls), yn ystod ac ar ôl ymarfer
- pellaf i gyd a chyflymaf i gyd y gallwch redeg heb flino.

Gall rhedwr pellter sydd â lefel uchel o ffitrwydd aerobig gael cyfradd curiad y galon mor isel â 40 cym (curiadau y munud) wrth orffwys. I ddarganfod eich ffitrwydd aerobig *chi*, rhowch gynnig ar un o'r pedwar prawf canlynol!

Prawf camu Harvard

Cyfarpar

- mainc gamu neu gadair (tua 50 cm o ran uchder)
- stopwatsh

Dull

1. Camwch ar y fainc 30 gwaith y munud am 5 munud. Os na allwch ddal ati, stopiwch ar ôl 20 eiliad o gamau arafach.
2. Gorffwyswch am 1 munud, yna teimlwch eich pwls am 15 eiliad.
3. Cyfrifwch eich ffitrwydd aerobig gan ddefnyddio'r fformiwla isod:

$$\text{sgôr} = \frac{\text{hyd yr ymarfer mewn eiliadau} \times 100}{5.5 \times \text{cyfrifiad pwls}}$$

Po *uchaf* yw eich sgôr, mwyaf ffit yr ydych. Allwch chi weld pam?

Prawf camu Harvard

Prawf yr ergonomedr beicio

Cyfarpar

- beic ymarfer
- stopwatsh

Dull

1. Cynheswch ar y beic am un munud heb unrhyw lwyth ar y pedalau.
2. Yna gosodwch gyflymder y pedalau ar 60 cylchdro y munud. Gosodwch y llwyth ar 150 wat (ar gyfer gwryw) neu 100 wat (ar gyfer benyw).
3. Pedalwch am 5 munud yn union.
4. 20 eiliad cyn y diwedd, teimlwch eich pwls am 15 eiliad yn union. Po isaf yw'r pwls, mwyaf ffit yr ydych.

Prawf yr ergonomedr beicio

Prawf Cooper

Cyfarpar

- trac rhedeg wedi'i fesur, yn y gampfa neu yn yr awyr agored
- stopwatsh a chwiban

Dull

1. Cynheswch drwy loncian yn yr unfan.
2. Pan glywch y chwiban, dechreuwch redeg o amgylch y trac mor gyflym ag y medrwch. Cyfrifir nifer y lapiau.
3. Fe glywch y chwiban eto pan fydd 12 munud ar ben. Stopiwch redeg. Po bellaf y gwnaethoch chi redeg yn yr amser, mwyaf ffit yr ydych.

Y prawf ffitrwydd aml-gam (*multistage*)

Mae hyn yn mesur eich **defnydd macsimwm o ocsigen** neu **$\dot{V}O_2$ macsimwm**. Dyma'r cyfaint mwyaf o ocsigen y gallwch ei ddefnyddio wrth ymarfer. Po fwyaf yw'r gwerth, mwyaf ffit yr ydych.

Yn gyffredinol bydd unigolyn mawr yn defnyddio mwy o ocsigen nag unigolyn bach am fod y cyhyrau yn fwy. I oresgyn hyn mae $\dot{V}O_2$ macsimwm fel rheol yn cael ei fynegi yn nhermau *litrau o ocsigen am bob cilogram o bwysau'r corff.*

I fesur $\dot{V}O_2$ macsimwm, gallech fynd i labordy chwaraeon sydd â chyfarpar arbennig. Yno byddech yn ymarfer ar felin droedlath (*treadmill*) neu feic ymarfer a gysylltwyd â chyfrifiadur, gyda thiwb i gasglu'r aer a anadlwch allan. Dewis arall fyddai gwneud y prawf isod. Mae'n cymharu'n dda â phrawf y labordy.

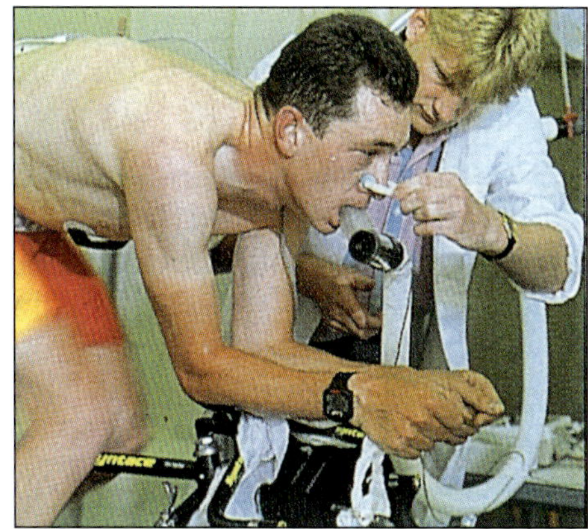

Defnyddir cyfarpar soffistigedig i fesur $\dot{V}O_2$ macsimwm yn y labordy. Yn yr ysgol gallwch ddefnyddio'r prawf ffitrwydd aml-gam (isod) sy'n llawer mwy syml.

Cyfarpar

- pellter o 20 metr wedi'i farcio ar y llawr â thap gludiog
- recordydd tâp a thâp sydd â blipiau wedi'u recordio arno (Mae'r blipiau'n dechrau'n araf ond yn cyflymu bob munud. Gelwir y rhai mwyaf araf yn lefel 1 a'r cyflymaf yn lefel 23.)

Dull

1 Rhedwch 'nôl a blaen y 20 metr rhwng y llinellau o dâp gludiog. Dylai eich troed fod ar y tâp gludiog neu drosto bob tro y bydd y blîp yn seinio.
2 Pan fydd y blîp yn cyflymu, bydd yn rhaid i chi gyflymu hefyd.
3 Stopiwch pan na fedrwch gadw i fyny â'r blîp. Cofnodir lefel y blîp a nifer y rhediadau ar y lefel honno.
4 Yna bydd eich athro'n cyfrifo eich $\dot{V}O_2$ macsimwm ar sail tabl. Po uchaf yw, mwyaf ffit yr ydych.

Defnyddio profion ffitrwydd

Pan fyddwch yn dechrau ar raglen ymarfer ffitrwydd, mae profion ffitrwydd yn ffordd ddefnyddiol o wirio sut y mae eich ffitrwydd yn gwella. Peidiwch â phoeni os bydd eich sgôr yn llai na sgôr aelodau eraill o'r dosbarth. Eich nod chi yw gwella, ac ymarfer yw'r allwedd.

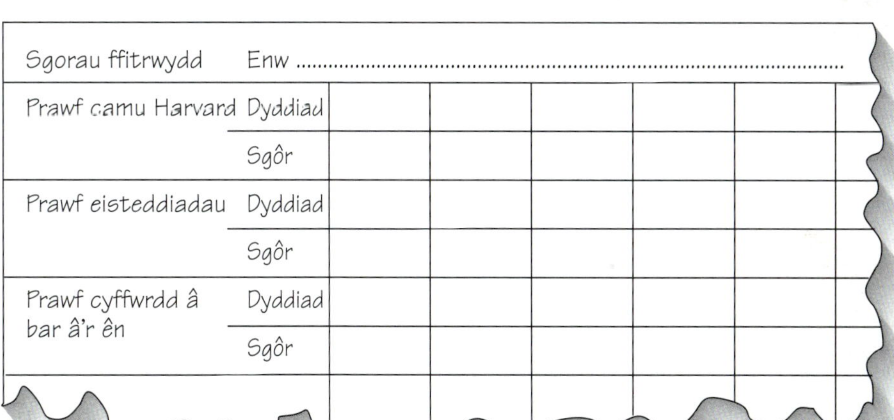

Sgorau ffitrwydd	Enw					
Prawf camu Harvard	Dyddiad					
	Sgôr					
Prawf eisteddiadau	Dyddiad					
	Sgôr					
Prawf cyffwrdd â bar â'r ên	Dyddiad					
	Sgôr					

- Lluniwch daflen gofnodi fel hon er mwyn cofnodi eich sgorau.
- Gwnewch y profion yn rheolaidd, e.e. bob chwe wythnos. Trafodwch hyn gyda'ch athro.
- Gwnewch yn siŵr eich bod yn eu gwneud nhw'n iawn ac yn yr un ffordd yn union bob tro. (Pam?)
- Cofiwch: os byddwch yn flinedig neu'n sâl, bydd hynny'n effeithio ar eich sgôr.

Cwestiynau

1 Beth yw *ffitrwydd aerobig*?
2 Mae cyfradd curiad y galon (cyfradd y pwls) yn fesur o ffitrwydd aerobig. Pam?
3 Beth yw $\dot{V}O_2$ macsimwm? Pa brawf a ddefnyddir i'w fesur?
4 Pa unedau a ddefnyddir i fynegi $\dot{V}O_2$ macsimwm fel rheol?

6.5 Profion eraill o ffitrwydd cyffredinol

Bydd y profion hyn yn profi agweddau eraill ar eich ffitrwydd cyffredinol. Po uchaf yw'r sgorau, mwyaf ffit yr ydych. Gwnewch y profion eto yn rheolaidd. Cofnodwch y sgorau ar eich taflen gofnodi a gweld sut y byddan nhw'n gwella!

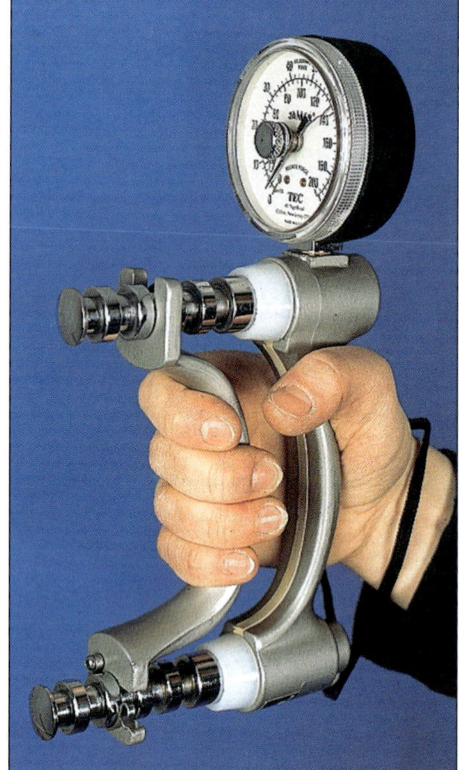

Profi cryfder gafaeliad gan ddefnyddio dynamomedr gafaeliad llaw.

Prawf cryfder gafaeliad

Cyfarpar

- dynamomedr gafaeliad llaw

Dull

1 Gwasgwch ar y dynamomedr mor galed ag y medrwch â'ch llaw ffafriedig am ddwy eiliad o leiaf.
2 Gwnewch hyn deirgwaith. Cofnodwch y mesuriad gorau o'r tri chynnig.

Prawf o'ch cyflymder sbrintio 30 metr

Cyfarpar

- pellter o 30 metr wedi'i farcio ar arwyneb gwastad nad yw'n llithrig
- stopwatsh

Dull

1 Sefwch tua 20 metr y tu ôl i'r llinell gychwyn.
2 Ar y gorchymyn 'Ewch', sbrintiwch mor gyflym ag y medrwch o'r man hwnnw i'r llinell derfyn.
3 Bydd eich partner yn cofnodi eich cyflymder mewn eiliadau o'r eiliad y byddwch yn croesi'r llinell gychwyn.

Y prawf eisteddiadau

Mae hyn yn profi cryfder a dygnwch y cyhyrau abdomenol.

Dull

1 Gorweddwch ar y llawr gyda'ch dwylo'n cyffwrdd â'ch pen uwchlaw'r clustiau, eich pengliniau wedi'u plygu ar ongl o 90°, a'ch traed yn fflat ar y llawr.
2 Gofynnwch i'ch partner ddal eich traed i lawr.
3 Codwch eich bongorff nes y bydd eich penelinoedd y tu hwnt i'ch pengliniau. Yna gostyngwch eich hun i'r llawr eto. Dyma un eisteddiad.
4 Gwnewch gynifer ag y medrwch mewn 30 eiliad. Bydd eich partner yn cadw golwg ar yr amser. Cofnodwch eich canlyniad.

Y prawf eisteddiadau

Prawf cyffwrdd â bar â'r ên (*chins test*)

Mae hyn yn profi cryfder a dygnwch cyhyrau'r breichiau a'r ysgwyddau.

Cyfarpar

- bar priodol

Dull

1 Dylech hongian o'r bar gyda'ch cledrau'n wynebu tuag i mewn.
2 Tynnwch eich hun i fyny nes y bydd eich gên gyferbyn â'r bar. Yna gostyngwch eich hun nes y bydd eich breichiau'n syth eto.
3 Gwnewch hyn dro ar ôl tro nes y byddwch yn rhy flinedig i wneud mwy. Cofnodwch sawl gwaith y gwnaethoch hyn.

Prawf cyffwrdd â bar â'r ên.

Prawf eistedd ac ymestyn

Mae hyn yn profi hyblygrwydd cymalau'r cluniau.

Cyfarpar

- mainc gymnasteg
- pren mesur metr
- selotep

Dull

1 Trowch y fainc ar ei hochr. Gludiwch y pren mesur ar ben y fainc â'r selotep fel ei fod yn ymestyn 15 cm dros yr ymyl, gyda'r sero ar y pen agosaf atoch chi.
2 Gofynnwch i'ch partner ddal y fainc yn llonydd.
3 Eisteddwch gyda'ch traed yn fflat yn erbyn y fainc a'ch coesau'n syth.
4 Estynnwch ymlaen yn araf cyn belled ag y medrwch ac arhoswch yn y safle hwn.
5 Bydd eich partner yn nodi'r man y mae blaenau'ch bysedd wedi'i gyrraedd ar y pren mesur.
6 Tynnwch 15 o'r rhif hwn i weld pa mor bell maen nhw wedi ymestyn y tu hwnt i'ch sodlau. Cofnodwch eich canlyniad.

Prawf eistedd ac ymestyn

Cwestiynau

1 Pam dechrau y *tu ôl* i'r llinell yn y sbrint 30 metr?
2 Beth mae'r gweithgareddau canlynol yn ei brofi?
  a eisteddiadau
  b cyffwrdd â bar â'r ên
  c eistedd ac ymestyn
3 Disgrifiwch brawf ar gyfer hyblygrwydd.
4 Lluniwch brawf i fesur dygnwch ar gyfer:
  a eich cyhyrau deuben
  b cyhyrau croth y goes.
  Trafodwch eich profion gyda'ch athro.

6.6 Profion ffitrwydd penodol

Mae'r profion yn yr Uned hon yn gysylltiedig â sgiliau penodol y bydd eu hangen arnoch mewn chwaraeon. Bydd sgôr uchel mewn prawf yn dangos eich potensial ar gyfer rhai campau. Ond i fod yn *dda* mewn camp bydd angen hefyd lawer o bethau eraill, gan gynnwys cymhelliant a digon o ymarfer!

Prawf y naid fertigol

Mae hyn yn profi pŵer neu gryfder ffrwydrol eich cyhyrau.
Mae angen pŵer da yn y coesau ar gyfer campau fel y naid uchel, y naid hir, pêl-fasged a phêl-rwyd.

Prawf y naid fertigol

Cyfarpar
- wal uchel
- powdr talc
- bwrdd naid fertigol os oes un ar gael

Dull
1. Dewiswch un llaw a'i dipio mewn powdr talc.
2. Sefwch â'ch ochr at y wal a'ch traed yn fflat ar y llawr. Estynnwch eich llaw i fyny mor uchel ag y medrwch. Cyffyrddwch â'r wal neu'r bwrdd fertigol gan adael marc ar eich ôl. (Os byddwch yn defnyddio bwrdd, rhowch y bwrdd mewn man lle byddwch yn cyffwrdd â gwaelod y raddfa.)
3. Dipiwch eich cledr yn y powdr talc eto.
4. Yna plygwch eich pengliniau a neidiwch mor uchel ag y medrwch, gan wneud ail farc mor uchel ag y bo modd.
5. Gwnewch hyn deirgwaith. Cyfrifwch uchder y naid bob tro. Cofnodwch yr uchder gorau o'r tri.

Rhediad 5-metr 'nôl a blaen

Mae hyn yn profi eich cyflymder a'ch ystwythder. Mae angen y ddau yma ar gyfer campau pêl.

Cyfarpar
- lôn redeg 5 metr sydd â'i hyd yn 5 metr a'i lled yn 1.2 metr ac sydd wedi'i marcio â thâp gludiog. Dylai fod yn wastad a heb fod yn llithrig.
- stopwatsh

Dull
1. Cynheswch drwy loncian yn yr unfan. Yna paratowch ger y llinell gychwyn.
2. Ar y gorchymyn 'Ewch', sbrintiwch mor gyflym ag y medrwch i'r llinell derfyn ac yn ôl. Rhaid i'r ddwy droed groesi'r ddwy linell. Dyma un gylchred.
3. Gwnewch bum cylchred, gan droi mor gyflym ag y medrwch bob tro.
4. Cofnodir eich amser cyfan mewn eiliadau.

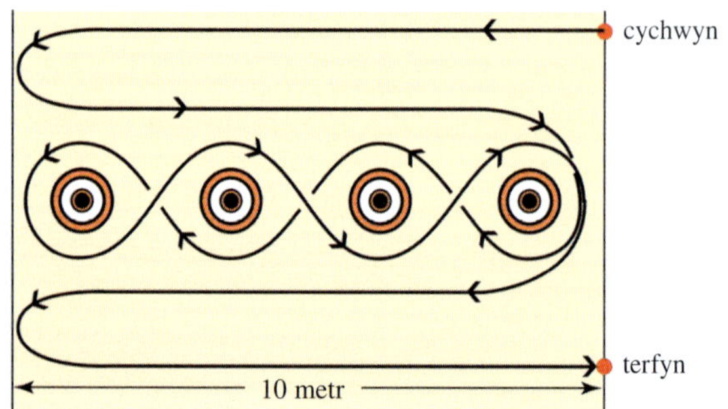

Gellir gwneud y rhediad 5-metr 'nôl a blaen yn fwy o her drwy ddefnyddio conau plastig. Trefnwch y conau fel hyn a rhedwch y llwybr mor gyflym ag y medrwch. Prawf da o ystwythder!

Prawf gollwng pren mesur

Mae hyn yn profi cyflymder adweithio. Mae adweithio cyflym yn fantais yn y rhan fwyaf o gampau.

Cyfarpar
- pren mesur metr

Dull
1. Mae eich partner yn dal y pren mesur wrth y pen sero.
2. Rhowch eich llaw yn agos at y pren mesur, ond heb gyffwrdd ag ef, ger y marc 50 cm fel y gwelir yn y llun.
3. Mae eich partner yn gollwng y pren mesur heb rybudd. Rhaid i chi ddal y pren rhwng eich bawd a'ch bys cyntaf.
4. Cofnodwch y mesuriad ar y pren mesur yn union uwchlaw eich bys cyntaf. Cyfrifwch faint roedd y pren mesur wedi disgyn cyn i chi ei ddal.

Prawf gollwng pren mesur

Prawf cydbwysedd

Dyma brawf o'ch cydbwysedd wrth sefyll ar un goes.

Cyfarpar
- mainc gymnasteg
- stopwatsh

Dull
1. Sefwch ar un droed ar y bar - pa droed bynnag sy'n well gennych.
2. Daliwch y droed arall yn uchel y tu ôl i'ch cefn, gan ddefnyddio'r llaw agosaf.
3. Sefwch yn y safle yma gyhyd ag y medrwch. Daw'r cynnig i ben pan fyddwch yn cyffwrdd â'r llawr neu'n gollwng gafael yn eich troed.
4. Daliwch ati i wneud hyn am un munud. Cofnodwch faint o gynigion a wnaed gennych.

Prawf cydbwysedd

Prawf cyd-drefniant

Mae hyn yn profi'r cyd-drefniant rhwng y dwylo a'r llygaid.

Cyfarpar
- dwy bêl dennis

Dull
1. Daliwch bêl dennis yn y naill law a'r llall. Dechreuwch fownsio'r peli ar yr un pryd.
2. Cyfrifwch sawl gwaith y gallwch fownsio'r ddwy gyda'i gilydd heb wneud camgymeriad.
3. Cofnodwch y sgôr orau o ddau gynnig.

Cwestiynau

1. Ydy sgôr uchel ym mhrawf y bwrdd fertigol yn golygu y byddwch yn dda yn y naid uchel? Eglurwch.
2. **a** Beth yw *ystwythder*?
   b Egurwch pam y mae'r rhediad 5 metr 'nôl a blaen yn profi ystwythder.
3. Enwch ddwy gamp lle mae angen cydbwysedd da.
4. Enwch ddwy gamp lle mae angen cydrefnu'r dwylo a'r llygaid yn dda.
5. Lluniwch brawf i fesur cyflymder adweithio eich partner, gan ddefnyddio pêl dennis yn unig. Ysgrifennwch gyfarwyddiadau ar gyfer y prawf. Yna trafodwch hyn gyda'ch athro.

Cwestiynau ar Bennod 6

1 Mae dau fath o ffitrwydd.
  a Beth yw'r termau amdanynt?
  b Beth yw'r gwahaniaeth rhyngddynt?
  c Rhowch ddwy enghraifft o'r ddau fath o ffitrwydd.

2 I lwyddo mewn chwaraeon mae angen ffitrwydd cyffredinol a ffitrwydd penodol, e.e. mae cryfder ac ystwythder yn bwysig mewn rygbi.

  Enwch un agwedd ar ffitrwydd cyffredinol ac un agwedd ar ffitrwydd penodol sy'n bwysig yn y canlynol:
  a criced
  b pêl-rwyd
  c jwdo
  d golff
  e trampolinio
  f dringo creigiau
  g canŵio
  h tennis bwrdd
  i taflu'r ddisgen
  j pêl-droed

3 Enwch un agwedd ar ffitrwydd cyffredinol ac un agwedd ar ffitrwydd penodol sy'n bwysig ar gyfer y canlynol:
  a clown mewn syrcas
  b jyglwr
  c perfformiwr ar y trapîs
  d dawnsio bale
  e gweithiwr fferm
  f dyn tân
  g achubwr mewn pwll nofio
  h gweithredwr man talu mewn uwchfarchnad

4 a Beth yw *hyblygrwydd*?
  b Rhowch dair enghraifft o'r angen am hyblygrwydd yn eich bywyd pob dydd.
  c Sut y byddai hyblygrwydd yn helpu:
    i sbrintiwr?
    ii neidiwr uchel?
    iii codwr pwysau?
  d Oes angen hyblygrwydd ar bob mabolgampwr(aig)? Eglurwch.
  e Oes angen i sbrintwyr fod yr un mor hyblyg yn eu holl gymalau? Eglurwch.

5 Ffitrwydd cardiofasgwlaidd yw un o'r agweddau pwysicaf ar ffitrwydd cyffredinol.
  a Beth yw hwn?
  b Beth yw term arall amdano?
  c Pam y mae mor bwysig?
  d Pe baech yn anffit yn y ffordd hon, pa broblemau y byddai hynny'n eu hachosi i chi mewn chwaraeon?

6 a Nodwch dri ffactor sy'n effeithio ar eich ffitrwydd nad ydynt dan eich rheolaeth chi.
  b Nodwch dri ffactor sy'n effeithio ar eich ffitrwydd ac sydd dan eich rheolaeth.

7 Mae bechgyn a merched ifanc yn cystadlu yn erbyn ei gilydd mewn chwaraeon. Ond dydy oedolion ifanc o'r ddwy ryw ddim yn gwneud hynny. Eglurwch pam.

8 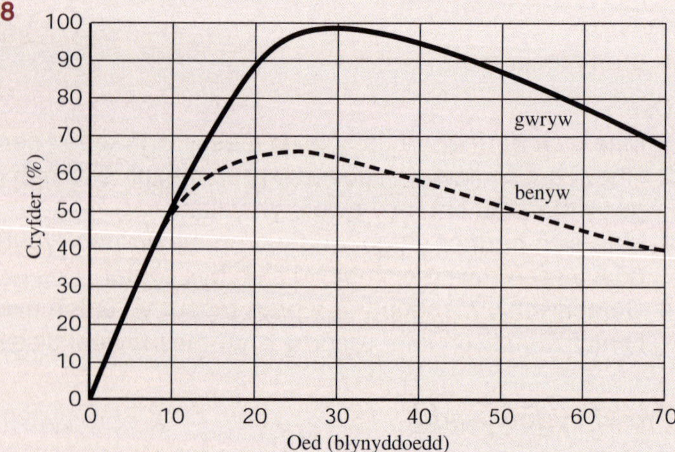

Gwelir uchod sut y bydd cryfder yn newid gydag oedran yn achos pobl na fyddant yn ymarfer llawer.
  a O 11 oed ymlaen mae gwrywod yn gryfach na benywod. Pam?
  b Tua pha oed y bydd y ddau ar eu cryfaf?
  c Pam y bydd pobl yn colli cryfder wrth fynd yn hŷn?
  d Erbyn 70 oed, bydd pobl wedi colli llawer o'u cryfder. Rhowch dair enghraifft o broblemau y gallai hyn eu hachosi mewn bywyd pob dydd.
  e Beth allwch chi ei wneud i arafu'r broses o golli cryfder wrth fynd yn hŷn?

9 Lluniwch graff arall gyda dwy gromlin yn dangos sut y bydd ffitrwydd unigolyn yn newid gydag oedran:
  a unigolyn a fu'n segura ers yr oedd yn 16 oed;
  b unigolyn sydd wedi ymarfer drwy gydol ei (h)oes.
  Gall eich graff fod ar gyfer gwryw neu fenyw.

10 a Beth yw cyfansoddiad y corff?
  b Sut y mae gwrywod a benywod yn wahanol i'w gilydd o ran:
    i braster corff?
    ii cyhyrau?
    iii esgyrn?
    iv cyfaint y gwaed?
    v faint o haemoglobin sydd yng nghelloedd coch eu gwaed?

11 Wrth gymharu recordiau byd gwrywod a benywod mewn athletau, gwelir:
  - bod gwrywod tua 5% yn gyflymach yn y sbrint 100 m
  - bod gwrywod tua 10% yn gyflymach yn y marathon
  - bod gwrywod yn neidio bron 16% yn bellach yn y naid hir

  a Pam y mae gwrywod yn gwneud yn well na benywod mewn gweithgareddau rhedeg?
  b Pam y mae'r gwahaniaeth yn fwy yn y marathon nag yn y sbrint 100 m?
  c Pam y gall gwrywod neidio'n bellach na benywod?

12 Mewn mannau uchel mae'r aer yn llai dwys nag yw mewn mannau isel. Mae'n fwy tenau ac yn ysgafnach ac mae llai o ocsigen ym mhob litr o aer.
- a Rhowch enghraifft o fan uchel.
- b Sut y byddai'r aer mwy tenau yn effeithio ar fabolgampwr yn anadlu.
- c Bydd rhedwyr pellter yn perfformio'n waeth mewn mannau uchel nag mewn mannau isel. Pam?
- d Yn aml bydd sbrintwyr 100 m yn perfformio'n well mewn mannau uchel nag mewn mannau isel. Pam?
- e Bydd taflwyr siot hefyd yn perfformio'n well mewn mannau uchel. Pam?
- f I gystadlu mewn gweithgareddau mewn mannau uchel, bydd athletwyr yn ymarfer mewn mannau uchel am ryw fis cyn hynny. Pam?

13 Y tri math o gorff yw:
- A endomorff
- B mesomorff
- C ectomorff

Cysylltwch bob un o'r disgrifiadau isod ag A, B neu C.
- i tew gyda siâp gellygen
- ii ysgwyddau llydan cyhyrog a chluniau cul
- iii brest ac ysgwyddau tenau a chul

14 Sgôr dosbarthiad somatig unigolyn penodol yw 1 6 3.
- a Sut olwg fydd ar yr unigolyn hwn?
- b Pa un o'r campau hyn fyddai fwyaf addas ar gyfer yr unigolyn hwn?

  reslo   naid hir   gymnasteg

15 Cysylltwch bob sgôr dosbarthiad somatig â'r gamp fwyaf addas. Gallwch ddewis camp unwaith yn unig.
- A taflu'r siot
- B pêl-fasged
- C reslo
- D beicio

- i 6 5 2
- ii 2 4 3
- iii 4 6 3
- iv 2 5 4

16 Mae cyd-drefniant yn agwedd ar ffitrwydd sy'n gysylltiedig â sgiliau.
- a Pam y dywedir ei fod *yn gysylltiedig â sgiliau*?
- b Enwch ddwy gamp lle mae cyd-drefniant da yn bwysig.
- c Mae angen cyd-drefniant da ar gyfer jyglo. Dyfeisiwch brawf i brofi cyd-drefniant gan ddefnyddio tair pêl dennis. Ysgrifennwch gyfarwyddiadau eglur ar gyfer y prawf.
- d Rhowch gynnig ar y prawf gan ddefnyddio aelodau'r dosbarth.

Gweithgareddau

Rhowch gynnig ar y gweithgareddau hyn. Bydd angen gweithio gyda phartner. Ar gyfer pob gweithgaredd:
- a cofnodwch eich sgôr
- b nodwch ba agwedd ar ffitrwydd sy'n cael ei phrofi. (Gall fod mwy nag un.)
- c enwch ddwy gamp lle mae'r agwedd hon ar ffitrwydd yn bwysig iawn
- d rhowch ddwy enghraifft o'r angen am yr agwedd hon ar ffitrwydd mewn bywyd pob dydd.

A Sefwch ar un droed gyda'ch llygaid ar gau. Pa mor hir y gallwch gydbwyso? Cofnodwch y sgôr orau o ddau gynnig.

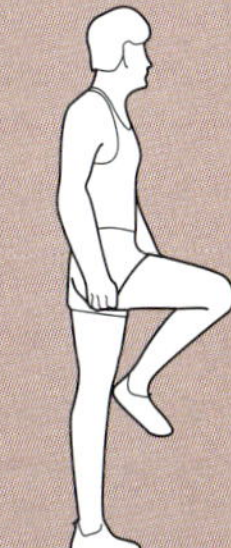

B Daliwch eich braich yn syth o'ch blaen. Cyfrifwch faint o weithiau y gallwch gau eich dwrn yn dynn a'i agor mewn 30 eiliad. Dim ond un cynnig a gewch.

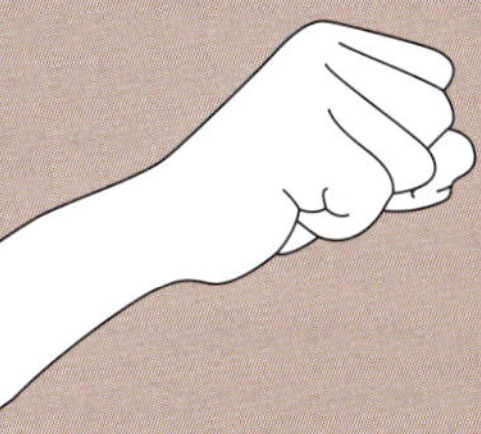

C Mae eich partner yn sefyll 1 metr y tu ôl i chi ac mae'n taflu pêl dennis dros eich ysgwydd heb rybudd. Cyfrifwch sawl gwaith allan o ddeg cynnig y gallwch ddal y bêl cyn iddi fownsio ddwywaith.

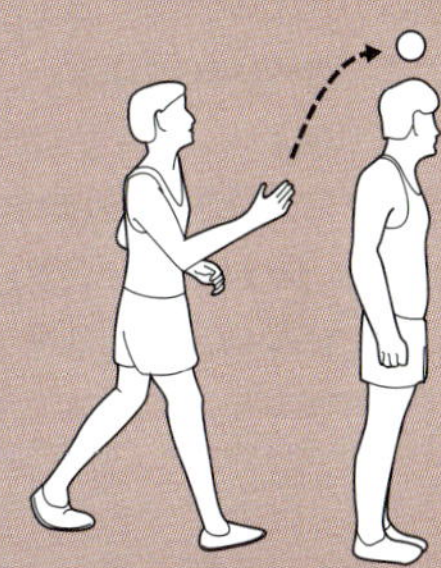

D Defnyddiwch sialc i farcio dwy linell sy'n 5 m o ran hyd ac sy'n 1 m i ffwrdd o'i gilydd. Gosodwch y conau fel y gwelir yn y diagram. Faint o amser y mae'n ei gymryd i chi redeg i mewn ac allan rhwng y conau i gyd. Cofnodwch yr amser gorau o ddau gynnig.

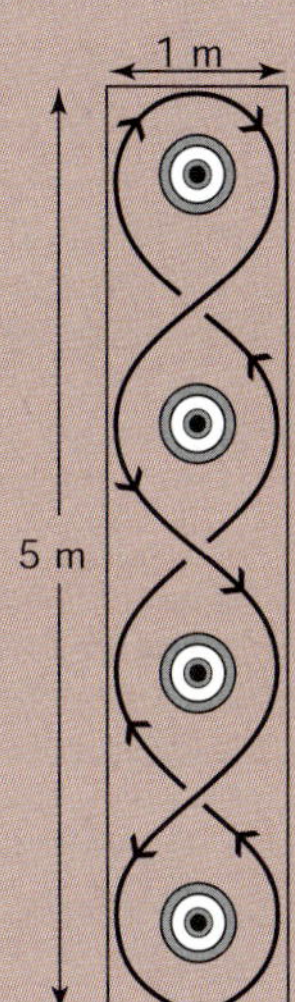

7.1 Egwyddorion ymarfer

Ydych chi am fod yn fwy ffit neu'n well yn eich camp? **Ymarfer** (*training*) yw'r ateb felly, sef rhaglen o ymarferion i'ch helpu i gyrraedd eich nod. Mae'n seiliedig ar y pedair **egwyddor** canlynol.

1 Egwyddor penodoldeb (specificity)

Mae pob ymarfer yn cael **effaith benodol** ar eich corff. Bydd cyrliad cyhyryn deuben â llwyth trwm, er enghraifft, yn cryfhau cyhyrau'r fraich. Bydd yr un ymarfer â llwyth ysgafn yn gwella dygnwch y cyhyrau hyn. Ond fydd y naill na'r llall ddim yn effeithio ar gyhyrau'r coesau o gwbl.

Yn gyntaf, felly, rhaid penderfynu ar yr hyn yr ydych am ei wella ac yna dewis yr ymarferion addas. I wella mewn camp arbennig, rhaid ymarfer y cyhyrau a'r cymalau y byddwch yn eu defnyddio yn y gamp honno ac ar y cyflymder y byddwch yn eu defnyddio. Rhaid cynllunio rhaglen ymarfer i fod yn addas ar eich cyfer *chi*.

2 Egwyddor gorlwytho

I wella ffitrwydd rhan arbennig o'r corff, rhaid i chi ei **gorlwytho**, h.y. gwneud iddi weithio'n galetach na'r arfer. Dros amser bydd hi'n addasu i gwrdd â'r cynnydd yn y gofynion arni drwy ddod yn fwy ffit.

Gallwch orlwytho'ch corff mewn tair ffordd:

- cynyddu **amlder** yr ymarfer - pa mor aml y byddwch yn ei wneud - e.e. dechrau drwy ymarfer ddwywaith yr wythnos, yna cynyddu i deirgwaith neu bedair gwaith.
- cynyddu **dwysedd** yr ymarfer - pa mor galed y byddwch yn gweithio - e.e. rhedeg yn gyflymach neu godi pwysau trymach.
- cynyddu'r **amser** a dreuliwch yn ymarfer. Os ydych yn anffit iawn, gallech ddechrau drwy loncian am 5 munud y sesiwn a chynyddu o wythnos i wythnos i 30 munud y sesiwn.

Tîm pêl-droed yn ymarfer. Rhaid i bêl-droediwr da fod yn gyflym ac yn ystwyth, felly caiff rhediadau 'nôl a blaen a sbrintio eu cynnwys.

Mae'r ddau fyfyriwr yma yn ymarfer eu cyhyrau, ond bydd y canlyniadau'n wahanol. Bydd llwythau trwm yn cynyddu cryfder, bydd llawer o ailadroddiadau â llwythau ysgafn yn gwella dygnwch.

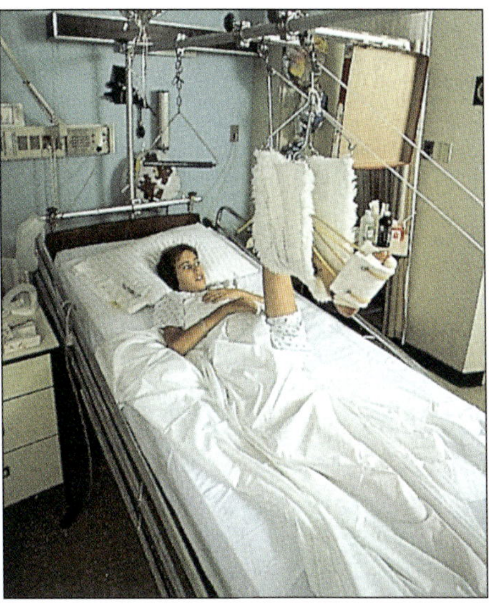

Bydd ymarferion cryfder yn gwneud eich cyhyrau'n fwy o faint. Gelwir hyn yn **hypertroffedd**. Ond os bydd yn rhaid i chi aros yn y gwely bydd y cyhyrau'n nychu *(waste away)*. Y term am hyn yw **crebachu** *(atrophy)*.

3 Egwyddor dilyniant *(progression)*

Bydd eich corff yn cymryd amser i addasu i gynnydd yn y gofynion arno. Dylech, felly, gynyddu lefel eich ymarfer **yn raddol**. Fel arall byddwch mewn perygl o rwygo cyhyrau a chael anafiadau eraill.

Fe sylwch ar y newidiadau mwyaf yn gynnar yn eich rhaglen ymarfer. Po fwyaf ffit y byddwch, anoddaf i gyd y bydd i gael gwelliant pellach. Mae hynny'n dangos eich bod yn agosáu at eich potensial llawn. Os byddwch yn parhau i ymarfer ar lefel *gyson* bydd eich ffitrwydd yn aros ar y lefel honno.

4 Egwyddor cildroadedd *(reversibility)*

Yn anffodus, mae gwelliannau mewn ffitrwydd yn **gildroadwy**. Os byddwch yn ymarfer yn galetach bydd eich corff yn mynd yn fwy ffit. Os rhowch y gorau i ymarfer bydd y corff yn colli ei ffitrwydd eto.

Dim ond tair neu bedair wythnos y mae'n ei chymryd i golli ffitrwydd. Byddwch yn colli dygnwch, cryfder, hyblygrwydd a chyflymder. Yn fuan iawn, fyddwch chi ddim cystal yn loncian a nofio ac ati am na fydd eich cyhyrau yn defnyddio ocsigen cystal. Bydd cyhyrau a fydd yn segur yn nychu neu'n **crebachu**.

Gorymarfer?

Mae ymarfer yn eich gwneud yn fwy ffit. Ond gall **gorymarfer** eich gwneud yn sâl. Mae'n achosi dolur, poenau yn y cymalau, problemau cysgu, diffyg archwaeth a phryder a blinder mawr. Byddwch yn dal anwydau a'r ffliw yn rhwyddach. Mae'r rhain yn arwyddion y dylech leihau'r ymarfer neu gael toriad.
Cyfrinach ymarfer da yw pwyllo.

Cwestiynau

1 Mae effeithiau ymarfer yn *benodol*. Beth yw ystyr hyn?
2 Beth yw ystyr *gorlwytho* eich corff?
3 Disgrifiwch dair ffordd y gallech orlwytho'r corff mewn rhaglen ymarfer beicio.
4 Dylech gynyddu lefel yr ymarfer yn raddol.
a Pam? **b** Pa enw a roddir ar yr egwyddor hon?
5 Ysgrifennwch bedwar arwydd o orymarfer.
6 'Os yw'n rhoi poen mae'n rhaid ei fod yn gweithio.' Ydy hyn yn wir am ymarfer? Eglurwch.

7.2 Ymarfer y systemau egni

Mae eich cyhyrau'n defnyddio dau fath o system egni: **aerobig** ac **anaerobig**. Pa un y maent yn ei defnyddio ar hyn o bryd?

Aerobig neu anaerobig?

Y rhan fwyaf o'r amser bydd eich cyhyrau'n gweithio mewn modd **aerobig**. Mae hynny'n golygu eu bod yn defnyddio ocsigen i gael egni. Ond yn ystod ymdrech galed (e.e. mewn sbrint 100 m) byddan nhw'n gweithio mewn modd **anaerobig**. Dydyn nhw ddim yn defnyddio ocsigen, ond maen nhw'n cynhyrchu asid lactig sy'n eu blino'n fuan.

Mae'r rhan fwyaf o'r campau yn gymysgedd o waith aerobig ac anaerobig. Gallech ddefnyddio ymdrech galed yn ystod foli mewn gêm dennis (gwaith anaerobig) ac yna arafu eto (gwaith aerobig).

Mae ymarfer yn gwneud i'r ddwy system weithio'n well. Ond mae'r ymarfer yn wahanol ar gyfer pob un. Rhaid i chi, felly, astudio'ch camp i weld faint y byddwch yn ei ddefnyddio o bob system. Yna penderfynwch ar y cymysgedd gorau o ymarfer.

Pan fydd cyhyrau'r coesau am gael egni i roi ymdrech fawr, bydd resbiradaeth anaerobig yn cymryd drosodd. Yn eich barn chi, ydyn nhw'n gweithio mewn modd anaerobig yma? Pa arwyddion y gallwch eu gweld?

Ymarfer a chyfradd curiad y galon

Po galetaf yw'r ymarfer, cyflymaf i gyd y bydd y galon yn curo. Felly, mae cyfradd curiad y galon yn dangos pa mor galed yr ydych yn gweithio a pha system egni yr ydych yn ei defnyddio.

Cyfradd curiad uchaf y galon yw'r cyflymaf y *gall* eich calon guro. Gallwch ei darganfod drwy ddefnyddio'r fformiwla ganlynol:

cyfradd curiad uchaf y galon = 220 - eich oed

Os ydych yn 15 oed, cyfradd curiad uchaf eich calon yw 205 curiad y munud (cym).

Gallwch fesur eich cyfradd *wirioneddol* drwy deimlo'ch pwls. Os yw tua 60% o'r gyfradd uchaf (tua 120 cym) rydych yn gweithio mewn modd aerobig. Os yw tua 90% (185 cym) mae'n debyg eich bod yn gweithio mewn modd anaerobig.

Cyfradd curiad y galon a throthwyau ymarfer

I gael ffitrwydd aerobig:

- rhaid i chi ymarfer ar gyfradd curiad y galon sy'n **uwch** na chyfradd isaf benodol. Mae'r gyfradd isaf hon yn dibynnu ar eich ffitrwydd. Ar gyfer unigolyn 15 oed nad yw'n ffit mae tua 120 cym. *Ni cheir unrhyw fudd aerobig* drwy ymarfer ar gyfradd is na hon.
- rhaid i chi hefyd ymarfer yn *is* na therfyn uchaf. Os bydd cyfradd curiad y galon yn codi'n uwch na chyfradd benodol byddwch yn gwneud gwaith anaerobig. Rhaid ymarfer yn is na'r gyfradd hon i gael budd aerobig.

Felly, ar gyfer ymarfer aerobig rhaid i chi weithio o fewn amrediad o gyfraddau curiad y galon. Dyma eich **cylchfa ymarfer aerobig**. Byddwch yn ei chyrraedd, ac yn aros o fewn iddi, drwy addasu dwysedd eich ymarfer.

Y term am gyfraddau curiad y galon ar derfynau'r gylchfa yw'r **trothwyau ymarfer** (*training thresholds*). Y terfyn isaf yw'r **trothwy aerobig**. Y terfyn uchaf yw'r **trothwy anaerobig**.

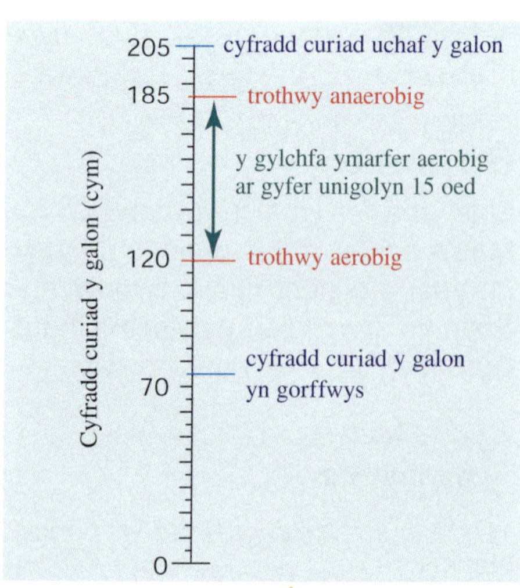

Y gylchfa ymarfer aerobig a'r trothwyau ymarfer. Ble fydd y gylchfa ymarfer *anaerobig*?

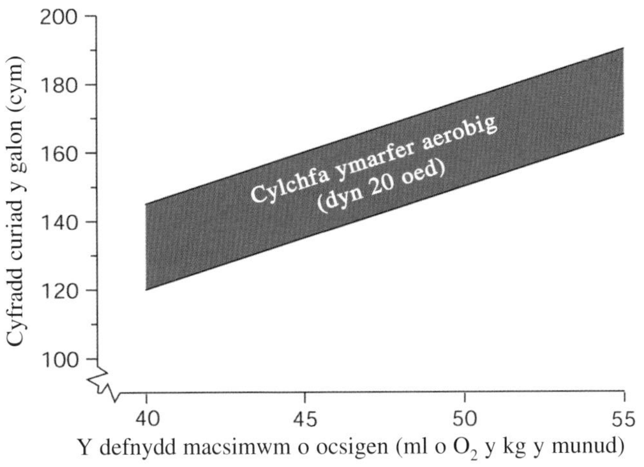

Po fwyaf ffit yr ydych, uchaf i gyd fydd eich trothwyau ymarfer.

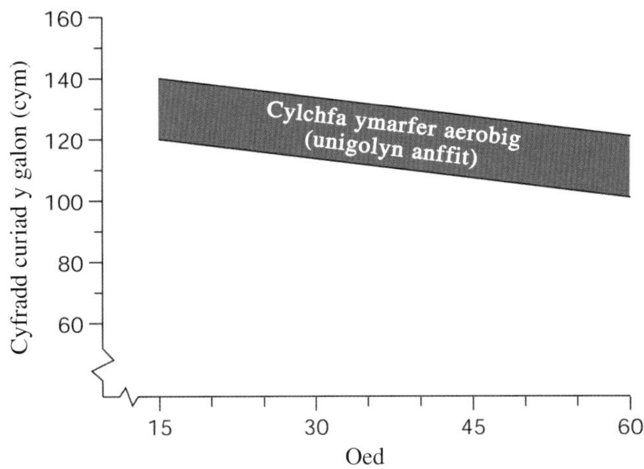

Po hynaf yr ydych pan fyddwch yn dechrau ymarfer ffitrwydd, isaf i gyd fydd eich trothwy ymarfer aerobig yn ôl pob tebyg.

Ymarfer aerobig

- Dewiswch weithgaredd sy'n defnyddio cyhyrau mawr y corff a lle y gallwch weithio mewn modd rhythmig am gyfnod hir, e.e. cerdded, nofio, loncian, beicio neu sgipio.
- Gweithiwch am *o leiaf* 15-20 munud y sesiwn.
- Dylai cyfradd curiad eich calon fod o fewn eich cylchfa ymarfer aerobig. Mae hynny'n golygu y dylai fod *o leiaf* 60% o gyfradd curiad uchaf y galon. Wrth i chi ddod yn fwy ffit, gallwch symud i fyny i oddeutu 75%.
- Dylech ymarfer *o leiaf* deirgwaith yr wythnos. Fel arall, fydd yr ymarfer ddim yn effeithiol.

Effeithiau ymarfer aerobig

- mae'r galon yn tyfu'n fwy
- mae cyfaint y gwaed yn cynyddu
- mae mwy o gapilarïau'n ffurfio
- mae braster y corff yn cael ei losgi'n gyflymach

gweler tud. 88 am fwy.

Ymarfer anaerobig

Mae ymarfer anaerobig yn rhoi llawer o straen ar y galon a system cylchrediad y gwaed. Felly, gall fod yn beryglus. Os nad ydych yn ffit, gwnewch sawl wythnos o ymarfer aerobig *cyn* cychwyn ar ymarfer anaerobig.

Ar gyfer ymarfer anaerobig:

- Defnyddiwch ymdrech galed ar gyfer unrhyw un o'r gweithgareddau uchod (rhedeg, nofio, beicio ayb).
- Defnyddiwch ymdrech galed bob yn ail ag ymdrech ysgafnach neu orffwys, fel bo'ch corff yn cael amser i dalu'r ddyled ocsigen a chael gwared ag asid lactig.

Cewch fwy o wybodaeth am ddulliau o ymarfer egni yn yr Uned nesaf.

Effeithiau ymarfer anaerobig

- mae muriau'r galon yn mynd yn fwy trwchus
- mae'r cyhyrau'n goddef asid lactig yn well

Gweler tud. 89 am fwy.

Cwestiynau

1 Enwch y ddau fath o system egni a ddefnyddir gan eich cyhyrau. Beth yw'r gwahaniaeth rhyngddynt?
2 Disgrifiwch sut y gellid defnyddio'r ddwy system egni mewn camp benodol. (Nid tennis!)
3 a Beth yw ystyr *cyfradd curiad uchaf y galon*?
  b Beth yw'r gyfradd hon yn achos unigolyn 30 oed?
4 a Beth yw ystyr *cylchfa ymarfer aerobig*?
  b Beth yn fras yw eich cylchfa ymarfer aerobig *chi*?
5 Beth yw'r *trothwy aerobig*?
6 Beth yw'r *trothwy anaerobig*?
7 Ar gyfer ymarfer anaerobig mae'n rhaid gweithio'n uwch na'r gylchfa ymarfer aerobig. Eglurwch pam.

7.3 Dulliau o ymarfer egni

Ymarfer di-dor

Mae **ymarfer di-dor** yn ffordd dda o wella'ch system aerobig. Mae hefyd yn ffordd dda o losgi braster corff. Byddwch yn rhedeg, yn nofio, yn beicio neu'n cerdded am o leiaf dri deg munud ar yr un cyflymder, heb orffwys. Byddwch yn gorlwytho drwy gynyddu'r amser, y pellter, y cyflymder neu'r tri ohonynt.

- Cynyddwch yr amser yn raddol os nad ydych yn ffit.
- Gweithiwch yn y gylchfa ymarfer aerobig. Dechreuwch ar tua 60% o gyfradd curiad uchaf eich calon a chynyddu'n raddol i 75%.
- Os ydych yn ymarfer ar gyfer cystadlaethau, cynyddwch yn raddol i bellterau sydd 2-5 gwaith pellter y gystadleuaeth.

Mae anfanteision i ymarfer di-dor:

- Nid yw'n cynnwys unrhyw waith ar sgiliau.
- Gall fod yn ddiflas.
- Os ydych yn rhedeg i helpu i wella eich gêm bêl-droed, er enghraifft, bydd angen sesiynau sbrintio hefyd.

Mae ymarfer di-dor yn gwella dygnwch aerobig - ac yn profi dygnwch meddyliol. Mae angen cymhelliant da i ddal ati.

Ymarfer Fartlek

Datblygwyd ymarfer *Fartlek* yn Sweden. Ystyr y gair yw *chwarae â chyflymder*. Mae'r dull yn cynnwys llawer o newidiadau yn y cyflymder. Gellir ei ddefnyddio i wella'r systemau egni aerobig ac anaerobig. Gellir ei addasu ar gyfer rhedeg, beicio, sgïo a gweithgareddau eraill.

Dyma sesiwn rhedeg *Fartlek* nodweddiadol sy'n para 30 munud:

Loncian	5 mun
Cerdded yn gyflym	3 mun
Rhedeg yn gyflym gan sbrintio 50 m bob 200 m	5 mun
Loncian	3 mun
Rhedeg yn gyson gan wneud 10 cam yn gyflym bob 200 m	4 mun
Loncian ar i fyny gan wneud 10 cam yn gyflym bob munud	5 mun
Sgipio'n gyflym	3 mun
Loncian yn yr unfan gan godi'r pengliniau'n uchel	2 mun

- Mae sesiynau rhedeg *Fartlek* yn dda iawn ar gyfer chwaraewyr gêmau, gan fod llawer o newidiadau cyflymder mewn gêmau.
- Newidiwch yr amrywiaeth rhwng gwaith cyflym a gwaith araf i weddu i'ch camp chi ac i'r system egni yr ydych am weithio arni.
- I orlwytho, cynyddwch yr amser neu'r cyflymder ar gyfer pob gweithgaredd neu dewiswch dir mwy anodd, e.e. rhedeg ar i fyny neu drwy dywod.

Mae anfanteision i ymarfer *Fartlek*:

- Y mabolgampwr sy'n penderfynu ar y cyflymder. Ni all hyfforddwr ddweud ydy'r mabolgampwr yn gweithio mor galed ag y dylai.
- Mae angen llawer o gymhelliant i weithio ar y cyflymder uchaf, felly mae'n hawdd gostwng yr ymdrech.

Sgipio yw un ffordd o ychwanegu amrywiaeth at sesiwn ymarfer *Fartlek*.

Ymarfer ysbeidiol

Mewn **ymarfer ysbeidiol** byddwch yn dilyn patrwm sefydlog o waith caled ac yna gwaith araf neu orffwys. Gallai sesiwn i wella'r cyflymiad ar gychwyn sbrint fod yn debyg i'r canlynol:

Sbrint 30 metr, yna loncian yn braf am 30 eiliad.
Gwnewch hyn 10 gwaith (10 **ailadroddiad** [*repetitions*])
Mae hynny'n ffurfio un set. (Mae **set** yn cynnwys nifer o ailadroddiadau.)

Yna gorffwyswch am 2 funud.

Gwnewch 3 set, gan orffwys am 2 funud rhwng pob un.

Mae'r loncian yn helpu i gael gwared ag asid lactig. Mae'r gorffwys am 2 funud yn caniatáu ymadfer llwyr. Bydd cyfradd curiad y galon yn dangos p'un ai eich bod wedi ymadfer.
Wrth i chi ddod yn fwy ffit gallwch orlwytho drwy wneud y canlynol:

- cynyddu nifer yr ailadroddiadau neu'r setiau neu'r ddau
- gostwng yr amser ar gyfer gwaith araf
- gostwng yr amser gorffwys rhwng y setiau.

Does dim diben cynyddu'r pellter, gan eich bod yn ymarfer cyflymu. Erbyn tua 30 metr byddwch wedi cyrraedd eich cyflymder rhedeg uchaf.

Nodwch y pethau hyn ynglŷn ag ymarfer ysbeidiol:

- Gallwch ei ddefnyddio ar gyfer gwaith anaerobig neu aerobig, yn dibynnu ar y pellter a nifer a hyd yr ysbeidiau.
- Gallwch ei ddefnyddio ar gyfer gweithgareddau eraill fel beicio a nofio.
- Mae'n achosi poen, felly bydd angen lefel uchel o gymhelliant i ddal ati.
- Gan fod patrwm penodol, mae'n hawdd gweld ydy unigolyn yn rhoi'r gorau iddi.

Mae dosbarthiadau aerobeg yn gwneud ymarfer yn hwyl. (Ond mae ymarfer bob amser yn hwyl!)

Aerobeg

Mae **dosbarthiadau aerobeg** yn ffordd boblogaidd o wella ffitrwydd aerobig. Byddwch yn gwneud ymarferion ar gyfer pob rhan o'r corff. Byddwch yn gweithio ar gyflymder sy'n cadw cyfradd curiad eich calon yn y gylchfa ymarfer aerobig.

- Byddwch yn cadw amser â cherddoriaeth, sy'n gwneud hyn yn hwyl.
- Gall neidio a stampio roi ysgytiad i esgyrn a niweidio cymalau. I osgoi hyn, gweithiwch ar lawr pren caled ysig (*sprung*) neu fat meddal. Neu dewiswch aerobeg **drawiad isel** (*low impact*). Beth, yn eich barn chi, yw hynny?

Cwestiynau

1. Beth yw *ymarfer di-dor*? Pa weithgareddau y gallech eu defnyddio?
2. Nodwch un o anfanteision ymarfer di-dor.
3. Beth yw *ymarfer Fartlek*?
4. Pam y mae ymarfer *Fartlek* yn dda i chwaraewyr gêmau?
5. Lluniwch sesiwn ymarfer *Fartlek* ar gyfer beiciwr.
6. Beth yw *ymarfer ysbeidiol*?
7. Beth yw: **a** ailadroddiad? **b** set?
8. Lluniwch sesiwn ymarfer ysbeidiol ar gyfer nofiwr sydd am wneud mwy o waith anaerobig.
9. Pa ddau o'r dulliau ymarfer hyn *na fyddant* yn gwella'ch system egni anaerobig?

7.4 Mathau o ymarfer cyhyrol

Dyma dair ffordd wahanol o ymarfer y cyhyrau, yn seiliedig ar fathau gwahanol o gyfangiadau cyhyrol. Mae pob un yn cynnwys tynnu neu wthio neu godi llwyth.

Ymarfer isotonig

I blygu eich braich yn y penelin, mae eich cyhyryn deuben yn byrhau. **Cyfangiad isotonig** yw'r enw ar hyn. Mae holl symudiadau'r corff yn dibynnu ar gyfangiadau isotonig, lle mae cyhyrau'n byrhau ac yn tynnu ar esgyrn.

Mewn **ymarfer isotonig** byddwch yn defnyddio cyfangiadau isotonig i wella cryfder a dygnwch y cyhyrau. Mae gwasg-godiadau, eisteddiadau, ymarferion cyffwrdd â bar â'r ên a chodi pwysau yn ymarferion isotonig. Allwch chi feddwl am rai eraill?

Mae'r ddau'n ymarfer isotonig, gan fod cyhyrau'n cyfangu. Ond pa gyhyrau? Beth yw mantais y peiriant?

Manteision ymarfer isotonig
- Mae'n cryfhau cyhyr drwy holl gwmpas/amrediad y symud.
- Gallwch ddewis ymarferion isotonig i weddu i'ch camp.

Anfanteision
- Gall y cyhyrau fod yn boenus. Achosir hyn gan straen ar y cyhyrau wrth iddynt ymestyn, e.e. bydd straen ar gyhyrau'r breichiau wrth i chi ostwng y corff mewn ymarferion cyffwrdd â bar â'ch gên.
- Mae'r cyhyr yn cryfhau fwyaf ar bwynt gwanaf y weithred, yn hytrach nag yn gyson drwyddi.

Ymarfer isometrig

Pan fyddwch yn gwthio yn erbyn drws caeëdig, bydd cyhyrau'r breichiau yn cyfangu ond yn aros yr un hyd. Y term am hyn yw **cyfangiad isometrig**.

Mae cyfangiadau isometrig yn cynhyrchu **cryfder statig** - y cryfder sydd ei angen i wthio neu dynnu gwrthrych trwm iawn neu i gadw llwyth trwm i fyny. Mae angen hyn mewn reslo swmo, sgrym rygbi, gymnasteg a chodi pwysau. Mae **ymarfer isometrig** yn defnyddio cyfangiadau isometrig i gryfhau'r cyhyrau. Gall fod o gymorth ar gyfer y campau hyn.

Dyma ymarferion isometrig: dydy hyd cyhyrau'r breichiau ddim yn newid. Dim ond ar yr ongl a ddefnyddir yn yr ymarfer y datblygir cryfder.

Manteision ymarfer isometrig

- Mae'n gyflym i'w wneud ac nid yw'n boenus.
- Does dim angen cyfarpar drud.
- Gallwch ei wneud rywle.

Anfanteision

- *Dim ond* ar yr ongl a ddefnyddiwch yn yr ymarfer y mae cyhyr yn cryfhau. Efallai na fydd hynny'n fawr o gymorth yn eich camp chi.
- Yn ystod ymarfer isometrig bydd llif y gwaed i'r cyhyr yn stopio, bydd pwysedd y gwaed yn codi a bydd llai o waed yn llifo'n ôl i'r galon. Gallai hyn fod yn beryglus os oes gennych broblemau â'ch calon.

Mae ymarfer isometrig ar ei orau o'i gyfuno ag ymarfer isotonig.

Ymarfer isocinetig

Mewn **cyfangiad isocinetig** bydd eich cyhyr yn cyfangu ar gyflymder cyson. Fydd hyn ddim yn digwydd yn ystod gwasg-godiadau nac yn ystod ymarferion isotonig eraill. Yn y rhain, bydd y cyhyrau bob tro yn fwy araf yn y pwynt gwan yn y weithred, sydd fel rheol ar y cychwyn.

Felly, ar gyfer **ymarfer isocinetig** mae angen peiriant arbennig. Mae'n canfod pryd y bydd y cyhyr yn cyflymu ac mae'n cynyddu'r llwyth i'w arafu eto.

Manteision ymarfer isocinetig

- Mae'r cyhyr yn cryfhau yn gyson drwy holl gwmpas y symudiad.
- Byddwch yn ennill cryfder yn gynt na chyda'r dulliau eraill o ymarfer.

Anfantais

- Mae'r cyfarpar yn ddrud iawn, felly ni all llawer o gampfeydd ei fforddio.

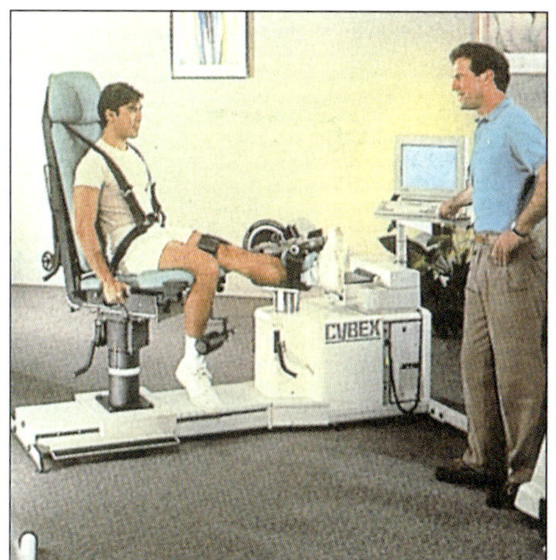

Peiriant ymarfer isocinetig

Cwestiynau

1. Beth yw cyfangiad *isotonig*?
2. Beth yw cyfangiad *isometrig*?
3. Pa fath o gyfangiad a ddefnyddiwch pan fyddwch: **a** yn rhedeg? **b** yn tynnu ar raff mewn gornest dynnu?
4. Nodwch ddwy o fanteision ymarfer isotonig.
5. Enwch ddau ymarfer isotonig *na* soniwyd amdanynt yma?
6. Pwy allai gael budd o ymarfer isometrig?
7. Nodwch ddwy o fanteision ymarfer isometrig.
8. Beth yw ymarfer *isocinetig*?
9. Nodwch anfantais fawr i ymarfer isocinetig.

7.5 Dulliau o ymarfer y cyhyrau

Ar gyfer pob camp bydd angen cymysgedd o gryfder cyhyrol a dygnwch cyhyrol:

- **cryfder** yw'r grym y bydd eich cyhyrau'n ei weithredu pan fyddan nhw'n cyfangu.
- **dygnwch** yw gallu'r cyhyrau i gynnal cyfangiad neu i gyfangu dro ar ôl tro heb flino.

Sut y bydd ymarfer yn newid eich cyhyrau

Bydd **ymarfer cryfder** yn gwneud i'ch cyhyrau fynd yn fwy trwchus. Bydd hynny'n gwneud y cyfangiadau'n gryfach.

Fydd **ymarfer dygnwch** ddim yn gwneud y cyhyrau'n fwy trwchus. Ond bydd yn achosi iddynt ddefnyddio ocsigen yn well a llosgi braster ar gyfer egni yn well. Bydd yn achosi i fwy o gapilarïau ffurfio o amgylch y cyhyrau. Felly bydd mwy o ocsigen yn cyrraedd y cyhyrau a gallan nhw weithio am gyfnod hirach.

Cryfder neu ddygnwch?

Mae pob math o ymarfer cyhyrol yn cynnwys codi neu dynnu neu wthio **llwyth** neu **wrthiant** (*resistance*). Gallai'r llwyth fod yn bwysau codi (*dumb-bell*) neu bwysau eich corff. Gallwch ddefnyddio'r un ymarfer i wella cryfder *neu* ddygnwch. Mae'n dibynnu ar y llwyth a nifer yr ailadroddiadau.

- Ar gyfer **dygnwch** defnyddiwch lwyth ysgafnach a llawer o ailadroddiadau.
- Ar gyfer **cryfder** defnyddiwch lwyth trwm a nifer bach o ailadroddiadau.

Ymarfer ar gyfer mathau gwahanol o gryfder

Mae tri math gwahanol o gryfder. Gallwch ymarfer ar gyfer y tri:

Cryfder statig yw'r cryfder sydd ei angen i wthio neu dynnu gwrthrych trwm iawn neu i ddal pwysau trwm uwch eich pen.

Cryfder dynamig yw'r cryfder sydd ei angen i gadw llwyth i symud dros gyfnod hir, e.e. ar gyfer rhwyfo neu nofio.

Cryfder ffrwydrol neu **bŵer** yw'r cryfder sydd ei angen ar gyfer un weithred ffrwydrol, e.e. naid uchel neu daro pêl yn galed.

- Bydd dal llwyth trwm yn llonydd yn gwella'ch cryfder statig.
- Bydd symud y llwyth yn gwella'ch cryfder dynamig.
- Bydd symud y llwyth mor gyflym ag sy'n bosibl yn gwella'ch pŵer.

y llwyth mwyaf y gallwch ei godi ddwywaith heb orffwys

y llwyth mwyaf y gallwch ei godi ddengwaith heb orffwys

y llwyth mwyaf y gallwch ei godi ganwaith heb orffwys

dygnwch tymor byr, e.e. ar gyfer gymnasteg

dygnwch tymor canolig, e.e. ar gyfer pêl-droed

dygnwch tymor hir, e.e. ar gyfer marathon

Ar gyfer cryfder: llwythi trwm, llai o ailadroddiadau
Ar gyfer pŵer: codi'n gyflymach

Ar gyfer dygnwch: llwythi ysgafnach, mwy o ailadroddiadau

Pa faint a pha fath o lwyth?

- Gallwch ddefnyddio pwysau rhydd fel pwysau codi neu beiriannau ymarfer codi pwysau. Y term am hyn yw **ymarfer codi pwysau**. Mae'r diagram uchod yn dangos sut y dylid gweddu'r pwysau a'r ailadroddiadau i'r math o ffitrwydd yr ydych am ei wella. Y rhif RM yw nifer y troeon y gallwch godi llwyth heb aros i orffwys.
- Gallwch ddefnyddio **pwysau eich corff**, e.e. mewn gwasg-godiadau, eisteddiadau, dipiau ac ymarferion cyffwrdd â bar â'r ên.
- Gallwch ddefnyddio **ymarfer gwrthiant**, lle byddwch yn ymarfer yn erbyn gwrthiant, e.e. naid hir gyda phwysau wedi'u strapio amdanoch, neu redeg â rhaff o amgylch eich gwregys, yn llusgo teiar y tu ôl i chi. Bydd hyn yn gwella dygnwch cyhyrol.
- Er mwyn i ymarfer cyhyrol fod yn effeithiol, bydd angen *o leiaf* 3 sesiwn yr wythnos.

Mwy am ymarfer codi pwysau

Mae ymarfer codi pwysau yn ffordd boblogaidd o ymarfer y cyhyrau.

- Mae'n hawdd dweud pa lwyth yr ydych yn ei ddefnyddio, gan fod y pwysau wedi'u marcio'n eglur.
- Mae'n hawdd cynyddu'r llwyth y maint iawn.
- Mae'n hawdd gweithio ar grwpiau gwahanol o gyhyrau i weddu i'ch camp chi.
- Ond mae ymarfer codi pwysau yn *anaddas* i bobl dan 16 oed. Mae eich ffrâm yn dal yn anaeddfed. Gallech gael anaf yn hawdd.

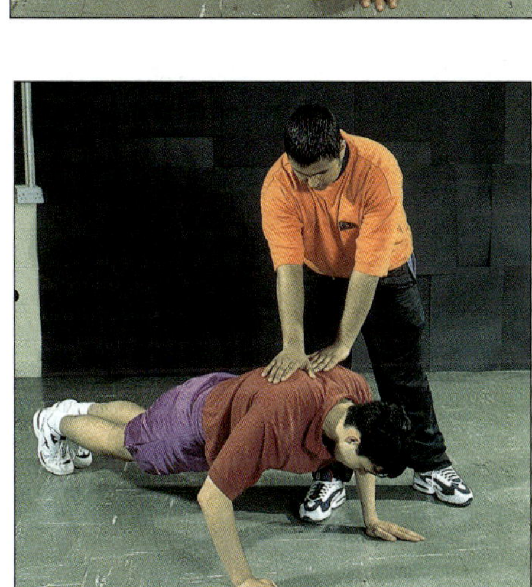

Dwy ffordd o orlwytho gan ddefnyddio pwysau'r corff. Pa gyhyrau sy'n cael eu gorlwytho?

Mwy am ddefnyddio pwysau eich corff

Does dim angen cyfarpar arbennig ar gyfer ymarfer codi pwysau'r corff. Felly, gallwch ei wneud rywle.

- Pan fyddwch yn gallu gwneud ymarfer fel gwasg-godiadau fwy na 10 gwaith heb stopio, byddwch yn symud i waith dygnwch.
- Mae sawl ffordd o orlwytho. Yn achos gwasg-godiadau, er enghraifft:
  - gall partner wasgu ar ran uchaf eich cefn i gynyddu'r llwyth.
  - rhoi eich traed ar fainc i gynyddu'r llwyth ar eich breichiau.

Cwestiynau

1 Beth yw: **a** cryfder? **b** dygnwch?
2 Sut y bydd ymarfer cryfder yn newid eich cyhyrau?
3 Sut y bydd ymarfer dygnwch yn eu newid?
4 Pa un o'r ddau sy'n cael ei wella gan y canlynol:
 a llwyth trwm, nifer bach o ailadroddiadau?
 b llwyth ysgafn, nifer mawr o ailadroddiadau?
5 Beth yw'r tri math gwahanol o gryfder? Sut y gallech wella pob un?
6 Nodwch ddwy o fanteision ymarfer codi pwysau.
7 Nodwch ddwy o fanteision ymarfer codi pwysau'r corff.
8 Sut y gallwch orlwytho wrth ymarfer codi pwysau'r corff?

7.6 Ymarfer ar gylchffordd

Mae **ymarfer ar gylchffordd** yn ffordd dda o drefnu ymarfer cyhyrol. Fel rheol mae cylchffordd yn cynnwys 8-15 o **safleoedd**. Byddwch yn gwneud ymarfer gwahanol wrth bob safle. Dyma gylchffordd nodweddiadol o ymarferion codi pwysau'r corff.

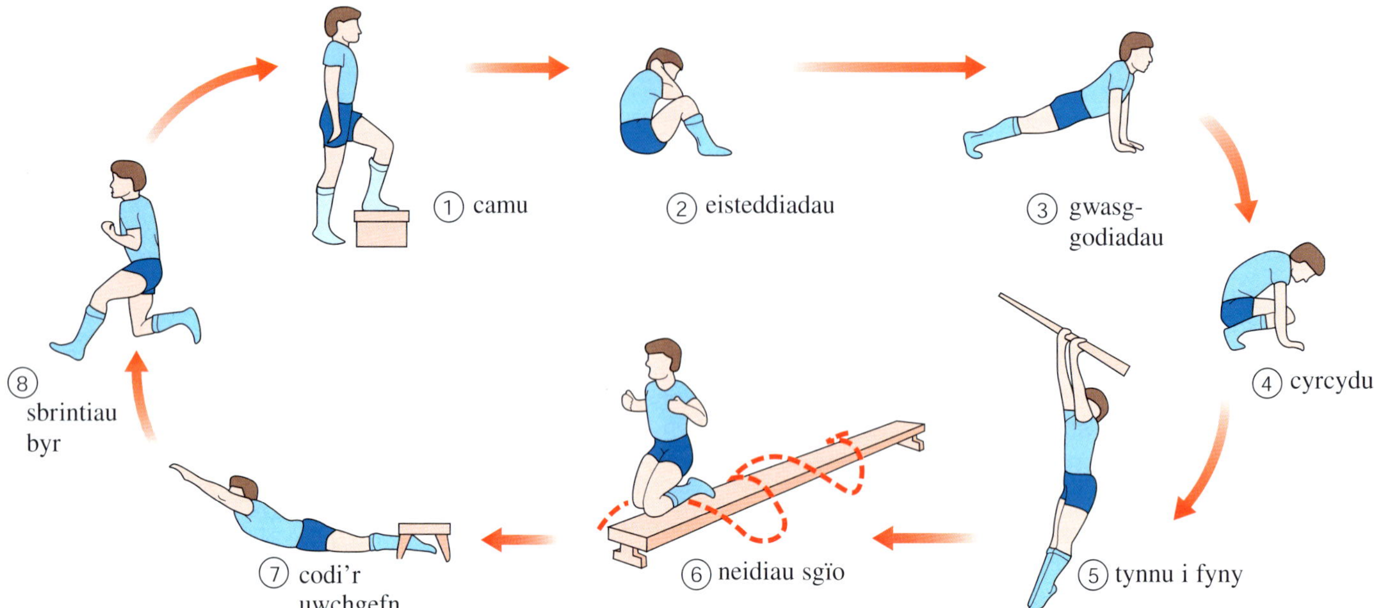

Mae sawl ffordd o fynd o gwmpas y gylchffordd. Er enghraifft:

- Gwneud nifer penodol o ailadroddiadau wrth bob safle a'ch amseru eich hun ar gyfer y gylchffordd gyfan. Yna ceisio gwella ar yr amser y tro nesaf.
- Neu dreulio munud wrth bob safle a gwneud cynifer o ailadroddiadau ag y medrwch.
- Gwneud y gylchffordd unwaith, neu sawl gwaith gyda saib 2 funud rhwng pob cynnig.

Cynllunio cylchffordd Mae llawer o ddewis gyda chylchffordd. Gallwch gynllunio un i wella cryfder neu ddygnwch neu'r ddau. Gallwch gynnwys pwysau. Bydd llawer o ailadroddiadau hefyd yn gwella dygnwch aerobig. Bydd gwaith dwys a chyflym yn gwella dygnwch anaerobig.

- Penderfynu ar yr hyn rydych chi am ei wella a pha grwpiau o gyhyrau.
- Dewis ymarferion fydd yn rhoi'r effaith a ddymunir.
- Cynnwys ymarferion ar gyfer grwpiau gwrthweithiol o gyhyrau fel bo'r cryfder o amgylch y cymal yn gytbwys, e.e. llinynnau'r garrau *a'r* cwadriceps.
- Ymarfer grŵp gwahanol o gyhyrau wrth bob safle, i osgoi lludded.

Ymarfer dan bwysau

- Gydag **ymarfer dan bwysau** cewch eich rhoi dan bwysau wrth ymarfer.
- Mae'n golygu fel rheol y byddwch yn gorfod cwblhau tasg ymarfer mewn amser byr iawn neu ymarfer mewn sefyllfa anodd.
- Tybiwch, er enghraifft, fod gôl-geidwad yn ymarfer sgiliau. Daw'r ergydion ato yn gyflym iawn, un ar ôl y llall ac o gyfeiriadau gwahanol, i'w roi dan bwysau.
- Bydd ymarfer dan bwysau yn gwella'ch adweithiau.

Ymarfer sgiliau Gellir defnyddio cylchffyrdd hefyd i wella eich sgiliau ar gyfer camp benodol. Byddwch yn ymarfer sgìl wrth bob safle, e.e. pasio, driblo a rhediadau 'nôl a blaen ar gyfer pêl-droed.

Un o anfanteision ymarfer ar gylchffordd yw y gall gymryd llawer o le. Mae angen cynllunio da hefyd fel na fydd gormod o bobl ar y gylchffordd.

Cwestiynau

1. Beth yw *ymarfer ar gylchffordd*?
2. Beth yw manteision ymarfer ar gylchffordd? Nodwch gynifer ag y medrwch.
3. Pam y dylech gynnwys ymarferion ar gyfer grwpiau gwrthweithiol o gyhyrau?
4. Awgrymwch sut i orlwytho yn y gylchffordd uchod.

7.7 Gwella hyblygrwydd

Hyblygrwydd yw cwmpas y symudiad sy'n bosibl mewn cymal. Mae hyblygrwydd da yn bwysig mewn llawer o gampau, e.e:

- bydd ysgwyddau hyblyg yn eich helpu i chwarae tennis yn well
- bydd hyblygrwydd yng nghymalau'r cluniau, y pengliniau a'r ffêr yn eich helpu i sbrintio. Bydd eich camau'n hirach ac felly byddwch yn cwbhlau'r pellter yn gynt.
- bydd asgwrn cefn hyblyg yn helpu deifwyr a gymnastwyr i symud yn fwy esmwyth.

Ymestyn

Rydych yn gwella **hyblygrwydd** drwy **ymestyn statig**.

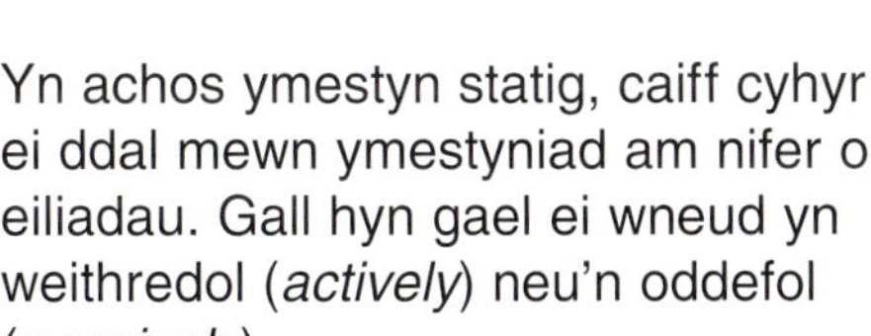

Yn achos ymestyn statig, caiff cyhyr ei ddal mewn ymestyniad am nifer o eiliadau. Gall hyn gael ei wneud yn weithredol (*actively*) neu'n oddefol (*passively*).

Yn achos **ymestyn gweithredol** chi sy'n gwneud y gwaith. Peidiwch ag ysgytio (*jerk*) na bownsio i mewn i ymestyniad. Dim ond cyn belled ag y mae'n gysurus y dylech ymestyn.

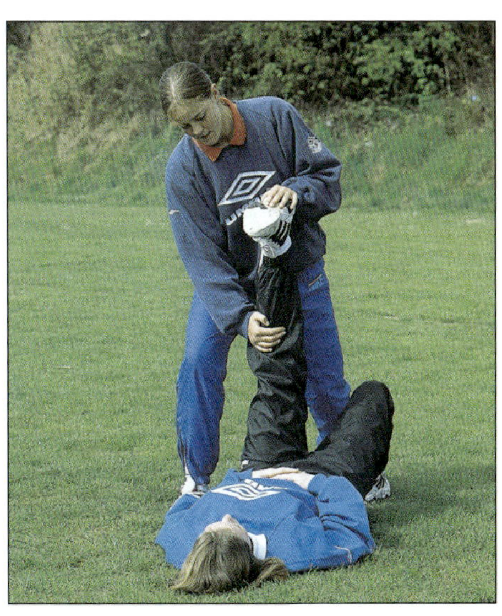

Yn achos **ymestyn goddefol** eich partner sy'n gwneud y gwaith. Mae'n eich dal mewn ymestyniad am sawl eiliad. Byddwch yn ofalus! Gall gormod o rym wneud niwed i chi.

Beth sy'n digwydd mewn cymal pan fyddwch yn ymestyn?

Mae capsiwl y cymal yn rheoli tua hanner y symudiad mewn cymal. Mae'r gweddill yn dibynnu yn bennaf ar y cyhyrau a'r tendonau. Pan fyddwch yn ymestyn, bydd eich cyhyrau a'ch tendonau yn ymestyn. Bydd hyn yn eu gwneud yn fwy hyblyg fel y gall y cymal symud yn rhwyddach.

Mae llai o berygl i gymalau hyblyg gael ysigiad (*strain*). Felly mae ymestyn y cyhyrau yn rhan o'r ymarferion cynhesu ar gyfer pob sesiwn ymarfer. Mae hyblygrwydd hefyd yn gysylltiedig â **chryfder**. Mae cyhyrau sydd wedi'u hymestyn yn dda yn gallu cyfangu'n gryfach.

Cwestiynau

1 Nodwch ddwy enghraifft arall (na ddefnyddiwyd yma) lle mae hyblygrwydd yn helpu mewn chwaraeon.
2 Pa fath o ymarferion fydd yn gwella hyblygrwydd?
3 Beth yw: **a** ymestyn statig? **b** ymestyn gweithredol? **c** ymestyn goddefol?
4 Sut y gallai ymestyn goddefol wneud niwed i chi?

7.8 Effeithiau ymarfer

Gall misoedd o ymarfer wneud newidiadau mawr i'ch corff. Nodwyd eisoes y rhan fwyaf o'r rhain. Dyma grynodeb ohonynt.

Mae calon y pencampwr nofio yma yn fwy nag oedd cyn iddo ddechrau ymarfer, mae ganddo fwy o waed, mwy o gapilarïau ac mae cynhwysedd *(capacity)* ei ysgyfaint yn fwy.

Effeithiau ymarfer aerobig

1 Ar y galon a system cylchrediad y gwaed Dros fisoedd o nofio neu loncian neu feicio bydd y newidiadau hyn yn digwydd:

- Mae maint y galon yn cynyddu. Mae'n dal mwy o waed ac yn cyfangu'n gryfach. Mae mwy o waed yn cael ei bwmpio allan gyda phob curiad y galon. Daw'r galon yn bwmp mwy effeithlon.

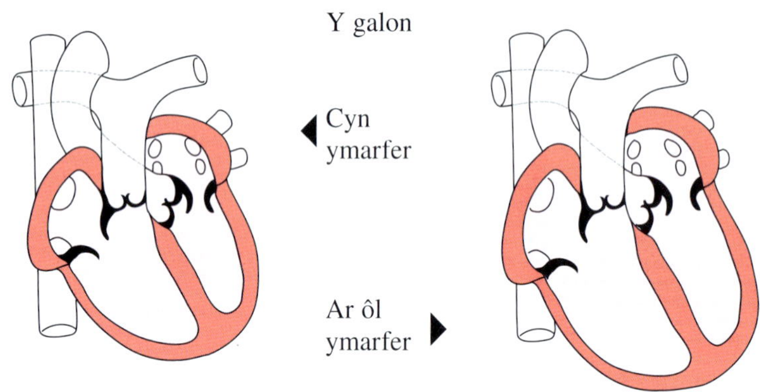

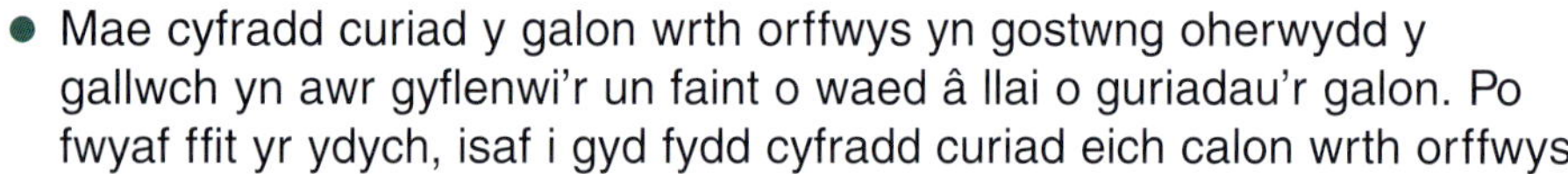

- Mae cyfradd curiad y galon wrth orffwys yn gostwng oherwydd y gallwch yn awr gyflenwi'r un faint o waed â llai o guriadau'r galon. Po fwyaf ffit yr ydych, isaf i gyd fydd cyfradd curiad eich calon wrth orffwys.
- Ar ôl ymarfer mae cyfradd curiad eich calon yn dychwelyd i'w gyfradd gorffwyso arferol yn gynt nag o'r blaen.
- Mae cyfaint y gwaed yn eich corff yn cynyddu. Rydych yn cynhyrchu mwy o gelloedd coch a mwy o haemoglobin i helpu i ddosbarthu ocsigen.

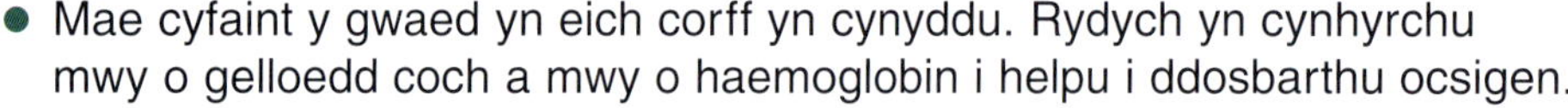

- Mae'r rhydwelïau'n fwy eu maint ac yn fwy elastig. Felly mae'r pwysedd gwaed yn gostwng.

2 Ar y system resbiradol Mae ymarfer aerobig hefyd yn cynyddu ffitrwydd yr ysgyfaint a'r system resbiradol.

- Mae cyhyrau'r asennau a'r llengig yn gryfach, felly mae ceudod y frest yn mynd yn fwy pan fyddwch yn anadlu i mewn. Mae hynny'n golygu y gall yr ysgyfaint ehangu ymhellach, gan gymryd mwy o aer i mewn gyda phob anadl.
- Gan fod yr ysgyfaint yn ehangu ymhellach, mae mwy o alfeoli ar gael ar gyfer cyfnewid nwyon. Gyda phob anadl, felly, gellir casglu mwy o ocsigen a chael gwared â mwy o garbon deuocsid.
- Mae mwy o gapilarïau'n ffurfio o amgylch yr alfeoli, sy'n golygu y caiff mwy o waed ei gludo iddynt.

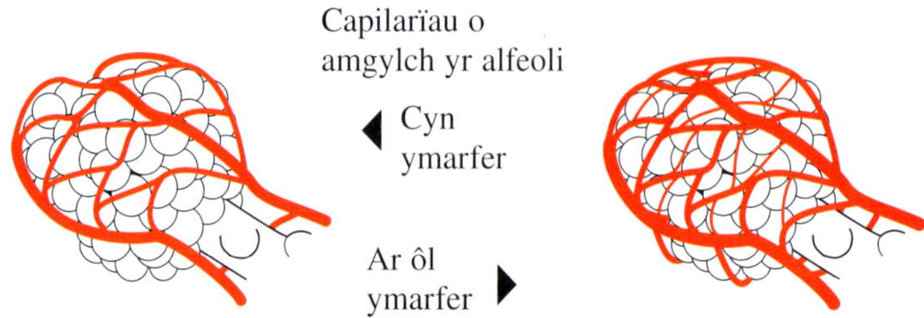

- Mae hyn yn golygu y gallwch symud ocsigen i'r cyhyrau yn gynt a chael gwared â charbon deuocsid yn gynt. Felly fyddwch chi ddim yn blino mor fuan.

Effeithiau ymarfer anaerobig

Mae ymarfer anaerobig yn cael yr effeithiau canlynol:

- Mae muriau'r galon yn fwy trwchus i ymdopi â straen ymdrech galed ar system cylchrediad y gwaed (yn enwedig mur y fentrigl chwith).
- Mae'r cyhyrau'n gallu goddef asid lactig yn well ac maen nhw'n cael gwared ag ef yn gynt. Felly gall ymdrech galed barhau'n hirach nag o'r blaen.

Effeithiau ymarfer cyhyrol

Ymarfer dygnwch Mae ymarfer dygnwch yn cael yr effeithiau hyn ar y cyhyrau:

- Maen nhw'n defnyddio ocsigen yn well. Felly gallan nhw weithio'n galetach am gyfnod hirach heb flino.
- Maen nhw'n gwella o ran defnyddio braster ar gyfer egni. Mae hyn yn dda gan fod llawer o fraster wedi'i storio yn eich corff. Mae braster yn rhoi mwy o egni am bob gram na glycogen.
- Mae mwy o gapilarïau'n ffurfio o amgylch y cyhyrau. Felly mae mwy o waed yn eu cyrraedd, yn cludo ocsigen a bwyd ac yn cael gwared â charbon deuocsid.

Ymarfer cryfder Mae ymarfer cryfder yn cael yr effeithiau hyn ar y cyhyrau:

- Maen nhw'n fwy trwchus am fod y ffibrau cyhyrol yn fwy trwchus. Gelwir cynnydd ym maint a chryfder y cyhyrau yn **hypertroffedd**.
- Maen nhw'n cyfangu'n gryfach ac yn fwy effeithlon.
- Mae'r tendonau'n cynyddu o ran maint a chryfder.

Ni chaiff ymarfer dygnwch unrhyw effaith ar faint eich cyhyrau. Mae'n cymryd ymarfer cryfder gyda phwysau trwm i'w datblygu fel hyn.

Yr effaith ar yr esgyrn

Fel y nodwyd ar dud. 14 mae'r esgyrn yn fyw. Mae celloedd a elwir yn **osteoblastau** yn adeiladu asgwrn newydd ac mae celloedd a elwir yn **osteoclastau** yn ei dorri i lawr eto.Mae pob ymarfer yn rhoi straen ychwanegol ar eich cymalau. Mae hynny'n gwneud i'r osteoblastau weithio'n galetach, felly bydd eich esgyrn yn gryfach.

Yr effeithiau ar y cymalau

- Mae ymarfer yn gwneud y gewynnau'n gryfach.
- Mae hefyd yn gwneud y cartilag yn y cymalau yn fwy trwchus, felly mae'r esgyrn yn gallu lleddfu sioc yn well.
- Mae ymestyn y cyhyrau yn cynyddu cwmpas y symudiad mewn cymal ac mae'n helpu'r cyhyrau i gyfangu'n gryfach.

Yr effeithiau ar fraster corff

- Mae ymarfer yn cynyddu eich cyfradd metabolaeth waelodol (*basal metabolic rate*). Byddwch yn llosgi braster wedi'i storio yn gynt hyd yn oed pan fyddwch yn gorffwys.
- Gan fod eich cyhyrau'n gwella o ran defnyddio braster ar gyfer egni, mae mwy o fraster yn cael ei losgi yn ystod ymarfer hefyd. Byddwch, felly, yn mynd yn fwy tenau.

Cwestiynau

1 Sut y byddech yn disgwyl i'r rhain newid dros fisoedd o loncian?
  a cyfradd curiad y galon wrth orffwys
  b cyfaint yr ysgyfaint **c** cyhyrau'r asennau
  d esgyrn y coesau
  e y cartilag yng nghymalau'r pengliniau

2 Mae'n cymryd ymdrech galed i godi pwysau trwm. Felly mae'r cyhyrau'n gweithio mewn modd anaerobig. Pa effaith gaiff hyn ar galon y codwr pwysau?

3 Ym mha ddwy ffordd y mae ymarfer yn lleihau braster corff?

Cwestiynau ar Bennod 7

1 Cysylltwch bob un o'r gosodiadau isod â'r llythyren gywir A, B, C neu D.

A dilyniant B gorlwytho

C cildroadedd D penodoldeb

i Bydd ymarfer codi pwysau yn gwneud y ffibrau cyhyrol yn fwy trwchus.

ii Os rhowch y gorau i ymarfer aerobig, bydd eich cyhyrau yn fuan yn colli'r gwellhad yn eu gallu i ddefnyddio ocsigen.

iii Cynyddwch y pwysau a godwch yn raddol o wythnos i wythnos.

iv Rydych yn gwella'ch ffitrwydd drwy gynyddu'r gofynion a wnewch ar eich corff.

2 Ydy'r datganiad yn gywir neu'n anghywir?

a Mae ymarfer anaerobig yn gwneud i'r ysgyfaint ehangu.

b Mae rhedeg yn gwella dygnwch cyhyrau'r coesau.

c Gellir defnyddio'r dull *Fartlek* ar gyfer codi pwysau.

d Rhaid ymarfer ar lefel is na 60% o gyfradd curiad uchaf y galon i gael budd aerobig.

e Gellir defnyddio ymarfer ysbeidiol ar gyfer cryfder cyhyrol.

f Cyfradd curiad uchaf y galon yw'r gyfradd uchaf y mae'n ei chyrraedd yn ystod sesiwn ymarfer.

g Dydy ymarfer anaerobig ddim yn effeithio ar gyfradd curiad y galon.

h Mae beicio'n cryfhau'r llengig.

i Term arall am ymarfer di-dor yw ymarfer pellter hir araf.

j Dydy ymarfer dygnwch ddim yn gwneud y cyhyrau'n fwy trwchus.

3 Nodwch ydy'r canlynol yn weithgaredd isotonig neu isometrig neu'n gymysgedd o'r ddau.

a rhedeg

b dal 50 kg o bwysau codi yn sefydlog ar uchder yr ysgwyddau

c gwneud llawsafiad a'i gynnal

d beicio

e reslo breichiau â ffrind

f rhoi eich dillad amdanoch yn y bore

g gwthio car sydd wedi rhedeg allan o betrol

h dringo creigiau

i hongian o drawst

4 a ymarfer *Fartlek*

b ymarfer ysbeidiol

c dosbarth aerobeg

d ymarfer di-dor

e cylchred codi pwysau'r corff

Ar gyfer pob un o'r dulliau ymarfer hyn nodwch:

i un fantais ii un anfantais

iii y math(au) o ffitrwydd y bydd yn ei/eu (g)wella. (Efallai y bydd mwy nag un.)

5 Pa un o'r dulliau ymarfer yng Nghwestiwn 4 y byddech yn ei gynnwys yn eich ymarfer ar gyfer:

a rhedeg marathon?

b ras nofio 100 m?

c y tymor rygbi?

d gymnasteg?

e y *Tour de France*?

f dringo creigiau

Gallwch ddewis mwy nag un dull os ydych am wneud hynny. Eglurwch eich ateb.

6 Ar gyfer pob un o'r gweithgareddau hyn:

a nodwch y math o ffitrwydd sy'n cael ei wella

b ndowch ddwy effaith ar y corff

c nodwch ddwy gamp lle bydd o gymorth i chi

d nodwch sut y gallech orlwytho

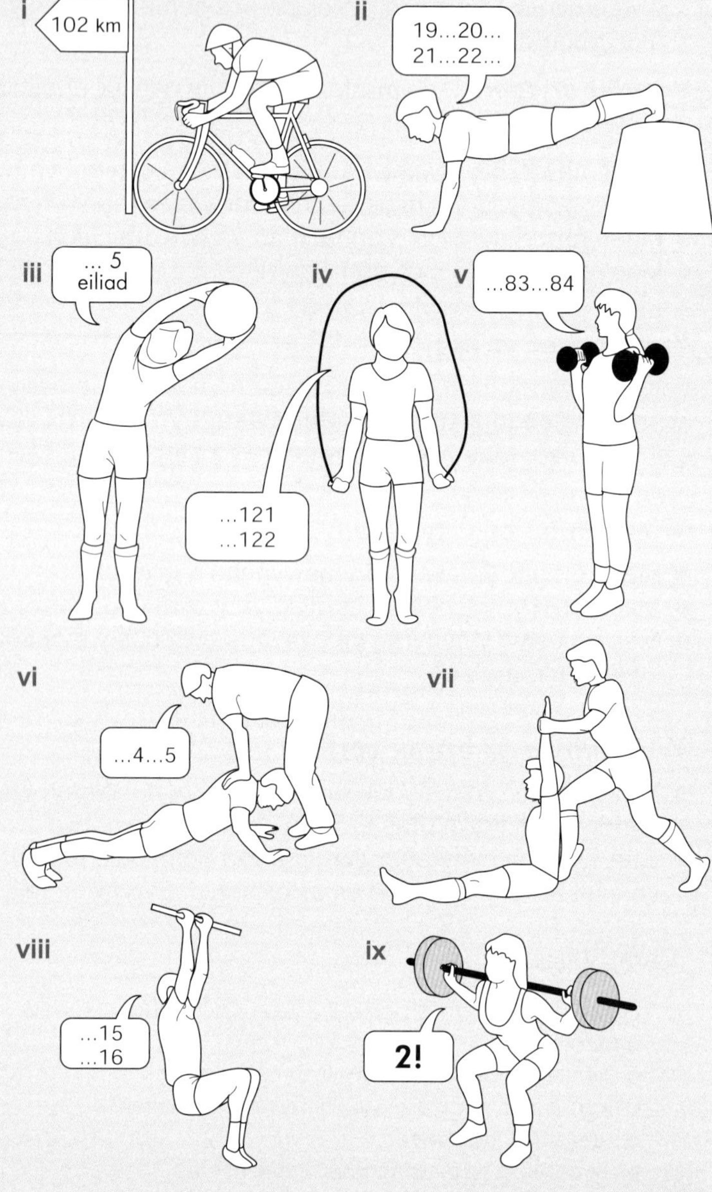

7 Mae'r graff hwn yn dangos sut y newidiodd cyfradd curiad calon merch iach 15 oed wrth redeg yn rhan o'i hymarfer.

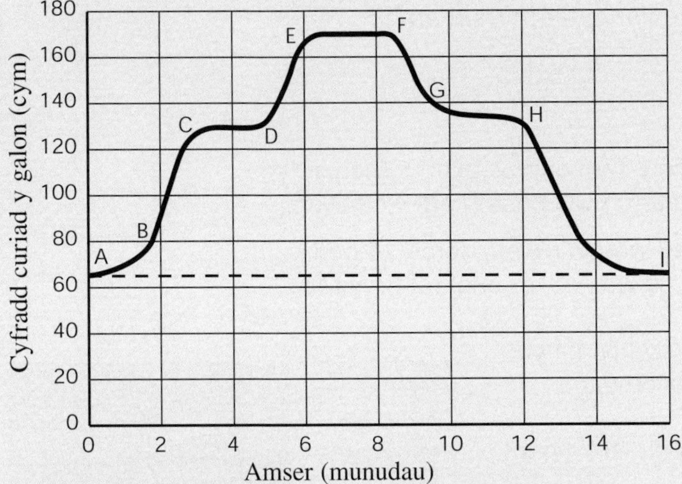

- **a** Ydy hi'n ffit neu'n anffit? Eglurwch eich ateb.
- **b** Beth oedd hi'n ei wneud rhwng A a B?
- **c** Rhwng pa bwyntiau yr oedd hi'n loncian ar gyflymder esmwyth?
- **d** Ar ba bwynt y gwnaeth hi gyflymu yn ystod ei rhediad?
- **e** Oedd hi, yn eich barn chi, yn gweithio mewn modd anaerobig ar unrhyw adeg? Eglurwch eich ateb.

8 Mae'r isod yn dangos calon mabolgampwr cyn ac ar ôl rhaglen ymarfer chwe mis.

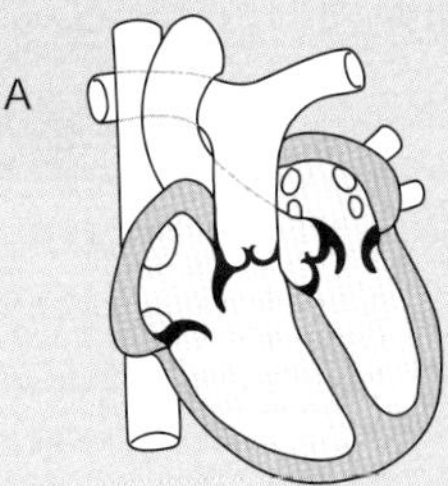

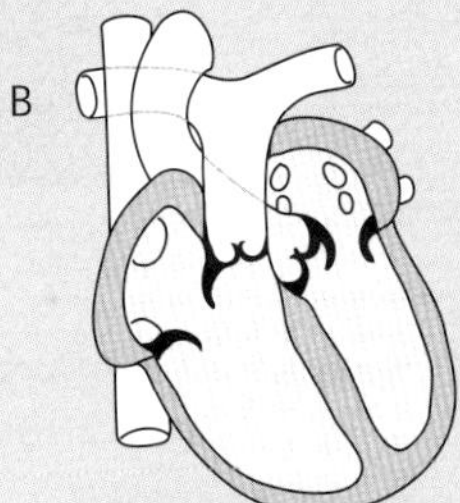

- **a** Pa lun sy'n dangos y galon *ar ôl* ymarfer?
- **b** Pa fath o ymarfer fyddai'n creu'r effaith hon? Enwch ddau weithgaredd ymarfer addas.
- **c** Pa effaith a gafodd ymarfer ar y canlynol: **i** cyfaint strôc? **ii** cyfradd curiad y galon? Eglurwch pam y digwyddodd yr effeithiau hyn?
- **d** Nodwch bedwar newid arall y byddech yn disgwyl eu gweld yng nghorff y mabolgampwr.

9 Ydy ymarfer *anaerobig* yn effeithio ar y canlynol? Os ydy, eglurwch yr effaith.

- **a** cryfder yr esgyrn
- **b** pa mor hir y gellir parhau ag ymdrech galed
- **c** pa mor fuan y gellir cael gwared ag asid lactig o'r corff ar ôl ymarfer caled
- **d** faint o haemoglobin sydd yn y gwaed
- **e** faint o ocsigen y gall yr ysgyfaint ei gymryd i mewn
- **f** y cartilag ar bennau'r esgyrn
- **g** cryfder y gewynnau

Pethau i'w gwneud

Amcangyfrif cyfradd curiad eich calon

Gallwch gael syniad da o gyfradd curiad eich calon ar sail pa mor galed yr ydych yn *teimlo* eich bod yn gweithio. Gelwir hyn yn **ymdrech ganfyddedig** (*perceived exertion*).

Mae'r tabl isod yn dangos teimladau ar raddfa o 6 i 20. Fe gewch amcangyfrif o gyfradd curiad eich calon drwy luosi'r cyfraddiad â 10. Er enghraifft, os ydy ymarfer yn teimlo'n ysgafn iawn iawn ei gyfraddiad yw 7. Yr amcangyfrif ar gyfer cyfradd curiad eich calon, felly, yw 7 x 10 = 70.

Sut y mae'r ymarfer yn teimlo	Cyfraddiad
	6
Ysgafn iawn iawn	7
	8
Ysgafn iawn	9
	10
Gweddol ysgafn	11
	12
Braidd yn galed	13
	14
Caled	15
	16
Caled iawn	17
	18
Caled iawn iawn	19
	20

- **a** Gwnewch 3 munud o weithgaredd sy'n teimlo'n ysgafn iawn iawn (cyfraddiad 7), e.e. swingio'ch breichiau yn ysgafn. Yna mesurwch eich pwls am 10 eiliad. Beth yw cyfradd curiad eich calon yn nhermau curiadau y munud. Pa mor agos yw hyn at 70?
- **b** Yn awr gwnewch weithgaredd sy'n teimlo'n galed (cyfraddiad 15), e.e. rhedeg yn galed yn yr unfan, gan godi'ch pengliniau mor uchel ag y medrwch. Mesurwch eich pwls ar unwaith am 10 eiliad. Beth yw cyfradd curiad eich calon yn nhermau cym? Pa mor agos yw hyn at 150?
- **c** Gwnewch hyn ar gyfer gwahanol weithgareddau nes y bydd eich teimladau'n cyfateb i gyfradd curiad y galon.

Ymarfer isometrig

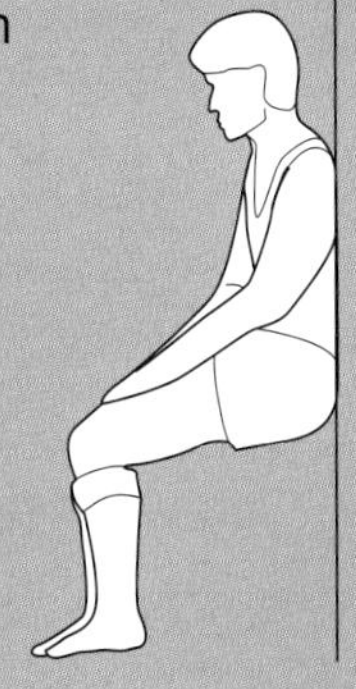

- **a** Eisteddwch yn erbyn y wal yn yr ystum hwn. Am faint o amser y gallwch aros fel hyn? Mae'r boen yn dangos bod asid lactig wedi cynyddu. Felly mae cyhyrau'r coesau yn gweithio er eich bod yn llonydd.
- **b** Gwnewch hyn deirgwaith yr wythnos am y tair wythnos nesaf. Beth sylwch chi?

8.1 Cynllunio rhaglen ymarfer

Ydych chi am gynllunio rhaglen ymarfer ar eich cyfer chi neu ar gyfer rhywun arall? Dyma'r camau.

1 Casglu gwybodaeth am y person dan sylw

Tybiwch fod y rhaglen ymarfer ar gyfer merch o'r enw Sioned. Dim ond os bydd y rhaglen yn gweddu i'w hanghenion y bydd yn gweithio'n dda. Felly casglwch wybodaeth am y canlynol:

- **ei hoed**. Gallai rhaglen sy'n addas ar gyfer merch 20 oed wneud niwed i ferch 14 oed.
- **lefel gyfredol ei hiechyd**. Os ydy hi newydd wella ar ôl salwch hir, er enghraifft, mae'n rhaid cymryd hynny i ystyriaeth.
- **lefel gyfredol ei ffitrwydd**. Ydy hi eisoes yn ymarfer? Ydy hi'n ffit yn gyffredinol? Ydy hi'n rhy drwm neu'n rhy dew? Gallai profion fod o gymorth yma.
- **pam y mae hi am fod yn fwy ffit**. Ydy hi am deimlo'n iachach? Neu ydy hi am wella ei sgiliau mewn camp benodol?
- **pa fath o ymarfer y mae'n ei fwynhau**. Os bydd hi'n hoffi'r rhaglen bydd hi'n fwy tebygol o ddal ati.

Helô, Sioned ydw i.

2 Dadansoddi anghenion yr unigolyn

Sioned - 16 oed.
Heb ymarfer ers misoedd.
Yn rhy dew. Yn dymuno colli pwysau.
Eisoes wedi dechrau bwyta llai.
Yn mwynhau nofio. Yn byw'n agos at bwll nofio.
Yn casáu loncian.
Hoffai ddechrau chwarae tennis yn ddiweddarach eleni.

Rhaglen ffitrwydd aerobig yw'r cychwyn gorau ar gyfer Sioned, oherwydd y canlynol:

- bydd yn ei gwneud hi'n fwy ffit ac yn iachach.
- bydd yn ei helpu i golli pwysau gan fod ymarfer aerobig yn llosgi braster corff.
- bydd yn ei helpu pan fydd hi'n dechrau chwarae tennis. Mae ffitrwydd aerobig yn sylfaen dda ar gyfer pob camp.

3 Cynllunio'r rhaglen

Yn awr mae'n bryd cynllunio'r rhaglen ymarfer, Cofiwch y llythrennau **ADAG**:

A = amlder
D = dwysedd
A = amser
G = gweithgaredd ymarfer

Gweithgaredd ymarfer Gadewch i ni ddechrau gyda'r gweithgaredd ymarfer, h.y. yr hyn y byddwch yn gofyn i Sioned ei wneud. Dylai fod yn rhywbeth:

- fydd yn gwella ei ffitrwydd aerobig;
- fydd yn ddiogel a chyfleus iddi ac y bydd hi'n ei fwynhau.

Mae nofio'n ddewis da. Mae'n ddiogel ar gyfer pobl sy'n anffit ac sy'n rhy drwm am fod y dŵr yn cynnal y corff ac ni fydd yn rhoi ysgytiad i'r esgyrn.

Amlder Dylid ymarfer o leiaf 3 gwaith yr wythnos iddo fod yn effeithiol. Mae Sioned yn credu bod teirgwaith yr wythnos yn ddigon iddi hi.

Dwysedd Mae'n bwysig cychwyn ar y lefel iawn o ddwysedd.

- Os bydd y rhaglen yn gofyn gormod, bydd y cyhyrau dan straen ac yn ddolurus. Gall hynny achosi i'r unigolyn gefnu ar y rhaglen. Mae'n well cychwyn ar lefel rhy isel nag ar lefel rhy uchel.
- Dylai Sioned gychwyn ar ryw 60% o gyfradd curiad uchaf ei chalon. Pam?
- Arwydd da yw sut y bydd Sioned yn teimlo. Os bydd hi'n teimlo bod y gwaith yn rhy hawdd, cynyddwch y dwysedd nes y bydd hi'n ei chael hi'n anodd *ond yn bosibl*.

Amser Er mwyn i'r ymarfer fod yn effeithiol, mae angen i unigolyn dreulio:

- o leiaf 20 munud y sesiwn ar gyfer ymarfer aerobig
- o leiaf 15 munud y sesiwn ar gyfer ymarfer cyhyrol
- o leiaf 4-6 wythnos i weld gwir fudd.

(Dydy'r amserau hyn ddim yn cynnwys cynhesu ac oeri. Gweler tud. 94!)

Rhaglen chwe wythnos sy'n addas ar gyfer Sioned

Wythnos	Sesiwn	Gweithgaredd nofio (munudau)
1	1	15 ar gyflymder esmwyth.
	2	15 ar gyflymder ychydig yn gynt.
	3	15 ar gyflymder cadarn.
2	1	20 ar gyflymder esmwyth.
	2	6 gyda'r breichiau yn unig, yna 6 gyda'r coesau yn unig, gan ddefnyddio fflôt. Yna 6 ar gyflymder esmwyth.
	3	3 ar gyflymder esmwyth, 3 ar gyflymder cadarn, 1 ar gyflymder uchel. 3 ailadroddiad.
3	1	25 ar gyflymder esmwyth.
	2	7 gyda'r breichiau yn unig, yna 7 gyda'r coesau yn unig, gan ddefnyddio fflôt. Yna 7 ar gyflymder esmwyth.
	3	3 ar gyflymder esmwyth, 3 ar gyflymder cadarn, 2 ar gyflymder uchel. 3 ailadroddiad.
4	1	30 ar gyflymder esmwyth.
	2	8 gyda'r breichiau yn unig, yna 8 gyda'r coesau yn unig, gan ddefnyddio fflôt. Yna 8 ar gyflymder esmwyth.
	3	3 ar gyflymder esmwyth, 4 ar gyflymder cadarn, 3 ar gyflymder uchel. 3 ailadroddiad.
5	1	5 ar gyflymder esmwyth, 5 ar gyflymder cadarn. 3 ailadroddiad
	2	9 gyda'r breichiau yn unig, yna 9 gyda'r coesau yn unig, gan ddefnyddio fflôt. Yna 9 ar gyflymder esmwyth.
	3	2 ar gyflymder esmwyth, 3 ar gyflymder cadarn, 1 ar gyflymder uchel. 5 ailadroddiad.
6	1	5 ar gyflymder esmwyth, 10 ar gyflymder cadarn. 2 ailadroddiad
	2	10 gyda'r breichiau yn unig, yna 10 gyda'r coesau yn unig, gan ddefnyddio fflôt. Yna 10 ar gyflymder esmwyth.
	3	1 ar gyflymder esmwyth, 3 ar gyflymder cadarn, 2 ar gyflymder uchel. 5 ailadroddiad.

Cwestiynau

1. Pam y mae ymarfer aerobig yn gychwyn da ar gyfer unigolyn anffit? Nodwch gynifer o resymau ag y medrwch.
2. Tybiwch fod bachgen 15 oed am wella ei sgiliau pêl-droed. Fyddech chi'n rhoi rhaglen Sioned iddo? Eglurwch pam.
3. Beth mae'r llythrennau ADAG yn ei ddynodi?
4. Mae o gymorth os ydy'r unigolyn yn mwynhau'r rhaglen ymarfer. Nodwch dri rheswm pam.
5. a Beth yw cyfradd curiad uchaf calon Sioned? (tud. 78)
   b Ar ba gyfradd curiad y galon yn fras y dylai hi ymarfer? Pam?
6. Pa arwydd arall o ddwysedd y gallech ei ddefnyddio yn hytrach na chyfradd curiad ei chalon?
7. a Beth yw egwyddor gorlwytho? (tud. 76)
   b Ydy rhaglen Sioned yn dangos hyn? Eglurwch.
8. a Beth yw egwyddor dilyniant?
   b Ydy rhaglen Sioned yn dangos hyn? Eglurwch.

8.2 Y sesiwn ymarfer

Dylai fod tair rhan i bob sesiwn ymarfer: y cynhesu, y gweithgaredd ymarfer a'r tawelu (*cool down*).

1 Y cynhesu

Pwrpas **cynhesu** yw gwneud ymarferion ysgafn i'ch cael chi'n barod ar gyfer y prif weithgaredd. Mewn tywydd oer gwisgwch dracwisg a digon o haenau o ddillad.

- Dechrau gan loncian yn ysgafn am funud neu ddau er mwyn cynhesu'r cyhyrau. Mae'n eu gwneud nhw'n fwy hyblyg ac yn lleihau'r perygl o anaf. Mae'n cynyddu cyfradd curiad y galon a llif y gwaed. Mae'n cynhesu'r hylif synofaidd ac yn gwneud y cymalau'n fwy hyblyg.
- Yna ymarferion ymestyn, gan weithio'r prif gymalau i gyd. Mae ymestyn yn cynyddu cwmpas y symudiad sy'n bosibl yn y cymalau. Mae'n helpu i atal y cyhyrau, y tendonau a'r gewynnau rhag cael eu hysigo. Daliwch bob ymestyniad am 10 eiliad heb unrhyw 'fownsio'.
- Yna ymarferion cynhesu penodol ar gyfer y gweithgaredd, e.e. ychydig o serfiadau tennis neu ymarfer cynnig am y rhwyd ar gyfer pêl-rwyd. Yn ogystal â gweithio'ch cyhyrau, mae hyn yn helpu i'ch paratoi yn feddyliol.

Erbyn diwedd y cynhesu dylech fod yn chwysu ychydig. Symudwch ymlaen i'r gweithgaredd ymarfer cyn gynted ag y bo modd.

Loncian ysgafn: cychwyn da i'r cynhesu ar gyfer unrhyw sesiwn ymarfer a ffordd dda o dawelu.

2 Y gweithgaredd ymarfer

Dyma brif ran y sesiwn ymarfer. Gallai fod yn unrhyw un o'r canlynol:

- ymarfer di-dor, ymarfer *fartlek* neu ymarfer ysbeidiol ar gyfer gweithgaredd aerobig
- gêm ymarfer, e.e. pêl-rwyd neu bêl-droed
- ymarfer ar gylchffordd i ddatblygu ffitrwydd cyhyrol neu sgiliau.

Dyma enghraifft o sesiwn ymarfer sgiliau ar gyfer cricedwr:

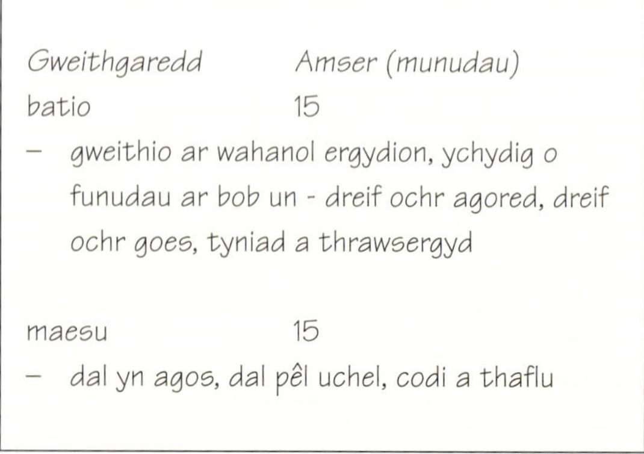

Gweithgaredd	*Amser (munudau)*
batio	15
– *gweithio ar wahanol ergydion, ychydig o funudau ar bob un - dreif ochr agored, dreif ochr goes, tyniad a thrawsergyd*	
maesu	15
– *dal yn agos, dal pêl uchel, codi a thaflu*	

Ymestyn y cyhyrau. Fel rhan o'r ymarferion cynhesu, mae'n helpu i atal anaf. Gwnewch hyn eto wrth dawelu er mwyn atal dolur.

3 Y tawelu

Y **tawelu** yw'r cyfnod pan fyddwch yn helpu'ch corff i ymadfer ar ôl ymarfer egnïol. Mae yr un mor bwysig â'r cynhesu.

- Dechrau gydag ychydig funudau o ymarfer ysgafn fel loncian. Mae hyn yn helpu i gadw cylchrediad y gwaed ar lefel uwch. Felly mae mwy o ocsigen yn cyrraedd y cyhyrau ac fe geir gwared ag asid lactig yn gynt. O ganlyniad bydd llai o ddolur.
- Gorffen gyda pheth ymarferion ymestyn. Bydd hyn yn helpu i lacio'r cyhyrau a'u hatal rhag mynd yn stiff. Ar ôl ymarfer trwm mae'r cyhyrau yn aml yn dynn iawn.

Cyfradd ymadfer

Eich **cyfradd ymadfer** yw pa mor fuan y bydd eich corff yn dychwelyd i'r arferol ar ôl ymarfer. Dyma rai o'r newidiadau sy'n digwydd.

Cyfradd curiad y galon Mae'r gyfradd hon yn arafu i'w chyfradd arferol wrth orffwys. Bydd yr amser a gymerir i wneud hyn yn dibynnu ar ba mor galed oedd yr ymarfer a pha mor ffit yr ydych. Po fwyaf ffit yr ydych, cyflymaf i gyd fydd cyfradd curiad eich calon yn dychwelyd i'w chyfradd arferol.

Asid lactig Bydd ocsigen yn cael gwared ag asid lactig pan fyddwch yn ad-dalu'r ddyled ocsigen (tud. 41). Ceir gwared ag ef yn gynt pan gewch gyfnod o dawelu (ymadfer gweithredol), fel y gwelir yn y graff ar y chwith isod.

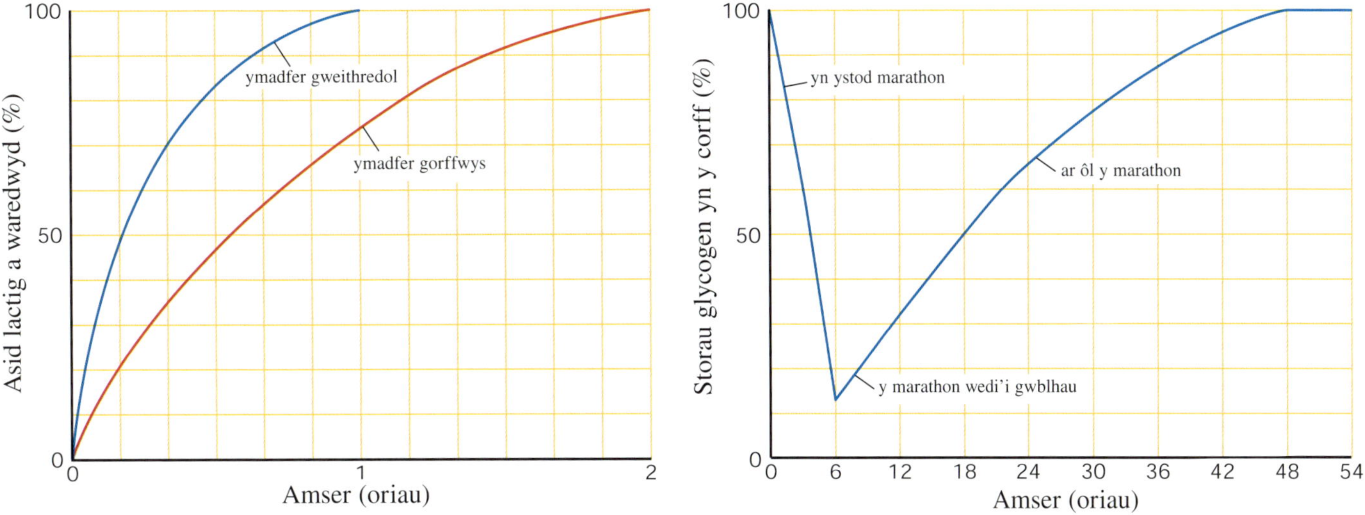

Storau glycogen Yn ystod ymarfer defnyddir y cwbl o'r glycogen yn y cyhyrau. Mae'n cymryd amser i'w ailgynhyrchu. Ar ôl ymarfer hir iawn fel rhedeg marathon, gall gymryd 48 awr i'r storau o glycogen ymadfer yn llwyr. Edrychwch ar y graff ar y dde uchod.

Cyhyrau Rhaid i'r corff atgyweirio unrhyw niwed a wnaed i'r cyhyrau yn ystod ymarfer. Mae anhyblygedd (*stiffness*) a dolur yn cymryd amser i'w clirio.

Amser ymadfer

- Gwnewch yn siŵr eich bod yn cymryd digon o amser i ymadfer rhwng sesiynau ymarfer - 24-48 awr ar ddechrau rhaglen ymarfer.
- Os ydych yn ymarfer bob dydd, ar ôl sesiwn trwm un dydd dylech gael sesiwn ysgafn drannoeth er mwyn helpu ymadfer.
- Hyd yn oed yn ystod cyfnod o ymarfer trwm, dylech gael un diwrnod o orffwys bob wythnos.

Cwestiynau

1 Beth yw'r tri chyfnod mewn sesiwn ymarfer?
2 Beth ddylech ei wneud yn ystod cyfnod cynhesu?
3 Disgrifiwch sut y bydd cynhesu o gymorth i chi
4 Beth ddylech ei wneud yn ystod cyfnod tawelu?
5 Disgrifiwch sut y bydd tawelu o gymorth i chi.
6 Beth yw *cyfradd ymadfer*?
7 Os bydd cyfradd curiad eich calon yn dychwelyd i'w chyfradd arferol yn fuan iawn ar ôl ymarfer caled, beth mae hynny'n ei ddangos?
8 a Beth mae'r graff cyntaf uchod yn ei ddangos?
b Faint o amser y mae'r broses yn ei gymryd:
i heb gyfnod o dawelu? ii gyda thawelu?
9 Edrychwch ar yr ail graff.
a Pam y mae lefel y glycogen yn gostwng ar y cychwyn?
b Faint o amser y mae'n ei gymryd i ymadfer?
c Beth allai'r mabolgampwr ei wneud i gyflymu'r ymadfer?

8.3 Blwyddyn y mabolgampwr

Os ydych yn chwaraewr jwdo, gallwch gymryd rhan mewn gweithgareddau jwdo drwy gydol y flwyddyn. Ond mae llawer o gampau'n **dymhorol**. Mae criced yn enghraifft. Yn y DU caiff criced ei chwarae o fis Mai tan fis Medi.

Gwelir isod sut y caiff y flwyddyn ei rhannu ar gyfer mabolgampwr sy'n chwarae camp dymhorol. Dyma galendr camp 'aeaf' fel pêl-rwyd neu rygbi. Bydd chwaraewr criced yn dilyn yr un patrwm ond dros fisoedd gwahanol, gan fod criced yn gamp 'haf'.

Mehef	Gorff	Awst	Medi	Hyd	Tach	Rhag	Ion	Chwef	Maw	Ebrill	Mai	Mehef
	1 PARATOI			2 CYSTADLU							3 YMADFER	
	(i) y tu allan i'r tymor	(ii) cyn y tymor										

1 Paratoi

i Y tu allan i'r tymor Yma mae'r mabolgampwyr yn cynyddu'n raddol i lefel uchel o ffitrwydd cyffredinol. Maen nhw'n gwneud ymarfer di-dor dros bellterau hir i wella ffitrwydd aerobig. Maen nhw'n gwneud ymarfer cryfder ar gyfer y grwpiau allweddol o gyhyrau. Maen nhw'n ofalus â'u diet: llawer o garbohydrad, dim llawer o fraster!

Gwelir isod raglen nodweddiadol y tu allan i'r tymor ar gyfer tîm pêl-rwyd Lloegr.

Rhaglen wythnosol ar gyfer Mehefin/Gorffennaf	
Dydd Llun	Rhedeg 4-5 milltir
Dydd Mawrth	Ymarfer cryfder gan ddefnyddio pwysau
Dydd Mercher	Rhedeg 3-4 milltir
Dydd Iau	Ymarfer pwysau gan ddefnyddio pwysau
Dydd Gwener	Rhedeg 3 milltir
Dydd Sadwrn	Gorffwys
Dydd Sul	Ymarfer cryfder gan ddefnyddio pwysau

ii Cyn y tymor Yma mae'r mabolgampwragedd yn canolbwyntio ar ffitrwydd ar gyfer y gamp. Maen nhw'n rhedeg sbrintiau byr a chyflym i wella ffitrwydd anaerobig a chyflymder. Maen nhw'n parhau i ymarfer cryfder y cyhyrau sydd eu hangen ar gyfer y gamp ond maen nhw'n gweithio'n gyflymach er mwyn gwella'u pŵer.

Daw **ymarfer sgiliau** yn bwysig, gyda chylchffyrdd wedi'u cynllunio i ymarfer gwahanol sgiliau, e.e. gwaith traed, saethu ac amddiffyn mewn pêl-rwyd. Dyma'r amser i gaboli'r sgiliau.

Rhaglen wythnosol ar gyfer Awst/Medi	
Dydd Llun	Ymarfer sgiliau gan gynnwys neidio (plyometreg)
Dydd Mawrth	Rhedeg 3 milltir (Amseru hyn a cheisio mynd yn gyflymach y tro nesaf)
Dydd Mercher	Ymarfer cryfder/pŵer gan ddefnyddio pwysau
Dydd Iau	Ymarfer sgiliau gan gynnwys gwaith anaerobig dwys
Dydd Gwener	Ymarfer cryfder/pŵer gan ddefnyddio pwysau
Dydd Sadwrn	Rhedeg 3 milltir yn gyflym
Dydd Sul	Gorffwys

2 *Cystadlu*

Yma mae'r mabolgampwragedd yn chwarae dwy gêm o leiaf yr wythnos. Eu nod yw ennill! Mae angen ymarfer o hyd i gynnal ffitrwydd ac i gynyddu tuag at berfformiad arbennig ym mhrif weithgaredd y tymor. Mae angen gofalu'n arbennig i osgoi anaf ar yr adeg yma. Mae'n hawdd cael anaf drwy flinder neu drwy orddefnyddio cyhyrau.

Rhaglen wythnosol ar gyfer mis Hydref	
Dydd Llun	Gorffwys
Dydd Mawrth	Ymarfer sgiliau ac ymarfer codi pwysau
Dydd Mercher	Sbrintiau neu sgiliau neu blyometreg yn ôl y gofyn
Dydd Iau	Rhedeg 2 filltir yn gyflym, ymarfer sgiliau
Dydd Gwener	Ymarfer cryfder/pŵer gan ddefnyddio pwysau
Dydd Sadwrn	Gêm
Dydd Sul	Gêm

Tîm pêl-rwyd Lloegr yn fuddugol ac yn hapus.

Mae llawer o weithgareddau pwysig yn cael eu cynnal dramor, mewn tywydd mwy poeth neu mewn mannau uchel. Bydd y mabolgampwragedd yn teithio yno cyn y gystadleuaeth fel y gallan nhw ymarfer dan yr amodau iawn ar gyfer y gêm.

3 *Ymadfer*

Amser i orffwys ac ymlacio. Y nod yw ymadfer yn llwyr ar ôl y tymor cystadlu. Ond dydy'r mabolgampwragedd ddim yn segur. Maen nhw'n chwarae campau eraill er mwyn ymarfer a mwynhau. Maen nhw'n dal i fod yn ofalus ynglŷn â'u diet fel na fyddan nhw'n ennill pwysau ychwanegol. Llawer o garbohydrad, dim llawer o fraster.

Cwestiynau

1 Rhowch dair enghraifft o'r canlynol:
 a campau tymhorol b campau sy'n cael eu chwarae drwy gydol y flwyddyn.
2 Yn achos campau tymhorol, mae tri chyfnod i'r flwyddyn. a Beth ydyn nhw?
 b Beth yw prif bwrpas pob cyfnod?
3 Beth fydd effaith y gweithgareddau yn rhaglen y merched pêl-rwyd ar gyfer Mehefin/Gorffennaf?
4 Mae rhaglen Awst/Medi yn cynnwys rhedeg yn gyflym. Pam?
5 Beth yw *cylchffordd ymarfer sgiliau*? Rhowch enghraifft.

Cwestiynau ar Bennod 8

1 Term arall am raglen ymarfer a luniwyd i fod yn addas ar gyfer unigolyn penodol yw rhaglen ymarfer bersonol. I lunio rhaglen o'r fath mae angen gwybod:
   a oed yr unigolyn
   b oes ganddo/ganddi unrhyw broblemau iechyd
   c lefel gyfredol ffitrwydd yr unigolyn
   d pam y mae am fod yn fwy ffit
   e pa fath o ymarfer y mae'n ei fwynhau

   Eglurwch pam y mae angen y wybodaeth ar gyfer pob un o'r uchod.

2 I lunio rhaglen ymarfer mae angen ystyried y llythrennau ADAG. Eglurwch yr hyn y mae pob llythyren yn ei ddynodi.

3 Gwelir isod chwe wythnos gyntaf rhaglen ymarfer bersonol ar gyfer benyw 50 oed. Dydy hi ddim wedi ymarfer ers misoedd, ond mae'n mwynhau cerdded.

Wythnos	1	2	3	4	5	6
Amlder	2	3	3	3	3	3
Amser (mun)	20	30	40	38	36	34
Pellter (km)	1.5	2.3	3.1	3.1	3.1	3.1

   a Beth yw'r enw technegol ar y dull hwn o ymarfer?
   b Ydy hyn yn aerobig neu'n anaerobig?
   c Pa mor aml y dylai hi gerdded yn ystod wythnos 2?
   d Rhwng wythnosau 3 a 6 dydy'r amlder a'r pellter ddim yn newid. Ydy hyn yn golygu nad oes dilyniant? Eglurwch.
   e Beth yw cyfradd curiad uchaf calon y fenyw hon?
   f Tua faint y dylai cyfradd curiad *isaf* ei chalon fod, wrth gerdded, i sicrhau ei bod hi'n cael budd aerobig? (Awgrym: gweler tud. 78.)

4 Mae'r canlynol hefyd yn seiliedig ar y rhaglen ymarfer bersonol yng nghwestiwn 3.
   a Mae'r fenyw'n mynd ati i wneud y rhaglen ar ddechrau'r haf. Awgrymwch ddillad ac esgidiau addas.
   b Pa gyngor y byddech yn ei roi iddi ynglŷn â bwyta cyn ymarfer. Pam y mae hyn yn bwysig?
   c Gan mai cerdded yn unig yw ei hymarfer, oes angen iddi wneud ymarferion cynhesu? Eglurwch eich ateb.
   d Os mai 'Oes' oedd eich ateb i **c**, awgrymwch yr hyn y dylai ei wneud ar gyfer y cynhesu.
   e Ddylai hi wneud ymarferion tawelu? Eglurwch eich ateb.
   f Os mai 'Dylai' oedd eich ateb i **e**, awgrymwch yr hyn y dylai ei wneud ar gyfer y tawelu.
   g Tybiwch fod y cyfan yn dod yn hawdd iawn iddi erbyn wythnos 3. Pa newidiadau y byddech yn eu hawgrymu?
   h Beth allai hi ei wneud i'w chadw rhag diflasu? Awgrymwch gynifer o bethau ag y medrwch.

5 Gallai sesiwn ymarfer i wella ffitrwydd aerobig gyfuno dau weithgaredd neu fwy, e.e. sgipio a loncian. Ai syniad da yw hyn yn eich barn chi? Eglurwch eich ateb.

6 Gwelir isod raglen ymarfer bersonol ar gyfer merch 15 oed sy'n anffit ac ychydig yn rhy drwm. Mae hi am fod yn fwy ffit cyn gwyliau'r haf. Cyfradd ei phwls wrth orffwys yw 85.

Wythnos 1	Llun	Loncian 5 mun + sgipio 3 mun
	Iau	Loncian 10 mun + sgipio 5 mun
Wythnos 2	Llun	Loncian 15 mun + sgipio 8 mun
	Iau	Loncian 20 mun + sgipio 10 mun
Wythnos 3	Llun	Loncian 25 mun + sgipio 12 mun
	Mer	Loncian 30 mun + sgipio 14 mun
	Gwe	Loncian 35 mun + sgipio 16 mun
Wythnos 4	Llun	Loncian 40 mun + sgipio 18 mun
	Mer	Loncian 45 mun + sgipio 20 mun
	Gwe	Loncian 50 mun + sgipio 22 mun
Wythnos 5	Llun	Loncian 55 mun + sgipio 24 mun
	Mer	Loncian 60 mun + sgipio 26 mun
	Gwe	Loncian 65 mun + sgipio 28 mun
Wythnos 6	Llun	Loncian 70 mun + sgipio 30 mun
	Maw	Loncian 70 mun + sgipio 32 mun
	Iau	Loncian 70 mun + sgipio 34 mun
	Sad	Loncian 70 mun + sgipio 36 mun

   a Beth allwch chi ei ddweud amdani ar sail cyfradd ei phwls wrth orffwys?
   b Mae hon yn rhaglen sydd wedi'i llunio'n wael. Eglurwch pam. Rhowch gynifer o resymau ag y medrwch.

7 Yn awr ail-luniwch y rhaglen yng nghwestiwn 6 i'w gwneud yn fwy addas ar gyfer y ferch.

8 Lluniwch raglen ymarfer 6-wythnos ar gyfer pêl-droediwr 16 oed sy'n chwarae gêm bob dydd Sadwrn ac sy'n ymarfer gyda'i glwb bob nos Fercher. Mae'n mwynhau rhedeg ac mae am fod yn fwy ffit ar gyfer ei gamp.

9 Rydych ar fin chwarae gêm dennis.
   a Enwch chwe chyhyr y byddwch yn eu defnyddio'n helaeth yn ystod y gêm.
   b Beth yw mantais cynhesu'r cyhyrau hyn cyn i chi ddechrau?
   c Beth wnewch chi i gynhesu'ch cyhyrau?
   d Dylech gynnwys ymarferion ymestyn yn eich sesiwn cynhesu. Rhowch ddwy enghraifft o sut y bydd hyn yn eich helpu i chwarae gwell gêm.
   e Ar sail eich profiad o ymarferion cynhesu, disgrifiwch 5 ymarfer ymestyn y gallech eu gwneud.

10 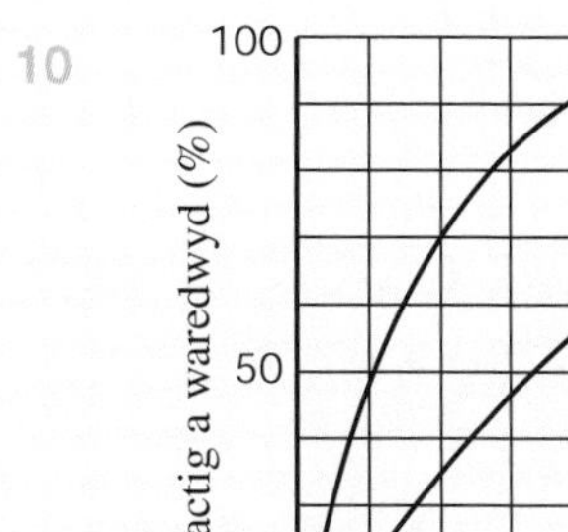
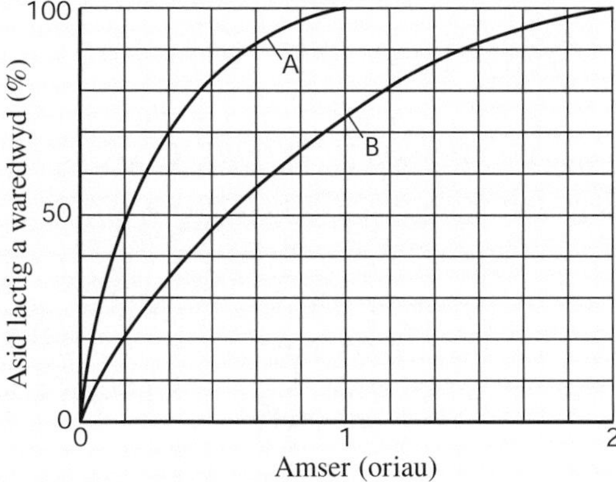

Mae'r graff hwn yn dangos yr amser a gymerir i waredu asid lactig o'r corff ar ôl ymarfer.

a Pam y mae'n dda i waredu asid lactig yn gyflym?
b Pa gromlin sy'n dangos y sefyllfa pan fydd y mabolgampwr yn gwneud ymarferion tawelu?
c Nodwch un fantais arall i ymarferion tawelu.
d Disgrifiwch y gweithgareddau y byddech yn eu gwneud ar gyfer tawelu ar ôl gêm galed o dennis.

11 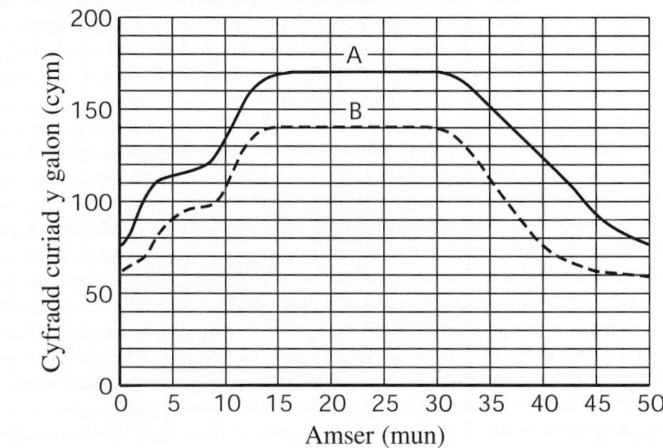

Mae'r graff hwn yn dangos sut y newidiodd cyfradd curiad calonnau dau redwr A a B yn ystod rhediad.

a Pa redwr oedd fwyaf ffit? Sut allwch chi ddweud?
b Wnaethon nhw ymarferion cynhesu? Eglurwch.

12 a Beth yw ystyr *cyfradd ymadfer*?
b Nodwch bedair ffordd y mae angen i'ch corff ymadfer ar ôl sesiwn ymarfer caled.
c Bydd yr amser a gymerir i ymadfer ar ôl ymarfer yn dibynnu ar ddau brif ffactor. Beth ydyn nhw?
d Os byddwch yn ymarfer bob dydd, dylai sesiwn trwm un dydd gael ei ddilyn gan sesiwn ysgafn drannoeth. Pam?
e Sut y gallech chi ddweud bod mabolgampwr yn ymarfer yn *rhy* galed. (Awgrym: gweler tud. 77.)

13 Ar gyfer ymarfer tymhorol mae'r flwyddyn yn cael ei rhannu'n dair:

A Paratoi y tu allan i'r tymor a chyn y tymor
B Cystadlu
C Ymadfer

Eglurwch bwrpas pob rhan.

14 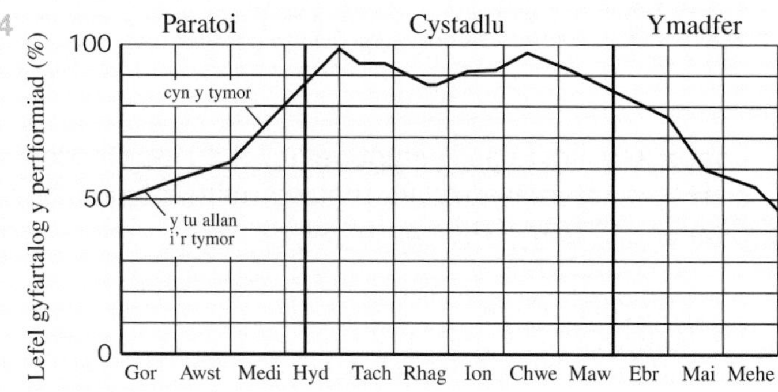

Mae'r graff hwn yn dangos sut y newidiodd lefel perfformiad mabolgampwraig yn ystod y flwyddyn.

a Gwellodd ei pherfformiad drwy gydol cyfnod y paratoi. Eglurwch pam.
b Gwellodd yn gynt wrth iddi symud o'r paratoi y tu allan i'r tymor i'r paratoi cyn y tymor. Pam?
c Cyrhaeddodd y fabolgampwraig ei lefel **uchaf** o berfformio ddwywaith yn nhymor y cystadlu. Pryd?
d Pam, yn eich barn chi, y cafwyd gostyngiad yn ei pherfformiad yn ystod Rhagfyr?
e Cynhaliwyd prif weithgaredd y fabolgampwraig ar ddiwedd Mawrth. Oedd hi ar ei gorau bryd hynny?
f Rhowch resymau pam na fydd lefel perfformiad mabolgampwraig yn aros ar ei huchaf drwy gydol tymor y cystadlu.

15 Gwelir isod raglen ymarfer nodweddiadol ar gyfer rhedwr 800 m wrth iddo baratoi cyn y tymor:

Llun	Rhedeg 30 km ar y ffyrdd
Mawrth	800 m ar wair x 4 gwaith, gan orffwys am 3 munud rhwng y rhediadau
Mercher	Rhedeg 8 km, yna ymarfer codi pwysau ar gyfer y breichiau, yr ysgwyddau a'r coesau
Iau	Rhedeg 400 m ar y trac mewn tua 62 eiliad. Ailadrodd x 11 gwaith, gan orffwys am 2 funud rhwng y rhediadau
Gwener	Ymarfer *Fartlek* am 45 munud
Sadwrn	Rhedeg ar gyflymder esmwyth am 10 km, yna ymarfer codi pwysau ar gyfer y breichiau, yr ysgwyddau a'r coesau
Sul	Gorffwys

a Rhowch yr enw cywir ar y math o ymarfer a wneir:
i ar ddydd Llun ii ar ddydd Mawrth a dydd Iau
b Pa fath o ffitrwydd sy'n cael ei wella ar ddydd Llun?
c Pa fath o ffitrwydd sy'n cael ei wella ar ddydd Iau?
d Rhowch ddwy enghraifft o'r math o weithgareddau y gallai eu gwneud yn ystod ymarfer *Fartlek*.
e Sut y bydd ymarfer codi pwysau ar gyfer y breichiau a'r ysgwyddau o gymorth i redwr?
f Fyddech chi'n disgwyl iddo ddefnyddio pwysau trwm, canolig neu ysgafn yn ystod ymarfer codi pwysau? Eglurwch.
g Mae'r athletwr yn gwneud math gwahanol o ymarfer bob dydd. Ym mha ddwy ffordd y gallai hyn fod o gymorth iddo?

9.1 Y bwydydd sydd eu hangen ar eich corff

I gael egni, i dyfu ac i'w atgyweirio'i hun, mae angen **maetholynnau** ar eich corff: carbohydradau. proteinau, brasterau, fitaminau a mwynau. Mae angen **dŵr** a **ffibr** arno hefyd.

Dyma rai o'r bwydydd sy'n llawn carbohydradau.

Carbohydradau

Defnyddir carbohydradau i gael egni. Maen nhw'n ymddatod yn **glwcos** yn eich coludd ac yn cael eu defnyddio fel tanwydd ar gyfer resbiradaeth celloedd (tud. 40). Caiff peth glwcos ei storio fel **glycogen** yn yr iau a'r cyhyrau.

Fe geir carbohydradau mewn bwydydd melys a startshlyd. Enghreifftiau yw bananas a ffrwythau eraill, bara, bisgedi, grawnfwydydd brecwast, reis, tatws a sbageti.

Brasterau

Caiff brasterau hefyd eu defnyddio ar gyfer egni. Mae'r cyhyrau'n defnyddio cymysgedd o frasterau a glycogen. Bydd y cymysgedd yn dibynnu ar ddwysedd yr ymarfer, faint o amser y bydd yn para a pha mor ffit yr ydych. Er enghraifft:

- os cerddwch bellter hir, bydd y cyhyrau'n defnyddio braster yn bennaf
- dechreuwch loncian a byddan nhw'n dechrau defnyddio mwy o glycogen
- newidiwch i sbrintio a byddan nhw'n defnyddio glycogen yn unig
- os byddwch yn loncian am ychydig oriau, byddan nhw'n troi fwyfwy at fraster wrth i'r cwbl o'r glycogen gael ei ddefnyddio
- po fwyaf ffit yr ydych, rhwyddaf i gyd y bydd eich cyhyrau'n defnyddio braster yn lle glycogen.

Mae'r rhain i gyd yn llawn brasterau.

Mae menyn, margarin, olew blodau'r haul ac olewau coginio eraill yn frasterau. Mae hambyrgyrs, cigoedd coch, selsig, cig moch, caws a hufen yn cynnwys llawer o fraster. Felly hefyd y mae pysgod olewog, cnau ac afocados. Defnyddir brasterau wrth wneud creision, cacennau a bisgedi.

Protein

Mae angen protein ar eich corff i adeiladu celloedd, i wneud gwaed, ac i adfer ac atgyweirio cyhyrau a meinweoedd eraill. Fe'u ceir mewn cig, afu, cyw iâr, wyau, pysgod, ffa, pys, ffacbys (*lentils*) a chnau.

Gall eich corff ddefnyddio proteinau hefyd ar gyfer egni. Dim ond os bydd yn brin o garbohydradau a brasterau y bydd yn gwneud hyn.

Mae'r rhain yn llawn protein.

Fitaminau a mwynau

Dim ond ychydig o fitaminau a mwynau sydd eu hangen ar eich corff. Gall fitaminau A a D gael eu storio yn eich iau. Ni ellir storio fitamin C. Os byddwch yn bwyta mwy ohono nag sydd ei angen arnoch, caiff y gweddill ei ysgarthu. Felly, rhaid i chi ei fwyta'n rheolaidd.

Mae mwynau yr un mor bwysig â fitaminau. Mae digon o haearn y tu mewn i chi i wneud hoelen fawr. Heb haearn all eich gwaed ddim cludo ocsigen. Heb galsiwm fyddai gennych ddim esgyrn na dannedd na chyfangiadau cyhyrol.

Sylwedd	Ble mae ar gael ...	Pam y mae ei angen ...	Mae prinder yn arwain at ...
fitamin A	pysgod, afu, llysiau, wyau, llaeth	i weld mewn golau gwan, ac i gael croen iach	dallineb nos a chroen fflawiog (*flaking*)
fitamin C	orenau a ffrwythau citrws eraill, llysiau	i gael croen a deintgig iach, ac i helpu clwyfau i wella	y llwg (*scurvy*)
fitamin D	fe'i gwneir gan y croen yn yr heulwen; fe'i ceir mewn llaeth, pysgod, afu, wyau	i gael esgyrn a dannedd cryf (ni allwch amsugno calsiwm hebddo)	y llech (*rickets*)
calsiwm	llaeth, caws, pysgod sych, sardîns, llysiau gwyrdd	i gael esgyrn a dannedd cryf, ac ar gyfer cyfangiadau cyhyrol	esgyrn brau
haearn	afu, ffa, ffacbys, llysiau gwyrdd; wedi'i ychwanegu at fara	ar gyfer yr haemoglobin yng nghelloedd coch y gwaed	blinder ac anaemia
ïodin	bwyd y môr a llysiau a dyfir ger y môr	ar gyfer hormonau thyroid sy'n rheoli'r gyfradd y llosgir bwyd i gael egni	chwyddo'r chwarren thyroid (y wen - *goitre*)

Dŵr

Dydy dŵr ddim yn rhoi egni i chi. Ond mae tua hanner eich pwysau yn ddŵr. Mae peth yn eich gwaed a hylifau eraill y corff. Mae'r rhan fwyaf yn eich corffgelloedd, lle mae'n chwarae rhan holl bwysig mewn adweithiau.

Gallech bara sawl wythnos heb fwyd, ond 4-5 diwrnod yn unig heb ddŵr. Os bydd lefel y dŵr yn eich gwaed a hylifau eraill y corff yn gostwng yn rhy isel, tynnir dŵr o'r celloedd. Byddwch yn marw.

Dylech yfed o leiaf chwe gwydraid o ddŵr y dydd. Os byddwch yn chwarae campau efallai y bydd angen i chi yfed mwy. Pam?

Bydd y rhain yn rhoi digon o ffibr i chi.

Ffibr

Y sylwedd **cellwlos** o gellfuriau planhigion yw ffibr. Fe'i ceir mewn ffrwythau, llysiau, bara brown, bran a grawnfwydydd eraill. Allwch chi ddim ei dreulio. Mae'n mynd yn syth drwy'r coludd ac yn cael ei ysgarthu fel ymgarthion. Ond mae'n bwysig iawn oherwydd y canlynol:

- mae'n gwneud màs swmpus y gall cyhyrau'r coludd gael gafael ynddo a'i wthio ymlaen yn gyflym. Mae hyn yn atal rhwymedd a chanser y perfedd.
- mae'n amsugno gwastraff gwenwynig o'r bwyd a dreulir.
- mae'n gwneud i chi deimlo'n llawn, felly byddwch yn bwyta llai.

Cwestiynau

1 Mae angen pum maetholyn ar eich corff. Beth ydyn nhw?

2 **a** Pa faetholyn a geir ym mhob bwyd melys?
b At ba ddiben y mae'r corff yn defnyddio'r maetholyn hwn?

3 At ba ddiben y mae'r corff yn defnyddio braster?

4 Pam y mae angen protein arnoch?

5 Nodwch pam y mae arnoch ei angen a ble i'w gael:
a fitamin A **b** fitamin C **c** fitamin D
d haearn **e** calsiwm **f** ïodin

6 Pam y mae ffibr yn dda i chi?

7 Enwch dri bwyd sy'n llawn ffibr.

9.2 Diet cytbwys

Eich anghenion egni

Hyd yn oed pan fyddwch wedi ymlacio ac yn gorffwys mae angen egni arnoch. Mae ei angen arnoch i'ch cadw chi'n gynnes, i sicrhau bod eich calon a'ch ysgyfaint yn gweithio, ac ar gyfer yr holl adweithiau a geir yn eich celloedd.

- Eich **cyfradd metabolaeth waelodol** yw'r egni sydd ei angen i fod yn fyw, yn effro ac yn gysurus o gynnes
- I symud, i dreulio bwyd ac i ymarfer, mae angen hyd yn oed fwy o egni arnoch. Gelwir hyn yn **egni gweithio**. Mae'n dibynnu ar ba mor actif yr ydych.
- **cyfanswm yr egni sydd ei angen = cyfradd metabolaeth waelodol + egni gweithio**
  Yr uned fesur yw'r **cilojoule** (kJ) neu'r **cilocalori** (C).
  1 cilocalori = 4.18 cilojoule

Mae gan bobl wahanol anghenion egni gwahanol

Edrychwch ar y tabl hwn. Mae'n dangos sut y mae gan bobl wahanol anghenion egni gwahanol. Mae'n dibynnu ar:

- **eich oed**. Mae angen mwy o egni arnoch yn awr na phan oeddech yn fach.
- **eich rhyw**. Fel rheol mae angen mwy o egni ar wrywod nag ar fenywod o'r un oed.
- **eich ffordd o fyw**. Po fwyaf actif yr ydych, mwyaf i gyd o egni y bydd arnoch ei angen.

	Cyfanswm yr egni sydd ei angen mewn diwrnod (kJ) *gwryw*	*benyw*
plentyn 8 oed	8200	7300
unigolyn ifanc 15 oed	11 500	8800
oedolyn sy'n gwneud gwaith swyddfa	10 500	9000
oedolyn sy'n gwneud gwaith trwm	14 000	10 500
unigolyn 75 oed sydd wedi ymddeol	9000	7000

Faint o egni y mae bwydydd yn ei roi?

Gall eich corff ddefnyddio carbohydradau, brasterau *a* phroteinau i gael egni. Cymharwch yr egni y mae pob un yn ei roi:

1 gram o garbohydrad	17.1 kJ
1 gram o brotein	18.2 kJ
1 gram o fraster	38.9 kJ

Mae gram o fraster yn rhoi mwy na dwywaith gymaint o egni â gram o brotein neu garbohydrad. Felly mae'n hawdd iawn bwyta mwy o fraster nag sydd arnoch ei angen ar gyfer egni. Pan fydd hyn yn digwydd byddwch yn ennill pwysau!

Mae'r rhan fwyaf o fwydydd yn gymysgedd o garbohydradau, brasterau a phroteinau. Yn aml bydd labeli ar y tuniau a'r cartonau yn dangos beth sydd yn y bwyd a faint o egni y bydd yn ei roi i chi. Edrychwch ar y labeli i wybod beth fyddwch yn ei fwyta!

Celloedd sy'n storio braster ac sydd wedi'u chwyddo 150 gwaith yw'r blobiau melyn. Crewyd y rhan fwyaf o'r celloedd storio braster pan oeddech yn faban. Pan fyddwch yn bwyta mwy o fwyd nag sydd arnoch ei angen, byddant yn mynd yn fwy a byddwch chi'n mynd yn fwy tew!

Y cydbwysedd egni

Tybiwch fod arnoch angen 10 000 kJ o egni y dydd. Rydych yn bwyta digon o fwyd i roi 15 000 kJ. Mae hynny'n fwy o lawer nag sydd arnoch ei angen. Ond ni chaiff y bwyd ychwanegol ei ysgarthu. Yn hytrach *caiff ei storio fel braster*. Mae hyd yn oed carbohydrad a phrotein yn cael eu newid yn fraster a'u storio.

- Os yw'r egni i mewn *yn fwy* na'r egni allan, caiff y bwyd ychwanegol ei storio fel braster a byddwch yn ennill pwysau. Os enillwch ormod o bwysau gallech fynd yn **dew iawn**.
- Os yw'r egni i mewn = yr egni allan, fydd eich pwysau ddim yn newid.

Egni mewn cydbwysedd: os yw'r egni i mewn = yr egni allan, fyddwch chi ddim yn ennill pwysau.

- Os yw'r egni i mewn *yn llai* na'r egni allan, bydd eich corff yn defnyddio braster corff sydd wedi'i storio ar gyfer yr egni ychwanegol. Byddwch yn mynd yn fwy tenau. Ond os defnyddir gormod o fraster corff fe fyddwch yn **anorecsig**.

Diet cytbwys

I fod yn iach mae arnoch angen **diet cytbwys**, h.y. diet sy'n gweddu i'ch anghenion egni *ac* sy'n rhoi'r cymysgedd iawn o faetholynnau a ffibr. Dyma rai canllawiau.

- Bwytewch ddigon o ffrwythau ffres a llysiau. Mae'r rhain yn rhoi carbohydradau, ffibr, fitaminau a mwynau.
- Bwytewch fwydydd startshlyd fel bara brown, pasta, tatws a reis ar gyfer carbohydradau a ffibr.
- Bwytewch bysgod, wyau a chigoedd gwyn ar gyfer protein. Ond dylech gael o leiaf peth protein llysiau o ffa, pys, cnau a ffacbys.
- Bwytewch lai o fwydydd brasterog. Maen nhw'n eich gwneud chi'n dew. Gallan nhw achosi clefyd y galon. Gwyliwch rhag y brasterau cudd mewn sglodion, cacennau, creision a bisgedi.
- Bwytewch lai o siwgr. Mae'n garbohydrad pur. Mae'n rhoi egni i chi ond mae'n pydru'ch dannedd ac mae'n gysylltiedig â chlefyd y galon. Gwyliwch rhag y siwgr cudd mewn diodydd ysgafn, jam a saws.
- Defnyddiwch lai o halen. Mae doctoriaid yn credu y gall achosi pwysedd gwaed uchel.
- Bwytewch lai o **fwydydd wedi'u prosesu** fel prydau 'parod i'w coginio'. Wrth brosesu bwyd collir ffibr a daioni arall. Caiff siwgr, halen a chemegau a elwir yn **ychwanegion** (*additives*) eu hychwanegu i roi blas a lliw. Dydy'r rhain ddim yn dda i chi. Gallan nhw fod yn niweidiol.

15% protein

30% braster

55% carbohydrad

Diet cytbwys: tua 15% protein, 30% braster a 55% carbohydrad. Mae carbohydradau nid yn unig yn dda i chi, maen nhw hefyd yn gymharol rad.

Cwestiynau

1 Beth yw eich *cyfradd metabolaeth waelodol*?
2 Pam y mae angen mwy o egni ar fachgen ifanc yn ei arddegau nag ar fenyw sydd wedi ymddeol?
3 Pa ddwy uned a ddefnyddir i fesur egni?
4 Os byddwch yn bwyta mwy o fwyd nag sydd arnoch ei angen ar gyfer egni, beth fydd yn digwydd i'r ychwaneg?
5 Beth yw *diet cytbwys*?
6 Beth yw bwyd *wedi'i brosesu*? Pam y mae bwyd ffres yn well?

9.3 Rheoli pwysau a ffitrwydd

Pwysau'r corff

Beth yw eich pwysau? Bydd hyn yn dibynnu ar:

- eich taldra a maint eich ffrâm. Po hiraf a mwyaf trwchus yw eich esgyrn, mwyaf i gyd fydd eich pwysau.
- faint o gyhyr a braster sydd gennych. (Mae cyhyr yn pwyso mwy na braster.)
- eich rhyw. Fel rheol mae gwrywod yn drymach na benywod. Pam?

Mae tablau pwysau yn dangos pa bwysau *ddylai* fod gan unigolyn o'ch taldra chi. Os ydych yn pwyso mwy na hyn, rydych yn **rhy drwm**. Mae gennych ormod o fraster - neu efallai hyd yn oed ormod o gyhyr. Mae cael mwy o gyhyr nag sydd ei angen arnoch ar gyfer eich gwaith neu eich camp yn rhoi straen ychwanegol ar y galon, y cymalau a'r gewynnau.

Os hoffech wirio'ch pwysau, gofynnwch i'ch athro am siart pwysau.

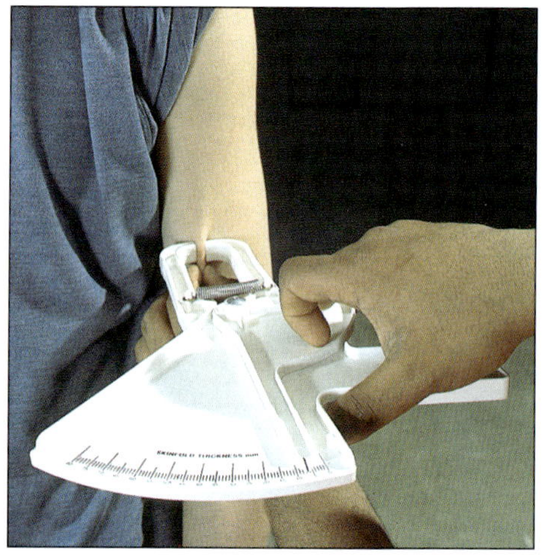

Mae prawf plygiad y croen yn mesur braster corff. Os hoffech roi cynnig arno, holwch eich athro.

Ffitrwydd a chyfansoddiad y corff

Gallech fod â'r pwysau iawn ond eto i gyd yn anffit iawn. Efallai, er enghraifft, fod gennych lawer o fraster a chyhyrau bach gwan. Felly mae **cyfansoddiad y corff** yn well dangosydd o ffitrwydd. Mae'n dangos faint o fraster sydd gennych o'i gymharu â chyhyr, asgwrn a meinwe arall.

- Os ydych yn wryw, ni ddylai mwy nag 13-15% o'ch pwysau fod yn fraster. Os yw'n fwy rydych yn **rhy dew**. Os yw'n fwy na 20% rydych yn **dew iawn**.
- Os ydych yn fenyw, ni ddylai mwy nag 18-20% o'ch pwysau fod yn fraster. Os yw'n fwy rydych yn rhy dew. Os yw'n fwy na 30% rydych yn dew iawn.

Mae angen rhywfaint o fraster arnoch. Mae'n ffurfio clustog amddiffynnol o amgylch yr arennau ac organau eraill. Mae'r haen o fraster dan eich croen yn eich cadw'n gynnes ac yn gweithredu fel stôr o egni.

Ond mae **tewdra** (*obesity*) yn golygu bod gennych gyfran anarferol o fraster. Os ydych yn rhy dew, mae'r pwysau ychwanegol yn rhoi straen ar y galon, y cyhyrau, yr esgyrn a'r gewynnau. Mae ymarfer yn mynd yn anodd neu hyd yn oed yn beryglus. Gall tewdra achosi anafiadau i'r cymalau a'r cefn ac mae'n arwain at drawiad ar y galon, strôc, clefydau'r arennau a phroblemau eraill.

Pe bai'r ferch ifanc hon yn anorecsig, byddai'n ei hystyried ei hun yn erchyll o dew. Mae delwedd pobl sy'n dioddef o anorecsia o'u hunain yn hollol wyrdroëdig. Mae angen cymorth meddygol ac emosiynol arnynt.

Rhy ysgafn?

Rydych yn **rhy ysgafn** os ydych yn is na'r amrediad pwysau arferol ar gyfer eich taldra. Gallech fod yn rhy ysgafn *ac* yn rhy dew ar yr un pryd. Bydd ymarfer yn gwneud i chi deimlo'n wan a blinedig.

Anorecsia

Mae rhai pobl yn mynd ar ddiet eithafol i golli pwysau. Mae hyn yn beryglus iawn. Gall arwain at **anorecsia**. Dydych chi ddim yn bwyta digon o garbohydrad, felly mae'r corff yn defnyddio braster wedi'i storio ar gyfer egni. Yna mae hyn i gyd yn cael ei ddefnyddio ac mae'n dechrau defnyddio proteinau. Mae'n cymryd y proteinau hyn o feinweoedd y corff. Felly bydd yr organau'n peidio â gweithio'n iawn. Gallech farw.

Sut i golli pwysau

Y ffordd i golli pwysau yw trwy *gyfuno* ymarfer a diet.

- Bwytewch ddiet cytbwys iachus, ond llai ohono. Dylech ymarfer fwy. Bydd eich corff yn defnyddio braster wedi'i storio i gael yr egni ychwanegol.
- Bydd eich cyhyrau'n tyfu wrth i chi ymarfer. Mae cyhyr yn pwyso mwy na braster ond mae'n cymryd llai o le. Er na fyddwch yn colli llawer o bwysau ar y cychwyn felly, byddwch yn edrych yn fwy tenau.
- Mae ymarfer rheolaidd yn cynyddu eich cyfradd metabolaeth waelodol. Felly byddwch yn defnyddio mwy o fraster wedi'i storio hyd yn oed pan fyddwch yn gorffwys.
- Mae ymarfer rheolaidd yn lleihau eich archwaeth. Fe'i cewch hi'n haws dweud na i fwyd.

Bwyta ar gyfer chwaraeon

Y bwyd gorau ar gyfer chwaraeon yw diet cytbwys iachus.

- Peidiwch â bwyta mwy nag sydd ei angen arnoch. Caiff yr ychwaneg ei storio fel braster, ac mae braster yn faich mewn chwaraeon.
- Carbohydradau fydd eich prif ffynhonnell o egni. Cofiwch y dylai o leiaf 55% o ddiet cytbwys fod yn garbohydradau.
- Byddwch yn defnyddio brasterau ar gyfer egni, yn dibynnu ar ddwysedd a hyd y gweithgaredd. Po ddwysaf y mae, mwyaf i gyd y byddwch yn dibynnu ar garbohydradau. Po hiraf y bydd yn para, mwyaf i gyd y byddwch yn dibynnu ar frasterau. Ond does dim angen i chi fwyta braster ychwanegol. Mae gennych ddigon wedi'i storio.
- Mae ymarfer dwys yn achosi i gyhyrau a meinweoedd eraill dreulio. Mae angen proteinau i atgyweirio'r niwed. Ond mae digon ar gyfer hynny mewn diet normal. Does dim angen ychwaneg.
- Gwnewch yn siŵr eich bod yn yfed dŵr yn ystod ac ar ôl gweithgareddau. Pam?
- Bydd diet cytbwys yn rhoi digon o fitaminau a mwynau i chi. Does dim angen ychwanegion *(supplements)*. Mewn gwirionedd gall gormod o fitaminau A a D fod yn beryglus.

Athletwr yn cael brecwast cyn ei weithgaredd mawr yn y Gêmau Olympaidd. Digon o garbohydradau!

Carbolwytho

Yn aml bydd mabolgampwyr yn defnyddio **carbolwytho** ar gyfer gweithgareddau hir (dwy awr neu fwy).

Yn gyntaf, maen nhw'n cymryd llai o garbohydradau ac yn ymarfer yn galed. Mae hyn yn defnyddio'r cyfan o'u glycogen. Yna maen nhw'n bwyta llawer o garbohydradau ac yn ymarfer yn ysgafn yn y diwrnodau cyn y gweithgaredd. Bydd eu cyhyrau yn awr yn storio mwy o glycogen nag arfer.

Trwy gyfuno diet ac ymarfer, bydd rhai mabolgampwyr yn storio hyd at bedair gwaith y maint arferol o glycogen. Ond gall hyn achosi problemau. Gallai'r cyhyrau deimlo'n stiff a thrwm. Efallai na fydd yr arennau'n gweithio'n iawn. Gallai'r mabolgampwr gael poenau yn y frest. Gwell o lawer felly fydd bwyta diet cyson gydag o leiaf 55% ohono'n garbohydradau.

Cwestiynau

1. Sut y gallwch chi ddweud a ydych yn rhy drwm?
2. Beth yw ystyr *rhy dew*?
3. Beth yw *tewdra*? Pa broblemau y mae'n eu hachosi?
4. Gall unigolyn fod yn rhy ysgafn *ac* yn rhy dew. Eglurwch.
5. Pam y mae diet eithafol yn beryglus?
6. Rhestrwch dair ffordd y mae ymarfer yn eich helpu i golli pwysau.
7. Beth yw *carbolwytho*? Sut y mae o gymorth i fabolgampwyr?
8. Pa gymysgedd o'r prif faetholynnau sydd orau i'w fwyta?

9.4 Cyffuriau a chwaraeon (I)

Cyffuriau a dopio

Ystyr **cyffur** yw unrhyw sylwedd cemegol a gymerwch sy'n effeithio ar y ffordd y mae eich corff yn gweithio. Datblygwyd y rhan fwyaf o gyffuriau at ddefnydd meddygol. Maen nhw'n beryglus pan gân nhw eu camddefnyddio.

Ystyr **dopio** yw cymryd cyffuriau i wella perfformiad mewn chwaraeon. Mae'n broblem fawr mewn chwaraeon. Mae mabolgampwyr yn cymryd cyffuriau am wahanol resymau:

- i roi hwb i'w perfformiad
- i leddfu poen fel y gallan nhw ddal ati
- i adeiladu cyhyrau'n gynt nag y gallant drwy ymarfer
- i'w tawelu cyn gweithgareddau pwysig.

Mae mabolgampwr sy'n dopio yn twyllo. Mae'r Pwyllgor Olympaidd Rhyngwladol wedi llunio rhestr o gyffuriau gwaharddedig. Mae'n cynnwys y dosbarthiadau o gyffuriau a ddisgrifir isod. Gall mabolgampwyr rhyngwladol gael eu profi am y cyffuriau hyn ar unrhyw adeg. Gallant gael eu gwahardd am flwyddyn o leiaf os bydd y prawf yn bositif.

Symbylyddion *(Stimulants)*

Mae'r rhain yn symbylu system cylchrediad y gwaed a'r system nerfol. Maen nhw'n codi cyfradd curiad y galon a'r pwysedd gwaed, ac maen nhw'n cyflymu'r gyfradd adweithio. Bydd yr unigolyn yn teimlo'n effro a hyderus. Gall weithio'n galed am gyfnodau hir heb deimlo poen na blinder. Dyma enghreifftiau:

- **amffetaminau**, e.e. Decsedrin, Bensedrin, 'sbîd'.
- **caffein** - symbylydd naturiol a geir mewn te a choffi.

Cyffur peryglus? Byddai lefel caffein ugain gwaith yn uwch na'r 'arferol' yn achosi i chi gael eich gwahardd o'r Gêmau Olympaidd.

Defnyddir symbylyddion yn y byd meddygol i helpu cleifion sydd â phroblemau'r galon a'r ysgyfaint. Fe'u camddefnyddir gan fabolgampwyr sydd am wella'u perfformiad.

Peryglon

- Poen a blinder yw arwyddion rhybuddio y corff. Os cânt eu hatal, bydd y mabolgampwr yn dal ati'n rhy hir a bydd risg o gael cramp, ysigiad (*strain*) a gorgynhesu. Gall gorgynhesu arwain at drawiad gwres.
- Ar ôl i effaith y symbylydd gilio, bydd y mabolgampwr yn teimlo'n 'isel' iawn.
- Gall symbylyddion achosi i'r unigolyn ymddwyn yn wyllt ac yn ymosodol.
- O'u gorddefnyddio gallant achosi pwysedd gwaed uchel a niwed i'r iau a'r ymennydd.

Poenliniarwyr narcotig *(Narcotic analgesics)*

Ystyr **narcotig** yw rhywbeth sy'n achosi i chi deimlo'n gysglyd. Ystyr **poenliniarwyr** yw cyffuriau lleddfu poen.
Mae poenliniarwyr narcotig yn gweithredu ar y brif system nerfol ac yn atal y corff rhag teimlo poen. Maen nhw'n gwneud i'r unigolyn deimlo'n dda, wedi ymlacio ac yn gysglyd. Maen nhw'n cynnwys:

- **morffin** a **heroin**. Defnyddir y rhain mewn ysbytai i drin pobl sydd mewn poen ddifrifol, e.e. cleifion sydd â chanser.
- **codin** - cyffur ysgafnach o lawer. Mae codin mewn llawer o'r cyffuriau lleddfu poen a'r triniaethau dolur rhydd sydd ar werth mewn fferyllfa.

CYNGOR CHWARAEON

RHEOLI DOPIO MEWN CHWARAEON

PWYLLGOR OLYMPAIDD RHYNGWLADOL

DOSBARTHIADAU A DULLIAU DOPIO: ENGHREIFFTIAU

SYMBYLYDDION e.e. amffetamin, cocên, effedrin a chyfansoddion cysylltiedig
POENLINIARWYR NARCOTIG e.e. codin, morffin, pethidin a chyfansoddion cysylltiedig
STEROIDAU ANABOLIG e.e. nandrolon, stanosolol, testosteron a chyfansoddion cysylltiedig
BETA-ATALYDDION e.e. asebwtolol, atenolol, propranolol a chyfansoddion cysylltiedig
DIWRETIGION e.e. ffrwsimid, hydroclorothiasid, spironolacton, tiramaterin a chyfansoddion cysylltiedig
ANALOGAU A HORMONAU PEPTID e.e. hormon twf, HCG, ACTH
DOPIO'R GWAED
CAMDDEFNYDDIO FFARMACOLEGOL, CEMEGOL A CHORFFOROL
Dosbarthiadau o gyffuriau sydd â chyfyngiadau penodol
ALCOHOL, MARIWANA e.e. (heb eu gwahardd ond gellir cyfyngu arnynt)
ANAESTHETIGION LLEOL, CORTICOSTEROIDAU (ac eithrio ar gyfer triniaethau cymeradwy)

CANLLAWIAU YNGLŶN A THRINIAETHAU:
ENGHREIFFTIAU O SYLWEDDAU CANIATAËDIG A GWAHARDDEDIG
(yn seiliedig ar Ddosbarthiadau Dopio y Pwyllgor Olympaidd Rhyngwladol)

ASTHMA: CANIATÁU - *Terbutlaine, Salbutamol, Ventolin, Intal, Becotide.* D.S. Mewnanadlwyr (*inhalers*) yn unig.
PESWCH: CANIATÁU - Mewnanadliadau ager a menthol. Moddion *Benylin.* Pob gwrthfiotig.
GWAHARDD - cynhyrchion sy'n cynnwys codin, effedrin, ffenylpropanolamin
DOLUR RHYDD: CANIATÁU - *Dioralyte, Lomotil, Motilium*
GWAHARDD - cynhyrchion sy'n cynnwys codin, morffin
CLEFYD Y GWAIR: CANIATÁU - Gwrth-histaminau, *Triludan, Piriton, Histryll, Beconase, Otrivine,* diferion llygaid *Opticrom*
GWAHARDD - cynhyrchion sy'n cynnwys effedrin, ffugeffedrin
CUR PEN: CANIATÁU - Parasetamol, Asbrin, Anadin
GWAHARDD - cynhyrchion sy'n cynnwys codin, decstropropocsiffen
DOLUR GWDDF: CANIATÁU - Gyddfolch parasetamol hydawdd
CHWYDU: CANIATÁU - *Dioralyte, Rehidrat, Maxolon*

RHYBUDD: DIM OND ENGHREIFFTIAU YW'R UCHOD O'R SYLWEDDAU CANIATAËDIG A GWAHARDDEDIG AR HYN O BRYD.
OS OES UNRHYW AMHEUAETH HOLWCH EICH CORFF LLYWODRAETHOL NEU'R CYNGOR CHWARAEON
COFIWCH - CHI SY'N GYFRIFOL

GORFFENNAF 1989

Enhgraifft o ganllawiau'r Pwyllgor Olympaidd Rhyngwladol ynglŷn â chyffuriau. Mae'r rhestr o gyffuriau gwaharddedig yn cael ei diweddaru yn gyson.

Mae rhai mabolgampwyr yn defnyddio poenliniarwyr narcotig i leddfu'r boen a gânt o anaf fel y gallan nhw barhau i gystadlu.

Peryglon

- Mae poenliniarwyr narcotig yn achosi rhwymedd a phwysedd gwaed isel.
- Maen nhw'n achosi apathi eithafol.
- Maen nhw'n gaethiwus. (Mae rhai pobl hyd yn oed yn gaeth i godin.) Gall y symptomau diddyfnu (*withdrawal*) fod yn amhleserus iawn.
- Bydd dal ati er gwaethaf anaf yn gwneud yr anaf yn waeth.
- Mae morffin a heroin yn anghyfreithlon yn y rhan fwyaf o wledydd ac eithrio at ddefnydd meddygol. Mewn rhai gwledydd marwolaeth yw'r gosb os cewch eich dal.

Steroidau anabolig

Hormonau sy'n helpu i adeiladu ac atgyweirio'r cyhyrau a'r esgyrn yw **steroidau anabolig**. Maen nhw i'w cael yn naturiol yn y corff. Un enghraifft yw'r hormon **testosteron** mewn gwrywod. Fe'u gwneir yn artiffisial hefyd a'u defnyddio i drin pobl sydd â chlefydau nychu (*wasting*).

Mae rhai mabolgampwyr a chorff-feithrinwyr (*body builders*) yn cymryd steroidau artiffisial i gynyddu maint a chryfder eu cyhyrau ac i'w helpu i ymadfer ar ôl ymarfer.

Peryglon

Os cymerwch steroidau anabolig artiffisial byddwch yn atal y corff rhag gwneud ei rai ei hun. Mae hyn yn achosi llawer o broblemau, gan gynnwys:

- clefyd y galon a phwysedd gwaed uchel
- gwanhau gewynnau a thendonau
- anffrwythlondeb a chanser
- ymddygiad ymosodol
- blew yn tyfu ar yr wyneb a'r corff, a'r llais yn dyfnhau, mewn benywod.

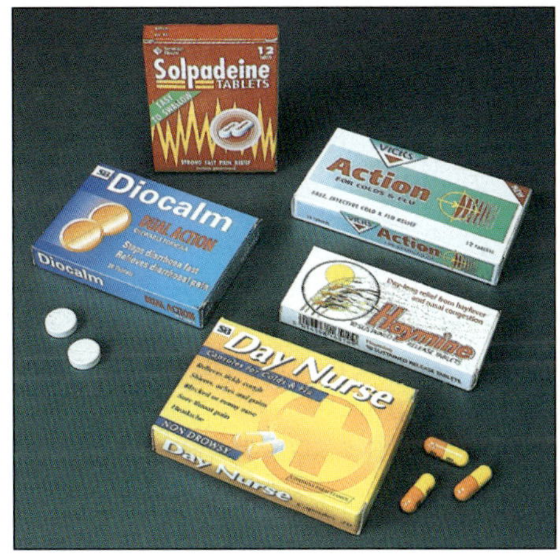

Mae rhai meddyginiaethau a werthir dros y cownter yn cynnwys cyffuriau ar restr y Pwyllgor Olympaidd Rhyngwladol o gyffuriau gwaharddedig. Rhaid i fabolgampwyr fod yn ofalus iawn. Gallai dewis anghywir yn y fferyllfa roi terfyn ar yrfa.

Cwestiynau

1 Beth yw *cyffur*?
2 Beth yw ystyr *dopio*?
3 Twyllwyr yw mabolgampwyr sy'n dopio. Eglurwch pam.
4 Beth y mae symbylyddion yn ei wneud?
5 Disgrifiwch dri pherygl o ddefnyddio symbylyddion.
6 Eglurwch pam y byddai mabolgampwr am ddefnyddio poenliniarydd narcotig.
7 Beth yw *steroidau anabolig*? Rhowch enghraifft.
8 a Pam y mae mabolgampwyr yn defnyddio steroidau anabolig?
b Nodwch bedwar perygl o'u defnyddio.

9.5 Cyffuriau a chwaraeon (II)

Diwretigion

Mae'r rhain yn achosi i fwy o ddŵr gael ei ysgarthu yn y troeth. Fe'u defnyddir i drin cleifion sy'n dioddef o glefyd y galon ac sydd â gormod o hylif yn y corff.

Fe'u camddefnyddir gan focswyr a reslwyr sydd am golli pwysau'n gyflym cyn cael eu pwyso'n swyddogol cyn gornest, fel y byddan nhw'n gymwys ar gyfer eu grŵp. Fe'u camddefnyddir hefyd gan fabolgampwyr sy'n yfed llawer o ddŵr i waredu olion cyffuriau gwaharddedig eraill o'u cyrff.

Peryglon

- Mae halwynau potasiwm a sodiwm yn cael eu hysgarthu yn ogystal â dŵr. Mae angen yr halwynau hyn ar y corff.
- Mae lefelau isel o botasiwm yn arwain at wendid cyhyrol a niwed i'r galon.

Fel mater o drefn mae pob enillydd medal yn y Gêmau Olympaidd a Gêmau'r Gymanwlad yn cael eu profi am gyffuriau. Os ydy'r prawf yn bositif mae'n golygu gwarth, fel y gwnaeth i'r mabolgampwr hwn o Brydain.

Cyffuriau i leihau pryder

Beta-atalyddion Pan fyddwch yn bryderus, caiff yr hormon adrenalin ei ryddhau i'ch gwaed. Mae'n gwneud i'ch calon guro'n gynt ac i'ch cledrau chwysu. Bydwch yn anadlu'n gynt a bydd y glycogen yn eich cyhyrau yn cael ei droi'n glwcos yn gynt. Rydych yn barod ar gyfer *ymladd neu ffoi*.

Mae beta-atalyddion yn atal effaith adrenalin. Maen nhw'n arafu'r galon a'r anadlu. Fe'u defnyddir mewn ysbytai i drin cleifion sydd â phwysedd gwaed uchel a chlefyd y galon. Fe'u camddefnyddir gan fabolgampwyr i dawelu eu nerfau cyn gweithgareddau pwysig.

Mae beta-atalyddion wedi'u gwahardd mewn saethyddiaeth a saethu yn ogystal â rhai campau eraill. Fedrwch chi egluro pam?

Peryglon

- Gallan nhw leihau'r pwysedd gwaed gymaint fel bo'r defnyddiwr yn llewygu.
- Maen nhw'n gostwng perfformiad yn ystod gweithgareddau hir (dygnwch).
- Gallan nhw achosi diffyg cwsg, hunllefau ac iselder.

Tawelyddion Mae'r rhain yn lleihau pryder ac yn eich tawelu. Enghreifftiau yw *Librium* a *Valium*.

Peryglon

- Maen nhw'n gwneud i'r unigolyn deimlo'n ddifywyd heb lawer o egni.
- Maen nhw'n gaethiwus. Gall fod yn anodd iawn rhoi'r gorau i'w defnyddio.

Dopio'r gwaed

Caiff ocsigen ei gludo yng nghelloedd coch y gwaed. Po fwyaf o gelloedd coch y gwaed sydd gennych, mwyaf i gyd o ocsigen sy'n cyrraedd y cyhyrau. Mae hyn yn eu helpu i weithio'n hirach.

Yn achos **dopio'r gwaed**, mae mabolgampwr yn tynnu gwaed ychydig wythnosau cyn gweithgaredd pwysig. Mae'r celloedd coch yn cael eu gwahanu a'u rhewi. Ychydig cyn y gweithgaredd byddant yn cael eu dadrewi a'u chwistrellu'n ôl i mewn i'r mabolgampwr.

Peryglon

- Gyda phob trallwysiad gwaed a phob chwistrelliad mae risg o heintiad.
- Mae gan fabolgampwyr o'r safon uchaf eisoes grynodiad uchel o gelloedd coch. Gallai ychwanegu mwy dagu eu capilarïau.

Cyffuriau sy'n gymdeithasol dderbyniol

Mae nicotin ac alcohol yn gyffuriau sy'n dderbyniol yn gymdeithasol. Ond dydy hynny ddim yn golygu eu bod nhw'n dda i chi! Mae'r ddau'n niweidiol i'ch ffitrwydd.

Ysmygu

Dyma a gewch mewn sigarét:

- **nicotin**, sy'n wenwyn. Mae'n gaethiwus. Mae'n gwneud i gyfradd curiad y galon a'r pwysedd gwaed godi. Mae'n gwneud ysmygwyr newydd yn benysgafn. Mae'n achosi clefyd y galon.
- **tar**, sylwedd brown trioglyd sy'n ymgasglu yn yr ysgyfaint a'r system resbiradol. Mae'n cynnwys miloedd o gemegau gwahanol. Mae'n tagu'r ysgyfaint ac yn eich atal rhag anadlu'n iawn. Mae'n achosi canser yr ysgyfaint a broncitis.
- **carbon monocsid**, sy'n nwy gwenwynig yn y mwg. Yn yr ysgyfaint mae celloedd coch y gwaed yn ei gymryd yn lle ocsigen, Felly mae llai o ocsigen yn cyrraedd y cyhyrau a gweddill y corff.

Nid oes lefel 'ddiogel' o ysmygu. Mae pob sigarét yn beryglus. Yn y DU mae tua 111 000 o bobl y flwyddyn yn marw o glefydau a achosir gan ysmygu ac mae tua 2000 yn colli eu coesau.

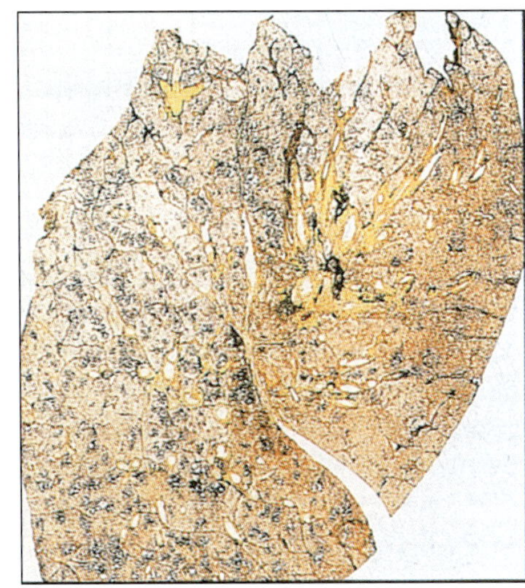

Toriad trwy ysgyfant ysmygwr yn dangos dyddodion tar. Dychmygwch geisio anadlu drwyddyn nhw i gyd!

Alcohol

Mae pob diod feddwol yn cynnwys y cemegyn **ethanol**. Hwn sy'n gwneud pobl yn feddw. Dydy *ychydig* ohono ddim yn gwneud llawer o niwed. Ond mae llawer ohono'n beryglus.

- Mae alcohol yn effeithio ar gyd-drefniant, craffter, cydbwysedd, lleferydd a chlyw.
- Gall wneud pobl yn ymosodol.
- Mae'n achosi i bibellau gwaed y croen ymledu, felly byddwch yn colli gwres y corff yn gyflym. Gall hynny fod yn farwol yn yr awyr agored mewn tywydd oer.
- Mae'n gostwng lefel y glycogen yn y cyhyrau. Felly allan nhw ddim gweithio mor hir na mor galed.
- Mae mabolgampwyr sy'n yfed gormod yn colli eu cymhelliad i ymarfer a chystadlu.
- Mae camddefnyddio alcohol dros gyfnod hir yn niweidio'r arennau a'r iau.

Ar ôl yfed yn drwm mae peth alcohol yn dal i fod yn y gwaed drannoeth. Mae yfed alcohol y diwrnod cyn gweithgaredd pwysig yn syniad gwael iawn.

Cwestiynau

1 Beth mae *diwretig* yn ei wneud?
2 Pam y byddai bocswyr o bosibl am ddefnyddio diwretigion?
3 a Eglurwch sut y mae beta-atalyddion yn gweithio.
  b Nodwch un sgil-effaith.
4 Yn ddamcaniaethol, dylai dopio'r gwaed wella perfformiad mabolgampwr. Eglurwch pam.
5 Enwch y sylwedd mewn sigaréts sy'n achosi i gyfradd curiad y galon gynyddu.
6 Pam y mae ysmygu'n achosi i lai o ocsigen gyrraedd y cyhyrau? Rhowch ddau reswm.
7 Nid yw'n bosibl bod yn yfwr trwm *ac* yn fabolgampwr o'r safon uchaf. Eglurwch pam.

9.6 Hylendid a gofal am y traed

Chwysu

Mae gennych tua thair miliwn o chwarennau chwys yn eich croen. Pan fyddwch yn ymarfer yn galed mewn tywydd poeth gallwch golli hyd at 3 litr o ddŵr *yr awr.*

Dŵr sy'n cynnwys halwynau, amonia a gwastraff arall yw chwys. Nid oes arogl ar chwys ar y cychwyn. Ond bydd y bacteria sy'n byw ar eich croen yn bwydo'u hunain arno ac yn cynhyrchu sylweddau drewllyd.

Mae'n bwysig cael cawod a newid eich dillad isaf yn aml i gael gwared â'r sylweddau drewllyd, yn enwedig ar ôl ymarfer.

Mae **diaroglydd** a **gwrthchwyswr** yn eich helpu i osgoi arogleuon chwys. Mae diaroglydd yn cuddio arogleuon chwys ag arogleuon braf. Mae gwrthchwyswr yn gorchuddio'r mandyllau chwys â haen fel na all chwys ddod allan. Gan fod chwysu yn eich helpu yn ystod chwaraeon, dydy defnyddio gwrthchwyswr cyn gêm ddim yn syniad da

Rhai o'r bacteria sy'n byw ar eich croen ac sy'n bwydo'u hunain ar chwys (wedi'u chwyddo 30 000 gwaith). Fel rheol mae'r rhain yn ddiniwed. Ond os byddan nhw'n lluosogi y tu mewn i fandyllau sydd wedi'u tagu byddwch yn cael cornwyd *(boil)* neu bloryn *(pimple).*

Y dewis o ddillad

Mae rhai dillad chwaraeon yn gadael i chi symud yn rhydd. Ond rhaid iddynt hefyd adael i chi chwysu'n rhydd gan mai chwysu yw ffordd arferol y corff o oeri. Mae dillad ysgafn a llac wedi'u gwneud o gotwm neu o gotwm a pholyester yn dda ar gyfer tywydd poeth. Mae siorts a thopiau â llewys byr yn cadw digon o'r croen yn y golwg fel bo chwys yn gallu anweddu.

Mewn tywydd oer mae'n syniad da gwisgo sawl haen o ddillad. Mae'r haenau'n dal y gwres rhyngddynt. Yna gallwch ddiosg haenau wrth i chi dwymo. Gorchuddiwch eich pen a'ch dwylo os ydy hi'n oer iawn.

Cofiwch y byddwch yn chwysu wrth ymarfer hyd yn oed mewn tywydd oer. Dylai dillad chwaraeon gael eu golchi'n aml i gael gwared â chwys a bacteria.

Mae dillad fel y rhain yn iawn ar gyfer campau'r haf - ond mae dillad gwyn yn well!

Heintiau'r traed

Tarwden y traed (*Athlete's foot*) Ffwng yw hwn sy'n tyfu rhwng bysedd y traed, gan achosi i'r croen hollti a chosi. Mae'n ymledu o unigolyn i unigolyn drwy gyffyrddiad uniongyrchol, neu fe allwch ei ddal o sanau, tywelion a lloriau gwlyb mewn ystafelloedd newid.

I osgoi tarwden y traed, gofalwch wrth gerdded heb ddim am eich traed. Defnyddiwch fflip-fflops o amgylch pyllau nofio. Golchwch eich traed yn aml a sychwch yn ofalus rhwng bysedd eich traed. Dylech osgoi sanau ac esgidiau sy'n gwneud i'ch traed chwysu. Mae ffwng yn hoffi mannau cynnes a llaith!

Veruccas Defaid *(warts)* fflat sy'n tyfu ar wadnau'r traed yw'r rhain. Fel rheol, byddan nhw'n tyfu lle mae eich pwysau'n disgyn, felly gallan nhw fod yn boenus. Fe'u hachosir gan firws. Maen nhw'n ymledu yn yr un modd â tharwden y traed.

Mae *veruccas* yn ymledu i bobl eraill yn hawdd. Os oes rhai gennych, defnyddiwch fflip-fflops yn yr ystafell newid i'w hatal rhag ymledu!

I drin tarwden y traed fe gewch chwistrelli, powdr ac eli yn y fferyllfa. Ar gyfer *veruccas* fe gewch eli a phadiau meddyginiaethol.

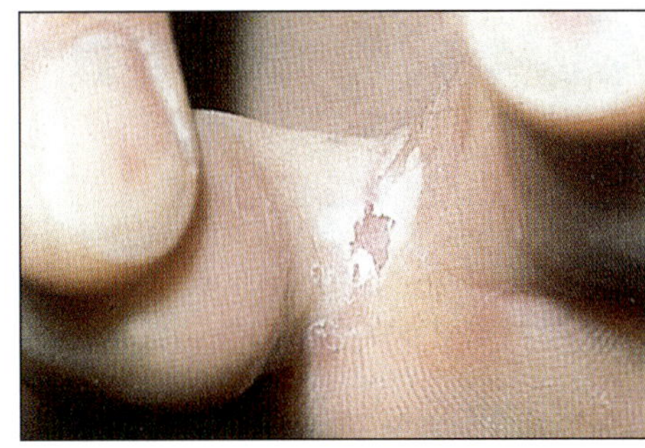

Gofalwch, mae tarwden y traed ar led. Gall ymledu'n gyflym iawn.

Cyrn, bynions a phothelli

Gall esgidiau sy'n rhy dynn achosi cyrn, bynions a phothelli.

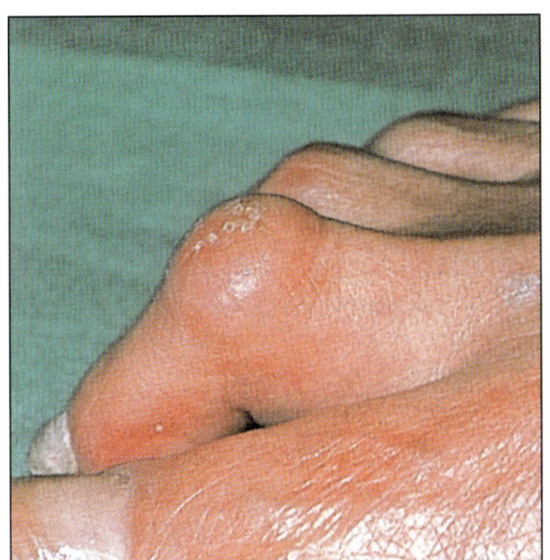

Padiau o groen caled trwchus sy'n ffurfio ar fysedd y traed a gwadnau'r traed yw **cyrn**. Gallan nhw fod yn boenus iawn. Efallai y bydd plasteri cyrn o gymorth, neu ewch at berson trin traed.

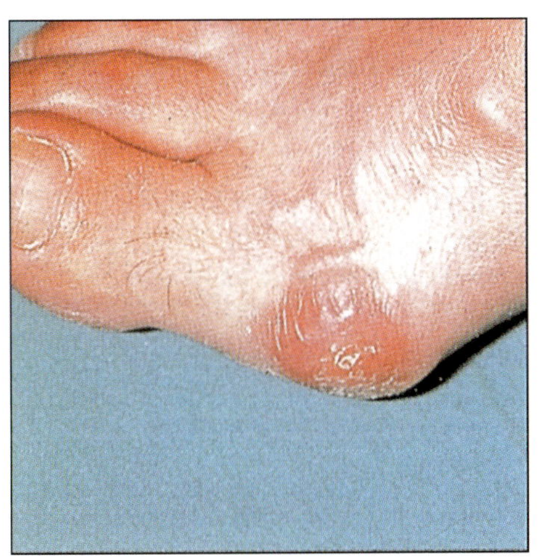

Yng nghymal bawd eich troed mae clustog o hylif, sef **bwrsa**. Os aiff yn llidus, y canlyniad fydd **bynion**. Os bydd bynion yn boenus iawn bydd angen llawdriniaeth.

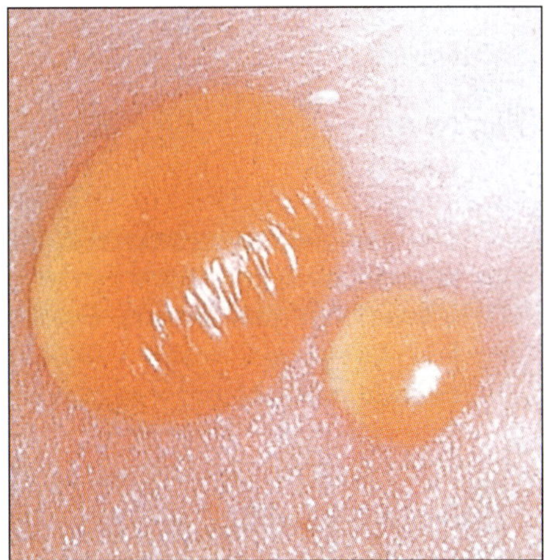

Mae rhwbio'r croen yn achosi iddo **godi'n bothelli**. Peidiwch â hollti pothell. Os bydd yn hollti cadwch hi'n lân a sych a gorchuddiwch hi â rhwyllen (*gauze*). Peidiwch â phigo'r grachen fydd yn ffurfio.

Cwestiynau

1 Beth sy'n achosi arogl ar chwys?
2 Beth mae diaroglydd yn ei wneud?
3 Beth mae gwrthchwyswr yn ei wneud?
4 Pam y mae siorts yn well na throwsus loncian i chwarae tennis ar ddiwrnod poeth?
5 Sut y byddech yn gwybod pe bai gennych darwden y traed?
6 Nodwch dri pheth y gallwch eu gwneud i osgoi cael tarwden y traed.
7 Beth yw *verucca*? Sut y byddech yn ei drin?
8 Beth yw: a corn?
b bynion?
9 Nodwch dair problem a achosir gan wisgo esgidiau sy'n rhy dynn i chi.

Cwestiynau ar Bennod 9

1 Pa osodiad sy'n anghywir?
  A Mae angen fitamin C ar gyfer deintgig iach.
  B Mae gram o fraster yn rhoi mwy na dwywaith gymaint o egni â gram o brotein.
  C Mae fitaminau'n rhoi egni i chi.
  D Mae calsiwm, ïodin a haearn yn fwynau.

2 Cysylltwch bob un o'r sylweddau i-v isod ag un o'r gosodiadau A-E.
  A mae'n helpu i symud bwyd drwy'r coludd yn gynt
  B ni allai'r gwaed gludo ocsigen hebddo
  C dewis cyntaf y corff ar gyfer egni
  D fe'i ceir ym mhob cell yn y corff
  E mae ei angen ar gyfer yr hormonau sy'n rheoli pa mor gyflym y byddwch yn llosgi bwyd

  i dŵr
  ii carbohydradau
  iii ïodin
  iv ffibr
  v haearn

3 Enwch bedwar bwyd y gallech eu bwyta i gael:
  a carbohydrad
  b fitamin C
  c protein
  d ffibr
  e braster
  f fitamin A

4 a Beth yw *cyfradd metabolaeth waelodol*?
  b Mae angen egni arnoch hyd yn oed pan fyddwch yn gorwedd yn gwbl llonydd. Eglurwch pam.
  c Po fwyaf yw eich maint, mwyaf i gyd fydd eich cyfradd metabolaeth waelodol. Ceisiwch egluro pam.

5 Trefnwch y canlynol yn ôl faint sydd angen iddynt ei fwyta. Dechreuwch â'r unigolyn sydd arno/arni angen y lleiaf o fwyd:

myfyriwr 17 oed
benyw 75 oed sydd wedi ymddeol
glöwr 40 oed
bachgen 12 oed
myfyrwraig 17 oed

6 a Beth yw *diet cytbwys iachus*?
  b Pa gyfran o garbohydradau, brasterau a phroteinau y dylech ei bwyta i sicrhau diet cytbwys iachus?
  c Nodwch chwe chanllaw ar gyfer diet cytbwys iachus.
  d Mae grilio yn ffordd iachach na ffrio i goginio pysgod a chig. Eglurwch pam.
  e Nodwch dair enghraifft o fwyd wedi'i brosesu.
  f Beth yw ychwanegion bwyd (*food additives*)?
  g Mae diet o fwydydd wedi'u prosesu yn unig yn afiach. Eglurwch.

7 Nodwch ydy'r gosodiad yn gywir neu'n anghywir.
  a Dylech gymryd 55% o'ch carbohydrad ar ffurf siwgr.
  b Os oes angen mwy o egni arnoch nag y mae eich diet yn ei ddarparu, fe geir yr ychwaneg o fraster wedi'i storio.
  c Mae tatws yn rhoi fitamin C i chi.
  d Bydd angen mwy o fitaminau a mwynau arnoch pan fyddwch yn ymarfer yn galed.
  e Mae llawer o ffibr mewn cig coch.

8 Mae 1 kg o fraster corff yn cyfateb i 32 000 kJ o egni. Tybiwch mai eich anghenion egni yw 10 000 kJ y dydd a'ch bod yn bwyta digon o fwyd i ddarparu 14 000 kJ y dydd.
  a Faint mwy o egni a gymerwch i mewn bob dydd nag sydd ei angen arnoch?
  b Ydych chi'n bwyta gormod o fwyd ar gyfer eich anghenion neu rhy ychydig?
  c Beth sy'n digwydd i'r bwyd ychwanegol?
  d Ar y gyfradd hon, faint o amser y byddech yn ei gymryd i ennill cilogram ychwanegol o bwysau?

9 Mae un tun o *Lucozade* haidd oren yn cynnwys:

protein	mymryn
braster	braidd dim
carbohydrad	63.03 g
egni	1089 kJ

  a Pa faetholyn sy'n darparu'r egni mewn *Lucozade*?
  b Tybiwch fod arnoch angen 10 000 kJ o egni y dydd. Tua faint o duniau o *Lucozade* y byddai angen i chi eu hyfed i gael yr egni hwn?
  c Byddai diet o *Lucozade* yn unig yn syniad gwael. Rhowch o leiaf bedwar rheswm.
  d Mewn *Lucozade* mae'r carbohydrad ar ffurf glwcos. Cewch egni yn gynt o *Lucozade* nag o sbageti. Pam?

10 Mae tun bach o ffa pob yn cynnwys:

protein	9.6 g
braster	0.4 g
carbohydrad	27.9 g
ffibr	7.6 g
halen	2.5 g
egni	640 kJ

  a Mae ffa pob yn ffynhonnell dda o ffibr. Pam y mae ffibr yn dda i chi?
  b Dylech fwyta tua 18 g o ffibr y dydd. Beth allech chi ei fwyta gyda ffa pob i roi mwy o ffibr?
  c Ni ddylech fwyta mwy nag 1.6 g o halen y dydd. Pam y mae gormod o halen yn niweidiol?
  d Pa gyngor y byddech yn ei roi i wneuthurwyr ffa pob ynglŷn â faint o halen a ddefnyddiant?

11 Defnyddir hefyd uned fesur y calori i fesur gwerth egni bwyd. Bydd labeli'n dangos sawl cilocalori sydd a sawl cilojoule. Copïwch a chwblhewch y canlynol:
  a 1 cilocalori = ________ calori
  b 1 cilocalori = ________ cilojoule
  c 50 cilocalori = ________ cilojoule

12 Copïwch a chwblhewch y paragraff yn gywir drwy roi *carbohydradau* neu *brasterau* ym mhob bwlch.

Mae eich corff yn defnyddio _________ a ________ ar gyfer egni. Mae ________ yn rhoi mwy o egni am bob gram. Mae ________ yn haws eu treulio. Ar gyfer ymarfer dwys byddwch yn defnyddio _________ yn bennaf, ar ffurf glycogen. Ar gyfer gweithgareddau dygnwch fel rhedeg marathon, byddwch yn dibynnu fwy ar ddefnyddio __________. Po fwyaf ffit yr ydych, hawsaf i gyd y gallwch losgi _________.

13 Gall y cyhyrau ddefnyddio carbohydrad (glycogen) a braster ar gyfer egni. Fel y gwelir yn y graff, mae'r graddau y bydd y cyhyrau'n dibynnu ar bob ffynhonnell yn dibynnu ar y gweithgaredd:

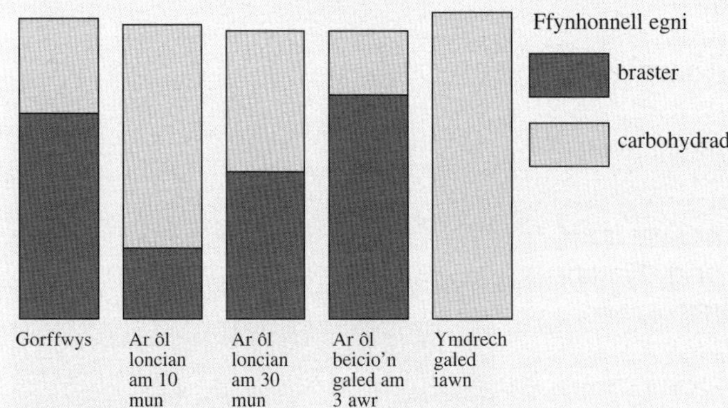

Beth yw'r brif ffynhonnell o egni a ddefnyddir yn y canlynol:
  a y *Tour de France*?
  b bocsio (pob rownd yn 3 mun)?
  c gorffwys?
  d loncian am 20 munud?
  e sbrint 100 m?

14 a Nodwch gynifer o resymau ag y medrwch pam na ddylai mabolgampwyr ddefnyddio cyffuriau.
  b Pa reswm yw'r pwysicaf yn eich barn *chi*?

15 Nodwch ddwy o effeithiau niweidiol defnyddio:
  a symbylyddion b steroidau anabolig
  c cyffuriau lleddfu poen yn ystod ymarfer

16 a Pa sylwedd mewn alcohol sy'n gwneud unigolyn yn feddw?
  b Nodwch 5 ffordd y bydd alcohol yn effeithio ar berfformiad cystadleuydd mewn chwaraeon.

17 a Pa sylwedd caethiwus a gwenwynig sydd mewn sigaréts?
  b Nodwch 5 ffordd y mae ysmygu'n niweidiol.

Pethau i'w gwneud

Bydd cyfrifiannell o gymorth ar gyfer rhai o'r rhain.

1 Cyn gwneud gweithgareddau 2-5 bydd angen:
  a casglu labeli o leiaf un bar o siocled ac un pecyn o greision, yn dangos faint o egni a roddant.
  b eich pwyso eich hun yn nhermau cilogramau.

2 Mae'r tabl isod yn dangos faint o egni a losgir y munud am bob cilogram o bwysau'r corff, ar gyfer gwahanol lefelau o weithgaredd.

Egni a ddefnyddir yn ystod ...	kJ y cilogram y munud
gorffwys	0.13
ymarfer cymedrol (e.e. loncian neu nofio)	0.59
ymarfer egnïol (e.e. pêl-droed neu bêl-rwyd)	0.79

  a Cyfrifwch faint o egni y munud a losgir gennych pan fyddwch yn gorffwys. (0.13 kJ x eich pwysau)
  b Cyfrifwch faint o egni y munud a losgir gennych yn ystod ymarfer cymedrol. (0.59 kJ x eich pwysau)
  c Cyfrifwch faint o egni y munud a losgir gennych yn ystod ymarfer egnïol. (0.79 kJ x eich pwysau)

3 Mae bar *Picnic* yn darparu 960 kJ o egni. Os ydych yn pwyso 60 kg, byddwch yn llosgi 7.8 kJ y munud wrth orffwys. Felly bydd yn cymryd (960 ÷ 7.8) o funudau i chi losgi'r egni o'r bar *Picnic*, h.y. 123 o funudau.
  a Edrychwch ar label eich bar siocled chi. Faint o egni y mae'r bar yn ei ddarparu?
  b Cyfrifiwch faint o funudau y byddai'n eu cymryd i chi ddefnyddio'r cwbl o'r egni hwn yn ystod ymarfer egnïol.
  c Edrychwch ar label eich pecyn creision. Faint o egni y mae'r creision yn ei ddarparu?
  d Cyfrifwch faint o amser y byddai'n ei gymryd i chi losgi'r egni hwn yn ystod ymarfer cymedrol.

4 Mae 1 g o fraster corff yn cyfateb i 3.2 kJ o egni. Pe na baech yn llosgi'r egni o'ch bar siocled, faint o bwysau y byddech yn eu hennill o'r bar?

5 Gwnewch ymarfer 4 eto ar gyfer y pecyn creision.

6 Cofnodwch bopeth a fwytewch am wythnos.
  a Ceisiwch gyfrifo pa gyfran o garbohydradau, brasterau a phroteinau a fwytawyd gennych. (Bydd y labeli ar becynnau bwyd o gymorth i chi.)
  b Ceisiwch amcangyfrif faint o egni a ddarparwyd gan y bwyd yma. Yna cyfrifwch eich cymeriant (*intake*) dyddiol cyfartalog o egni.
  c Tybiwch mai eich anghenion egni yw 11 000 kJ os ydych yn fachgen a 9 000 kJ os ydych yn ferch. Wnaethoch chi fwyta gormod? Neu rhy ychydig?
  d Wnaethoch chi fwyta diet cytbwys iachus? Eglurwch.

10.1 Sgil mewn chwaraeon

Sut mae llwyddo mewn chwaraeon? Y prif beth sydd ei angen yw **sgìl.** Mae hynny'n rhywbeth y gallwch ei ddysgu!

Beth yw sgìl?

Sgìl yw'r gallu a fydd wedi'i feistroli gennych i wireddu canlyniad penodol, lle bo'r sicrwydd mwyaf posibl y bydd hynny'n digwydd a hynny mor effeithlon ag y bo modd.

Hynny yw, mae sgìl yn golygu y gallwch berfformio gweithgaredd neu symudiad i gael yr union ganlyniad a fwriadwyd gennych, heb wastraffu egni nac amser.

Ystyriwch y cymalau hyn:

- **gallu a fydd wedi'i feistroli gennych**. Mae sgìl yn rhywbeth i'w ddysgu. Chewch chi mo'ch geni ag ef. Byddwch yn gwella gydag ymarfer.
- **canlyniad penodol.** Mae hyn yn golygu bod gennych nod i'w gyflawni, e.e. torri serfiad eich gwrthwynebydd mewn tennis.
- **y sicrwydd mwyaf posibl.** Rydych yn debygol iawn o lwyddo. Gall mabolgampwr medrus *(skilful)* berfformio symudiad yn llwyddiannus dro ar ôl tro. Nid sgìl mo llwyddo unwaith ar hap.
- **mor effeithlon ag y bo modd.** Rydych yn perfformio'r symudiad yn esmwyth, heb wastraffu egni nac amser.

Mae sgìl mewn tennis yn golygu bod gennych reolaeth lwyr ar eich corff, y raced a'r bêl. Byddwch yn gallu taro'r bêl i fan penodol ac ar gyflymder penodol. Mae hynny'n golygu eich bod yn **fedrus** yn eich camp.

Dau ystyr arall i sgìl

Defnyddir y gair **sgìl** mewn dwy ffordd arall mewn chwaraeon:

- y gamp ei hun, e.e. criced neu dennis.
- symudiad neu weithred benodol, e.e. rhôl ymlaen mewn gymnasteg.

Yma y term cyflawn yw **sgìl motor** neu sgìl symud.

Sgiliau motor yw holl sylfaen chwaraeon. Ystyriwch y gwahanol sgiliau motor sydd eu hangen i chwarae tennis: serfio, ergyd wrthlaw (*backhand*), ergyd gwta (*drop shot*) ac yn y blaen.

Mae rhai sgiliau motor yn gyffredin i lawer o gampau, e.e. rhedeg a neidio. Mae sgiliau motor eraill yn benodol i un gamp. Mae nofio yn eich blaen (dull rhydd) yn benodol i nofio yn unig.

Sgiliau sylfaenol a chymhleth

Mae rhedeg, neidio ac arnofio ar eich cefn yn y dŵr yn enghreifftiau o sgiliau syml neu **sylfaenol.**

Mae sgiliau motor eraill yn **gymhleth,** e.e. y serfiad tennis, y naid uchel a nofio ar y cefn. Allwch chi feddwl am sgìl cymhleth mewn gymnasteg?

Mae angen i chi feistroli sgiliau sylfaenol cyn symud ymlaen i sgiliau cymhleth. Gall sgiliau cymhleth fod yn anodd eu dysgu. Mae angen llawer o ymarfer i'w meistroli.

Gall gymryd amser hir i feistroli'r sgiliau cymhleth sy'n ofynnol mewn cleddyfaeth.

Sgiliau agored a chaeedig

Sgìl agored yw sgìl lle mae eich symudiadau'n amrywio, yn dibynnu ar yr hyn sy'n digwydd o'ch amgylch. Mae'n dibynnu ar eich **amgylchedd,** e.e. safle eich gwrthwynebydd (pêl-rwyd) neu gyfeiriad y gwynt (hwylio).
Sgìl caeedig yw sgìl lle mae'r symudiadau yn union yr un fath bob tro. Dydyn nhw ddim yn dibynnu ar yr amgylchedd.

Gôl-geidwad yn arbed gôl. Dyma sgìl **agored.** Mae ei symudiad yn dibynnu ar y cyfeiriad y daw'r bêl ohono. Felly, bydd yn wahanol y tro nesaf.

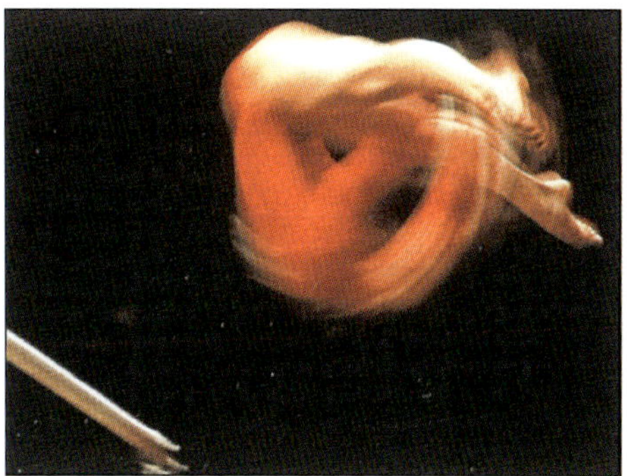

Gymnastwraig yn ymarfer trosben. Dyma sgìl **caeedig.** Bydd hi'n ail-wneud hyn yn union yr un fath y tro nesaf. Mae ei hamgylchedd yn sefydlog ac nid yw'n effeithio arni.

Edrychwch ar y serfiad tennis hwn. Y tro nesaf bydd y chwaraewr yn ail-wneud y symudiadau ond yn newid amseriad a lleoliad yr ergyd. Ydy'r sgìl, felly, yn gaeedig neu'n agored?

Ar gyfer y serfiad tennis, mae dilyniant y symudiadau yn gaeedig. Ond bydd amseriad a lleoliad yr ergyd yn dibynnu ar safle'r chwaraewr a safle ei wrthwynebydd. Yn hynny o beth mae'r serfiad yn agored. Gallwch ei osod rhwng caeedig ac agored ar raddfa ddi-dor, sef **continwwm.**

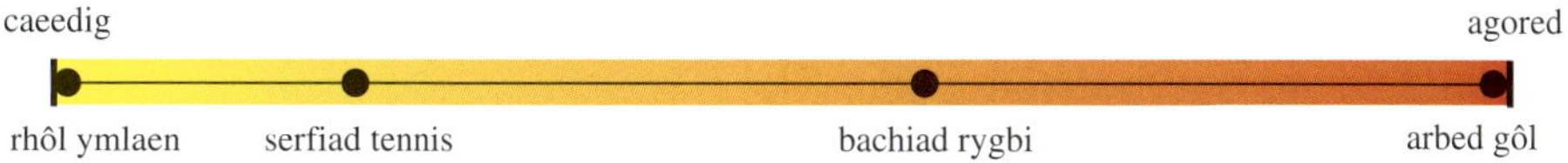

Mae'r rhan fwyaf o sgiliau motor a champau rywle rhwng caeedig ac agored. Enghraifft arall yw bachu'r bêl mewn sgrym rygbi.

Sgìl a pherfformiad

Y term am bob ymdrech a wneir gennych i weithredu sgìl yw perfformiad. Po fwyaf medrus yr ydych, gorau i gyd y bydd eich **perfformiad** yn debygol o fod. Ond nid yw'n dibynnu ar sgìl yn unig. Mae ffactorau eraill hefyd yn effeithio arno. Os byddwch yn nerfus neu'n flinedig, neu os bydd y tywydd yn rhy boeth, gallai eich perfformiad ddioddef.

Gan fod sgiliau agored yn dibynnu ar yr hyn sy'n digwydd o'ch amgylch, mae mwy o ffactorau'n effeithio arnynt nag ar sgiliau caeëdig. Bydd gweithredoedd aelodau eraill eich tîm a'ch gwrthwynebwyr yn effeithio arnynt, er enghraifft.

Ffactorau sy'n effeithio ar berfformiad mabolgampwr mewn gweithgaredd ym myd chwaraeon:

- corffoledd - ydy e'n addas ar gyfer y gamp honno?
- lefel y sgìl
- ffitrwydd cyffredinol
- ffitrwydd sy'n gysylltiedig â sgiliau, yn benodol i'r gamp honno
- paratoad o ran diet
- paratoad meddyliol - oes ganddo/ganddi nod mewn golwg? oes ganddo/ganddi gymhelliant
- cyflwr seicolegol - yn rhy nerfus ynglŷn â'r gweithgaredd? neu ychydig yn ddi-hid?
- cyflwr corfforol ar y diwrnod - blinedig? sâl? anafiadau?
- cyffuriau, gan gynnwys alcohol ac ysmygu
- yr amgylchedd - e.e. rhy boeth? rhy oer? rhy wyntog?
- gweithredoedd aelodau eraill eich tîm a'r gwrthwynebwyr

Cwestiynau

1. Mae Mark Williams yn fedrus mewn snwcer. Eglurwch ystyr hyn.
2. Eglurwch sut y mae'r amgylchedd yn newid ar gyfer:
   a chwaraewr rygbi b golffwr c bordhwyliwr
3. Nodwch safle'r rhain ar gontinwwm agored-caeedig:
   a cic gosb b nofio broga c loncian
   d driblo pêl drwy'r amddiffyn
4. Bydd mabolgampwr medrus yn perfformio'n dda *bob tro.* Cywir neu anghywir?

10.2 Prosesu gwybodaeth

P'un ai y byddwch yn chwarae tennis neu'n taflu'r ddisgen neu'n golchi'r llestri, eich ymennydd fydd yn rheoli. Mae'n prosesu gwybodaeth a ddaw o'ch llygaid, eich clustiau, eich croen a'ch cyhyrau, ac yna mae'n dweud wrth eich cyhyrau beth i'w wneud.

Y system prosesu gwybodaeth

Mae'r diagram isod yn dangos gwahanol gamau prosesu gwybodaeth.

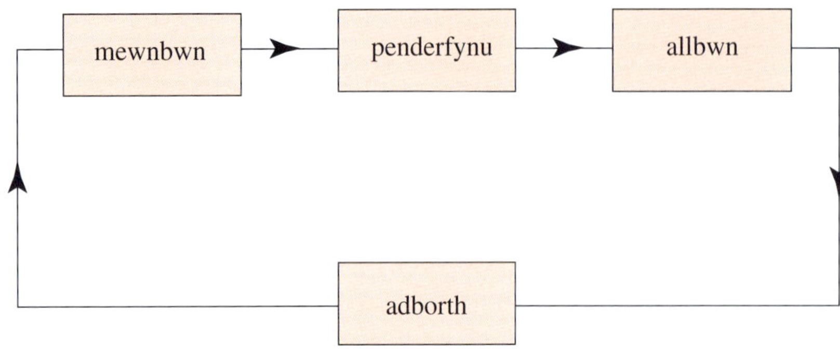

Y system prosesu gwybodaeth

Mewnbwn

Ystyr **mewnbwn** yw'r wybodaeth a dderbyniwch. Mewn chwaraeon byddwch yn derbyn gwybodaeth i mewn drwy eich **llygaid** a'ch **clustiau**. Mewn tennis, er enghraifft, byddwch yn gweld eich gwrthwynebydd yn taro'r bêl a byddwch yn clywed yr ergyd.

Ond nid dyna'r cyfan. Byddwch hefyd yn **teimlo** llawer o wybodaeth oddi mewn i'ch corff. Byddwch yn teimlo pa mor galed y mae eich llaw yn gafael yn y raced, ac ystum eich aelodau, a pha mor barod yr ydych i ymateb.

Y term am yr ymwybyddiaeth yma o'ch corff eich hun yw **propriodderbyn**. Mae'n cynnwys gwybodaeth a ddaw o'ch croen, eich cyhyrau a'r mân organau y tu mewn i'ch clustiau sy'n canfod cydbwysedd.

Penderfynu

Nesaf mae'n rhaid i'ch ymennydd benderfynu sut i ymateb i'r mewnbwn. Bydd y penderfyniad yn cael effaith fawr ar ansawdd eich perfformiad. Mae penderfynu'n cynnwys **canfod** (*perception*) a'r **cof**.

Canfod. Dyma'r broses o **ddehongli** gwybodaeth.
Tybiwch fod eich gwrthwynebydd yn lobio'r bêl tuag atoch. Ar sail yr hyn a glywch ac a welwch ac a deimlwch, bydd eich ymennydd yn barnu:

- pa mor galed y cafodd y bêl ei tharo
- pa mor gyflym y mae'n symud
- ble a phryd y bydd yn cyrraedd
- ble fydd eich gwrthwynebydd yn sefyll erbyn hynny
- pa mor barod yr ydych.

Yna bydd yn penderfynu sut y dylech ymateb. Ond ni all wneud dim heb y cof.

Pe na baech erioed wedi gweld gwennol o'r blaen, fyddech chi ddim yn gwybod pa mor galed i'w tharo. Does dim wedi'i storio yn eich cof i helpu'ch ymennydd i wneud penderfyniadau.

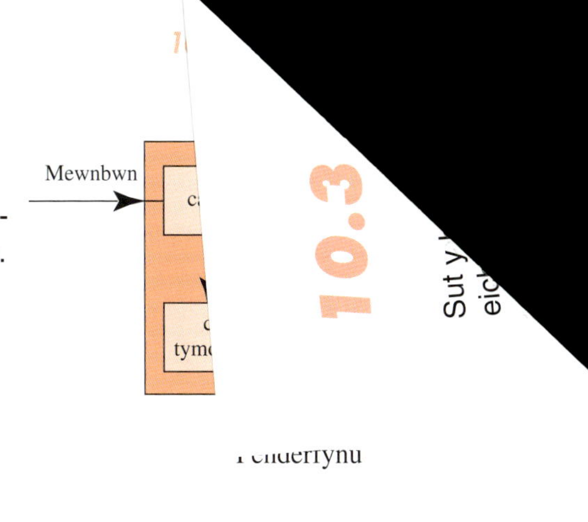

Cof. Mae dwy ran i'ch cof: tymor byr a thymor hir.

Cof tymor byr yw eich 'ystafell waith'. Mae'r holl wybodaeth a dderbyniwch yn mynd yma. Dim ond am gyfnod byr y bydd yn aros yma - tua dau funud ar y mwyaf. O'i hanwybyddu, bydd yn diflannu'n fuan iawn. O roi sylw i'r wybodaeth gall aros yno yn hirach. Trwy ganolbwyntio gallwch ei throsglwyddo i'ch cof tymor hir.

Cof tymor hir yw eich 'llyfrgell'. Mae'n cadw delweddau, blasau, synau, arogleuon, teimladau a gweithredoedd yr ydych yn gyfarwydd â nhw, a'r holl sgiliau chwaraeon yr ydych wedi'u dysgu a'u hymarfer. Mae'n gallu cadw gwybodaeth ddiderfyn a'i storio am oes.

Sut y mae canfod yn dibynnu ar y cof. Ar unrhyw adeg benodol mae llawer iawn o wybodaeth yn cyrraedd yn eich cof tymor byr. Mae eich ymennydd yn anwybyddu'r rhan fwyaf ohoni ac yn canolbwyntio ar yr hyn sy'n ymddangos yn bwysig. (Gelwir hyn yn **sylw detholus.**) Mae'n dehongli'r wybodaeth hon drwy sganio eich cof tymor hir am wybodaeth debyg a gafwyd o'r blaen. Yna mae'n penderfynu ar weithredu addas.

Os ydych wedi dysgu tennis yn dda ac wedi ymarfer llawer, bydd gan eich cof tymor hir bopeth y mae arnoch ei angen i ddehongli'r wybodaeth a dderbyniwch mewn gêm dennis, ynghyd â rhaglenni o gyfarwyddiadau ar gyfer gweithredu.

Allbwn

Yr allbwn yw'r hyn a wnewch o ganlyniad i'r penderfyniad a wnaed gan eich ymennydd. Gallech, er enghraifft, chwarae ergyd gwta.

Os gallwch brosesu gwybodaeth yn dda, ac os yw eich cof tymor hir wedi'i stocio'n dda â sgiliau, bydd eich allbwn yn debygol o fod yn llwyddiannus.

Adborth

Ystyr **adborth** yw'r ymateb a gewch i'ch allbwn. Mae'n dweud wrthych a fu'r allbwn yn llwyddiannus ai peidio. Er enghraifft:

- gallwch fel rheol *deimlo* a oedd ergyd yn dda neu'n wael
- mae'r sgôr yn newid
- mae eich gwrthwynebydd yn methu â'i (h)ergyd
- os yw'n gêm ymarfer, efallai y bydd eich hyfforddwr yn dweud rhywbeth wrthych.

Sylwch fod saeth yn mynd o'r **adborth** i'r **mewnbwn,** gan gwblhau'r ddolen. Daw'r adborth yn rhan o'r mewnbwn. Bydd yn effeithio ar eich penderfyniad nesaf. Bydd adborth gan eich hyfforddwr yn eich helpu i ddysgu a gwella. Cewch fwy o wybodaeth am hyn yn Uned 10.4

Sglefrwraig ffigurau yn aros yn nerfus am ei marciau – adborth – gan y beirniaid i weld ydy hi wedi ennill medal.

Cwestiynau

1 Lluniwch ddiagram syml i ddangos sut y byddwch yn prosesu gwybodaeth wrth chwarae eich camp.
2 Beth yw *propriodderbyn*? Rhowch ddwy enghraifft yn eich camp chi.
3 Beth yw *canfod*? Sut y mae'n gysylltiedig â'r cof?
4 Disgrifiwch y ddau fath o gof sydd gennych.
5 Os ydych newydd ddechrau chwarae tennis, mae'n debygol na fyddwch yn chwarae'n dda iawn. Pam?
6 Beth yw: a allbwn? b adborth?
Rhowch ddwy enghraifft o'r naill a'r llall yn eich camp.

Dysgu sgìl newydd

byddwch yn gwybod eich bod wedi dysgu sgìl newydd? Pan fydd
n perfformiadau **yn gywir yn gyson**.

Sut i ddysgu sgìl newydd

Fe ddefnyddiwch eich system prosesu gwybodaeth i **ddysgu** sgìl yn ogystal â'i berfformio. Beth, felly, yw'r ffordd orau o ddysgu? Dyma rai syniadau i'ch helpu.

- Dim ond ychydig o wybodaeth ar y tro y gall eich system prosesu gwybodaeth ei phrosesu. **Cynhwysedd sianeli cyfyngedig** sydd ganddi.
- Os ceisiwch brosesu gormod o wybodaeth ar y tro, byddwch yn **gorlwytho** y system. Byddwch yn drysu.

*.... yna symudwch eich **holl** bwysau i'ch troed chwith, plygwch eich pen-glin chwith, swingiwch eich coes dde drwy gant wyth deg o raddau, plygwch eich penelin chwith, cymerwch anadl ddofn a ....*

HELP!

- Mae hyn yn golygu y byddwch yn dysgu orau pan nad oes dim i dynnu eich sylw. Mae sŵn a chleber yn defnyddio peth o'ch cynhwysedd sianeli cyfyngedig.
- Mae hefyd yn golygu na ddylech geisio dysgu gormod ar un tro. Os gwnewch hynny, byddwch yn dioddef o orlwytho. Pe baech yn ceisio dysgu'r serfiad tennis ar un tro mae'n annhebyg y byddech yn llwyddo. Y ffordd orau yw ei dorri i lawr yn rhannau a dysgu pob rhan ar wahân.
- I helpu i osgoi gorlwytho, dylai cyfarwyddiadau gan eich hyfforddwr fod yn eglur, yn syml ac yn bwrpasol.
- Dylai'r cyfarwyddiadau ganolbwyntio ar yr agweddau pwysicaf ar y sgìl i ddechrau. Bydd eich ymennydd yn canolbwyntio ar y rhain drwy sylw detholus.
- Pan fydd eich hyfforddwr yn arddangos sgìl newydd, bydd hwnnw'n mynd i'ch cof tymor byr. Mae dysgu'r sgìl yn golygu ei symud i'ch cof tymor hir. Fe wnewch hyn drwy **ymarfer**.
- Gall eich cof tymor hir gadw gwybodaeth ddiderfyn yn barhaol. Wedi i chi ddysgu i nofio neu feicio wnewch chi fyth anghofio, er y gallech fod ychydig yn 'rhydlyd'.

Mathau o ymarfer

Mae'n rhaid i chi ymarfer sgìl newydd lawer gwaith cyn i chi ei ddysgu'n iawn. Mae'r ffordd orau o ymarfer yn dibynnu ar y sgìl.

- Os yw'n sgìl sylfaenol fel dal pêl rwyd, gallwch ymarfer y sgìl cyfan. Y term am hyn yw **ymarfer y cyfan**. Yna gallwch symud ymlaen i'w ymarfer o fewn gêm bêl-rwyd.

Mae'r ergyd osod o'r bwrdd *(lay-up shot)* mewn pêl-fasged yn sgìl cymhleth sy'n addas i'w ymarfer mewn rhannau.

- Os yw'n sgìl cymhleth, dylech wylio rhywun yn ei berfformio gyntaf, ac efallai rhoi cynnig arno i gael rhyw syniad ohono. Yna torrwch ef i lawr yn rhannau ac ymarfer y rhannau. Y term am hyn yw **ymarfer rhannau.** Gyda serfiad tennis, er enghraifft, gallech ymarfer y tafliad, yna y swing ac yn y blaen. Yna rhowch y rhannau at ei gilydd ac ymarfer y sgìl cyfan. Yn olaf rhowch gynnig arno mewn gêm dennis.
- Pan fyddwch yn ymarfer sgìl agored, e.e. driblo pêl fasged, dylech ei ymarfer mewn llawer o sefyllfaoedd gwahanol. Y term am hyn yw **ymarfer amrywiol.**
  Mae'n bwysig oherwydd bydd eich symudiadau mewn sgìl agored yn amrywio, yn dibynnu ar yr amgylchedd.
- Pan fyddwch yn ymarfer sgìl caeedig, dylech ei ymarfer dro ar ôl tro dan yr un amgylchiadau. Y term am hyn yw **ymarfer sefydlog.**
- Pan fyddwch yn ymarfer sgìl o fewn gêm, y ffordd orau fel rheol yw gweithio mewn grwpiau bach i ddechrau. O wneud hyn, fyddwch chi ddim yn gorfod rhoi sylw i ormod o chwaraewyr eraill. Gallai hynny eich drysu.

Mathau o gyfarwyddyd

Fel rheol, wrth ddysgu ac ymarfer sgìl mae angen cyfarwyddyd (*guidance*) gan athro, hyfforddwr neu ffrind. Daw hyn yn **fewnbwn** i'ch system prosesu gwybodaeth.

Mae tri math o gyfarwyddyd: **gweledol, geiriol** a **llaw** (*manual*). Bydd hyfforddwr da yn defnyddio mwy nag un math.

Cyfarwyddyd gweledol - cyfarwyddyd y gallwch ei weld: arddangosiadau, fideo. posteri a siartiau wal. Mae cyfarwyddyd gweledol yn arbennig o ddefnyddiol pan fyddwch yn dechrau dysgu sgìl newydd.

Cyfarwyddyd geiriol - cyfarwyddyd y gallwch wrando arno. Mae'r hyfforddwr yn egluro ar lafar, h.y. mewn geiriau, yr hyn y dylech ei wneud. Mae'n ddefnyddiol oherwydd y gall ef/hi egluro yn y fan a'r lle, ailadrodd y cyfarwyddiadau mor aml ag sydd ei angen a'u newid i fod yn addas ar eich cyfer.

Cyfuniad o gyfarwyddyd geiriol a chyfarwyddyd llaw.

Cyfarwyddyd llaw - cyfarwyddyd y gallwch ei deimlo:

- mae'r hyfforddwr yn gafael ynoch ac yn eich arwain drwy'r symudiadau, e.e. dawnsdrefn anodd;
- neu defnyddir dyfais i gyfyngu ar eich symudiadau a'ch cadw'n ddiogel, e.e. fflôt nofio neu raff ddringo dynn.

Mae cyfarwyddyd llaw yn ddefnyddiol lle mae sgìl yn gymhleth iawn neu'n beryglus neu lle mae ofn arnoch. Mae'n ffordd dda o sicrhau eich bod chi'n gyfarwydd â'r symudiadau ar gyfer y sgìl cyn i chi roi cynnig arnynt ar eich pen eich hun.

Cwestiynau

1. Mae gan eich system prosesu gwybodaeth *gynhwysedd sianeli cyfyngedig*. Beth yw ystyr hyn?
2. Pam na ddylech geisio dysgu gormod ar un tro?
3. Wrth roi cyfarwyddiadau, dylai hyfforddwr eu cadw'n bwrpasol a pheidio â malu awyr. Pam?
4. Sut y caiff sgìl ei drosglwyddo i'r cof tymor hir?
5. Beth yw *ymarfer rhannau*? Pryd y mae'n ddefnyddiol?
6. Ar ôl ymarfer rhannau, mae'n bwysig rhoi'r rhannau at ei gilydd ac ymarfer y cyfan. Pam?
7. Pam y mae ymarfer amrywiol yn bwysig ar gyfer sgiliau agored?
8. Enwch a disgrifiwch y tri math o gyfarwyddyd.
9. Ar gyfer pob math o gyfarwyddyd nodwch:
   a dwy fantais
   b dwy anfantais

10.4 Adborth a dysgu

Os ydych am ddysgu'n gyflym ac yn dda, rhowch sylw i'r adborth!

Beth yw adborth?

Fel y nodwyd ar dud. 117, **adborth** yw'r ymateb a gewch i'ch perfformiad neu eich **allbwn** yn y system prosesu gwybodaeth.
Er enghraifft, gallai eich sgôr godi neu gallai eich gwrthwynebydd fethu â'i (h)ergyd, neu gallai eich hyfforddwr ddweud 'Da iawn'.
Daw'r adborth yn rhan o'r mewnbwn, fel y dangosir gan y saeth:

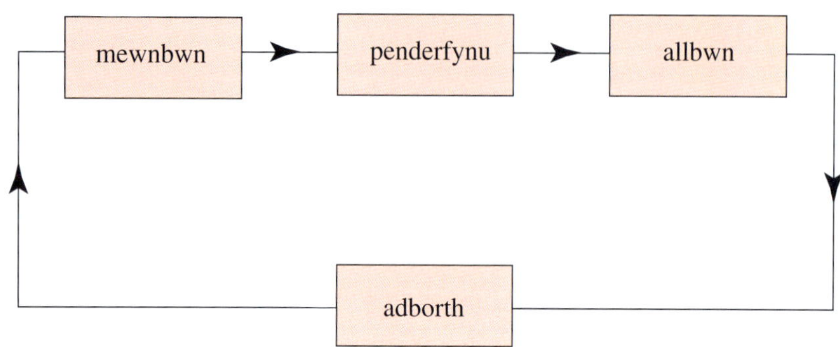

Y system prosesu gwybodaeth

Dau fath o adborth

Mae dau fath o adborth mewn chwaraeon: **gwybodaeth am y perfformiad** a **gwybodaeth am y canlyniadau.**

Mae gwybodaeth am y perfformiad (GP) yn dweud wrthych pa mor dda neu wael oedd eich perfformiad, e.e. pa mor esmwyth oedd eich serfiad neu eich trosben.

- Daw peth GP o **bropriodderbyn** - eich ymwybyddiaeth o'ch corff. Gallwch deimlo pa mor galed y gwnaethoch daro neu gicio'r bêl.
- Bydd eich hyfforddwr a'ch ffrindiau yn darparu GP.
- Ffordd dda o gael GP yw recordio'ch perfformiad ar fideo a'i wylio'n ddiweddarach gyda'ch hyfforddwr.

Noder y gelwir adborth a ddaw o bropriodderbyn yn adborth **mewnol.** Pam? Gelwir adborth a ddaw o'r tu allan yn adborth **allanol.**

Mae **gwybodaeth am y canlyniadau (GC)** yn dweud wrthych ganlyniadau eich gweithredoedd.

- Fe gewch GC wrth weld y bêl yn hedfan i'r rhwyd neu weld pa mor bell y gwnaethoch daflu'r waywffon.
- Mae cyhoeddi'r sgôr neu floedd gan eich cefnogwyr hefyd yn darparu GC.
- Weithiau gallwch gael GC o bropriodderbyn. Ar ddiwedd trosben ar y trampolîn, fe wyddoch pan fyddwch wedi glanio'n gywir.

Bydd GP a GC yn eich helpu i wella'ch perfformiad.
Er enghraifft, bydd GC yn dweud wrthych eich bod wedi glanio'n wael ar ôl trosben. Ond dydych chi ddim yn gwybod pam. Gall eich hyfforddwr roi GP i chi ac awgrymu beth i'w wneud y tro nesaf.

Os byddwch yn rasio ceir fel Damon Hill, cewch wybodaeth am y perfformiad drwy gyfrwng data technegol.

Terry Venables yn rhoi gwybodaeth am y perfformiad yn ystod sesiwn ymarfer.

Pwysigrwydd adborth

Pan fyddwch yn dysgu sgìl newydd, bydd adborth gan bobl eraill yn bwysig iawn.

- Bydd adborth calonogol yn eich cymell i drio'n galetach.
- Pan ddywedir wrthych bod eich perfformiad yn dda, mae'n helpu i atgyfnerthu (*reinforce*) y sgìl yn eich meddwl.
- Mae adborth ar ffyrdd i wella'ch perfformiad yn eich helpu i ddod yn fwyfwy medrus.

Egwyddorion adborth

Mae pedair egwyddor i adborth.

1. Ni allwch ddysgu dim heb adborth. Dydy GC yn unig ddim yn ddigon. Wnewch chi ddim gwella lawer heb GP.
2. Dylid cael yr adborth cyn gynted ag sy'n bosibl ar ôl y cynnig. Mwya'r byd y bydd yn rhaid aros amdano, lleiaf defnyddiol y bydd yr adborth o ran unioni gwallau.
3. Dylai fod yn eglur, cywir a phwrpasol. Os na fyddwch yn ei ddeall, fyddwch chi ddim yn gwybod beth i'w newid ar y cynnig nesaf.
4. Rhaid cael digon o amser i brosesu'r adborth cyn y cynnig nesaf. Os cewch ormod o adborth yn rhy gyflym heb amser i'w brosesu, byddwch yn drysu.

Mae adborth gan bobl eraill yn arbennig o bwysig pan fyddwch yn dechrau dysgu. Ond pan fyddwch yn fwy profiadol, byddwch yn gallu gweld eich gwendidau eich hun yn aml a hyd yn oed, o bosib, yn gwybod sut i'w hunioni.

Cwestiynau

1. Beth yw *adborth*? Nodwch dair enghraifft.
2. Enwch y ddau fath o adborth mewn chwaraeon.
3. a Nodwch dair enghraifft o ffyrdd o gael GP.
   b Pa un o'r rhain sydd orau? Pam?
4. Eglurwch pam na fydd GC ar ei phen ei hun yn eich helpu i wella rhyw lawer.
5. Rhowch dri rheswm pam y bydd adborth o gymorth i chi wrth ddysgu sgìl newydd ac anodd.
6. Dylid cael adborth cyn gynted ag sy'n bosibl ar ôl perfformiad. Pam?
7. Rhaid i chi gael amser i brosesu'r adborth yn eich meddwl cyn y cynnig nesaf. Pam?

Cwestiynau ar Bennod 10

1 Sgìl yw'r *gallu a fydd wedi'i feistroli gennych* i wireddu *canlyniad penodol,* lle bo'r *sicrwydd mwyaf posibl* y bydd hynny'n digwydd a hynny *mor effeithlon ag y bo modd.*
Eglurwch bob un o'r termau mewn llythrennau italig a rhowch enghraifft.

2 a Beth yw ystyr y term *motor* yng nghyswllt sgiliau motor?
b Enwch sgìl motor sy'n gyffredin i'r canlynol:
i pêl-fasged a phêl-rwyd;
ii badminton a thennis.
c Enwch sgìl motor sy'n benodol i'r canlynol:
i golff ii nofio

3 Mae llawer o gampau rhwng caeedig ac agored ar gontinwwm fel y canlynol:

a Beth yw *continwwm*?
b Lluniwch gontinwwm a marcio'r campau hyn arno:
nofio rygbi badminton gymnasteg canŵio
c Lluniwch gontinwwm a marcio'r sgiliau hyn arno:
tafliad rhydd mewn pêl-fasged pytio (golff)
tacio (bordhwylio) nofio yn eich blaen

4 a Lluniwch ddiagram o'r system prosesu gwybodaeth a labelwch y rhannau.
b Wrth brosesu gwybodaeth beth yw ystyr:
i mewnbwn; ii penderfynu; iii allbwn;
iv adborth; v gorlwytho; vi sylw detholus?
Rhowch enghraifft o bob un.

5

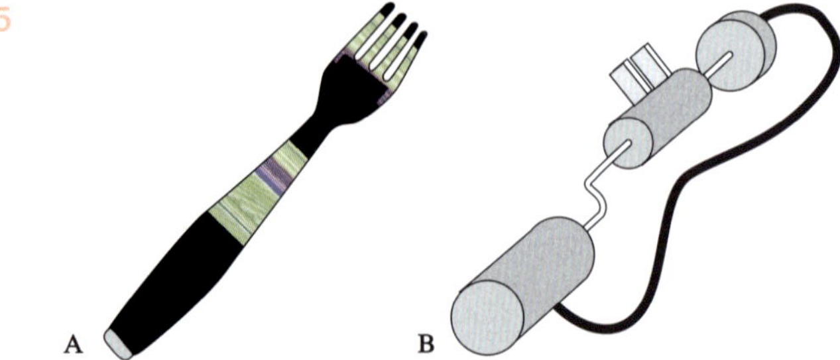

a Pa wrthrych a ddangosir gan lun A uchod?
b i Wrth ateb **a** sut y derbyniwyd y mewnbwn i'ch system prosesu gwybodaeth?
ii Disgrifiwch y broses o nodi'r ddelwedd, gan ddefnyddio'r termau hyn: canfod, cof tymor byr, cof tymor hir, penderfynu.
c Beth oedd eich *allbwn* yn **a**?
d Sut y gallech gael adborth?
e Yn awr beth y mae llun B yn ei ddangos?
f Os na allwch nodi B, eglurwch pam.

6 a Beth yw *propriodderbyn*?
b Rhowch bedair enghraifft o wybodaeth y byddai beiciwr yn ei chael drwy bropriodderbyn.

7 a Sut y gwyddoch eich bod wedi dysgu sgìl?
b I ddysgu sgìl mae'n rhaid ei drosglwyddo i'ch cof tymor hir. Sut y mae hyn yn cael ei wneud?
c Eglurwch pam y mae'n well torri rhai sgiliau i lawr yn rhannau i'w dysgu.
d Rhowch un enghraifft o sgìl yn eich camp chi y gellid ei ddysgu mewn rhannau.
e Pa rai o'r sgiliau hyn na fyddent yn addas i'w dysgu mewn rhannau? Ceisiwch egluro pam.
i rhedeg ii yr ergyd wrthlaw mewn tennis
iii nofio broga iv bownsio pêl
v trosben vi taflu'r waywffon
f Nodwch un anfantais i ddysgu sgìl mewn rhannau. Sut y byddech yn goresgyn yr anfantais hon?

8 Rydych yn mynd i ddysgu'r dull nofio yn eich blaen i ffrind sydd eisoes yn gallu nofio.
a Fyddech chi'n torri'r sgìl i lawr yn rhannau? Pam?
b Fyddech chi'n arddangos y sgìl cyfan gyntaf? Pam?
c Fyddai'n ddefnyddiol gadael i'ch ffrind roi cynnig ar y sgìl cyfan ar y cychwyn? Pam?
ch Lluniwch gynllun yn dangos sut y byddech yn dysgu'r dull nofio yma i'ch ffrind a pha fath o ymarfer y byddech yn gofyn iddo/iddi ei wneud.

9 a Enwch dri math gwahanol o gyfarwyddyd a rhowch enghraifft o bob un.
b Wrth ddysgu dull nofio i'ch ffrind pa fath(au) o gyfarwyddyd y byddech yn ei/eu (d)defnyddio?
c Eglurwch pam y bydd eich tasg yn debygol o fod yn fwy anodd ac yn llai llwyddiannus o ddibynnu:
i ar gyfarwyddyd gweledol yn unig
ii ar gyfarwyddyd geiriol yn unig
iii ar gyfarwyddyd llaw yn unig

10 Mae dau fath o adborth: gwybodaeth am y perfformiad (GP) a gwybodaeth am y canlyniadau (GC). Ydy'r datganiadau canlynol yn cynrychioli GP neu GC?
a Rwyt ti wedi ennill!
b Dylet ti fod wedi rhoi dy holl bwysau ar dy goes chwith. Gwna hynny y tro nesaf.
c Neidiaist 3 m 60 cm.
d Mae angen i ti swingio dy fraich yn ôl ymhellach.

11 Rydych yn ymarfer y gosod o'r bwrdd (*lay-up*) mewn pêl-fasged, lle rydych yn driblo i mewn ac yn neidio i fyny i saethu'r bêl oddi ar y bwrdd cefn ac i mewn i'r fasged.
a Sut y byddech yn cael GC?
b Sut y byddech yn cael GP?
c Pam y mae arnoch angen GP yn ogystal â GC?

Pethau i'w gwneud

1 **Ymchwilio i bropriodderbyn**

Sefwch gyda'ch brieichiau wedi'u hestyn yn syth o'ch blaen. Caewch eich llygaid. Swingiwch un fraich i fyny a'r llall i lawr, yna dewch â nhw yn ôl i'w safle gwreiddiol.

Pan fyddwch yn credu eu bod yn ôl yn y man cychwyn, agorwch eich llygaid i weld.

Gyda'ch llygaid ar gau rydych yn dibynnu ar bropriodderbyn i wybod ble yn union mae eich breichiau. Os oedden nhw'n wastad â'i gilydd pan agoroch chi eich llygaid, mae hynny'n dangos propriodderbyn da.

2 **Ymchwilio i sylw detholus**

Ar gyfer arbrawf B bydd angen cerdyn fflach sydd â saith rhif rhwng 0 a 10 wedi'u hysgrifennu arno heb unrhyw drefn.

Arbrawf A

a Sefwch o flaen y dosbarth. Gan siarad yn araf ac yn eglur galwch allan 7 llythyren mewn unrhyw drefn. (Nodwch y llythrennau a ddefnyddiwyd gennych.)

b Yna, bydd y dosbarth yn ysgrifennu'r llythrennau.

c Nodwch y llythrennau ar y bwrdd. Dylai pawb gyfrif faint gawson nhw'n gywir. Nodwch y canlyniadau mewn tabl:

Nifer y llythrennau cywir	0	1	2	3	4	5	6	7
Nifer y myfyrwyr								

Arbrawf B

a Y tro hwn daliwch y cerdyn fflach i fyny a dywedwch wrth y myfyrwyr am ganolbwyntio ar y rhifau tra byddwch chi'n galw allan 7 llythyren arall mewn unrhyw drefn. (Eto nodwch y llythrennau.)

b Yna bydd y dosbarth yn ysgrifennu'r llythrennau.

c Nodwch y llythrennau cywir ar y bwrdd. Dylai pawb gyfrif faint gawson nhw'n gywir.

d Nodwch y canlyniadau mewn tabl:

Nifer y llythrennau cywir	0	1	2	3	4	5	6	7
Nifer y myfyrwyr								

d Cymharwch y ddau dabl. Beth sylwch chi?

e Eglurwch y gwahaniaeth rhwng y tablau gan ddefnyddio'r syniad o sylw detholus.

3 **Ymchwilio i gynhwysedd sianeli cyfyngedig**

Bydd angen dwy raced dennis a dwy bêl dennis.

a Sawl gwaith y gallwch fownsio pêl ar raced heb ei gollwng?

b Yn awr defnyddiwch y raced i fownsio'r bêl ar y llawr. Sawl gwaith y gallwch wneud hyn heb fethu?

c Gwnewch **a** a **b** gyda'i gilydd gyda raced yn y naill law a'r llall. Sawl gwaith y gallwch wneud y ddau gyda'i gilydd?

d Ym mha gam yr oedd gan eich ymennydd fwyaf o wybodaeth i'w thrafod: **a**, **b** neu **c**?

e Eglurwch eich canlyniadau gan ddefnyddio'r syniad o gynhwysedd sianeli cyfyngedig.

4 **Ymchwilio i'r cof**

i Gosodwch tua 15 gwrthrych ar hap ar fwrdd neu ar hambwrdd. Gadewch i'r dosbarth edrych arnynt am 15 eiliad.

ii Symudwch yr hambwrdd o'r golwg. Dylai pob unigolyn ysgrifennu rhestr o'r gwrthrychau.

iii Cânt edrych eto ar y gwrthrychau am funud. Yna bydd pob unigolyn yn ysgrifennu rhestr arall.

iv Dylai pawb gyfnewid rhestri gyda phartner a chyfrif nifer y gwrthrychau cywir ar restr y partner.

a Cymharwch ganlyniadau'r rhestr gyntaf. Tua faint o wrthrychau y llwyddodd y mwyafrif o'r dosbarth eu rhestru'n gywir? (Lluniwch siart bar i ddangos y canlyniadau.)

b Beth mae hyn yn ei ddangos ynglŷn â'r cof tymor byr?

c Sut y newidiodd y sgôr ar yr ail gynnig? Pam, yn eich barn chi, y digwyddodd hyn?

d Ydych chi'n credu y bydd unrhyw un yn cofio'r gwrthrychau yfory? Rhowch brawf iddyn nhw!

e Yn eich barn chi, sut y byddai'r canlyniadau'n newid pe baech yn gosod gwrthrychau cysylltiedig gyda'i gilydd (e.e. pensil, pen a phren mesur)? Pam? Lluniwch arbrawf i brofi hyn.

5 **Ymchwilio i adborth**

Dylid rhannu'r dosbarth yn dri grŵp. Rhowch yr un dasg i bob grŵp: tynnu deg llinell 5 cm â mwgwd dros eu llygaid.

i Ni chaiff grŵp A unrhyw adborth, bydd grŵp B yn cael gwybodaeth am y canlyniadau (GC) a bydd grŵp C yn cael gwybodaeth am y perfformiad (GP).

ii Gall aelodau grŵp A weithio ar eu pen eu hun. Bydd aelodau grwpiau B a C yn gweithio fesul dau. Bydd y naill berson mewn pâr yn mesur y llinellau a'r llall yn rhoi'r adborth.

iii Pan fyddwch yn mesur llinell ysgrifennwch y mesuriad gyferbyn â hi, i'ch helpu i gymharu'r canlyniadau.

a Grŵp A: rhowch y mwgwd dros y llygaid a thynnwch y deg llinell. Yna mesurwch nhw i weld pa mor dda y gwnaethoch.

b Grŵp B: ar ôl pob cynnig, mae'r person sy'n rhoi'r adborth yn mesur y llinell ac yn galw allan 'Ie' neu 'Na'. Nid yw'n dweud dim arall.

c Grŵp C: ar ôl pob cynnig, mae'r person sy'n rhoi'r adborth yn disgrifio pa mor agos oedd y cynnig at lwyddo ac yn rhoi ychydig o anogaeth, e.e. 'Da. Dim ond hanner centimetr yn rhy fyr.'

Pa grŵp roddodd y perfformiad gorau? Beth mae hynny'n ei ddangos ynglŷn ag adborth?

11.1 Cymhelliant a gosod nodau

Beth sy'n achosi i chi ymdrechu mwy yn eich camp? Sut y gallwch gynnal y brwdfrydedd yma? Cewch rai syniadau yn yr Uned hon.

Cymhelliant

Cymhelliant yw'r hyn sy'n eich ysgogi i wneud yr hyn a wnewch ac sy'n penderfynu faint o ymdrech a wnewch. Po fwyaf yw eich cymhelliant ynglŷn â rhywbeth, mwyaf caled y byddwch yn gweithio arno a mwyaf tebygol y byddwch o lwyddo.

Gall eich cymhelliant fod yn **gynhenid** neu'n **allanol** neu'n gyfuniad o'r ddau.

Mae **cymhelliant cynhenid** yn golygu gwneud rhywbeth am eich bod yn cael boddhad o'i wneud. Daw'r cymhelliad (*drive*) o'r gweithgaredd ei hun, h.y. mae'n *gynhenid* iddo. Os ydych yn chwarae camp am eich bod yn ei mwynhau ac yn falch o'ch sgìl ynddi, mae gennych gymhelliant cynhenid.

Ystyr **cymhelliant allanol** yw gwneud rhywbeth er mwyn ennill arian neu ennill gwobr neu blesio rhywun arall. Fe'i gelwir yn *allanol* am iddo ddod o'r tu allan.

Mae **cymhellwyr allanol** (*external motivators*) fel tlysau a medalau yn cael eu defnyddio lawer i annog mabolgampwyr, e.e. Cwpan Ryder mewn golff a Chwpan yr FA mewn pêl-droed. Mae arian yn gymhellwr pwysig mewn rhai campau. Mae enillydd pencampwriaeth sengl y dynion yn Wimbledon yn cael siec am gannoedd o filoedd o bunnoedd. Mae yna lawer o gynlluniau gwobrwyo (*award schemes*) i ddenu pobl ifanc i fyd chwaraeon. Sefydlwyd y rhain gan gwmnïau a chyrff chwaraeon.

Mae cymhellwyr allanol yn ddefnyddiol. Ond dydyn nhw ddim yn gweithio bob tro.

- Dydy pawb ddim yn credu bod gwobrwyon yn bwysig. (Ydych chi?)
- Os ydy gwobr yn rhy anodd ei hennill, neu'n rhy hawdd, gall hynny eich diflasu.
- Gall cystadlu am wobrwyon eich rhoi dan ormod o bwysau.
- Gall gwobr ostwng eich cymhelliant am eich bod yn teimlo bod rhywun wedi eich 'prynu'.
- Gallai mabolgampwyr golli diddordeb yn eu camp pe baent yn methu ag ennill gwobr.

Ond os oes gennych gymhelliant cynhenid, byddwch yn dal ati yn eich camp beth bynnag yw'r gwobrwyon. Rhaid i hyfforddwyr sicrhau, felly, fod eu mabolgampwyr yn mwynhau'r gamp. Yna pan fydd y gwobrau'n dod i ben, fydd y mabolgampwr ddim yn dod i ben.

Dim ond darn o fetel yw ... ond mae'n gymhellwr grymus iawn.

Cymhelliant a nodau

Un ffordd dda o gadw cymhelliant yw cael **nod** i weithio tuag ato. Enghraifft o nod yw perfformio rhôl ymlaen gyda'r coesau'n syth ar y cynnig nesaf.

- Mae cael nod yn eich cymell i weithio'n galed.
- Mae'n eich helpu i baratoi'n feddyliol ar gyfer perfformiad, gan eich bod yn gwybod at beth yn union yr ydych yn anelu.
- Mae'n gweithredu fel arwyddbost yn eich ymarfer, yn rhoi arweiniad i chi.
- Gallwch hefyd ei ddefnyddio i fonitro eich cynnydd.
- Mae cael nod yn gwneud i chi deimlo'n llai pryderus fel y bo gennych fwy o reolaeth.
- Mae cyflawni eich nod yn eich gwneud yn fwy hyderus.

Beth sy'n gwneud nod da?

Mynnwch nod penodol bob tro y byddwch yn ymarfer eich camp. Fe welwch y bydd hynny'n gwneud gwahaniaeth mawr.

- **Penodol** Mae'r nod 'Rhaid i mi redeg yn gyflymach' yn llawer rhy annelwig. Mae'r nod 'Rhaid i mi redeg 30 metr mewn llai na 4 eiliad ar y cynnig nesaf' yn llawer mwy penodol. Mae'n rhoi rhywbeth pendant i chi anelu ato.

- **Mesuradwy** Mae '30 metr mewn llai na 4 eiliad' yn nod mesuradwy. Gallwch weld yn hawdd a fuoch yn llwyddiannus.

- **Cytunedig** Dylech chi a'ch hyfforddwr drafod a chytuno ar eich nodau. Os nad ydych yn hapus â nhw fyddan nhw ddim yn eich cymell.

- **Realistig** Nod realistig yw nod yr ydych yn gallu ei gyflawni. Dydy '30 metr mewn llai na 2 eiliad' ddim yn realistig. Os ydy nod yn rhy anodd fyddwch chi ddim am barhau. Ond os ydy nod yn rhy hawdd byddwch yn diflasu.

- **Cyfnodol** Dylai nodau gael eu pennu am beth amser i'r dyfodol i roi cyfeiriad i chi a dylen nhw fynd yn fwyfwy anodd. Nod tymor byr ar gyfer rhywun sy'n dechrau dysgu tennis yw: 'Serfio'r bêl dros y rhwyd deirgwaith yn y sesiwn ymarfer yma'. Nod tymor hir yw: 'Cael 80% o'm serfiadau cyntaf i mewn yn hytrach nag allan erbyn diwedd y tymor'.

- **Cyffrous** Mae nodau cyffrous sydd â her iddynt yn cynnal eich cymhelliant ac yn eich cadw rhag diflasu.

- **Cofnodedig** Dylai eich nodau gael eu hysgrifennu. Yna gallwch weld yn amlwg lle rydych yn mynd ac fe allwch fonitro eich cynnydd. Byddwch yn teimlo'n fwy hyderus o weld bod eich ymarfer wedi'i gynllunio a'i fonitro yn dda. Byddwch yn teimlo eich bod wedi'ch paratoi'n well ar gyfer cystadlaethau.

Cwestiynau

1. Beth yw *cymhelliant*?
2. Eglurwch y gwahaniaeth rhwng cymhelliant cynhenid a chymhelliant allanol.
3. Mae dyn ifanc yn chwarae camp am fod ei ffrindiau'n gwneud hynny. Pa fath o gymhelliant yw hyn?
4. Beth sy'n eich cymell *chi* i chwarae eich camp? (Gall fod sawl ffactor.)
5. Nodwch dair enghraifft o gymhellwyr allanol.
6. Enwch un cymhellwr allanol yn eich camp chi.
7. Nodwch bedwar rheswm pam y mae nodau'n helpu mabolgampwr.
8. Rhestrwch saith nodwedd nod da.
9. Lluniwch nodau chwaraeon ar eich cyfer am y chwe mis nesaf. Trafodwch nhw gyda'ch athro.

11.2 Sbarduno mewn chwaraeon

Bydd unigolyn a fydd wedi'i **sbarduno** mewn cyflwr o fod yn effro ac yn llawn cyffro. Cyn arholiad neu gystadleuaeth efallai y byddwch yn cyrraedd lefel uchel o sbarduno. Mae yna arwyddion:

- bydd cyfradd curiad eich calon a'ch anadlu yn cyflymu
- bydd cledrau'r dwylo'n chwysu
- efallai y byddwch yn teimlo'n nerfus ac yn grynedig
- bydd eich ceg yn sych ac efallai y byddwch yn teimlo'n gyfoglyd.

Sbarduno a pherfformiad

Bydd lefel eich sbarduno ar gyfer gweithgaredd ym myd chwaraeon yn effeithio ar eich perfformiad. Edrychwch ar y graff cyntaf isod.

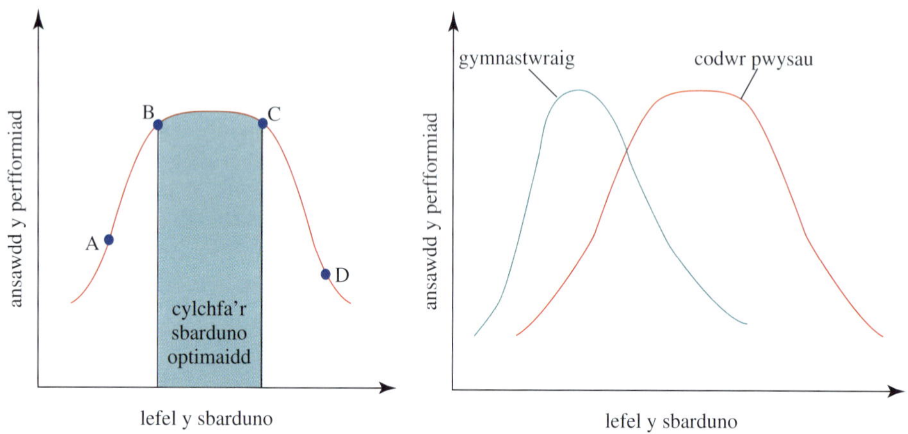

Yn A mae lefel y sbarduno'n isel. Efallai y byddwch yn teimlo'n ddiflas neu'n flinedig. Fyddwch chi ddim wedi'ch 'cynhyrfu' ddigon. Byddwch yn perfformio'n wael. Wrth i lefel y sbarduno godi i B, bydd eich perfformiad yn gwella. Rhwng B a C byddwch ar eich gorau yn perfformio, h.y. byddwch yn rhoi eich perfformiad **optimaidd**.

Ond os byddwch yn bryderus iawn, bydd lefel eich sbarduno yn codi'n uwch na C a bydd eich perfformiad yn dioddef. Byddwch wedi eich gorsbarduno neu 'orgynhyrfu'. Os bydd yn codi i D byddwch yn perfformio'n wael iawn.

Gelwir hyn yn **Ddamcaniaeth yr U Wrthdro**. Allwch chi weld pam? Gelwir BC yn **gylchfa'r sbarduno optimaidd**. Pam?

Sbarduno mewn gwahanol gampau

Mae angen lefelau gwahanol o sbarduno ar gyfer campau gwahanol. Mae'r ail graff uchod yn dangos y cromliniau ar gyfer gymnastwraig a chodwr pwysau. Sylwch ar y canlynol:

- bod y gymnastwraig yn perfformio orau ar lefel is o sbarduno. Lefel isel o sbarduno sydd orau mewn campau sy'n dibynnu ar symudiadau manwl gywir ac amseru da.
- bod y codwr pwysau yn perfformio ar ei orau ar lefel uchel o sbarduno. Lefel uchel o sbarduno sydd orau mewn campau sy'n dibynnu ar bŵer ffrwydrol a symudiadau mawr o'r corff.
- bod cylchfa sbarduno optimaidd y codwr pwysau yn ehangach. Y rheswm yw bod cynyddu'r sbarduno yn cael llai o effaith ar symudiadau pwerus mawr nag ar symudiadau manwl gywir. Mae'n haws i'r gymnastwraig wneud camgymeriadau fydd yn difetha'i pherfformiad.

Adeg yr ymarfer mae tansbarduno yn fwy tebygol o fod yn broblem na gorsbarduno. Ond mae'n fater gwahanol iawn ar noson y perfformiad cyntaf.

Tîm pêl-foli UDA a'r hyfforddwr yn ystod Gêmau Olympaidd Barcelona. Rhaid i hyfforddwr wybod pryd y bydd angen cynhyrfu tîm a phryd y bydd angen ei dawelu.

Cyrraedd sbarduno optimaidd

Dyma'r math o bethau sy'n cynyddu sbarduno:

- gair o anogaeth gan yr hyfforddwr cyn gweithgaredd
- ymarferion cynhesu cyn y gweithgaredd
- cael nod pendant i'w gyflawni yn y gweithgaredd
- goleuadau llachar a llawer o sŵn o'ch amgylch
- cefnogwyr cyfeillgar neu elyniaethus yn eich gwylio.

Mae hyfforddwyr yn gwybod pa mor bwysig yw hi i sbarduno i'r lefel optimaidd. Cyn cystadleuaeth efallai y bydd hyfforddwr yn slapio wyneb codwr pwysau ac yn rhoi chwa o halenau synhwyro iddo. Efallai y bydd ei gefnogwyr yn gweiddi cryn dipyn. Ond pan fydd gymnastwraig yn paratoi i gystadlu, bydd yr awyrgylch yn wahanol iawn. Bydd pawb yn ddigynnwrf a thawel. Pam?

Rheoli pryder

Os byddwch yn pryderu gormod cyn gweithgaredd, gall lefel y sbarduno godi'n uwch na'r lefel optimaidd a difetha eich perfformiad. Bydd hyfforddwr yn ceisio tawelu mabolgampwr pryderus a chodi ei galon. Hefyd mae yna bethau y gall mabolgampwyr eu gwneud i reoli eu pryder. Bydd llawer o fabolgampwyr, er enghraifft, yn gwneud y canlynol:

- **ymlacio.** Mae'r technegau'n cynnwys anadlu'n araf ac yn ddwfn, a llaesu grwpiau gwahanol o gyhyrau yn eu tro.
- **delweddu** (*visualisation*). Byddwch yn mynd trwy'r gweithgaredd yn eich meddwl yn fanwl ymlaen llaw. Byddwch yn eich 'gweld' eich hun yn perfformio'n dda ac yn cadw'n dawel a hyderus. Term arall am hyn yw **ymarfer meddyliol.**

Cwestiynau

1 Beth yw ystyr *sbarduno*?
2 Nodwch ddau arwydd o sbarduno.
3 Eglurwch Ddamcaniaeth yr U Wrthdro.
4 Sut y bydd diflasdod yn effeithio ar berfformiad?
5 Beth yw *cylchfa'r sbarduno optimaidd*?
6 Rhowch ddwy enghraifft o dechnegau a ddefnyddir yn eich camp i godi lefelau sbarduno.
7 Sut y bydd pryder yn effeithio ar berfformiad?
8 Ydy pryder erioed wedi difetha'ch perfformiad mewn chwaraeon? Nodwch gamau y gallech eu cymryd i'w leihau.
9 Ar gyfer pob gweithgaredd, nodwch a ddylai lefel y sbarduno fod yn uchel neu'n isel i gael perfformiad optimaidd:
a cydbwyso ar drawst b taflu'r siot c sbrintio
d saethu e rygbi f snwcer g deifio'n uchel

11.3 Ymosodedd mewn chwaraeon

Ym myd chwaraeon gall **ymosodedd** (*aggression*) olygu dau beth gwahanol:

- gweithredu gyda'r bwriad o wneud niwed i rywun
- gweithredu'n benderfynol o fewn rheolau'r gamp i gyflawni eich nod.

Mae'r Uned hon yn delio â'r ail ystyr yn unig.

Ydy pob mabolgampwr yn ymosodol?

Mae pob mabolgampwr yn dangos ymddygiad ymosodol Ond nid yw hynny'n amlwg bob amser! Po fwyaf y bydd chwaraewyr yn cyffwrdd â'i gilydd yn gorfforol, mwyaf amlwg fydd yr ymosodedd. Edrychwch ar y diagram hwn:

nofio gymnasteg	golff taflu'r waywffon	tennis criced	pêl-rwyd pêl-fasged	bocsio rygbi
fawr ddim ymosodedd amlwg	ymosodedd yn erbyn gwrthrych	ymosodedd anuniongyrchol	ymosodedd heb gyffwrdd	ymosodedd uniongyrchol

ymosodedd yn cynyddu →

- Mae **gêmau cyffwrdd** (*contact sports*) fel bocsio a rygbi yn dibynnu ar gyffwrdd corfforol. Mae bocswyr yn dyrnu eu gwrthwynebwyr yn galed ac mae chwaraewyr rygbi yn gwthio'n galed yn y sgrym. Y term am y math yma o ymosodedd sydd wedi'i anelu'n uniongyrchol at chwaraewyr eraill yw **ymosodedd uniongyrchol.**
- Mewn campau fel pêl-rwyd a phêl-fasged does fawr ddim cyffwrdd corfforol. Ond gall chwaraewyr ddal i ymddwyn yn ymosodol o fewn y rheolau, e.e. wrth flocio gwrthwynebydd mewn pêl-rwyd.
- Mewn campau eraill dydy gwrthwynebwyr ddim yn cyffwrdd â'i gilydd yn gorfforol, ond byddan nhw'n taflu gwrthrychau at ei gilydd i geisio gwneud i'r gwrthwynebydd golli. Gelwir hyn yn **ymosodedd anuniongyrchol.** Gallai bowliwr hyrddio'r bêl yn syth at y batiwr yn gyflym er mwyn gwneud iddo deimlo dan fygythiad.
- Mewn rhai campau anelir yr ymosodedd tuag at wrthrych. Gall golffiwr daro'r bêl yn galed iawn. Ond mae'n ei tharo tuag at y grîn nesaf yn hytrach na thuag at wrthwynebydd.
- Mewn campau fel nofio a gymnasteg does dim cyffwrdd corfforol. Ond hyd yn oed yma, bydd angen ymddygiad ymosodol ar fabolgampwr er mwyn llwyddo. Mae angen bod yn benderfynol iawn i ddal ati i ymarfer a chystadlu, yn enwedig os byddwch yn colli.

Mae'r cit yn awgrymu bod graddau uchel o ymosodedd mewn pêl-droed Americanaidd.

Gall ymddwyn yn ymosodol achosi anaf, hyd yn oed o fewn y rheolau. Mewn llawer o gampau mae'n rhaid i'r chwaraewyr wisgo dillad amddiffynnol. Yn aml mae'n anodd dweud a achoswyd anaf yn ddamweiniol neu'n fwriadol. Rhaid, felly, i hyfforddwyr sicrhau bod eu chwaraewyr yn ufuddhau i'r rheolau. Ddylen nhw ddim annog chwarae brwnt na'r agwedd fod yn rhaid ennill ar bob cyfrif.

Cwestiynau

1 Beth yw ystyr *ymosodedd* mewn chwaraeon yma?

2 Rhowch ddwy enghraifft o:
  a ymosodedd uniongyrchol
  b ymosodedd anuniongyrchol

3 Sut y gallai'r unigolyn yma ddangos ymddygiad ymosodol o fewn y rheolau?
  a chwaraewr tennis b taflwr siot c batiwr
  d dawnswraig e chwaraewr snwcer

11.4 Chwaraeon a phersonoliaeth

Y nodweddion hynny sy'n eich gwneud chi'n chi yw eich **personoliaeth.** Ydych chi'n dawel ac yn swil? Neu'n fywiog ac yn rhadlon? Ydy hyn yn effeithio ar eich perfformiad mewn chwaraeon? Beth yw eich barn chi?

Allblyg neu fewnblyg?

Mae sawl ffordd o ddosbarthu personoliaeth. Un ffordd yw dosbarthu pobl yn unigolion mewnblyg neu'n unigolion allblyg. Mae pobl **fewnblyg** yn tueddu i fod yn ddigynnwrf, swil, meddylgar, tawel a gofalus.
Y gwrthwyneb i hyn yw pobl **allblyg.** Maen nhw'n tueddu i fod yn fywiog, cymdeithasol, optimistaidd, rhadlon a siaradus.

Gwyliwch, fodd bynnag, rhag labelu unigolyn yn allblyg neu'n fewnblyg nes y byddwch wedi ei weld mewn gwahanol sefyllfaoedd. Gallai unigolyn, er enghraifft, fod yn dawel a swil mewn ystafell sy'n llawn dieithriaid er ei fod fel rheol yn siaradus iawn.

Personoliaeth a chwaraeon

Cynhaliwyd llawer o ymchwil i gysylltiadau rhwng chwaraeon a phersonoliaeth. Mae'r tabl isod yn cymharu'r darganfyddiadau ynglŷn â phobl fewnblyg a phobl allblyg. Ond cofiwch mai cysylltiadau cyffredinol iawn yw'r rhain yn hytrach na ffeithiau. Mae angen llawer mwy o ymchwil.

Mae tuedd i bobl fewnblyg ...	*Mae tuedd i bobl allblyg ...*
• *ffafrio campau i unigolion*	• *ffafrio campau tîm*
• *ffafrio lefel isel o gyffro*	• *ffafrio llawer o gyffro*
• *gweithio'n galed wrth ymarfer*	• *diflasu wrth ymarfer*
• *mynd yn nerfus cyn cystadlaethau pwysig*	• *mwynhau cystadlaethau pwysig*
• *perfformio sgiliau cymhleth yn dda*	• *mynd yn ddiamynedd â sgiliau cymhleth*
• *mwynhau campau sydd â llai o fynd ynddynt*	• *mwynhau campau sydd â llawer o fynd ynddynt*
• *perfformio'n well ar lefelau isel o sbarduno*	• *perfformio'n well ar lefelau uchel o sbarduno*
• *casáu campau cyffwrdd*	• *mwynhau campau cyffwrdd*
• *methu goddef llawer o boen*	• *gallu goddef mwy o boen*

Mae ogofa yn weithgaredd unig mewn sawl ffordd. Yn addas ar gyfer pobl fewnblyg?

Yn eich barn chi ydych chi'n fewnblyg neu'n allblyg?
Ydy'r disgrifiadau yn y tabl yn eich disgrifio chi?

Cwestiynau

1 Beth yw *unigolyn mewnblyg*?
2 Beth yw *unigolyn allblyg*?
3 Pam nad yw'n syniad da i labelu pobl yn rhy fuan?
4 Pa fath o bersonoliaeth sy'n debygol o gael ei denu i'r canlynol: **a** bocsio; **b** gymnasteg; **c** rygbi; **d** rhedeg traws gwlad; **e** codi pwysau?

Cwestiynau ar Bennod 11

1 Rhoddir isod rai rhesymau dros gymryd rhan mewn camp.
Cysylltwch bob eitem i-iv â llythyren A neu B.
A cymhelliant allanol
B cymhelliant cynhenid

i dymuno plesio rhiant neu athro
ii mwynhau'r symudiadau yn y gamp
iii dymuno ennill y fedal aur
iv dymuno gwella eich sgìl

2 Mae'n debyg bod gennych sawl cymhelliad dros chwarae eich hoff gamp.
a Gwnewch restr ohonynt.
b Yn awr rhestrwch nhw yn nhrefn eu pwysigrwydd.
c Gyferbyn â phob un, nodwch ydy e'n gynhenid neu'n allanol.
d Ai'r cymhellion cynhenid neu'r cymhellion allanol sydd bwysicaf i chi?

3 a Beth yw nod?
b Dyma ddau nod gwahanol:
i gwneud fy ngorau yn y gweithgaredd hwn
ii gwneud 5 mwy o wasg-godiadau heddiw na ddoe o fewn yr un amser
Pa un yw'r nod gorau? Eglurwch pam.

4 a Rhestrwch nodweddion nod da.
b Eglurwch bob un o'r nodweddion hyn.

5

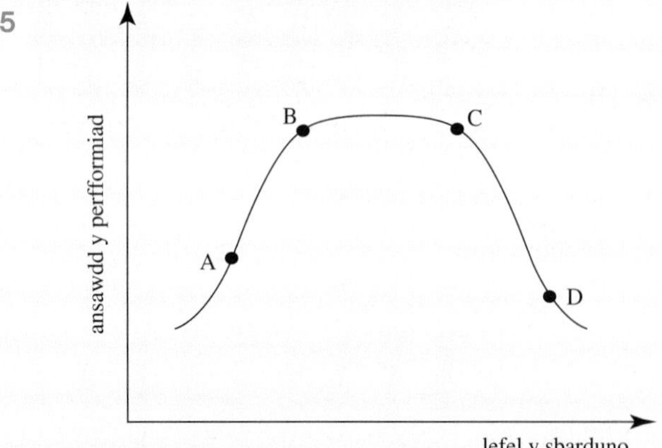

Mae'r graff hwn yn dangos effaith sbarduno ar berfformiad.
a Ble ddylech chi fod ar y gromlin i roi eich perfformiad gorau?
b Pa derm a ddefnyddir am y rhan hon o'r gromlin?
c Yn A, oes angen i chi dawelu neu gynhyrfu fwy er mwyn gwella'ch perfformiad?
d Nodwch un ffordd o achosi'r newid hwn.
e Nodwch un dechneg a allai eich helpu i symud o D i C ar y gromlin.

6

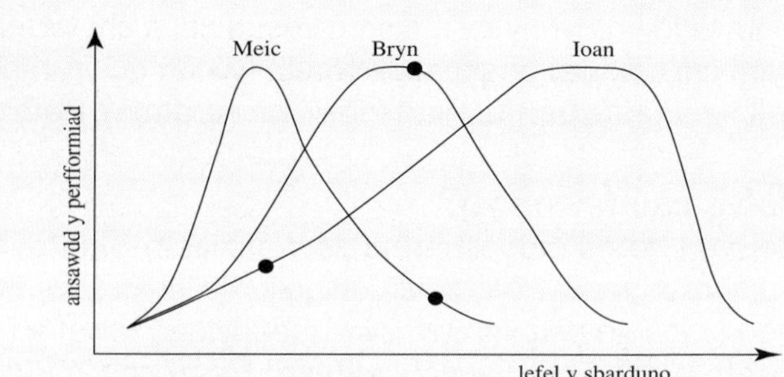

Gwelir uchod gromliniau tri mabolgampwr. Mae ● yn marcio'u safleoedd ar eu cromliniau.
a Pwy sy'n rhoi'r perfformiad gorau?
b Pwy sy'n ymddangos yn hamddenol iawn neu hyd yn oed yn ddiflas?
c Pwy sy'n debygol o fod yn crynu ac yn chwysu cryn dipyn?
d Pa un yw'r chwaraewr snwcer, pa un yw'r chwaraewr pêl-fasged a pha un yw'r codwr pwysau? Eglurwch eich ateb.

7 a Enwch un cyffur gwaharddedig sy'n codi lefelau sbarduno.
b Enwch un cyffur gwaharddedig sy'n gostwng lefelau sbarduno.
c Ar gyfer y naill a'r llall, nodwch ddwy gamp lle y gallai mabolgampwr ei ddefnyddio i wella perfformiad.

8 Cwblhewch bob gosodiad gan ddefnyddio'r rhestr isod. Dim ond unwaith y gallwch ddefnyddio term.
gwrthrych ymosodedd anuniongyrchol loncian
ymosodedd uniongyrchol agwedd ymosodol

a Mae tacl mewn gêm rygbi yn enghraifft o _______.
b Mae ergyd galed uwchben (*overhead smash*) mewn tennis yn enghraifft o _______.
c Does dim llawer o ymosodedd amlwg mewn _______.
d Ym maes codi pwysau mae mabolgampwyr yn cyfeirio'u hymosodedd yn erbyn _______.
e Mae ymrwymiad rhedwr i ymarfer, hyd yn oed mewn tywydd oer a gwlyb, yn dangos _______.

9 a Pa nodweddion y byddech yn eu disgwyl mewn unigolyn allblyg?
b Pa nodweddion y byddech yn eu disgwyl mewn unigolyn mewnblyg?
c Ar gyfer pob camp, nodwch a fydd yn fwy tebygol o ddenu pobl allblyg neu bobl fewnblyg:
i pêl-droed ii sgïo iii sbrintio iv ogofa
v pêl-rwyd vi jwdo vii cyfeiriannu
viii taflu'r ddisgen
d Ar gyfer pa gampau yn **c** y bu hi'n anodd penderfynu? Eglurwch pam.

Pethau i'w gwneud

Gosod nodau

Gall gosod nodau eich helpu ym mhob agwedd ar fywyd. Dyma ffurflen i chi gofnodi eich nodau a gweld pa mor dda y gwnaethoch o ran eu cyflawni.

Fy nodau ar gyfer: ______________________

Nod 1: ______________________
Nod 2: ______________________

Pa mor dda y gwnes i
Nod 1: 0 1 2 3 4 5 6 7 8 9 10
Ofnadwy *Da* *Rhagorol*

Nod 2: 0 1 2 3 4 5 6 7 8 9 10
Ofnadwy *Da* *Rhagorol*

Sylwadau: ______________________

Rhowch gynnig ar hyn ar gyfer mathau gwahanol o nodau, e.e:

a eich gwaith cartref nesaf. Dylai eich nodau ymwneud â'r amser a dreuliwch arno a nifer y gwallau a wnewch.
b eich sesiwn ymarfer nesaf ym myd chwaraeon.

Ymchwilio i sbarduno

1 a Dewiswch unigolyn o'r dosbarth i siarad am bwnc. Gadewch iddo/iddi ymlacio. Ar ôl mesur ei bwls/phwls anfonwch ef/hi allan o'r ystafell.
b Dewiswch y pwnc, e.e. camp neu raglen deledu.
c Mae'r unigolyn yn cael 5 munud i baratoi'r araith a ddylai bara am 4 munud.
d Mesurwch bwls yr areithydd cyn yr araith.
e Ar ôl yr araith mesurwch y pwls eto.
f Pa gasgliadau y gallwch eu llunio ynglŷn â lefel sbarduno'r areithydd.

2 Dewiswch rywun sy'n hoffi coffi cryf ond sydd heb yfed coffi cryf yn y 24 awr diwethaf.
a Mesurwch bwls yr unigolyn yma.
b Yn awr mae ef/hi yn yfed cwpanaid o goffi cryf.
c 20 munud yn ddiweddarach, mesurwch y pwls eto.
d Ydy'r pwls wedi newid? Eglurwch pam.

3 Ymchwiliad yw hwn i effaith cynulleidfa ar sbarduno. Mae angen dau grŵp o 5 i wneud cyrcydau wal (*wall squats*) ac unigolyn arall i amseru.
a Mae Grŵp A yn gwneud cyrcydau wal yn breifat ar eu pen eu hunain. Mae'r amserwr yn cofnodi pa mor hir y llwydda pob unigolyn i gynnal y cwrcwd.
b Mae Grŵp B yn gwneud yr un peth o flaen y dosbarth sy'n gwylio'n dawel.
c Pa grŵp sy'n gwneud orau? Ceisiwch egluro pam.

Ymchwilio i gymhelliant

Byddwch yn gofyn i dri grŵp o bobl wneud naid hir o'r unfan. Ar gyfer pob grŵp bydd angen llinell gychwyn ar y llawr a rhywun â thâp i fesur a chofnodi pob naid.

a Dewiswch ar hap dri grŵp A, B a C, gyda 6 ym mhob grŵp. Bydd pob unigolyn yn gwneud 3 naid. Cofnodir y naid hiraf o'r 3.
b Grŵp A sy'n mynd gyntaf. Mae'r grŵp hwn yn neidio yn breifat, heb fod y dosbarth yn eu gwylio, ac ni chânt adborth o unrhyw fath.
c Grŵp B sy'n neidio nesaf, eto yn breifat. Ond cyn cychwyn dywedir wrthynt y bydd y ddau berfformiwr gorau yn cael gwobr, e.e. bar o siocled.
d Grŵp C sy'n neidio olaf – o flaen y dosbarth. Ni chafodd gwobr ei chynnig iddynt, ond mae'r dosbarth yn rhoi digon a anogaeth ac adborth cyfeillgar a phositif iddynt, e.e. drwy floeddio.
e Cyfrifwch naid gyfartalog pob grŵp, drwy adio'r 6 naid hiraf a rhannu'r cyfanswm â 6.
f Cymharwch y canlyniadau a defnyddio'r syniad o gymhelliant i egluro'r hyn a welwch. Pa fath o gymhelliant weithiodd orau?

Techneg ymlacio

Yr enw ar y dull hwn o ymlacio yw canoli (*centering*).

1 Sefwch yn gysurus gyda'ch traed ar wahân a'ch pengliniau wedi'u plygu ychydig.
2 Llaeswch gyhyrau'r wyneb, y gwddf, y breichiau a'r ysgwyddau, nes y byddwch yn teimlo bod yr holl dyndra wedi mynd allan ohonynt.
3 Gan barhau i ymlacio, cymerwch anadl ddofn. Canolbwyntiwch ar eich llengig. Symudwch eich brest cyn lleied ag sy'n bosibl.
4 Anadlwch allan yn araf a gadewch i'ch hun fynd. Byddwch yn teimlo'n drymach wrth i'r cyhyrau laesu.
5 Dylech ymarfer hyn am funud y dydd am bythefnos, o flaen drych os oes modd.

Wedi i chi ddysgu'r dechneg hon, gallwch ei defnyddio i ymdawelu unrhyw bryd y byddwch yn teimlo'n nerfus.

Delweddu (paratoi meddyliol)

Beth yw eich gweithgaredd pwysig nesaf, e.e. arholiad neu ym myd chwaraeon? Bydd delweddu yn eich helpu i baratoi.

1 Eisteddwch neu gorweddwch yn gysurus.
2 Caewch eich llygaid ac anadlwch yn ddwfn nes y byddwch wedi ymlacio'n llwyr.
3 Yn awr ewch drwy'r gweithgaredd yn eich meddwl, gam wrth gam. Dychmygwch fod gennych reolaeth ar y sefyllfa a'ch bod yn perfformio'n dda iawn. Sylwch ar eich teimladau. Sylwch ar y gwahanol broblemau sy'n codi a pha mor dda y byddwch yn delio â nhw.

Gwnewch hyn sawl gwaith y dydd cyn y gweithgaredd. Meddyliwch am yr holl broblemau a allai godi a sut y byddech yn delio â phob un ohonynt.

Mae'r dechneg hefyd yn ddefnyddiol wrth ddysgu sgìl newydd. Ewch drwyddo sawl gwaith yn eich meddwl, gam wrth gam.

12.1 Atal anafiadau

Gall anafiadau mewn chwaraeon fod yn boenus iawn. Gallan nhw roi terfyn ar yrfa mabolgampwr. Gall rhai gymryd blynyddoedd i wella'n iawn. Gorau oll felly os gallwch eu hosgoi!

Anaf mewn pêl-droed. Yn aml gelwir anaf fel hwn, sy'n ganlyniad i wrthdrawiad neu straen sydyn arall, yn anaf **llym** (*acute*). Gelwir anaf sy'n digwydd o ganlyniad i orddefnyddio yn anaf **cronig**.

Dau fath o anafiadau ym myd chwaraeon

Mae pob anaf ym myd chwaraeon yn perthyn i'r naill neu'r llall o ddau grŵp:

- anafiadau a achosir gan straen sydyn ar y corff, e.e. gwrthdrawiad sydyn yn ystod gêm bêl-droed. Mae anafiadau o'r fath yn gyffredin mewn campau cyffwrdd fel rygbi a phêl-droed.
- anafiadau sy'n datblygu o ganlyniad i orddefnyddio. Gall chwaraewyr tennis ddioddef o ysigiad penelin (penelin tennis) a gall rhedwyr ddioddef o weyllen ffêr lidus (*inflamed Achilles tendon*). Gall anafiadau o'r fath gael eu hachosi gan raglenni ymarfer trwm, dim digon o orffwys rhwng gweithgareddau, techneg wael, neu esgidiau neu gyfarpar wedi'u cynllunio'n wael.

Sut i osgoi anaf

Dilynwch y deg rheol yma i atal anaf i chi eich hun ac i eraill.

1. ***Gwneud yn siŵr eich bod yn ffit ar gyfer y gweithgaredd.***
   Y ffordd orau o atal anaf yw bod yn ffit ar gyfer eich camp. Os byddwch yn teimlo'n sâl, yn wan neu mewn poen, ddylech chi ddim cymryd rhan mewn gweithgaredd. Os cewch chi anaf, gwnewch yn siŵr eich bod wedi gwella'n llwyr cyn cystadlu eto.
2. ***Gwneud yn siŵr eich bod yn datblygu'r technegau cywir.***
   Er enghraifft, bydd techneg wael wrth daflu'r waywffon neu'r ddisgen yn achosi anaf i'r fraich.
3. ***Chwarae ar y safon gywir.***
   Dewiswch dîm sy'n cyfateb i'ch corffoledd chi a'ch lefel o sgiliau. Byddai'n beryglus i chwaraewr rygbi 15 oed chwarae yn safle'r mewnwr gyda thîm o ddynion.
4. ***Gwybod rheolau eich camp ac ufuddhau iddynt.***
   Datblygwyd y rheolau i ddiogelu chwaraewyr yn ogystal ag i brofi sgiliau. Mewn pêl-droed, er enghraifft, allwch chi ddim llithro i mewn i dacl gyda'r stydiau i fyny.

Os ydych yn gôl-geidwad mewn hoci iâ, gall gymryd cryn amser i baratoi!

Cynhesu cyn sesiwn ymarfer. Yn ogystal â gwella'ch perfformiad mae'n helpu i'ch diogelu rhag anaf.

5 ***Gwneud yn siŵr eich bod yn gwisgo'r cit cywir.***

Os oes gofyn cael offer amddiffynnol yn eich camp, e.e. tariannau ceg neu gardiau crimog, gwnewch yn siwr eich bod yn eu defnyddio. Mae'r esgidiau cywir yn arbennig o bwysig. Mae llawer o anafiadau yn ganlyniad i esgidiau gwael.

Os oes gennych wallt hir, clymwch ef yn ôl. Peidiwch â gwisgo watsh neu emwaith a allai gydio mewn cyfarpar neu ddillad. Mewn campau fel reslo a phêl-rwyd mae'n rhaid cadw'ch ewinedd yn fyr.

6 ***Gwneud yn siŵr bod y cyfarpar a ddefnyddiwch mewn cyflwr da.***

Gwnewch yn siŵr, er enghraifft, nad oes stydiau rhydd ar esgidiau rygbi, bod y clymau ar gymhorthion hynofedd (*buoyancy aids*) i gyd yn eu lle, a bod matiau gymnasteg mewn cyflwr da.

7 ***Codi a chario cyfarpar â gofal.***

Os codwch gyfarpar yn y ffordd anghywir - e.e. cyfarpar bordhwylio neu esgyll (*wings*) trampolîn - efallai y cewch anaf cyn cychwyn hyd yn oed! Gweler tud. 37 am y ffordd gywir o godi pethau.

8 ***Gwylio rhag peryglon yn y man chwarae.***

Er enghraifft, darnau o wydr ar faes chwarae, mannau gwlyb ar loriau, rhaca wedi'i adael mewn pwll neidio. Gall y tywydd fod yn berygl hefyd. Gall rhew wneud y tir yn rhy galed. Mae gwyntoedd cryf a niwl yn beryglus i ganŵ-wyr, bordhwylwyr a hwylwyr.

9 ***Cynhesu'n gywir.***

Gellir osgoi llawer o anafiadau, e.e. ysigiadau a thynnu cyhyr, drwy gynhesu'n gywir. Gweler tud. 94 am y ffordd gywir o gynhesu.

10 ***Tawelu'n gywir.***

Mae'r ymarferion tawelu yn helpu i osgoi teimlo'n stiff ac yn boenus. Yna byddwch yn fwy parod ar gyfer y gweithgaredd nesaf. Gweler tud. 94 am fwy.

Mewn unrhyw gamp sy'n cynnwys taflu mae techneg dda yn hanfodol i osgoi anaf i'r fraich neu'r ysgwydd. Wrth daflu'r waywffon mae angen dilyn canllawiau diogelwch pendant hefyd.

Cwestiynau

1 Rhowch ddwy enghraifft o gampau lle mae pobl:
  a yn cael eu grwpio yn ôl eu hoed
  b yn cael eu grwpio yn ôl eu pwysau
  Pam y gwneir hyn?

2 Pam y mae'n well ymuno â thîm sy'n cyfateb i'ch lefel sgiliau chi? Rhowch gynifer o resymau ag y gallwch.

3 Pa ddillad/offer amddiffynnol a ddefnyddir yn y campau hyn:
  a bordhwylio b bocsio c pêl-fas

4 Pa gamau y gallech eu cymryd i leihau'r perygl o anaf yn y canlynol:
  a canŵio; b nofio; c dawnsio; d tennis?

12.2 Gweithredu mewn argyfwng (I)

Beth ddylech chi ei wneud os bydd unigolyn sy'n sâl neu wedi'i anafu yn cwympo o'ch blaen? Gallai dilyn y drefn **PYLLAC** (*DRABC*) arbed bywyd. Nod PYLLAC yw sicrhau bod unigolyn yn dal i anadlu nes y daw ambiwlans - oherwydd heb ocsigen bydd yr ymennydd yn cael ei niweidio o fewn 3-4 munud ac yn farw o fewn deng munud.

P ar gyfer Perygl

- Yn gyntaf edrychwch i weld a oes perygl cyn rhuthro i helpu'r **anafedig** (yr unigolyn a anafwyd). Gallai fod perygl o gyfarpar, cerrig yn disgyn, trydan, nwy, tân neu fygdarthau.
- Os oes perygl, peidiwch â'ch rhoi eich hun mewn perygl. **Eich diogelwch chi ddaw gyntaf.** Gweiddwch neu ffoniwch am gymorth.
- Os nad oes perygl, cliriwch y rhan o amgylch yr anafedig. Gallai hyn olygu stopio gêm.

Y ar gyfer Ymateb

- Ysgydwch yr anafedig yn ysgafn gerfydd ei ysgwydd a gweiddi 'Fedri di 'nghlywed i?'
- Os bydd yr anafedig yn ymateb mewn rhyw fodd, bydd yn **ymwybodol.** Gallwch ddweud pa mor wan y mae ar sail yr ymateb.
- Os gall yr anafedig siarad, gofynnwch a yw mewn poen a ble mae'r boen. Gwnewch yr hyn a allwch i atal cyflwr yr anafedig rhag gwaethygu, e.e. atal gwaedu trwm a cheisio cynnal esgyrn a dorrwyd (tud. 138-141). Os oes angen anfonwch am ambiwlans cyn gynted ag y bo modd.
- Os nad oes ymateb, bydd yr anafedig yn **anymwybodol.** Mae hyn yn ddifrifol iawn. Ewch at y cam **adfywio** (LL, A, C).

Tawelu meddwl yr anafedig

- Mae'n debyg y bydd wedi dychryn yn ogystal ag mewn poen.
- Felly, cysurwch yr anafedig. Eglurwch yr hyn yr ydych yn ei wneud. Dywedwch fod cymorth ar y ffordd.
- Gwnewch hyn hyd yn oed os ydy ef/hi yn anymwybodol.
- Siaradwch yn dawel a digynnwrf.
- Peidiwch â throsglwyddo eich pryder i'r anafedig.

LL ar gyfer llwybr anadlu

Pan fydd unigolyn yn anymwybodol, gallai'r tafod rwystro'r llwybr anadlu. Atal hyn rhag digwydd yw'r peth pwysicaf y gallwch ei wneud.

- Llaciwch unrhyw ddillad tynn.
- Codwch yr ên a gwyro'r pen yn ôl i agor y llwybr anadlu yn llwyr.
- Symudwch unrhyw rwystrau amlwg, e.e. tarian geg. Defnyddiwch hances bapur o amgylch eich bysedd i grafu unrhyw chŵyd i ffwrdd.

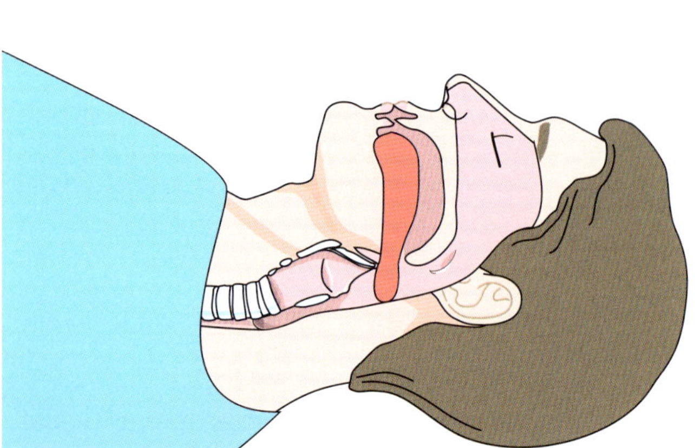

Y tafod yn rhwystro llwybr anadlu'r unigolyn anymwybodol.

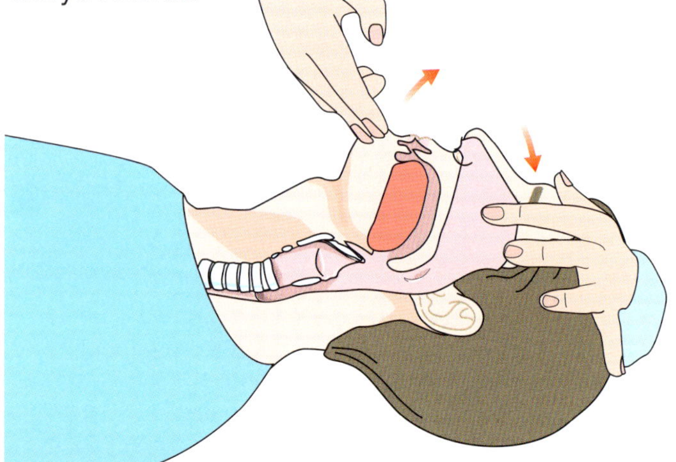

Codwch yr ên a gwyro'r pen yn ôl i glirio'r llwybr anadlu.

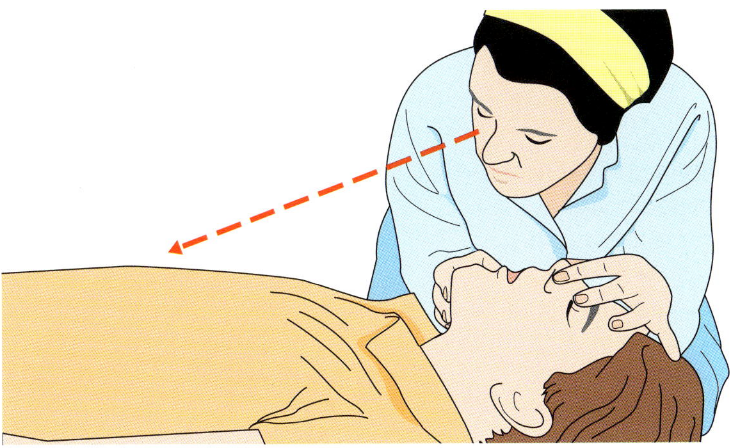

Edrych, gwrando a theimlo am anadlu.

Y peth gorau y gallech ei wneud er mwyn delio ag argyfwng yw dilyn cwrs Cymorth Cyntaf gyda Chroes Goch Prydain neu Ambiwlans Sant Ioan.

A ar gyfer Anadlu

Ydy'r anafedig yn anadlu?

- **Edrychwch** i weld a ydy'r frest yn codi a disgyn. **Gwrandewch** am sŵn anadlu. Plygwch yn agos i weld a allwch **deimlo** anadl ar eich boch. Bydd gwlychu'r boch o gymorth.
- Os ydy'r anafedig yn anadlu, gwnewch yr hyn a allwch i atal gwaedu trwm a cheisio cynnal esgyrn a dorrwyd (tud. 138-141).
- Yna rhowch yr anafedig yn yr **ystum adferol** (*recovery position*) (tud. 137) tra byddwch yn mofyn cymorth.
- Ond os nad oes unrhyw arwydd o anadlu, ewch at y cam C.

C ar gyfer cylchrediad

- Ceisiwch deimlo'r pwls carotid, islaw'r glust, y naill ochr neu'r llall i'r afal breuant (*Adam's apple*) (tud. 58).
- Os oes pwls, mae'n dangos bod y galon yn curo a bod y gwaed yn cylchredeg. Felly, bydd angen i chi roi **awyru ceg i geg** (cusan bywyd) i ailddechrau'r anadlu.
- Os nad oes pwls, bydd angen **tylino'r galon** a rhoi **awyru ceg i geg** i ailddechrau'r cylchrediad a'r anadlu. (Gweler yr Uned nesaf).

Galw am gymorth

- Deialwch 999. Bydd y teleffonydd argyfwng yn gofyn i chi:
  - pa wasanaeth yr ydych am ei gael (heddlu, tân neu ambiwlans)
  - beth yw eich rhif ffôn, rhag ofn y torrir y cysylltiad.
- Efallai y bydd yn rhaid aros cyn cael eich cysylltu â'r gwasanaeth ambiwlans. Peidiwch â rhoi'r ffôn i lawr!
- Pan gewch eich cysylltu, byddwch yn barod i egluro:
  - ble *yn union* y mae'r anafedig. Bydd cyfarwyddiadau eglur yn arbed amser hanfodol.
  - natur yr anafiadau, hyd y gwyddoch chi.

  Bydd y wybodaeth yma yn helpu staff yr ambiwlans i baratoi.

Mewn argyfwng, os ydych ar eich pen eich hun, efallai mai peth call fyddai ffonio am gymorth cyn ceisio helpu'r anafedig. Mae angen i chi gadw'n dawel a phenderfynu faint o frys sydd i'r angen am gymorth.

Cwestiynau

1. Beth mae'r llythrennau PYLLAC yn ei gynrychioli?
2. Pam y mae'n bwysig edrych i weld a oes perygl cyn rhuthro i helpu unigolyn wedi'i anafu?
3. Sut mae gweld a ydy'r unigolyn yn anymwybodol?
4. Sut mae sicrhau bod y llwybr anadlu ar agor?
5. Sut mae gweld a ydy'r anafedig yn anadlu?
6. Pam y mae'n well teimlo'r pwls carotid yn hytrach na'r pwls radiol mewn unigolyn wedi'i anafu?

12.3 Gweithredu mewn argyfwng (II)

Awyru ceg i geg

Wrth **awyru ceg i geg** byddwch yn gyrru aer o'ch ysgyfaint chi i ysgyfaint yr anafedig. Bydd yr ocsigen yn yr aer hwn yn cadw'r anafedig yn fyw.

1. Gwnewch yn siŵr fod llwybr anadlu yr anafedig yn llwyr agored (tud. 134).
2. Gwasgwch ffroenau'r anafedig ar gau â'ch bawd a'ch bys cyntaf.
3. Cymerwch anadl ddofn. Yna seliwch eich gwefusau yn dynn o amgylch ceg agored yr anafedig. Anadlwch allan yn esmwyth a chadarn nes y gwelwch y frest yn codi, fel y dangosir isod.

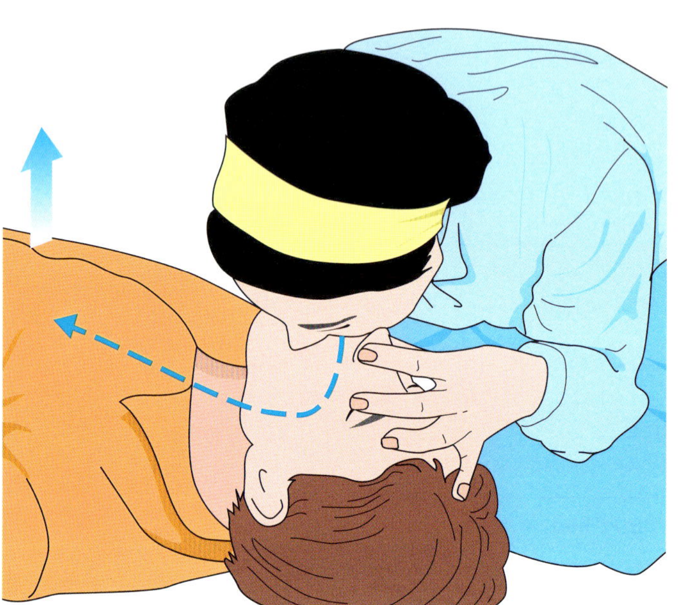

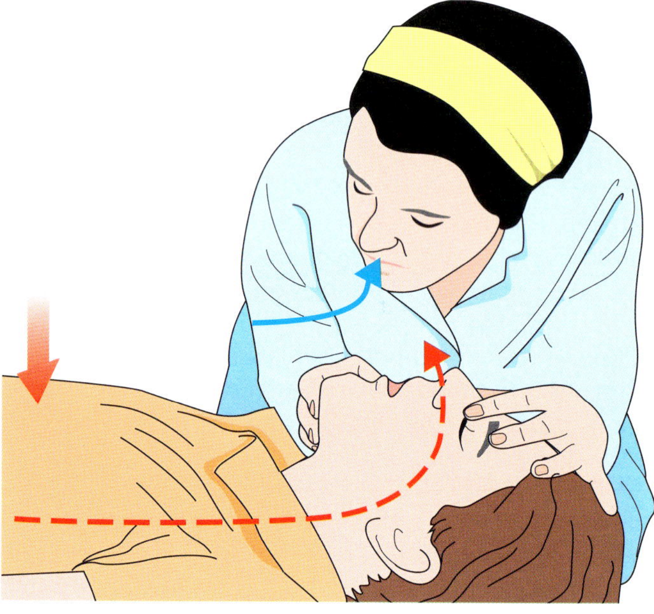

4. Tynnwch eich ceg i ffwrdd ac anadlwch i mewn. Bydd y frest yn disgyn.
5. Gwnewch hyn eto gydag un anadl bob 6 eiliad am un munud.
6. Os nad yw'r anafedig yn anadlu o fewn munud, ffoniwch 999 am ambiwlans. Ewch yn ôl at yr anafedig cyn gynted ag y bo modd.
7. Daliwch ati i awyru ceg i geg nes y bydd yn anadlu eto neu nes y daw cymorth.Teimlwch y pwls ar ddiwedd pob munud.
   Byddwch yn barod i dylino'r galon os bydd y pwls yn diflannu.
8. Os bydd yr anafedig yn ailddechrau anadlu, rhowch ef/hi yn yr ystum adferol.

Tylino'r galon

Defnyddir y term **ataliad y galon** (*cardiac arrest*) am sefyllfa lle mae'r galon yn peidio â churo, e.e. yn ystod trawiad ar y galon. Pan fydd yn peidio â churo, bydd y cylchrediad a'r pwls yn peidio hefyd.

Mae **tylino'r galon** neu **gywasgiad allanol ar y frest** yn ffordd o wasgu'r galon fel bo gwaed yn cael ei orfodi allan ohoni ac o amgylch y corff. Rhaid cyfuno hyn ag awyru ceg i geg fel bo'r gwaed yn cael ocsigen hefyd.

Mae'n annhebyg y bydd tylino'r galon yn achosi i'r galon ddechrau curo'n iawn. Fel rheol mae angen peiriant arbennig, sef **peiriant ffibrilio** (*fibrillator*) ar gyfer hynny. Ond gall gadw'r anafedig yn fyw nes y bydd y peiriant yn cyrraedd.

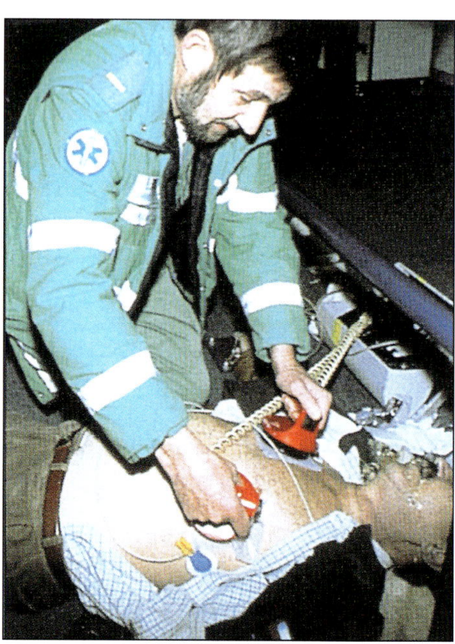

Dyn ambiwlans yn defnyddio peiriant ffibrilio ar unigolyn sydd wedi cael trawiad ar y galon.

Sut i dylino'r galon

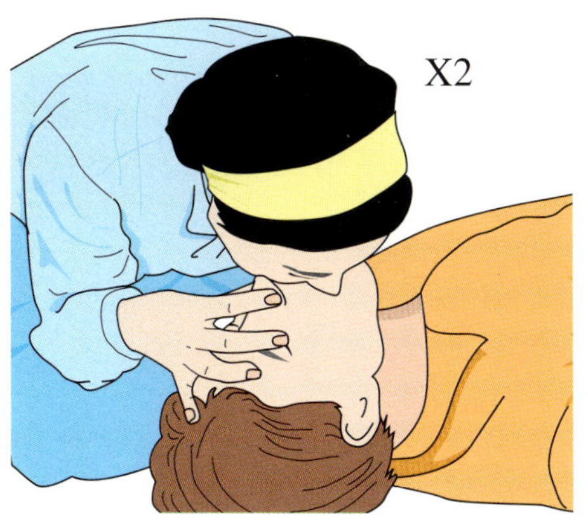

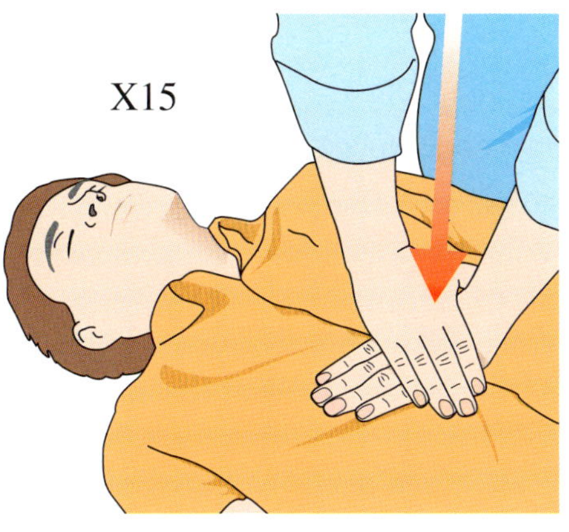

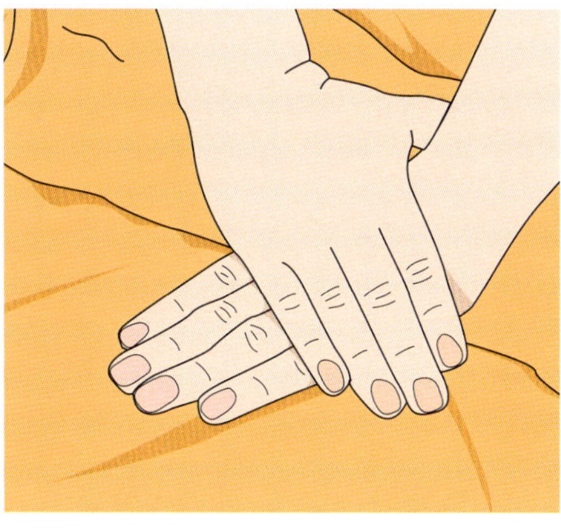

Sylwch ar ystum y dwylo.

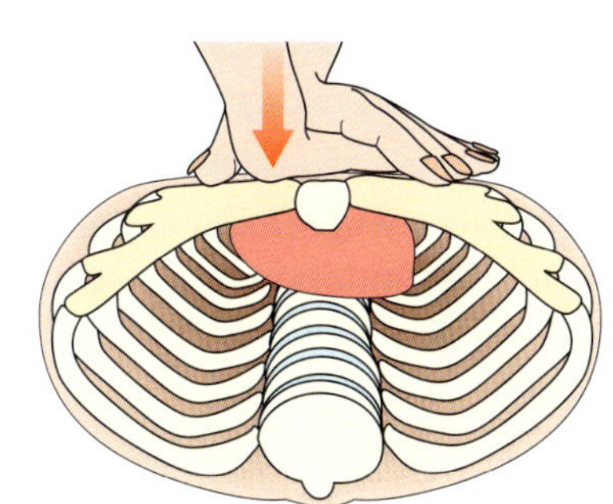

1. Deialwch 999 am ambiwlans.
2. Gwnewch yn siŵr fod llwybr anadlu'r anafedig ar agor.
3. Dechreuwch drwy roi 2 anadl o awyru ceg i geg.
4. Yn awr defnyddiwch eich pwysau i gywasgu'r frest 15 gwaith fel y dangosir uchod. Gwnewch hyn yn esmwyth a chyflym, ychydig yn gynt nag unwaith yr eiliad.
5. Yna rhowch 2 anadl arall o awyru ceg i geg.
6. Daliwch ati gyda'r patrwm o 15 cywasgiad a 2 anadl nes y daw cymorth. Peidiwch â stopio nes y bydd cyflwr yr anafedig yn gwella. (Gallai lliw'r croen wella neu gallai'r anafedig symud.) Teimlwch y pwls.
7. Daliwch ati i awyru ceg i geg os oes angen. Teimlwch y pwls bob munud.
8. Os bydd yr anafedig yn ailddechrau anadlu, rhowch ef/hi yn yr ystum adferol. Gwnewch yn siŵr ei fod/ei bod yn anadlu'n iawn a theimlwch y pwls bob tri munud.

Yr ystum adferol

Dyma'r ystum mwyaf diogel ar gyfer unigolyn anymwybodol sy'n anadlu.

Dylai'r pen fod ar ogwydd fel na all y tafod rwystro'r gwddf. Gan fod y pen ychydig yn is na gweddill y corff, bydd chŵyd yn draenio o'r ceg yn hytrach na thagu'r unigolyn.

Gallwch adael unigolyn anymwybodol yn yr ystum hwn tra byddwch yn mofyn cymorth.

Am gyfarwyddiadau ynglŷn â'r ystum adferol, gweler y gweithgaredd ar dud. 145.

Cwestiynau

1. Rhowch derm arall am awyru ceg i geg.
2. Sut y mae awyru ceg i geg yn gweithio?
3. Beth yw ystyr *ataliad y galon*?
4. Sut y mae tylino'r corff yn gweithio?
5. Eglurwch pam y caiff awyru ceg i geg ei gyfuno â thylino'r galon bob tro.
6. Eglurwch pam y mae'r ystum adferol yn ystum diogel ar gyfer unigolyn anymwybodol sy'n anadlu.

12.4 Anafiadau i esgyrn a chymalau

Torasgwrn (Fracture)

Ystyr **torasgwrn** yw toriad neu grac mewn asgwrn.

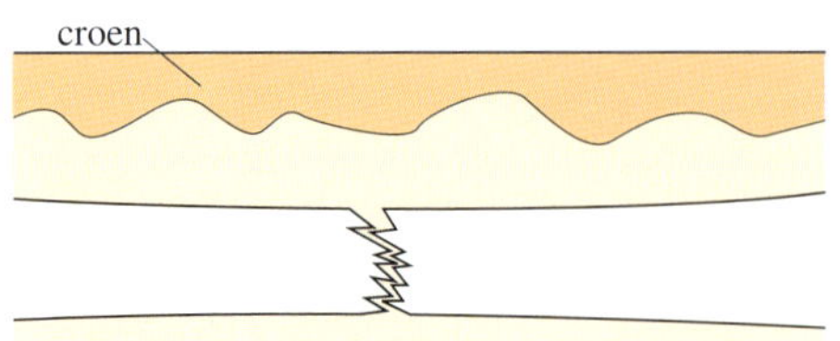

Torasgwrn **syml** neu **gaeedig** a welir yma. Mae'r asgwrn wedi'i gracio ond dydy'r croen ddim wedi'i niweidio.

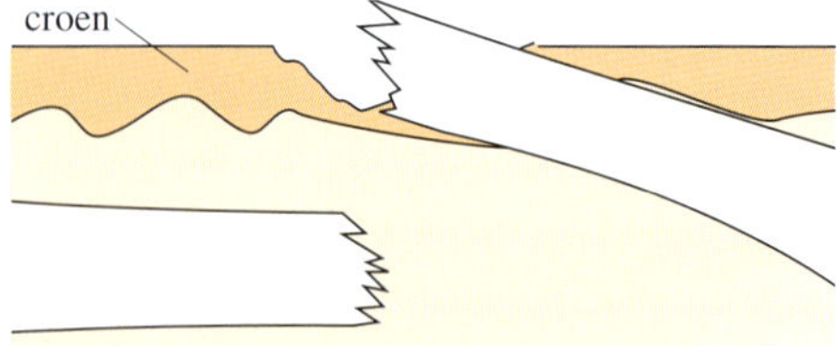

Torasgwrn **agored** a welir yma. Mae'r croen wedi'i niweidio ac efallai y bydd yr asgwrn i'w weld.

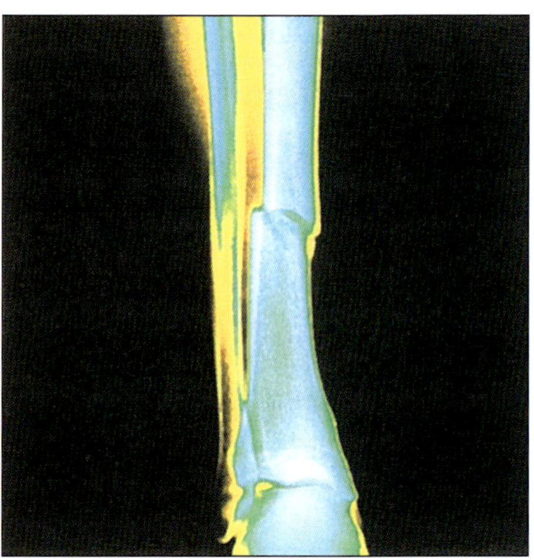

Llun pelydr X yn dangos torasgwrn caeëdig o'r tibia neu'r asgwrn crimog. (Ychwanegwyd lliw i ddangos y torasgwrn yn fwy eglur.)

Gan fod nerfau a phibellau gwaed mewn esgyrn, gall torasgwrn fod yn beth poenus a gwaedlyd iawn. Bydd y gwaed yn gollwng i'r meinwe oddi amgylch yn achosi **chwyddo** a **chleisio**.

Arwyddion a symptomau

- Gallai'r person fod wedi clywed neu deimlo'r toriad.
- Bydd poen a thynerwch lle mae'r anaf. Bydd symud yn ei wneud yn waeth.
- Bydd yr anafedig yn cael anhawster wrth symud y man a anafwyd.
- Bydd y gwaedu'n achosi chwyddo. Bydd yna gleisio yn ddiweddarach.
- Gallai'r aelod ymddangos yn anffurfiedig, e.e. troed wedi'i throi am yn ôl. I weld y gwahaniaeth, cymharwch y ddau aelod.
- Efallai y bydd sŵn crensian pan fydd rhannau o'r asgwrn sydd wedi'i gracio yn rhwbio yn erbyn ei gilydd. Ond peidiwch â cheisio profi hyn!

Beth i'w wneud

- Deialu 999 am ambiwlans.
- Peidio â symud y person a pheidio â cheisio sythu'r aelod a dorrwyd, gan y bydd hyn yn gwneud y niwed yn waeth.
- Defnyddio tywelion, clustogau neu ddillad wedi'u plygu i gynnal yr aelod uwchlaw ac islaw'r torasgwrn.
- Os torrwyd asgwrn yn y fraich, gellir defnyddio sling wedi'i wneud o dywel neu rwymyn neu grys T i'w gynnal. Ond byddwch yn ofalus iawn!

Datgymaliad (Dislocation)

Yn achos datgymaliad mae asgwrn yn cael ei dynnu allan o'i le arferol mewn cymal. Fel rheol fe'i hachosir drwy roi tro sydyn iddo. Mae'n digwydd gan amlaf yng nghymalau'r ysgwyddau, y penelinoedd, y bysedd, y bodiau a'r fferau. Yn aml bydd datgymaliad a thorasgwrn yn digwydd gyda'i gilydd. Os oes unrhyw amheuaeth, dylech drin yr anaf fel torasgwrn.

Arwyddion a symptomau

- Mae poen ddifrifol yn y cymal neu'n agos ato.
- Mae'r cymal yn ymddangos yn anffurfiedig ac ni all yr anafedig ei symud.
- Mae yna chwyddo, a bydd cleisio'n ymddangos yn ddiweddarach.

Beth i'w wneud

- Deialu 999 am ambiwlans.
- Defnyddio dillad, tywelion neu glustogau i gynnal y rhan a anafwyd.
- Defnyddio sling neu rwymyn i gynnal cymalau'r penelinoedd a'r bysedd.

Ysigiad (*Sprain*)

Fe geir **ysigiad** pan fydd gewyn mewn cymal yn cael ei estyn a'i rwygo. Gallwch ysigo'r ffêr wrth droi eich troed yn rhedeg. Mae rhai yn fân ysigiadau. Ond yn achos ysigiad difrifol bydd y gewyn wedi'i rwygo'n wael a bydd yr anaf i'w weld yn debyg i dorasgwrn. Os oes unrhyw amheuaeth, dylech drin yr anaf fel torasgwrn.

Arwyddion a symptomau

- Poen a thynerwch o amgylch y cymal. Bydd ei symud yn ei wneud yn waeth.
- Chwyddo o amgylch y cymal ac, yn ddiweddarach, cleisio.

Beth i'w wneud

- Os oes amheuaeth, dilyn y cyfarwyddiadau ar gyfer torasgwrn.
- Ar gyfer mân ysigiadau dilyn y drefn **GICC** (*RICE*) isod.

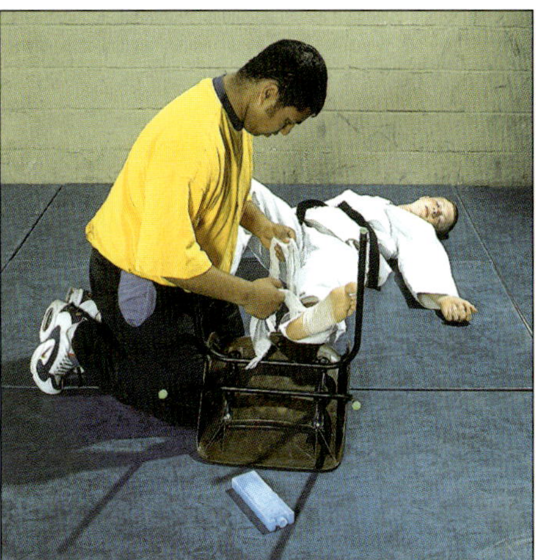

Triniaeth GICC wedi cychwyn. I godi'r aelod a anafwyd defnyddiwch beth bynnag sydd ar gael i'w gynnal.

GICC

Pan achosir niwed i esgyrn, cymalau, gewynnau, cyhyrau neu dendonau, niweidir y pibellau gwaed o'u hamgylch hefyd. Bydd gwaed yn gollwng i'r feinwe sydd oddi amgylch. Bydd hyn yn achosi chwyddo, poen a chleisio ac yn arafu'r broses o wella. Nod GICC, felly, yw atal y gwaedu.

- **G**orffwys. Tra bydd y claf yn symud bydd y gwaed yn dal i ollwng. Rhaid aros yn llonydd felly.
- **I**â. Rhoi pac iâ o amgylch y rhan a anafwyd am tua 30 munud. Bydd y pibellau gwaed yn culhau o ganlyniad i'r oerni a'r gwaedu'n arafu.
- **C**ywasgu. Defnyddio rhwymyn crêp i rwymo'r rhan a anafwyd yn gadarn ond nid yn dynn. Bydd hyn yn lleihau'r gwaedu.
- **C**odi. Codi'r aelod a anafwyd yn uwch na lefel y corff. Bydd llai o waed yn llifo i'r aelod am ei fod yn gorfod llifo yn erbyn disgyrchiant.

Cartilag pen-glin wedi'i rwygo

Mae dau bad crwm arbennig o gartilag yng nghymal y pen-glin. Gallant gael eu rhwygo os caiff y pen-glin ei droi'n sydyn. Y term am hyn yw cartilag wedi'i rwygo (*torn cartilage*).

Arwyddion a symptomau

- Poen ar un ochr i gymal y pen-glin.
- Gallai'r cymal 'gloi' a methu â sythu am gyfnod.
- Gall chwyddo'n ddiweddarach y diwrnod hwnnw neu fore trannoeth.

Beth i'w wneud

- Defnyddio pac iâ i leihau'r chwyddo.
- Mynd â'r claf at y doctor.

All cartilag wedi'i rwygo ddim cael ei atgyweirio'n iawn. Rhaid rhoi'r gorau i chwaraeon neu gael llawdriniaeth i roi defnydd artiffisial yn lle'r cartilag. Ni all llawdriniaeth adfer y cymal i'r cyflwr a fu cyn yr anaf.

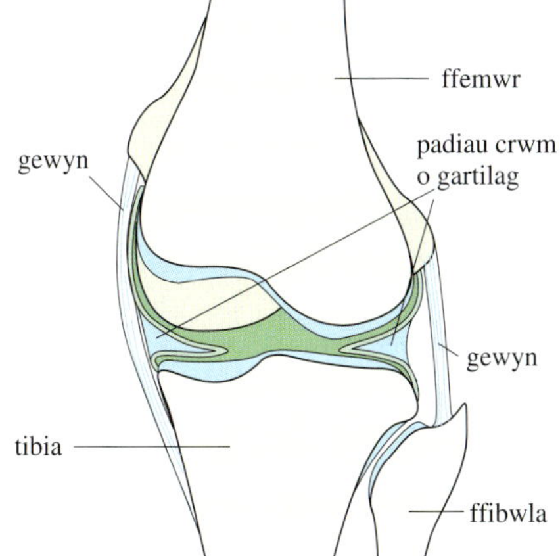

Y padiau cartilag yn y pen-glin

Cwestiynau

1 Disgrifiwch ddau fath gwahanol o dorasgwrn.
2 Nodwch bedwar o arwyddion a symptomau torasgwrn.
3 Beth yw: a datgymaliad; b ysigiad (*sprain*)?
4 a Beth yw GICC?
b At ba ddiben y caiff ei ddefnyddio, a pham?

12.5 Niwed i'r cyhyrau a'r croen

Cyhyrau wedi'u hysigo neu eu tynnu

Rhwyg yn y cyhyr neu'r tendon o ganlyniad i'w orestyn yn wyllt yw **ysigiad** (*strain*) neu **dyniad**. Mae'n digwydd yn aml i linynnau'r garrau a chyhyrau croth y goes, yn enwedig os na fyddwch yn cynhesu'n iawn. Gall gweyllen ffêr cyhyr croth y goes (gastrocnemiws) rwygo'n llwyr. Mae hynny'n boenus iawn.

Arwyddion a symptomau

- Poen sydyn a llym yn y man lle mae'r anaf.
- Dilynir hyn gan chwyddo, stiffrwydd ac weithiau cramp.
- Bydd person sydd â gweyllen ffêr wedi'i rwygo yn cwympo i'r llawr ac ni fydd yn gallu codi.

Beth i'w wneud

- Ar gyfer mân ysigiadau dilyn y drefn **GICC** (tud. 139).
- Yn achos ysigiad difrifol, mae'n rhaid mynd â'r anafedig i'r ysbyty.

Penelin tennis neu benelin golffwr

Anafiadau i'r cyhyrau yw'r rhain a achosir gan orddefnyddio'r cyhyrau yn rhan isa'r fraich. Yn achos **penelin tennis** mae'r ardal o amgylch y chwydd esgyrnog allanol ar y penelin yn llidus, yn dyner ac yn boenus. Mae'r anaf hwn yn bosibl mewn pysgota yn ogystal â champau raced. Yn achos **penelin golffw**r effeithir ar y rhan o amgylch y chwydd esgyrnog mewnol.

Beth i'w wneud

- Os ydy'r anaf yn boenus iawn, bydd pac iâ o gymorth.
- Rhaid gorffwys y penelin nes iddo wella. Gallai gymryd wythnosau.
- Y driniaeth arferol yw ffisiotherapi a chwistrellu steroid i'r cyhyr.

Mae gwneud symudiadau pwerus dro ar ôl tro mewn unrhyw gamp yn gallu achosi anaf gorddefnyddio, e.e. penelin golffwr yn achos golffwyr.

Cramp

Mae cramp yn digwydd pan fydd ffibrau cyhyrol yn methu â llaesu a bydd eu cyflenwad gwaed yn cael ei atal. Mae hyn yn achosi poen. Mae'n digwydd fel rheol pan fydd cyhyrau'n flinedig neu pan fyddwch wedi colli llawer o halwyn drwy chwysu.

Beth i'w wneud

- Estyn y cyhyr yn araf. Dal yr estyniad.
- Pan fydd y cyhyr wedi llaesu, ei dylino'n dyner iawn.

Pigyn (Stitch)

Poen fach sydyn yn eich ochr neu ran ucha'r abdomen yw hwn. Fe'i cewch yn ystod ymarfer egnïol. Fe'i hachosir gan ymarfer yn rhy fuan ar ôl bwyta. Stopiwch ymarfer am ychydig ac fe fydd yn diflannu.

Allan o wynt (Winded)

Gall ergyd i'r abdomen gan bêl, penelin neu ben-glin eich gadael 'allan o wynt'. Allwch chi ddim anadlu i mewn nac allan. Y rheswm yw bod eich llengig wedi peidio â gweithio.

Beth i'w wneud

- Ymlacio. Byddwch fel rheol wedi ymadfer o fewn ychydig funudau.

Archollion

Cyfrinach trin archoll yw atal y gwaedu a gadael i'r gwaed geulo cyn gynted ag sy'n bosibl.

- Rhoi pad neu gadach glân dros yr archoll a gwasgu i lawr yn gadarn arno i atal y gwaedu. Defnyddio menyg plastig neu rwber os oes modd. (Pam?)
- Rhoi'r anafedig i orwedd a chodi'r rhan a anafwyd er mwyn lleihau llif y gwaed iddi.
- Parhau i wasgu nes y bydd y gwaedu'n stopio. Yn achos archoll gwael gallai hyn gymryd 15 munud neu fwy.
- Os bydd gwaed yn tryddiferu drwy'r pad, peidio â'i dynnu i ffwrdd. (Pam?) Rhoi pad arall dros y cyntaf.
- Pan fydd y gwaedu'n stopio, defnyddio rhwymyn neu sgarff neu dei i glymu'r pad yn ei le yn gadarn ond nid yn dynn.
- Os bydd y gwaedu'n ddifrifol, deialu 999 am ambiwlans. Mae'n debygol y bydd angen pwythau.

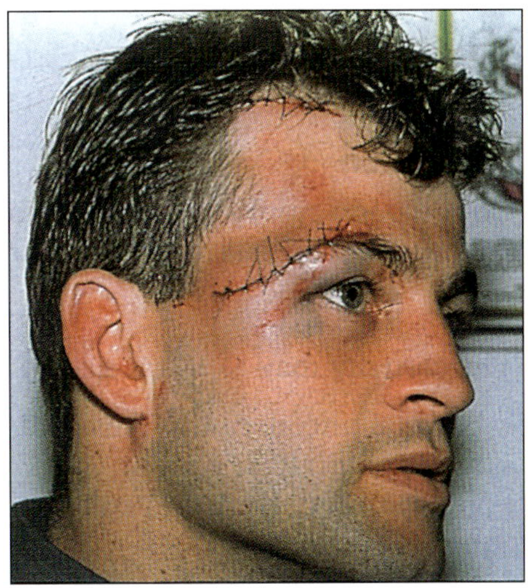

Bu'n rhaid i'r chwaraewr rygbi Jon Callard gael 20 pwyth ar ôl i wrthwynebydd sathru ar ei wyneb yn ystod gêm ryngwladol.

Cleisiau

Os byddwch yn cwympo'n galed yn ystod gêm neu'n taro'n galed yn erbyn gwrthwynebydd, mae'n debyg iawn y cewch gleisiau. Achosir cleisiau gan waed yn gollwng o bibellau gwaed a niweidiwyd o dan y croen.

Arwyddion a symptomau

- Yn gyntaf, poen a chwyddo yn y man lle mae'r clais.
- Yna y croen yn newid lliw gan droi'n frychlas (*mottled blue*) ac yn felyn.

Beth i'w wneud

Rhoi triniaeth yn rhan o'r drefn GICC.

- Rhoi pac iâ neu glwtyn gwasgu oer ar y man lle mae'r clais i leihau'r gollwng gwaed.
- Os bydd cleisio difrifol, bydd cywasgu â rhwymyn crêp o gymorth.

Crafiadau (Abrasions)

Mae crafiadau neu glwyfau crafiad (*grazes*) yn digwydd pan fydd y croen yn cael ei grafu oddi ar eich corff, e.e. yn ystod tacl lithriad ar gae caled neu gwymp ar raean.

Beth i'w wneud

- Os ydy'r clwyf yn frwnt/fudr, ei lanhau'n dyner â dŵr claear.
- Os yw'n gwaedu ychydig, gadael i'r gwaed geulo.
- Gadael i'r clwyf sychu'n naturiol os yw'n bosibl. Ond os oes perygl heintiad, ei orchuddio â phlastr.

Cwestiynau

1. Beth yw *ysigiad* (*strain*)? Sut y gallech ei osgoi?
2. Eglurwch sut y byddech yn trin ysigiad.
3. Sut y byddech yn trin cramp yng nghyhyryn croth y groes?
4. Beth yw *penelin tennis*? Beth yw'r driniaeth ar ei gyfer?
5. Disgrifiwch y camau wrth drin archoll gwael.
6. Pam y mae cleisiau'n ffurfio pan gewch ergyd neu gwymp?

12.6 Rhai anhwylderau peryglus

Cyfergyd (Concussion)

Mae **cyfergyd** yn ganlyniad i anaf i'r ymennydd. Fe'i hachosir gan ergyd i'r pen sy'n siglo'r ymennydd.

Arwyddion a symptomau
Efallai y bydd yr anafedig:

- yn anymwybodol. Gallai hyn bara am eiliadau neu oriau.
- yn teimlo'n sâl, yn benysgafn neu'n gysglyd.
- wedi drysu, yn syllu ac wedi colli ei gof.

Efallai na fydd yr arwyddion hyn yn ymddangos tan rai oriau wedi'r anaf.

Beth i'w wneud
- Rhoi'r anafedig anymwybodol yn yr ystum adferol. Deialu 999.
- Am o leiaf 24 awr dylid cadw golwg feddygol ar chwaraewr sydd wedi'i daro'n anymwybodol, hyd yn oed am gyfnod byr.

Sioc

Yn achos **sioc** does dim digon o waed yn cylchredeg yn y corff. Gall gael ei achosi gan y canlynol:

- colli hylif, e.e. o ganlyniad i waedu difrifol neu losgiadau, chwydu, dolur rydd neu chwysu trwm.
- poen ddifrifol, pan fydd gwaed yn cael ei ddargyfeirio i'r rhan boenus.

Arwyddion a symptomau
- Mae'r croen yn oer, yn llwyd ac yn llaith. Efallai y bydd y gwefusau'n las.
- Mae'r pwls yn gyflym ac yn wan ac mae'r anadlu'n gyflym ac yn fas.
- Mae'r anafedig yn benysgafn ac yn sychedig ac efallai'n ceisio chwydu.
- Mae'r anafedig yn bryderus ac yn ofnus.
- Os bydd yn dal i golli hylif, gall yr anafedig fynd yn anymwybodol a marw.

Beth i'w wneud
- Deialu 999 am ambiwlans.
- Os bydd yr anafedig yn gwaedu, gwneud yr hyn a allwch i atal hynny (tud. 141).
- Rhoi'r anafedig yn yr ystum adferol.
- Tawelu meddwl yr anafedig. Gall sioc fod yn frawychus iawn.

Peidiwch ...

- Peidiwch byth â rhoi dim i'w yfed - nac i'w fwyta - i rywun sy'n dioddef o sioc. Dim hyd yn oed gwydraid o ddŵr.
- Peidiwch â gorchuddio'r anafedig â llawer o flancedi fel y bydd ef/hi yn mynd yn rhy gynnes.

Mae'r gweithredoedd hyn yn dargyfeirio gwaed i'r coludd neu i'r croen ac i ffwrdd o'r organau hanfodol.

Ond mae'n iawn i orchuddio'r anafedig i'w gadw/chadw yn agos at dymheredd arferol y corff.

Hypothermia (rhewi)

Mae **hypothermia** yn golygu bod tymheredd craidd y corff yn disgyn yn is na thua 35°C. Bydd y corff yn rhy oer i weithio'n iawn ar y tymheredd yma. Gall ddigwydd os buoch allan mewn tywydd oer, gwlyb a gwyntog am gyfnod rhy hir a chithau'n flinedig iawn, e.e. yn hwylio neu'n dringo.

Arwyddion a symptomau
- Bydd yr anafedig yn dechrau ymddwyn yn rhyfedd, e.e. yn ymosodol, yn freuddwydiol neu'n apathetig.
- Bydd croen yr anafedig yn oer ac yn welw ac mae'r anadlu'n fas.
- Bydd yr anafedig yn wan ac yn baglu cryn dipyn. Bydd ganddo/ganddi awydd cryf i orwedd a gorffwys.
- Gall ef/hi gwympo, mynd yn anymwybodol a marw heb driniaeth.

Achub o'r môr. Mae gan dimau achub o'r môr ddigon o brofiad o ganfod a thrin hypothermia.

Beth i'w wneud

- Os yw'n bosibl, mynd â'r anafedig dan do neu i gysgod. Rhoi dillad cynnes sych amdano/amdani yn lle'r dillad gwlyb a gadael iddo/iddi orffwys.
- Gall rhywun sydd wedi'i anafu ac sy'n ymwybodol ac yn ymadfer gael ei roi/rhoi mewn bath cynnes.
- Rhoi diodydd melys cynnes iddo/iddi os ydynt ar gael, ond *dim alcohol.*
- Os nad oes cysgod ar gael, diogelu'r anafedig drwy orchuddio dillad gwlyb â dillad sych neu fagiau cysgu a llen bolythen.
- Rhoi'r anafedig i orwedd ar flancedi neu ynysiad arall.
- Os bydd cyflwr yr anafedig yn gwaethygu, anfon am gymorth.

Hyperthermia (gorgynhesu)

Mae **hyperthermia** yn golygu bod tymheredd y corff yn codi'n uwch na 39°C. Gall hyn achosi sawl anhwylder gwahanol.

Gorludded gwres (*Heat exhaustion*) Pan fydd eich tymheredd yn codi byddwch yn chwysu cryn dipyn. Os byddwch yn colli gormod o ddŵr a halwynau drwy chwysu, fe gewch orludded gwres.

Arwyddion a symptomau

- Y croen yn welw, yn llwyd ac yn llaith.
- Y pwls yn gyflym ac yn wan.
- Efallai y bydd yr unigolyn yn teimlo'n wan a phenysgafn ac efallai'n cael crampiau a chur pen.
- Os bydd wedi colli cryn dipyn o ddŵr, gall sioc ddatblygu.

Beth i'w wneud

- Rhoi'r anafedig i orwedd mewn man claear gyda'r coesau i fyny.
- Rhoi iddo/iddi yn aml lymeidiau o hydoddiant gwan o halwyn mewn dŵr.
- Galw doctor am gyngor.

Diffyg hylif (*Dehydration*) Mae hyn yn debyg i orludded gwres ond yn llai difrifol. Bydd yr anafedig yn wan ac yn benysgafn. Dylid rhoi digon o ddŵr iddo/iddi i'w yfed.

Trawiad gwres (*Heat stroke*) Yn sydyn mae'r corff yn colli'r gallu i chwysu ac mae ei dymheredd yn codi allan o reolaeth. Mae hyn yn digwydd fel rheol yn ystod ymarfer egnïol a hir ar ddiwrnod clòs a phoeth.

Mewn tywydd poeth, mae angen digon o hylif ar chwaraewyr er mwyn osgoi diffyg hylif.

Arwyddion a symptomau

- Mae'r anafedig yn mynd yn ddryslyd yn sydyn.
- Mae'n wridog, gyda phwls cyflym cryf a'r croen yn boeth ac yn sych.
- Gall fynd yn anymwybodol a marw os na chaiff driniaeth yn fuan.

Beth i'w wneud

- Rhoi'r anafedig i orwedd mewn man claear lle mae awel. Tynnwch ddillad allanol yr anafedig a rhoi cynfas wlyb oer amdano/amdani. Trwytho'r gynfas â dŵr oer a'i gwyntyllu gymaint ag sy'n bosibl.
- Parhau i wneud hyn nes y bydd yr anafedig wedi oeri.
- Galw doctor am gyngor.

Cwestiynau

1 Beth sy'n achosi cyfergyd? Sut y dylech ei drin?
2 Beth yw *sioc*? Rhestrwch bedwar arwydd o sioc.
3 Sut y byddech yn trin hypothermia?
4 Eglurwch beth yw trawiad gwres a sut i'w drin.

Cwestiynau ar Bennod 12

1 Mae dau fath o anafiadau mewn chwaraeon.
  a Beth ydyn nhw?
  b Rhowch ddwy enghraifft o'r naill a'r llall a nodwch sut y gallan nhw ddigwydd.

2 Eglurwch sut y mae'r canlynol yn bwysig er mwyn atal anaf: a cynhesu b tawelu

3 Rhowch gynifer o resymau ag y medrwch pam y mae'n hanfodol glynu wrth y rheolau mewn chwaraeon ac ufuddhau i'r dyfarnwr.

4 Eglurwch y rheswm dros bob un o'r rheolau hyn.
  a Ni elllir gwisgo gemwaith yn ystod gêm, ar wahân i fodrwy briodas wedi'i thapio i'r bys. (Pêl-rwyd)
  b Mewn ambell dywydd, gall hyd gêm gael ei benderfynu gan y wlad berthnasol. (Pêl-rwyd)
  c Ar ôl cymryd cig gornel, os ydy ergyd gyntaf y tim sy'n ymosod yn drawiad (*hit*), mae'n rhaid iddo beidio â bod yn uwch na'r bwrdd cefn. (Hoci)
  d Cyn gynted ag y bydd sgrym yn cwympo, mae'n rhaid i'r chwarae stopio. (Rygbi)
  e Mae'n rhaid gwisgo gardiau crimog. (Pêl-droed)
  f Caniateir un bownsiwr am bob batiwr bob pelawd. (Criced)
  g Os byddwch yn troseddu bum gwaith fe gewch eich anfon o'r cwrt. (Pêl-fasged)
  h Os bydd y dyfarnwr yn eich gweld yn gwaedu, fe gewch eich anfon o'r man chwarae i orchuddio neu atal y gwaedu. (Pêl-rwyd, rygbi a champau eraill)

5 Ar gyfer pob gweithgaredd rhestrwch y peryglon tebygol, gan gynnwys peryglon i wylwyr.

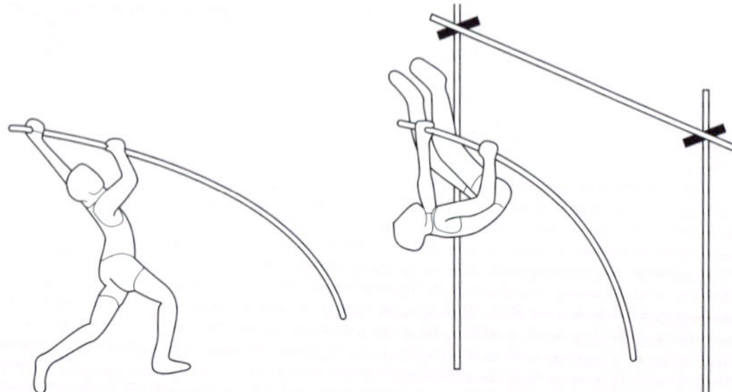

a naid bolyn

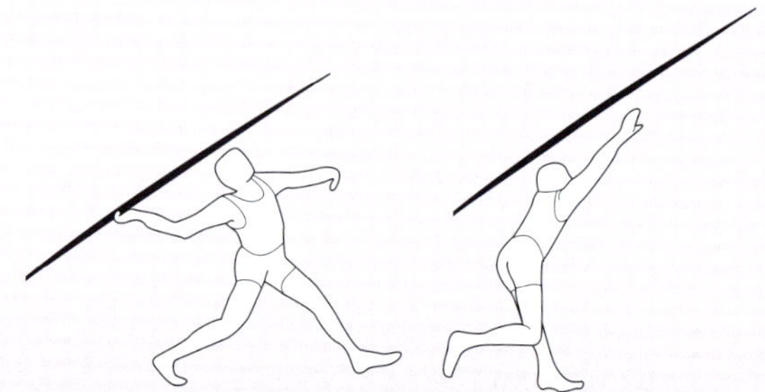

b taflu'r waywffon

6

  a Pa nodweddion i'r esgid rygbi yma sy'n helpu'r chwaraewr i chwarae'n ddiogel?
  b Pa nodwedd(ion) allai fod yn berygl i'r chwaraewr a'i wrthwynebydd? Sut?
  c Allwch chi weld rhywbeth ynglŷn â'r siâp sy'n rhoi'r chwaraewr yn agored i anaf?
  d Sut y byddech yn gwella dyluniad esgidiau rygbi?

7

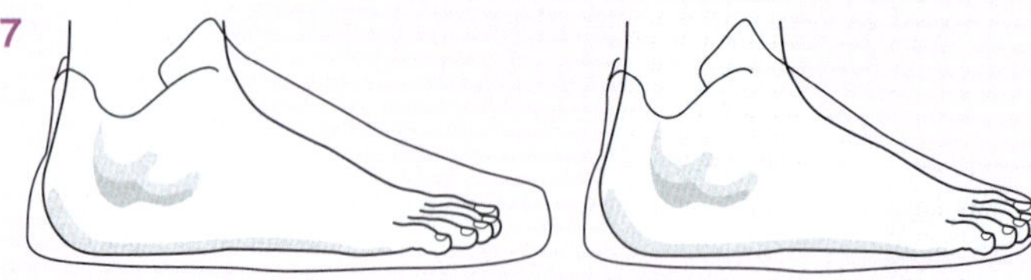

Mae'r esgid dennis ar y chwith yn rhy fawr. Mae'r esgid denis ar y dde yn rhy fach. Nodwch y problemau y gallai'r naill a'r llall eu hachosi i'r chwaraewr. Nodwch gynifer ag y medrwch.

8 Gwelir isod restr o anafiadau cyffredin a geir mewn campau gwahanol Cysylltwch yr anaf â'r gamp.

  A pothelli ar y dwylo a'r ffolennau (*buttocks*)
  B datgymaliad cymalau'r bysedd
  C y lleferydd yn aneglur a'r cof yn pallu
  D llosgiadau 'gwair'
  E ysigiadau (*sprains*) yr arddwrn
  F gweyllen ffêr lidus
  G llid o amgylch cymal y penelin

  i pêl-droed
  ii bocsio
  iii tennis
  iv rhwyfo
  v pêl-fasged
  vi rhedeg pellter
  vii taflu'r siot

9 Mae'r rhestr isod yn dangos y rhannau o'r corff a anafwyd mewn rygbi:

	% o'r holl anafiadau rygbi
aelod isaf a ffêr	33.1
pen a gwddf	24.0
ysgwydd	13.0
bongorff	10.0
pen-glin	9.9
breichiau	9.0

Darganfyddwch y camau a gymerir (os oes rhai) i amddiffyn y rhannau hyn o'r corff mewn rygbi.

10 Dadansoddwch y peryglon yn eich camp chi. Rhestrwch:
- a y rhannau o'r corff sydd fwyaf tebygol o gael eu hanafu;
- b y peryglon a allai godi o'r cyfarpar;
- c y peryglon posibl i'r gwylwyr;
- d y rheolau sydd wedi'u llunio i atal anaf;
- e y cit neu'r defnyddiau amddiffynnol.

11 Cysylltwch bob anhwylder i - vii â llythyren A - H. Efallai y bydd angen defnyddio llythyren fwy nag unwaith.

A ysigiad (*sprain*)	E crafiad
B ysigiad (*strain*)	F poen a chwyddo
C torasgwrn	G cleisio
D cramp	H datgymaliad

- i cyhyr 'yn sownd' mewn cyfangiad
- ii croen wedi'i niweidio
- iii rhwyg mewn cyhyr neu dendon
- iv asgwrn allan o'i le mewn cymal
- v gewyn wedi'i rwygo mewn cymal
- vi crac mewn asgwrn
- vii gwaed yn gollwng o bibellau gwaed sydd wedi'u niweidio

12 Yn ystod gêm o hoci mae'r flaenwraig ganol a'r gôl-geidwad yn rhedeg i mewn i'w gilydd. Mae'r flaenwraig ganol yn gorwedd gyda'i llygaid ar gau.
- a Eglurwch sut y byddech yn delio â'r sefyllfa hon gan ddefnyddio'r egwyddor PYLLAC.
- b Wedi iddi ddeffro, ar gyfer beth arall y gallai fod angen triniaeth arni?

13 Cysylltwch bob anhwylder i - x â thriniaeth A - I. Gallwch ddewis mwy nag un driniaeth os oes angen.
- A GICC
- B cynnal o amgylch y rhan a anafwyd, symud cyn lleied â phosibl
- C gorffwys, cysgod ac ynysiad
- D gorchuddio â chynfas wlyb mewn man gwyntog
- E diod felys gynnes
- F codi'r rhan a anafwyd a defnyddio pad neu gadach lân i wasgu'n uniongyrchol arni
- G yr ystum adferol a thawelu'r meddwl nes y daw cymorth
- H pac iâ
- I PYLLAC

- i rhywun ar fin boddi
- ii hypothermia
- iii trawiad gwres
- iv archoll fawr ar y goes
- v cleisio uwchlaw'r llygad o ganlyniad i ergyd
- vi ffêr wedi'i hysigo
- vii sioc
- viii torasgwrn pont yr ysgwydd
- ix trawiad ar y galon
- x rhwyg yng nghyhyryn croth y goes

Pethau i'w gwneud

Rhoi'r anafedig yn yr ystum adferol

Rhoddir isod y cyfarwyddiadau ar gyfer rhoi'r anafedig yn yr ystum adferol. Gweithiwch gyda dau bartner.
- a Mae un ohonoch yn chwarae rhan yr anafedig. Mae'r ail yn darllen y cyfarwyddiadau yn uchel. Mae'r trydydd yn eu gweithredu.
- b Newidiwch rolau a gwnewch y cyfan eto.
- c Newidiwch rolau eto. Ond y tro hwn ni ddarllennir y cyfarwyddiadau. Yn hytrach mae'r darllenydd yn gwirio bod y gwaith yn cael ei wneud yn gywir.

1 Gyda'r anafedig yn gorwedd ar ei gefn, gwyro'r pen yn ôl a'r ên i fyny i agor y llwybr anadlu.
2 Sythu'r coesau.
3 Symud y fraich agosaf atoch fel ei bod yn debyg i fraich heddwas yn atal traffig.

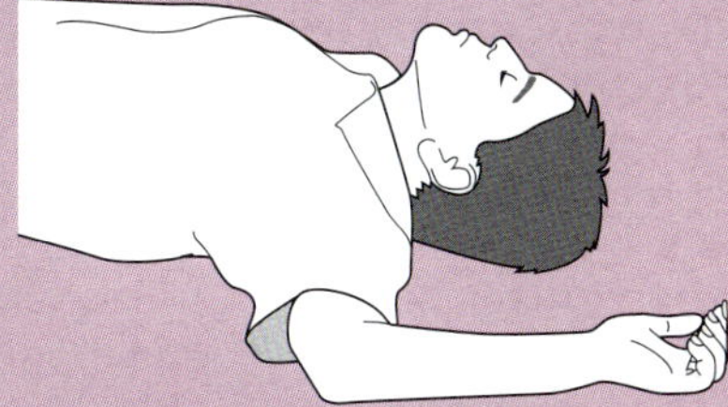

4 Dod â'r fraich arall ar draws y frest. Trefnu'r anafedig fel bo'i foch yn gorffwys ar gefn y llaw hon. Cadw eich llaw ar y llaw hon ar gyfer cam 5.

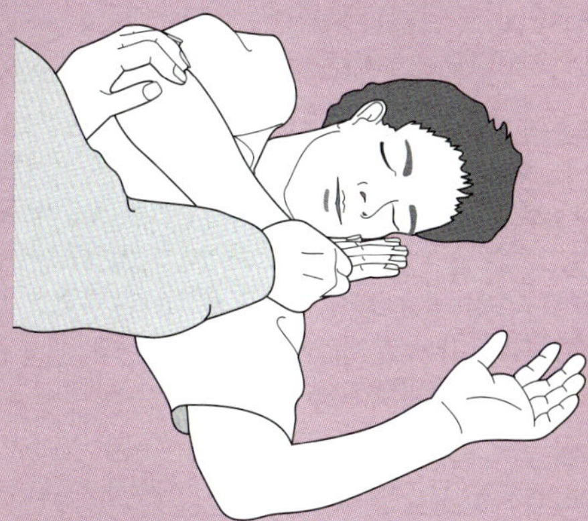

5 Gyda'ch llaw arall, estyn ar draws coes bellaf yr anafedig a'i chodi fel bo'r pen-glin yn plygu'n ongl sgwâr. Yna ei thynnu gan rolio'r anafedig tuag atoch.

6 Wedi i'r anafedig ddod ar ei ochr, gwyro'r pen yn ôl yn dyner i gadw'r llwybr anadlu ar agor. Defnyddio ei law sydd o dan ei foch i gadw'r pen yn y safle hwn.
7 Cymharu'r canlyniad â'r llun ar dudalen 137.

13.1 Hamdden, adloniant a chwaraeon

Beth fyddwch chi'n ei wneud yn ystod eich amser rhydd? Pam fyddwch chi'n gwneud hyn? Sut y mae'n effeithio ar eich iechyd a'ch ffitrwydd?

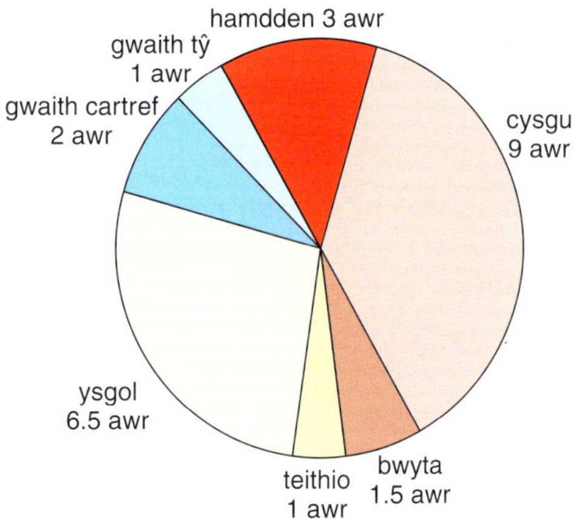

Sut y byddwch yn treulio eich diwrnod

Hamdden

Hamdden yw sut y treuliwch eich amser rhydd, pryd y gallwch wneud fel y mynnwch. Efallai y byddwch yn mwynhau gwylio'r teledu neu chwarae gêmau cyfrifiadurol neu abseilio i lawr clogwyn.

Bydd eich dewis yn dibynnu ar eich diwylliant a'ch magwraeth, eich dosbarth cymdeithasol a'r cyfleusterau sydd ar gael. Mae set deledu, er enghraifft, yn y rhan fwyaf o gartrefi, ond mae angen bod yn gyfoethog neu gael ffrindiau cyfoethog i chwarae polo.

Twf hamdden

Fel cymdeithas mae gennym fwy o amser i hamddena. (Er, efallai, na fyddwch wedi sylwi!) Mae sawl rheswm dros hyn:

- O ganlyniad i welliannau mewn technoleg mae peiriannau'n cymryd drosodd mwy o'n gwaith. Mae mwy o bobl, felly, yn ddi-waith neu'n gweithio'n rhan amser neu'n gorfod ymddeol yn gynnar.
- Mae dyfeisiau arbed llafur hefyd yn lleihau'r amser a gymerir i wneud gwaith tŷ.
- Mae gwelliannau mewn gofal iechyd a safon byw yn golygu ein bod yn byw'n hirach. Mae nifer y bobl sydd wedi ymddeol ac sy'n iach a sionc yn cynyddu.
- Mae rhai pobl yn dewis gweithio llai, i leihau'r straen yn eu bywydau. Mae rhai'n penderfynu **rhannu swydd** gydag unigolyn arall.

Yn anffodus y bobl sy'n ddi-waith sydd â'r rhan fwyaf o amser hamdden - a byddai'n well ganddyn nhw weithio. Ar gyfartaledd, mae'r wythnos waith yn mynd yn hirach ar gyfer pobl sy'n gweithio'n llawn amser yn hytrach nag yn fyrrach. Y rheswm dros hyn yn rhannol yw bod cyflogwyr yn cynnig oriau ychwanegol i'r gweithwyr sydd ganddynt eisoes yn hytrach na chyflogi gweithwyr eraill. Rheswm arall yw bod pobl yn teimlo'n llai sicr yn eu swyddi ac felly'n teimlo bod yn rhaid iddynt weithio'n galetach.

Mae'r cynnydd mewn hamdden yn her i'r llywodraeth sy'n gorfod darparu **cyfleusterau** ar gyfer hamdden: parciau, meysydd chwarae, pyllau nofio ac yn y blaen.

Mae hefyd yn her i'r **diwydiant hamdden** sy'n darparu gwyliau, parciau themâu, aleau bowlio deg, lloriau sglefrio, sinemâu, theatrau, cyngherddau roc a chanolfannau ffitrwydd, gyda'r nod o wneud **elw**.

Adloniant

Yr hyn a wnewch yn wirfoddol er pleser a mwynhad yn ystod eich amser hamdden yw **adloniant.** Mae'n fath o chwarae.

Mae'n ffordd dda o'ch helpu i anghofio am eich problemau. Byddwch yn teimlo wedi'ch adnewyddu ac yn medru ymdopi'n well â phwysau a straen bywyd.

Gydag **adloniant corfforol** byddwch yn dewis gweithgaredd corfforol, e.e. llafnrolio (*rollerblading*), beicio, pêl-droed neu nofio. Nid yw'n cynnwys chwaraeon difrifol, fel chwarae i Manchester United.

Chwe gweithgaredd corfforol mwyaf poblogaidd pobl 16-19 oed (1993-94)

Gweithgaredd	% sy'n cymryd rhan
Gwrywod	
snwcer/pŵl/biliards	56
cerdded	45
pêl-droed	44
beicio	37
nofio	23
golff	15
Benywod	
cerdded	40
cadw'n ffit/ioga	29
nofio	26
snwcer/pŵl/biliards	26
beicio	14
bowlio deg/sgitls	9

Pam dewis adloniant corfforol?

Mae llawer o resymau dros ymhel â gweithgaredd corfforol. Maen nhw'n perthyn i dri grŵp:

- **Iechyd.** Bydd rhai pobl yn dechrau loncian neu nofio oherwydd eu hiechyd. Fel y nodwyd yn Uned 1.1, mae ymarfer yn helpu i atal afiechyd a lleihau tyndra. Mae hefyd yn helpu i wella eich siâp. Byddwch yn edrych yn well ac yn teimlo'n well. Mae'n debygol y byddwch yn byw'n hirach.
- **Y gweithgaredd ei hun.** Gallai pobl fynd i hwylio neu sgwba-ddeifio neu ddawnsio am eu bod yn mwynhau hyn.
- **Rhesymau cymdeithasol.** Yn aml bydd ymhel â gweithgaredd corfforol yn golygu ymuno â chlwb neu dîm. Bydd hyn yn rhoi cyfle i chi gyfarfod â phobl newydd a gwneud ffrindiau newydd. Gall gweithgareddau fel sgïo a hwylio fod yn gymdeithasol iawn. Mae rhai pobl fusnes yn defnyddio golff fel ffordd dda o ddifyrru pobl fusnes eraill.

Yn dda i'r iechyd - ac yn hwyl

Pa le sydd i chwaraeon yn hyn?

Pryd y bydd eich nofio yn peidio â bod yn adloniant ac yn troi'n gamp? Mae tair nodwedd i chwaraeon:

- Maen nhw'n **sefydliadol** a **chystadleuol.** Mae hynny'n golygu bod yna weithgareddau wedi'u trefnu gyda rheolau a rheoliadau, ac ennill yw'r nod.
- Mae gofyn rhoi ymdrech gorfforol egnïol a/neu ddefnyddio sgiliau cymhleth. Dyw segura ar eich cefn yn y pwll ddim yn cyfrif.
- Mae'r chwaraewr yn cael ei gymell gan gyfuniad o foddhad a ffactorau **allanol** (tud. 124), e.e. tâl neu wobr.

Gellir dangos adloniant corfforol a chwaraeon ar gontinwwm fel yr isod:

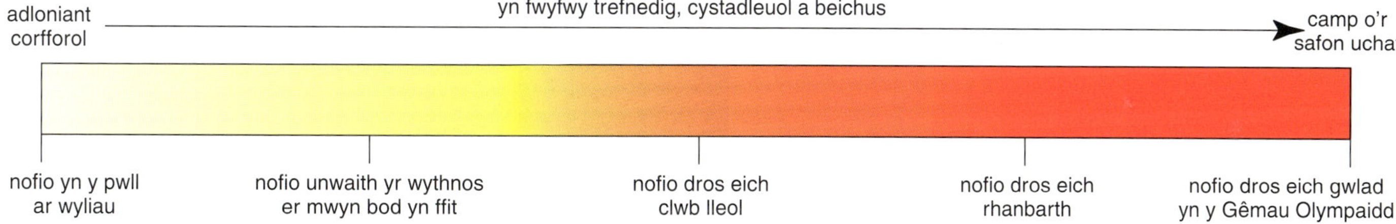

Noder bod mabolgampwyr yn cael eu rhannu'n **amaturiaid**, na chânt eu talu am chwarae camp, a mabolgampwyr **proffesiynol** sydd yn cael eu talu am wneud hynny. Cewch fwy o wybodaeth am amaturiaid a mabolgampwyr proffesiynol yn Uned 15.1.

Cwestiynau

1. Beth yw *hamdden*?
2. Ai adloniant yw Addysg Gorfforol yn yr ysgol? Pam?
3. Rhowch ddwy enghraifft o weithgaredd adloniant:
   a sydd yn gorfforol **b** nad yw'n gorfforol
4. Mae gennym fwy o amser hamdden. Pam?
5. Beth yw'r tri math o resymau dros gymryd rhan mewn adloniant corfforol? Rhowch enghreifftiau.
6. Eglurwch pam mai adloniant yn hytrach na champ yw gêm gyfeillgar o dennis ar ôl ysgol.
7. Edrychwch ar y tabl gyferbyn.
   - **a** Yn gyffredinol, pa ryw sy'n cymryd rhan fwyaf? Pam, yn eich barn chi, y mae hyn yn wir?
   - **b** Pam, yn eich barn chi, nad ydy ioga a chadw'n ffit yn y chwe uchaf ar gyfer gwrywod?

13.2 Ffactorau sy'n effeithio ar gymryd rhan

Beth sy'n hybu pobl i ymhel â gweithgaredd corfforol? Beth sy'n gwneud un gweithgaredd yn fwy poblogaidd na'i gilydd? Mae llawer o ffactorau ar waith.

Oed

Mae pobl yn llai tueddol o gymryd rhan mewn adloniant corfforol wrth fynd yn hŷn. Mae hefyd yn dibynnu ar y gweithgaredd. Ar gyfer gymnasteg mae gofyn bod yn iach a hyblyg. Mae golff yn dibynnu fwy ar sgìl nag ar gryfder neu gyflymder ac felly gallwch ei chwarae yn 16 oed ac yn 60 oed. Mae cerdded a nofio hefyd yn apelio at bobl o bob oed. Mae bowlio grîn gefngrom (*crown green bowls*) yn fwy poblogaidd ymhlith pobl hŷn.

Rhyw

Mae llai o fenywod na gwrywod yn cymryd rhan, fel y gwelir yn y tabl ar y dde. Pam? Cewch fwy o wybodaeth am fenywod yn cymryd rhan yn Uned 15.4.

% sy'n cymryd rhan mewn un gweithgaredd corfforol neu fwy (gan gynnwys cerdded)

Blwyddyn	*Gwrywod*	*Benywod*
1987	70	52
1990	73	57
1993	72	57

Addysg

Mae eich addysg yn cael effaith fawr ar eich agwedd tuag at chwaraeon ac adloniant corfforol. Os yw eich ysgol yn frwd dros chwaraeon mae'n debyg y byddwch eisoes yn chwarae cryn dipyn. Os byddwch yn ei fwynhau yn yr ysgol, byddwch yn fwy tebygol o barhau yn ddiweddarach.

Traddodiad a diwylliant

Mae traddodiad a diwylliant hefyd yn effeithio ar gymryd rhan, e.e:

- mae gan rai gwledydd draddodiad cryf mewn camp arbennig, e.e. criced yn India'r Gorllewin a pêl-fas yn UDA. Mae *kabaddi* yn boblogaidd yn rhannau o Asia.
- roedd y rhan fwyaf o'r campau ar gyfer dynion yn unig yn wreiddiol. Bu'n rhaid i ferched frwydro i gael eu cynnwys.
- mae rhai diwylliannau'n gwrthwynebu gweld merched yn cymryd rhan mewn adloniant corfforol yn gyhoeddus neu yng nghwmni dynion. Dyma un rheswm pam y mae campfeydd a phyllau nofio yn cynnal sesiynau 'merched yn unig'.

Pwysau'r grŵp cyfoedion

Eich **grŵp cyfoedion** yw'r bobl yr ydych yn cymdeithasu â nhw, sydd â'r un cefndir a'r un diddordebau â chi ac sydd tua'r un oed â chi.

Mae eich grŵp cyfoedion yn rhoi pwysau arnoch i ymddwyn mewn ffordd benodol. Chaiff hyn ddim ei fynegi mewn geiriau bob tro. Pe baech yn gwisgo'r dillad anghywir neu'n gwneud y pethau anghywir gallech deimlo allan ohoni. Os bydd eich grŵp cyfoedion yn cymeradwyo gweithgaredd bydd hynny'n eich annog i'w wneud. Yn anffodus, mae pwysau'r grŵp cyfoedion yn aml yn gorfodi pobl i roi'r gorau i chwaraeon y maent yn eu mwynhau.

Teulu

Fe gawn lawer o'n harferion a'n gwerthoedd o'n cartref. Os bydd rhiant neu frawd neu chwaer hŷn yn mwynhau chwaraeon ac yn eich annog, byddwch chi'n fwy tebygol o gymryd rhan. Mae'r rhan fwyaf o bobl ifanc yn dibynnu ar riant am arian i brynu eu cit ac am help i deithio i weithgareddau.

Economeg

Gall gweithgareddau fel hwylio, golff a marchogaeth fod yn ddrud. Efallai na allwch eu fforddio. Yn yr un modd mae cyfleusterau chwaraeon yn ddrud i'w hadeiladu ac efallai na all dinas, ardal neu wlad eu fforddio. Mae pobl ddi-waith mewn sefyllfa anodd: digon o amser i'w lenwi ond heb lawer o arian. I'w hannog nhw, yn aml bydd canolfannau chwaraeon yn codi llai ar bobl ddi-waith, yn enwedig ar adegau tawel o'r dydd.

Gweithgareddau corfforol a dosbarth cymdeithasol

	% sy'n cymryd rhan, 1993/94	
	Proffesiynol [a]	*Gweithwyr llaw medrus* [b]
Cerdded	57	39
Snwcer/pŵl/biliards	11	17
Darts	6	8
Golff	9	6
Rhedeg/loncian	11	3

[a] swyddi fel doctor a chyfreithiwr
[b] swyddi fel plymwr a thrydanwr

Rhwyddineb mynd ato
Efallai nad oes modd i chi gymryd rhan mewn camp benodol am fod y cyfleusterau agosaf filltiroedd i ffwrdd neu hyd yn oed dramor.

Anabledd
Gall anabledd gyfyngu ar eich gweithgareddau. Ond mae llawer o gampau wedi newid y rheolau i fod yn addas ar gyfer pobl anabl ac maen nhw'n trefnu hyfforddiant a chystadlaethau ar eu cyfer. Mae gan ganolfannau chwaraeon modern rampiau ar gyfer cadair olwyn, lifftiau ac ystafelloedd newid arbennig ar gyfer pobl anabl.

Mae'n bwysig i bob grŵp oed gael modd i gymryd rhan mewn gweithgaredd y maent yn ei fwynhau. Mae bowls wedi bod yn boblogaidd ymhlith pobl hŷn erioed.

Amgylchedd a hinsawdd
Mae'r gweithgareddau sydd ar gynnig hefyd yn dibynnu ar yr amgylchedd a'r hinsawdd. Os ydych yn byw'n agos at y môr neu lyn, efallai y bydd gennych gyfle i syrffio neu hwylio. Efallai y byddech am fynd dramor ar gyfer sgïo i lawr neu sgïo traws gwlad neu i roi cynnig ar gampau fel sgwba-ddeifio.

Y cyfryngau
Mae'r gan y cyfryngau ran fawr i'w chwarae wrth wneud camp yn boblogaidd. Yn ystod pencampwriaeth Wimbledon bydd pobl yn rhuthro i chwarae tennis. Mae poblogrwydd pêl-droed Americanaidd yn cynyddu yn y Deyrnas Unedig bob blwyddyn, yn bennaf o ganlyniad i'r teledu.

Gall campau hefyd fynd allan o ffasiwn. Mae snwcer a sboncen yn llai poblogaidd erbyn hyn nag yr oeddent yn yr 1980au. Yn yr 1980au roedd chwilen am feiciau BMX ac adeiladwyd traciau ledled y wlad. Ond ni wnaeth y chwilen bara'n hir.

Cewch fwy o wybodaeth am chwaraeon a'r cyfryngau ar dud. 180-183.

Gwleidyddiaeth
Bydd i ba raddau y bydd pobl yn cymryd rhan mewn gweithgaredd corfforol yn dibynnu hefyd ar eu gwleidyddion! Mae pob llywodraeth yn ymwneud â chwaraeon am un rheswm neu'i gilydd, e.e:

- Mae cyfleusterau'n costio cymaint i'w hadeiladu fel bo'n rhaid i'r llywodraeth fel rheol dalu rhywfaint o'r gost.
- Gallai llywodraeth hybu chwaraeon i bawb i geisio lleihau cost y gwasanaeth iechyd neu i leihau troseddu.
- Efallai y bydd llywodraeth yn hybu rhagoriaeth mewn chwaraeon er mwyn creu ymdeimlad o falchder yn y wlad a chodi ei statws yn y byd.

Yn y Deyrnas Unedig mae'r llywodraeth yn amcanu at hybu cymryd rhan ar raddfa helaeth a rhagoriaeth mewn chwaraeon. Mae'n arbennig o frwd dros chwaraeon yn yr ysgol. Cewch fwy o wybodaeth am hyn yn Uned 13.5.

Cwestiynau

1 Rhowch ddwy enghraifft o adloniant corfforol:
   a y mae pobl yn tueddu i roi'r gorau iddo yn eu 40au neu'n gynt
   b y gallech barhau ag ef yn eich henaint.
2 Enwch ddwy gamp sydd wedi bod yn boblogaidd yn draddodiadol yn y Deyrnas Unedig.
3 **a** Beth yw *grŵp cyfoedion*?
   b Rhowch enghraifft o sut y gall grŵp cyfoedion ddylanwadu ar y dewis o weithgaredd.
4 Ydy'r gweithgareddau y bydd pobl yn eu dewis yn dibynnu o gwbl ar ddosbarth cymdeithasol? Rhowch enghreifftiau.
5 Sut y gall arian effeithio ar gymryd rhan mewn chwaraeon yn achos: **a** unigolyn **b** gwlad?
6 Rhowch ddwy enghraifft o weithgareddau adloniadol sy'n ffasiynol ar hyn o bryd.
7 Pam y gallai rhoi arian i chwaraeon helpu i ostwng cost y gwasanaeth iechyd?

13.3 Cyfleusterau

Bydd yn rhaid i rai cyfleusterau ar gyfer chwaraeon ac adloniant gael eu **hadeiladu,** e.e. cyrtiau tennis, pyllau nofio, traciau rhedeg, campfeydd a chronfeydd dŵr a ddefnyddir fel canolfannau campau dŵr.

Mae eraill yn **naturiol**: llynnoedd, afonydd, y môr, bryniau, coedwigoedd a mynyddoedd. Ond mae'n rhaid cynllunio hyd yn oed y rhain a gofalu amdanynt. Efallai y bydd angen meysydd parcio, biniau sbwriel, llwybrau wedi'u marcio, toiledau a chanolfannau gwybodaeth. Efallai y bydd angen dynodi mannau at ddefnydd gwahanol. Dydy pysgota a sgïo dŵr ddim yn mynd gyda'i gilydd, er enghraifft. Pam?

Pwy sy'n darparu'r cyfleusterau?

Awdurdodau lleol. Mae'n debyg mai eich Cyngor lleol fydd yn berchen ar y rhan fwyaf o'r cyfleusterau chwaraeon lleol: meysydd chwarae, cyrtiau tennis, meysydd pitsio a phytio, pyllau nofio ac yn y blaen.

Ond dydy'r Cyngor ddim o reidrwydd yn eu rhedeg. Yn ôl y gyfraith mae'n rhaid i awdurdod lleol ganiatáu i gwmnïau gystadlu neu **dendro** am y cyfle i'w rhedeg. Y term am hyn yw **gwerth gorau.** Y Cyngor fydd yn darparu'r gyllideb ac yn datgan ei ofynion. Efallai, er enghraifft, y bydd am bennu'r pris y dylid ei godi ar ddefnyddwyr. Y cwmni fydd yn cynnig y gwasanaeth gorau o fewn y gyllideb fydd yn ennill y contract.

Yr awdurdod addysg lleol sy'n berchen ar y rhan fwyaf o ysgolion a'u cyfleusterau. Mae **pwrpas deublyg** i rai o gyfleusterau'r ysgolion - fe'u defnyddir hefyd gan bobl leol gyda'r nos. Yn y modd hwn fe'u defnyddir i'r eithaf. Mae hyn hefyd yn cryfhau'r cysylltiadau rhwng yr ysgol a'r gymuned.

Menter breifat. Mae llawer o gyfleusterau yn cael eu sefydlu a'u rhedeg gan fusnes er mwyn gwneud elw, e.e:

- clybiau golff a champfeydd preifat. Mae rhai yn gysylltiedig â gwestai ond hefyd yn agored i'r bobl leol. Mae rhai yn ddethol iawn ac efallai y bydd yn costio miloedd o bunnoedd y flwyddyn i fod yn aelod.
- parciau themâu fel Oakwood neu Alton Towers.
- cyfleusterau gwyliau fel Center Parcs.

Mudiadau gwirfoddol. Cyrff yw'r rhain a sefydlwyd i ddiwallu angen yn hytrach na gwneud elw. Mae llawer ohonynt, gan gynnwys:

- clybiau ieuenctid lleol, Sgowtiaid a Geidiau
- eglwysi
- elusennau cenedlaethol mawr fel Y Gymdeithas Frenhinol er Amddiffyn Adar, Yr Ymddiriedolaeth Genedlaethol a Chymdeithas Hosteli Ieuenctid.

Mae'r rhain i gyd yn darparu cyfleusterau adloniadol. Mae'r Ymddiriedolaeth Genedlaethol, er enghraifft, yn berchen ar blastai, gerddi, ffermydd, coetir a gwarchodfeydd natur sy'n agored i'r cyhoedd. Gall eglwys leol gynnig ei neuadd ar gyfer gweithgareddau fel dosbarthiadau ioga ac aerobeg.

Y Cyngor Chwaraeon. Corff a sefydlwyd gan y llywodraeth yw hwn. Mae'n rhedeg cyfleusterau cenedlaethol sy'n ganolfannau rhagoriaeth, yn bennaf ar gyfer mabolgampwyr o'r safon uchaf. Cewch fwy o wybodaeth am y rhain ar dud. 156.

Mae'r Cyngor Chwaraeon hefyd yn helpu sefydliadau eraill gyda chyngor a grantiau ar gyfer cyfleusterau chwaraeon. Gweler Unedau 13.4 ac 14.4 am fwy o wybodaeth.

Mae rhai cyfleusterau wedi'u gwasgaru'n weddol gyfartal. Ond dydy eraill ddim. Ble mae eich canolfan sgïo-dŵr agosaf?

Lleoliad y cyfleusterau

Ble y caiff y cyfleusterau eu lleoli? Mae'n dibynnu ar sawl ffactor:

- **Poblogaeth.** Does dim diben adeiladu canolfan hamdden mewn man anghysbell lle na fydd neb i'w defnyddio. Byddech yn colli arian ar y fenter. Caiff y rhan fwyaf o'r cyfleusterau eu hadeiladu mewn trefi a dinasoedd neu'n agos atynt.
- **Yr amgylchedd naturiol.** Mae angen i glybiau canŵio a hwylio gael eu sefydlu yn agos at ddŵr. Mae angen i gyfleusterau ar gyfer dringwyr fod yn agos at y mynyddoedd.
- **Cost.** Mae tir yn ddrutach mewn rhai ardaloedd na'i gilydd. Efallai y gorfodir datblygwyr i ddewis ardal ratach. Hyd yn oed mewn ardal ratach, efallai na fydd cyngor lleol yn medru fforddio cyfleusterau newydd. Ond mae ffyrdd o oresgyn hyn. Gallai fod yn gymwys ar gyfer grant gan y llywodraeth neu'r Undeb Ewropeaidd neu ar gyfer arian gan Gronfa Chwaraeon y Lotri.
- **Rhwyddineb mynd ato.** Mae'n rhaid i gyfleuster fod yn hawdd mynd ato, yn enwedig os yw y tu allan i'r dref. Mae hynny'n golygu bod yn agos at ffyrdd da ac o fewn cyrraedd cludiant cyhoeddus.
- **Caniatâd cynllunio.** Mae pob cyfleuster yn gorfod cael caniatâd cynllunio gan yr awdurdod lleol. Rhoddir cyfle i'r bobl leol fynegi eu barn. Gallen nhw wrthwynebu cyfleuster a fyddai'n 'difetha' man hardd neu'n achosi llawer o sŵn a thraffig yn yr ardal.

Cwrdd ag anghenion y defnyddwyr

Mae rhai cyfleusterau'n darparu ar gyfer un gweithgaredd yn unig. Mae eraill yn darparu ar gyfer llawer o weithgareddau. Mae rhai ar gyfer mabolgampwyr o'r safon uchaf. Mae eraill ar gyfer y defnyddiwr cyffredin. Ystyriwch yr holl grwpiau a allai ddefnyddio'r pwll nofio lleol: mamau a'u plant bach, teuluoedd, oedolion ifanc, ysgolion a dosbarthiadau nos, y clwb nofio lleol a phobl anabl, pobl hŷn a phobl ddi-waith.

Rhaid ystyried yr holl ddefnyddwyr wrth gynllunio'r cyfleuster ac wrth benderfynu ar amserlenni, prisiau ac oriau agor.

Cwestiynau

1. Nodwch ddwy enghraifft leol o gyfleusterau adloniadol:
   - **a** sydd o dan berchenogaeth y Cyngor lleol
   - **b** sydd o dan berchenogaeth breifat
   - **c** sy'n cael ei ddarparu gan fudiad gwirfoddol.
2. Efallai y bydd angen i gampfa leol ddarparu ar gyfer sawl grŵp gwahanol o ddefnyddwyr. Rhestrwch gynifer ohonynt ag y medrwch.
3. Sut y gallai pwll nofio ddarparu ar gyfer pobl anabl? Rhowch gynifer o resymau ag y medrwch.

13.4 Chwaraeon i bawb?

Mae chwaraeon ac adloniant corfforol yn dda i ni. Dyma pam y mae'r llywodraeth wedi bod yn ceisio ers blynyddoedd i gael mwy ohonom i gymryd rhan. Mae wedi gweithio yn bennaf drwy'r **Cyngor Chwaraeon**.

Y Cyngor Chwaraeon

Mewn gwirionedd mae pum cyngor gwahanol: Cynghorau Chwaraeon Cymru, Lloegr (*Sport England*), Yr Alban, (*Sportscotland*) a Gogledd Iwerddon ynghyd â Chyngor Chwaraeon y Deyrnas Unedig (*UK Sport*). Y llywodraeth sy'n eu hariannu (drwy'r Cynulliad Cenedlaethol yn achos Cyngor Chwaraeon Cymru). Fe'u sefydlwyd yn 1972 gyda'r nodau canlynol:

- cynyddu'r nifer sy'n cymryd rhan mewn chwaraeon ac adloniant corfforol
- cynyddu nifer a safon y cyfleusterau
- datblygu rhagoriaeth mewn chwaraeon.

Mae'r rhain yn nodau uchelgeisiol. I'w cyflawni, bu'n rhaid:

- casglu'r ffeithiau - e.e. pa grwpiau o bobl nad ydynt yn cymryd rhan mewn adloniant corfforol a pha ardaloedd sydd â chyfleusterau gwael
- gosod nodau i wella'r sefyllfa
- gweithredu i gyflawni'r nodau hynny.

Y Cynghorau Chwaraeon

Fe'u sefydlwyd drwy Siarter Frenhinol. Mae hynny'n golygu eu bod yn annibynnol ar y llywodraeth er mai'r llywodraeth sy'n eu hariannu. Rhaid i'r Frenhines roi caniatád i'w terfynu.

Mae *UK Sport* yn delio â meysydd cyffredinol fel dopio mewn chwaraeon, gwyddor chwaraeon, meddygaeth chwaraeon, hyfforddiant a chwaraeon rhyngwladol.

Enghreifftiau o nodau

Gwelir nodau'r Cyngor Chwaraeon mewn papurau polisïau a gyhoeddir o bryd i'w gilydd. Yn 1988, er enghraifft, yn y papur *Into the Nineties* rhoddwyd nodau i'w cyflawni erbyn 1993, gan gynnwys:

- annog 1.25 miliwn yn rhagor o ferched a 750 000 yn rhagor o ddynion i gymryd rhan mewn chwaraeon
- targedu yn arbennig yr ifanc, merched, y di-waith, yr anabl a'r lleiafrifoedd ethnig
- darparu 500 yn rhagor o neuaddau chwaraeon a 150 yn rhagor o byllau nofio.

Ymgyrchoedd

Er mwyn annog pobl i ymuno â gweithgareddau corfforol, mae'r Cyngor Chwaraeon wedi cynnal ymgyrchoedd a anelwyd at wahanol grwpiau targed. Y gobaith oedd y byddai pobl yn rhoi cynnig ar weithgaredd, yn ei fwynhau ac yna'n parhau i'w wneud. Dyma enghreifftiau o'r ymgyrchoedd:

- **Chwaraeon i'r holl bobl anabl (1981).** Roedd yr ymgyrch hon yn cyd-daro â Blwyddyn Ryngwladol yr Anabl. Ei nodau oedd:
  - annog pobl anabl i gymryd rhan mewn gweithgareddau corfforol
  - sicrhau y byddai'n haws iddynt gael defnyddio cyfleusterau a hyfforddiant
  - annog y bobl abl a'r bobl anabl i gymysgu â'i gilydd mewn chwaraeon
  - gwneud pobl yn ymwybodol o anghenion pobl anabl.
- **Pum Deg a Mwy - Popeth i Chwarae Amdano (1983).** Anelwyd yr ymgyrch hon at bobl hŷn. Roedd yn pwysleisio pwysigrwydd ymarfer a manteision adloniant corfforol. Trefnwyd gweithgareddau ledled y wlad. Trefnodd canolfannau chwaraeon sesiynau ar gyfer pobl dros 50 oed.
- **Erioed wedi Ystyried Chwaraeon? (1985)** Anelwyd yr ymgyrch hon at bobl ifanc (13-24 oed) ac yn enwedig y rhai oedd wedi rhoi'r gorau i chwaraeon ar ôl ymadael â'r ysgol.

Nod yr ymgyrch 'Chwaraeon i'r holl bobl anabl' oedd hybu saethyddiaeth a llawer o gampau eraill.

Mae'r cynllun *Clwb Cymru* gan Gyngor Chwaraeon Cymru yn annog plant 11-16 oed i ymaelodi â chlybiau chwaraeon. Mae'r Cyngor hefyd wedi datblygu cynllun gweithredu i annog mwy o ferched i ymhel â chwaraeon.

Gwella cyfleusterau

Os bydd mwy o bobl yn cymryd rhan mewn chwaraeon ac adloniant corfforol, bydd angen mwy o gyfleusterau. Mae'r Cyngor Chwaraeon yn helpu drwy wneud y canlynol:

- rhoi grantiau. Oddi ar 1995 daw'r rhan fwyaf o'r rhain o Gronfa Chwaraeon y Lotri Genedlaethol. (Gweler Uned 14.4)
- rhoi cyngor ynglŷn â chynllunio, adeiladu a rhedeg cyfleusterau.
- cynllunio a phrofi mathau newydd o gyfleusterau, gan gynnwys mathau newydd o arwynebau chwarae artiffisial.

% o'r grŵp oed a gymerai ran mewn o leiaf un gweithgaredd ar y rhestr

Blwyddyn	16 - 19	20 - 24	25 - 29	30 - 44	45 - 59	60 - 69	70 a mwy
1987	86	77	74	71	56	47	26
1990	87	81	78	73	63	54	31
1993	86	80	77	73	64	51	33

Yr hoff weithgareddau corfforol

Cerdded
Nofio
Cadw'n ffit/ioga
Beicio
Codi pwysau/ymarfer codi pwysau
Golff
Rhedeg
Pêl-droed
Badminton
Tennis
Sboncen
Marchogaeth
Criced
Darts
Bowlio deg/sgitls
Pysgota
Bowls
Tennis bwrdd

Ydy'r ymgyrchoedd wedi llwyddo?

Mae'r tablau uchod yn dangos canlyniadau arolygon a gynhaliwyd ledled y Deyrnas Unedig. Holwyd pobl 16 oed a mwy ynglŷn â'u gweithgareddau hamdden. Mae'r prif weithgareddau corfforol a ddewiswyd ganddynt wedi'u rhestru ar y dde.

Yn awr edrychwch ar y tabl uchod. Yn 1987 roedd 47% o'r grŵp 60-69 oed yn cymryd rhan mewn o leiaf un gweithgaredd. Erbyn 1993, chwe blynedd yn ddiweddarach, roedd hyn wedi cynyddu i 51%. Roedd hynny'n welliant. Ond roedd yn dal i olygu nad oedd bron hanner y grŵp (49%) yn cymryd rhan mewn gweithgaredd.

I'r dyfodol

Tan 1994 roedd tasg y Cynghorau Chwaraeon yn anodd oherwydd diffyg arian ar gyfer cyfleusterau. Mae Cronfa Chwaraeon y Lotri wedi helpu i newid hynny. Erbyn hyn mae mwy na £250 miliwn yn ychwanegol ar gael bob blwyddyn ar gyfer adeiladu a gwella cyfleusterau.

Mae'r llywodraeth hefyd wedi sylweddoli mai'r lle gorau i gael pobl i gymryd diddordeb mewn chwaraeon yw yn yr ysgol. Felly, mae ganddi gynlluniau arbennig ar eich cyfer chi. Cewch fwy o wybodaeth yn yr Uned nesaf.

Cyngor Chwaraeon Cymru ar y We

Mae gan Gyngor Chwaraeon Cymru wefan. Yno mae gwybodaeth ar gael yn Gymraeg yn ogystal â Saesneg. Dyma'r cyfeiriad er mwyn cael gwybodaeth yn Gymraeg:

www.cyngor-chwaraeon-cymru.co.uk.

Cwestiynau

1. Ar gyfer beth y sefydlwyd y Cynghorau Chwaraeon?
2. Yn eich barn chi, ai syniad da yw cael ymgyrchoedd wedi'u hanelu at grwpiau arbennig o bobl? Pam?
3. Yn eich barn chi, a gafodd yr ymgyrch a anelwyd at y bobl anabl effeithiau parhaol? Rhowch enghreifftiau.
4. Pe baech yn gorfod trefnu ymgyrch newydd, pa grŵp y byddech yn ei dargedu? Pam?
5. Edrychwch ar y tabl uchod.
   a. Pa un o'r grwpiau oed sydd fwyaf gweithgar?
   b. Oedd pob grŵp yn fwy gweithgar erbyn 1993?
   c. Ym mha grŵp y gwelwyd y cynydd mwyaf yn nifer y bobl a gymerai ran rhwng 1987 ac 1993?
   d. Yn eich barn chi, ydy'r nod o hybu 'chwaraeon i bawb' wedi'i wireddu eto? Eglurwch.

13.5 Addysg gorfforol a chwaraeon yn yr ysgol

Mae'r llywodraeth wedi gosod pwys mawr ar addysg gorfforol a chwaraeon yn yr ysgol. Beth yw'r gwahaniaeth rhyngddynt? Bydwch yn astudio addysg gorfforol yn ystod amser gwersi arferol. Cynhelir chwaraeon y tu allan i amser gwersi: mae'n **allgyrsiol.**

Pam y mae addysg gorfforol a chwaraeon yn yr ysgol yn bwysig?

- Maen nhw'n eich helpu i ddysgu amdanoch chi eich hun a'ch galluoedd.
- Maen nhw'n helpu i ddatblygu ysbryd cyd-dynnu ac ymdeimlad o chwarae teg.
- Maen nhw'n eich helpu i ddatblygu corff ffit ac iach.
- Maen nhw'n eich helpu i ddatblygu hunanhyder.
- Maen nhw'n rhoi cyfle i chi fwynhau.
- Os dowch chi i'r arfer o ymarfer yn rheolaidd yn yr ysgol, byddwch yn fwy tebygol o fyw yn iach yn ddiweddarach.
- Gallen nhw hyd yn oed arwain at yrfa i chi.

Addysg gorfforol yn y Cwricwlwm Cenedlaethol

Mae'n *rhaid* i bawb o 5 i 16 gael addysg gorfforol yn rhan o'r Cwricwlwm Cenedlaethol. Cewch ddysgu amrywiaeth o weithgareddau corfforol sy'n cynnwys gêmau tîm, athletau, gymnasteg a dawns.

Dylech hefyd gael cyfle i gymryd rhan mewn chwaraeon a gweithgareddau corfforol eraill amser cinio, ar ôl ysgol ac ar benwythnosau. Os bydd eich ysgol yn cynnig pedair awr o leiaf o chwaraeon allgyrsiol, gallai fod yn gymwys ar gyfer gwobr ***Sportsmark.***

Addysg gorfforol yn bwnc arholiad

Gallwch sefyll arholiadau mewn Addysg Gorfforol ac Astudiaethau Chwaraeon ar lefel TGAU a Safon Uwch ac yn rhan o gyrsiau GNVQ. Mae hyn yn golygu y gallwch fwynhau'r pwnc ac ennill cymhwyster a allai eich helpu i gael swydd yn ddiweddarach.

Addysg gorfforol, iechyd a ffitrwydd

Byddwch yn astudio iechyd a ffitrwydd mewn gwersi addysg gorfforol. Ond mae'r pynciau hyn mor bwysig fel bo'r ysgolion yn aml yn eu haddysgu mewn dosbarthiadau eraill hefyd.

Mae llawer o ysgolion yn cynnal diwrnodau hybu ymwybyddiaeth ynglŷn ag iechyd, gyda siaradwyr a gweithdai ar bynciau fel ysmygu, alcohol, camddefnyddio cyffuriau ac AIDS.

Y Wobr Sportsmark

Rhoddir y wobr hon i ysgol gan y llywodraeth. I fod yn gymwys mae'n rhaid i'r ysgol wneud y canlynol:

- cynnig dwy awr o leiaf o addysg gorfforol yr wythnos mewn gwersi ffurfiol.
- cynnig pedair awr o leiaf o chwaraeon yr wythnos y tu allan i wersi ffurfiol.
- annog athrawon i ddilyn cyrsiau ac ennill cymwysterau mewn hyfforddiant.
- rhoi cyfle i'r myfyrwyr gymryd rhan mewn cystadlaethau chwaraeon yn yr ysgol ac yn erbyn ysgolion eraill.
- creu cysylltiadau â chlybiau lleol i roi mwy o gyfle i'r myfyrwyr chwarae chwaraeon y tu allan i'r ysgol.
- annog y myfyrwyr i gymryd rhan yn y cynlluniau gwobrwyo a drefnir gan gyrff llywodraethol.

Ydy eich ysgol chi yn haeddu'r wobr yma?

Gall rhai ysgolion gynnig amrywiaeth helaeth o weithgareddau corfforol, dan do ac yn yr awyr agored.

Pa weithgareddau corfforol y gall ysgol eu cynnig?

Mae'n dibynnu ar y canlynol:

- yr arbenigedd sydd ar gael. Ni all ysgol gynnig gweithgaredd os nad oes neb sy'n gallu ei addysgu.
- agwedd yr athrawon. Mae llawer o athrawon yn rhoi o'u hamser rhydd amser cinio, ar ôl ysgol ac ar benwythnosau i gynnal chwaraeon a gweithgareddau allgyrsiol eraill. Os oes athro/athrawes sy'n wirioneddol frwd dros weithgaredd, mae'n gwneud gwahaniaeth mawr i'r ysgol.
  Ond erbyn hyn mae gan athrawon lai o amser i'w roi, gan fod y Cwricwlwm Cenedlaethol wedi creu mwy o waith iddynt.
- y cyfleusterau sydd ar gael. Nid oes gan bob ysgol yr arian na'r lle ar gyfer cyfleusterau da. Gall prinder meysydd chwarae fod yn broblem fawr, yn enwedig i ysgolion yn y dinasoedd.

Gall ysgol oresgyn prinder arbenigedd a chyfleusterau drwy wneud y canlynol:

- defnyddio'r ganolfan chwaraeon leol. Mae hyn fel rheol yn digwydd ar gyfer nofio.
- anfon myfyrwyr ar gyrsiau ar gyfer gweithgareddau fel hwylio a dringo.
- cysylltu â chlwb chwaraeon lleol, fel y gall fanteisio ar ei hyfforddiant a'i gyfleusterau.

Manteision cysylltiadau â chlybiau lleol

- Efallai y cewch gyfle i chwarae camp nad oes gan eich ysgol gyfleusterau ar ei chyfer.
- Cewch gyfle i chwarae mwy o chwaraeon y tu allan i oriau ysgol.
- Gall clybiau ddarparu hyfforddiant cymwys i chi gael cyrraedd safon uwch yn eich camp. Mae rhai clybiau lleol yn anfon eu hyfforddwyr i'r ysgolion i'w helpu.
- Pan fyddwch yn gwybod sut y mae clwb yn gweithio, fe'i cewch hi'n haws ymaelodi ag un ar ôl ymadael â'r ysgol. Mae rhai clybiau'n annog pobl sy'n ymadael â'r ysgol drwy godi llai o dâl arnynt am ymaelodi.

Cyrff llywodraethol a chwaraeon yn yr ysgol

Cyrff llywodraethol y campau yw'r cyrff sy'n eu rheoli ac yn eu cyfarwyddo, e.e. y Gymdeithas Nofio Amatur a Chymdeithas Pêl-droed Cymru. Mae llawer o'r rhain yn cyflogi swyddogion datblygu chwaraeon i greu cysylltiadau ag ysgolion ac i annog pobl ifanc i gymryd diddordeb yn y gamp.

Mae llawer o gyrff llywodraethol hefyd yn gweithredu cynlluniau gwobrwyo ar gyfer pobl ifanc i'w hannog nhw mewn camp. Cewch fwy o wybodaeth am y cyrff llywodraethol ar dud 163 ac 166.

Y Cyngor Chwaraeon

Yn unol â pholisi'r llywodraeth, mae'r Cyngor Chwaraeon yn rhoi blaenoriaeth i chwaraeon yn yr ysgol, e.e:

- Mae'n rhoi grantiau i athrawon fynd ar gyrsiau hyfforddi.
- Mae'n rhoi grantiau ar gyfer projectau sy'n cysylltu ysgolion â chlybiau lleol.
- Mae'n helpu i drefnu nawdd ar gyfer chwaraeon yn yr ysgol gan fusnesau lleol, e.e. gall busnes fabwysiadu tîm ysgol.
- Mae'n rhoi grantiau o Gronfa Chwaraeon y Lotri ar gyfer cyfleusterau chwaraeon mewn ysgolion os oes prinder cyfleusterau yn yr ardal ac os bydd y gymuned leol yn gallu eu defnyddio.

Cwestiynau

1 Ysgrifennwch dri rheswm pam y mae chwaraeon yn yr ysgol yn syniad da.
2 Ceisiwch nodi rheswm pam y mae'n syniad gwael.
3 Mae rhai pobl yn credu na ddylid cynnig addysg gorfforol yn bwnc arholiad. Ydych chi'n cytuno? Pam?
4 Sut y gall ysgol wneud iawn am brinder:
 a hyfforddwyr ar gyfer camp benodol;
 b cyfleusterau chwaraeon?
 Rhestrwch gynifer o ffyrdd ag y medrwch.
5 Rhestrwch dri pheth y mae Cyngor Chwaraeon Cymru yn eu gwneud i geisio annog chwaraeon yn yr ysgol.

13.6 Tuag at ragoriaeth

Mae'r llywodraeth a'r Cynghorau Chwaraeon hefyd yn rhoi blaenoriaeth i ddatblygu mabolgampwyr o'r safon uchaf - y pencampwyr.

Mabolgampwyr yn paratoi yn Lilleshall.

Yr hyn sydd ei angen i fod yn bencampwr(aig)

Mae angen dawn a gwaith caled. Ond mae angen y canlynol hefyd:

- hyfforddiant o'r safon uchaf
- cyfleusterau o'r safon uchaf
- cymorth ariannol
- cymorth gan wyddor chwaraeon a meddygaeth chwaraeon

Mae'r Cynghorau Chwaraeon a chyrff eraill yn gweithio i wella'r cymorth i fabolgampwyr yn yr holl feysydd hyn.

Y Sefydliad Hyfforddi Cenedlaethol (The National Coaching Foundation - NCF)

Fe'i sefydlwyd gan y Cyngor Chwaraeon yn 1983 i wella sgiliau hyfforddi. Mae'n cynnwys:

- **Uned Datblygu Hyfforddwyr,** sy'n cynnal cyrsiau ar gyfer hyfforddwyr ar bob safon o'r dechreuwyr i'r safonau uwch.
- 16 **Canolfan Hyfforddiant Genedlaethol,** wedi'u lleoli mewn prifysgolion a cholegau yn y Deyrnas Unedig. Maen nhw'n cynnal cyrsiau ar ran cyrff llywodraethol a chyrff eraill.
- **Hyfforddiant Pencampwyr** (*Champion Coaching*), cynllun o hyfforddiant ar ôl ysgol ar gyfer plant addawol 11-14 oed. Mae'r plant yn cael eu henwi gan eu hathrawon addysg gorfforol.

Canolfannau Rhagoriaeth

Y Cyngor Chwaraeon sy'n ariannu a rhedeg y chwe **chanolfan rhagoriaeth** ar gyfer campau dewisedig.

1 **Crystal Palace** yn Llundain - yn darparu ar gyfer amrywiaeth o gampau gan gynnwys athletau, nofio, bocsio, crefft ymladd a jwdo. Cynhelir yno hefyd gystadlaethau cenedlaethol a rhyngwladol.
2 **Bisham Abbey** yn Swydd Buckingham - canolfan rhagoriaeth ar gyfer tennis. Mae hefyd yn darparu ar gyfer pêl-droed, hoci, sboncen, ymarfer codi pwysau a golff.
3 **Lilleshall** yn Swydd Amwythig - canolfan rhagoriaeth ar gyfer pêl-droed. Mae hefyd yn darparu ar gyfer tennis bwrdd, criced, gymnasteg, saethyddiaeth, hoci a champau eraill. Mae clinig anafiadau chwaraeon yno.
4 **Holme Pierrepoint** ger Nottingham - canolfan campau dŵr, sydd â llyn regata 2000m, rhaffau halwyr sgïo (*ski tow ropes*) a slalom canŵio.
5 **Plas-Y-Brenin** yn Eryri yng ngogledd Cymru - ar gyfer gweithgareddau ar fynyddoedd a gweithgareddau awyr agored eraill, gan gynnwys dringo, canŵio, cyfeiriannu a sgïo ar lethrau sych.
6 **Y Ganolfan Feicio Genedlaethol** ym Manceinion. Fe'i hagorwyd yn 1994. Dyma'r ganolfan fwyaf diweddar.

Mae'r rhain yn darparu cyfleusterau, hyfforddiant a llety o'r safon uchaf. Fe'u defnyddir yn bennaf gan gyrff llywodraethol ar gyfer eu mabolgampwyr. Ond maen nhw'n darparu hefyd ar gyfer defnyddwyr eraill, gan gynnwys dysgwyr.

Sefydliad Chwaraeon y Deyrnas Unedig (Cymru)

Rhwydwaith o wasanaethau a gynigir i fabolgampwyr elitaidd yng Nghymru gan Gyngor Chwaraeon Cymru yw hwn. Mae'n rhan o Sefydliad Chwaraeon y Deyrnas Unedig (*UK Sports Institute*) (gweler tud. 157). Mae'n darparu cyfleusterau o'r safon uchaf, gwyddor chwaraeon, meddygaeth chwaraeon a chymorth ynglŷn â'r ffordd o fyw.

Craidd y gyfundrefn hon yw Sefydliad Chwaraeon Cymru *(Welsh Institute of Sport)* sydd â chysylltiadau agos â mannau arbenigol eraill fel y canlynol:

- Canolfan Chwaraeon Dŵr Genedlaethol Plas Menai;
- Canolfan Genedlaethol Athletau Dan Do yn Athrofa Prifysgol Cymru, Caerdydd;
- Canolfan Ragoriaeth Criced yng Nghlwb Criced Sir Forgannwg yng Nghaerdydd;
- Pwll Nofio Cenedlaethol Cymru, Abertawe (y dechreuwyd ei adeiladu yn 2001).

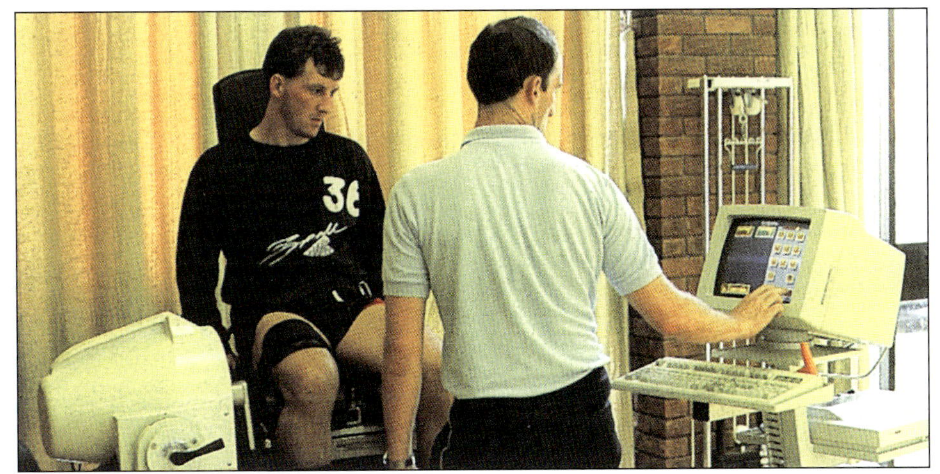

Yn y canolfannau rhagoriaeth defnyddir dulliau gwyddonol i helpu mabolgampwyr i gyflawni eu potensial llawn neu i ymadfer ar ôl anaf.

Ariannu

Gall ymarfer a chystadlu fod yn ddrud iawn. Mae'r Sefydliad Cymorth i Chwaraeon (tud. 164) yn rhoi grantiau i rai mabolgampwyr o'r safon uchaf. Mae rhai'n llwyddo i gael nawdd gan fusnes. Ond mae llawer yn gorfod gweithio i ennill bywoliaeth ac i'w hariannu eu hunain. Yn aml maen nhw'n ei chael hi'n anodd. Erbyn hyn mae'r Cyngor Chwaraeon yn gweithio i ddatblygu a chyd-drefnu'r ffynonellau ariannu.

Mae Cyngor Chwaraeon Cymru yn gweithredu'r cynllun *Elite Cymru,* sy'n rhoi cefnogaeth ariannol a chefnogaeth wyddor chwaraeon i berfformwyr elitaidd.

Gwyddor chwaraeon a meddygaeth chwaraeon

I fabolgampwr o'r safon uchaf, mae newid y dull ymarfer, y diet neu'r agwedd yn gallu gwneud byd o wahaniaeth ac achosi iddo ennill yn hytrach na cholli. Yn yr un modd gall un anaf roi terfyn ar yrfa'r mabolgampwr. Yn y meysydd hyn y bydd gwyddor chwaraeon a meddygaeth chwaraeon o gymorth.

UK Sport sydd â'r cyfrifoldeb cyffredinol am wyddor chwaraeon a meddygaeth chwaraeon. Mae'n ariannu ymchwil i'r meysydd hyn. Mae hefyd yn cynnal rhwydwaith o wyddonwyr chwaraeon, sydd yn cynghori cyrff llywodraethol ac yn gweithio gyda mabolgampwyr o'r safon uchaf i'w paratoi ar gyfer y Gêmau Olympaidd a gweithgareddau eraill.

Mae Sefydliad Cenedlaethol Meddygaeth Chwaraeon yn rhwydwaith o arbenigwyr, o bob maes meddygaeth, sydd â diddordeb arbennig mewn chwaraeon.

Sefydliad Chwaraeon y Deyrnas Unedig

Yn 1995 awgrymodd y llywodraeth y syniad o gael Academi Chwaraeon Prydain. Y syniad gwreiddiol oedd dwyn at ei gilydd bopeth sydd ei angen i helpu mabolgampwyr i fod yn bencampwyr. Ar ôl llawer o drafod penderfynwyd cael canolfannau rhanbarthol llai yn hytrach nag un Academi fawr. Mae Sefydliad Chwaraeon y Deyrnas Unedig yn cynnwys rhwydwaith o ganolfannau ledled y DU a thîm gwasanaethau canolog yn Llundain. Ei nod yw rhoi i'r mabolgampwyr gorau y gwasanaethau cymorth a'r cyfleusterau sydd eu hangen arnynt i gystadlu ac ennill ar y safon uchaf.

Cwestiynau

1 Yn eich barn chi, ai syniad da yw datblygu pencampwyr chwaraeon? Pam?
2 Pa sefydliad y mae'r llythrennau NCF (yn y Saesneg) yn ei ddynodi?
3 Beth mae'r sefydliad hwn yn ei wneud?
4 Enwch y ganolfan rhagoriaeth yn y DU ar gyfer: **a** tennis **b** beicio **c** campau dŵr **d** pêl-droed **e** gweithgareddau ar fynyddoedd.
5 Tybiwch eich bod yn godwr pwysau o'r safon uchaf. Mae gennych dymor prysur iawn. Rhestrwch yr holl bethau y bydd angen i chi wario arian arnynt ar gyfer eich camp.
6 Sut y gallai arbenigwyr maetheg helpu mabolgampwyr i berfformio'n well?
7 Sut y gallai seicolegwyr helpu mabolgampwyr i berfformio'n well.

13.7 Chwaraeon mewn gwahanol wledydd

Mae gan bob llywodraeth ddiddordeb mewn hybu chwaraeon i bawb a rhagoriaeth mewn chwaraeon - ond nid oherwydd eu bod yn mwynhau gem dda o bêl-droed!

Llywodraethau a chwaraeon

Pam hybu chwaraeon i bawb?	Pam hybu rhagoriaeth?
• I ostwng bil iechyd y genedl. Mae ymarfer rheolaidd yn golygu gwell iechyd a llai o alw am ofal iechyd.	• I roi rhywbeth y gall y genedl fod yn falch ohono. Pan fydd athletwyr yn ennill medal aur yn y Gêmau Olympaidd mae pawb yn y wlad yn teimlo'n falch ohonynt.
• I leihau troseddu a fandaliaeth. Mae chwaraeon yn fodd i gael gwared ag egni.	• I wella statws y wlad yn y byd. Bydd hyn yn ei dro yn helpu masnach a thwristiaeth.
• I uno gwahanol grwpiau diwylliannol mewn gwlad. Mae lle i bawb mewn chwaraeon.	• I brofi bod y system wleidyddol yn well na systemau gwleidyddol gwledydd eraill.

Chwaraeon yn y Deyrnas Unedig

Fel y nodwyd yn y tair Uned flaenorol, mae llywodraeth y Deyrnas Unedig yn ymwneud â chwaraeon drwy'r canlynol:

- cwricwlwm yr ysgol - mae addysg gorfforol yn orfodol ac fe allwch sefyll arholiadau yn y pwnc.
- y Cyngor Chwaraeon, sy'n gweithio i gynyddu'r nifer sy'n cymryd rhan ac i hybu rhagoriaeth, ac sy'n rhoi grantiau i wella cyfleusterau.

Dydy'r llywodraeth ei hun ddim yn rhoi llawer o arian i chwaraeon. Daw'r rhan fwyaf o'r arian o nawdd, Cronfa Chwaraeon y Lotri a chyrff llywodraethol y campau.

Cymhellion ariannol?

Efallai hefyd y bydd llywodraeth yn hybu chwaraeon er mwyn ennill arian! Fel y nodir ar dud. 169, mae llywodraeth Prydain yn ennill mwy o arian o chwaraeon nag y mae'n ei roi yn ôl i mewn.

Hyd yn oed os ydych yn fabolgampwr dawnus yn y Deyrnas Unedig, gall bywyd fod yn anodd. Efallai y bydd pêl-droediwr ifanc yn cael ei weld gan bobl sy'n chwilio am dalentau newydd ac yn cael prentisiaeth gan glwb ac yna contract. Ond os ydych yn rhedeg neu'n nofio, efallai y bydd yn rhaid i chi ddod o hyd i hyfforddwr i'ch helpu i ennill gweithgareddau. Efallai y bydd yn rhaid i chi gael swydd i'ch cynnal eich hun. Bydd hynny'n ei gwneud hi'n anodd cael amser i ymarfer a chystadlu. Ydy hi'n haws mewn gwledydd eraill?

Chwaraeon yn UDA

Yn UDA mae llywodraethau'r taleithiau hefyd yn hybu chwaraeon i bawb. Ond, yn debyg i'r Deyrnas Unedig, dydy hyn ddim yn llwyddiannus iawn. Mae llai na 50% o Americanwyr yn cymryd rhan mewn gweithgaredd corfforol yn rheolaidd.

Yn **ysgolion uwchradd** America dim ond tua hanner y myfyrwyr yng ngraddau 9 - 12 sy'n cymryd gwersi addysg gorfforol. Ond mae'r myfyrwyr athletaidd yn awyddus i fod yn nhimau'r ysgol am fod hynny'n rhoi statws uchel iddynt. Mae gweithgareddau chwaraeon rhwng ysgolion uwchradd yn rhan bwysig o fywyd ysgol. Mae pobl yn cefnogi eu hysgolion uwchradd lleol ac yn talu i wylio'r gêmau.

Yng ngholegau America mae pêl-fasged yn bwysig iawn. Mae cystadlu brwd am leoedd yn y tîm.

Os byddwch yn dangos addewid mewn camp arbennig, efallai y cewch grant i fynd i'r brifysgol neu i'r **coleg.** Mae tua $400 miliwn y flwyddyn yn cael ei gynnig mewn grantiau. Rhaid cael graddau penodol i ennill grant. Ond mewn gwirionedd bydd y coleg yn awyddus i'ch cael er mwyn eich sgiliau chwaraeon yn hytrach na'ch gallu academaidd. Mae hyn yn wir am fod cystadlu brwd iawn mewn chwaraeon rhwng y colegau ac mae hyn yn gallu ennill arian i'r coleg. Gall tîm coleg werthu hawliau darlledu, yr hawl i ddefnyddio'i logo, tocynnau i gêmau ayb.

Mae llawer o fabolgampwyr yn y colegau mor brysur gyda'u camp fel nad oes ganddynt lawer o amser i astudio. Mae rhai'n defnyddio'r coleg fel lle i gael hyfforddiant o safon Olympaidd. Mae rhai'n cael eu dewis o'r coleg i chwarae i dimau proffesiynol. Mae llawer yn ymadael â'r coleg heb raddio.

Chwaraeon yn y byd sy'n datblygu

Ychydig o gyfleusterau chwaraeon sydd mewn gwlad sy'n datblygu. Mae angen iddi wario'i harian ar bethau fel addysg, iechyd a thai. Ond bydd rhagoriaeth mewn chwaraeon yn helpu i wella ei statws yn y byd. Bydd, felly, yn canolbwyntio ar y campau y gall fod yn llwyddiannus ynddynt.

Mae Kenya yn enghraifft dda. Mae'n hybu rhedeg pellter canol a phellter hir. Mae gan rai o'r rhedwyr swyddi yn y fyddin, e.e. fel hyfforddwyr addysg gorfforol. Mae rhai'n ffermwyr. Yng Ngêmau Olympaidd Barcelona yn 1992 enillodd Kenya 2 fedal aur, 4 medal arian a 2 fedal bres mewn gweithgareddau rhedeg. Pa mor dda y gwnaeth hi yn Atlanta (1996) ac yn Sydney (2000)?

Chwaraeon yng ngwledydd yr hen Floc Dwyreiniol

Roedd gwledydd y Bloc Dwyreiniol yn cynnwys yr Undeb Sofietaidd a Dwyrain Yr Almaen. Roedden nhw'n wladwriaethau **comiwnyddol**, h.y. y wladwriaeth oedd yn berchen ar bron popeth ac yn eu rheoli, gan gynnwys ffatrïoedd, cludiant a chyfleusterau chwaraeon. Felly, roedd hefyd yn rheoli chwaraeon.

Roedd y wladwriaeth yn hybu chwaraeon i bawb yn frwd. Gwnaed hyn yn rhannol er mwyn cadw'r gweithwyr yn iach a chynhyrchiol, ac yn rhannol er mwyn cryfhau'r ethos comiwnyddol o frawdoliaeth, disgyblaeth a gwaith tîm. Roedd gan y ffatrïoedd gyfleusterau chwaraeon. Roedd system raddedig o ymarfer ar gyfer pob grŵp oed a llawer o wyliau chwaraeon *(sports festivals)*.

Roedd y wladwriaeth hefyd yn hybu rhagoriaeth. Byddai mabolgampwyr ifanc addawol - yn aml mor ifanc â 6 oed - yn mynd i 'ysgolion chwaraeon' lle bydden nhw'n cael hyfforddiant arbennig. Byddai'r gorau'n mynd i ysgolion chwaraeon preswyl. Doedd dim rhaid i fabolgampwyr o'r safon uchaf weithio tra bydden nhw'n ymarfer. Pan fydden nhw'n cymryd rhan mewn gweithgareddau fel y Gêmau Olympaidd bydden nhw'n gwneud hynny i ennill anrhydedd i'r wladwriaeth.

Rhoddodd y gwledydd hyn y gorau i gomiwnyddiaeth ar ddiwedd yr 1980au a dechrau'r 1990au. Maen nhw'n troi'n economïau marchnad yn debyg i'r Deyrnas Unedig ac UDA. Ymrannodd yr Undeb Sofietaidd yn wledydd gwahanol, sef y gwledydd gwreiddiol, e.e. Rwsia a'r Ukraine. Ond mae strwythur cadarn i chwaraeon yn y gwledydd hyn o hyd.

Mae China a Cuba yn dal i fod yn wledydd comiwnyddol. Ond maen nhw'n hybu chwaraeon yn frwd. Mae'r tabl ar y dde yn dangos hynny.

Yn debyg i Kenya, mae Morocco hefyd wedi cynhyrchu rhedwyr arbennig - dyma Khalid Skah, pencampwr Olympaidd. Pam y mae gwledydd sy'n datblygu yn gwneud yn well mewn rhedeg nag mewn campau fel tennis?

Enillwyr medalau Olympaidd: Barcelona 1992

Gwlad	Nifer y medalau Au	Ar	Pr
1 Tîm unedig (yr hen Floc Dwyreiniol)	45	38	28
2 UDA	37	34	37
3 Yr Almaen (Dwyrain a Gorllewin)	33	21	38
4 China	16	22	16
5 Cuba	14	16	11

Cwestiynau

1 Eglurwch pam y gallai 'chwaraeon i bawb' helpu: **a** i leihau bil iechyd y wlad; **b** i leihau troseddu.
2 Nodwch ddau wahaniaeth rhwng y Deyrnas Unedig ac UDA o ran chwaraeon yn yr ysgol a'r brifysgol.
3 Yn eich barn chi ai syniad da fyddai cael mwy o gystadlu rhwng ysgolion yn y Deyrnas Unedig? Pam?
4 Gall 'chwaraeon i bawb' fod yn foethusrwydd (*luxury*) na all gwlad sy'n datblygu ei fforddio. Eglurwch.
5 Yn y gorffennol bu gwladwriaethau comiwnyddol yn llwyddiannus iawn yn y Gêmau Olympaidd. Pam?
6 Lluniwch dabl tebyg i'r un uchod ar gyfer Gêmau Olympaidd Sydney yn y flwyddyn 2000.

Cwestiynau ar Bennod 13

1 Ai gweithgaredd hamdden ydyw? Eglurwch pam.
  - a chwarae pêl-rwyd amser cinio yn yr ysgol
  - b bwyta prydau gartref
  - c mynd i'r sinema
  - d cysgu'r nos
  - e beicio i'r ysgol
  - f chwarae cardiau gyda'ch ffrindiau

2
  - a Rhestrwch yr holl bethau y byddech yn eu gwneud mewn wythnos arferol.
  - b Rhannwch y rhestr yn weithgareddau hanfodol a hamdden.
  - c Rhannwch eich gweithgareddau hamdden yn weithgareddau corfforol a gweithgareddau nad ydynt yn gorfforol.
  - d Cyfrifwch yn fras faint o amser a dreuliwch ar bob gweithgaredd mewn wythnos arferol.
  - e Lluniwch siart cylch i ddangos y wybodaeth.

3 Mae'r isod yn dangos canlyniadau arolygon a gynhaliwyd mewn tair blwyddyn wahanol. Mae'n dangos y canran o bobl 16 oed a mwy a gymerodd ran yn y gweithgareddau corfforol a restrir:

Gweithgaredd	Dynion			Merched		
	1987	1990	1993	1987	1990	1993
Cerdded	41	44	45	35	38	37
Snwcer/pŵl/biliards	27	24	21	5	5	5
Darts	14	11	9	4	4	3
Beicio	10	12	14	7	7	7
Nofio						
dan do	10	11	12	11	13	14
awyr agored	4	4	4	3	4	4
Rhedeg/loncian	8	8	7	3	2	2
Golff	7	9	9	1	2	2
Cadw'n ffit/ioga	5	6	6	12	16	17
Badminton	4	4	3	3	3	2
Pysgota	4	4	4	0	0	0
Sboncen	4	4	3	1	1	1
Tennis bwrdd	4	3	2	1	1	1
Bowls lawnt/carped	2	3	3	1	1	2
Tennis	2	2	3	1	2	2
Criced	2	2	2	0	0	0

  - a Yn gyffredinol doedd merched ddim yn cymryd rhan gymaint â dynion. Pam? Rhowch gynifer o resymau ag y medrwch.
  - b Roedd merched yn cymryd rhan yn fwy na dynion mewn dau weithgaredd. Pa weithgareddau? Rhowch resymau pam.
  - c Mae'n ymddangos bod rhai gweithgareddau'n mynd yn llai poblogaidd. Pa rai? Rhowch reswm pam.
  - d Yn ôl y tabl nid aeth un ferch i bysgota. Yn eich barn chi, oedd hynny'n wir yn y Deyrnas Unedig gyfan? Rhowch resymau posibl dros y ffigur.
  - e Yn yr arolygon gofynnwyd i bobl pa weithgareddau roedden nhw wedi cymryd rhan ynddynt o leiaf unwaith yn ystod y pedair wythnos flaenorol. Yn eich barn chi, ydy'r tabl yn dangos yn glir pa mor weithgar y mae pobl? Eglurwch pam.

4 Cysylltwch bob eitem i-vii isod â llythyren A, B neu C. Dewiswch y cysylltiad gorau bob tro.
  - A adloniant
  - B adloniant corfforol
  - C chwaraeon

  - i trip canŵio yn ystod gwyliau'r haf
  - ii chwarae criced yn nhîm y sir
  - iii gwrando ar gerddoriaeth
  - iv llafnrolio yn y parc
  - v chwarae rygbi'r undeb yn nhîm Cymru
  - vi chwarae gwyddbwyll
  - vii ymarfer pêl-rwyd ar ôl ysgol

5
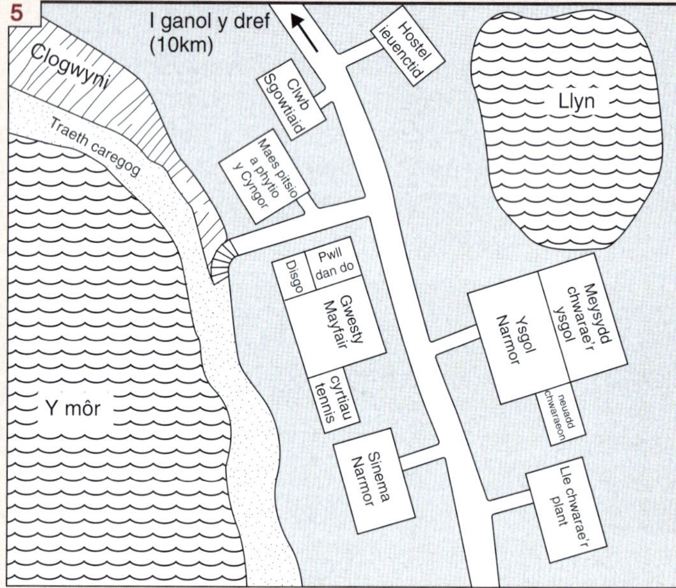

Mae'r map uchod yn dangos rhan o dref ar yr arfordir. Nid yw wedi'i luniadu wrth raddfa. Mae'r cwestiwn yn ymwneud â'r cyfleusterau ar gyfer adloniant corfforol a welir ar y map. Nodwch y canlynol:
  - a dau gyfleuster naturiol
  - b dau gyfleuster awyr agored wedi'u hadeiladu
  - c dau gyfleuster dan do wedi'u hadeiladu
  - d un cyfleuster sy'n cael ei ddarparu gan fenter breifat
  - e dau sy'n cael eu darparu gan fudiadau gwirfoddol
  - f dau sy'n cael eu darparu gan yr awdurdod lleol

6 Tybiwch eich bod yn gweithio fel cynllunydd i awdurdod lleol. Rydych am ddatblygu'r llyn yng nghwestiwn 5 at ddibenion adloniant.
  - a Awgrymwch rai gweithgareddau a allai gael eu cynnal yno.
  - b Rhestrwch y gwahanol grwpiau a allai ddefnyddio'r llyn.
  - c Nodwch unrhyw wrthdaro a allai godi rhwng y gweithgareddau. Beth allech chi ei wneud i osgoi hyn?
  - d Pe baech yn gallu llunio project sy'n cynnwys y gymuned leol a'r ysgol, efallai y gallech gael grant o Gronfa Chwaraeon y Lotri. Awgrymwch broject addas.
  - e Fydd angen i chi adeiladu rhywbeth o amgylch y llyn? Beth? Pam?

7 Dyma gwestiwn ynglŷn â'ch arholiad Addysg Gorfforol TGAU. Efallai y bydd angen cael cymorth eich athro i'w ateb.

Ar gyfer eich arholiad gallwch ddewis gweithgareddau o'r grwpiau hyn yn y Cwricwlwm Cenedlaethol: gêmau, gweithgareddau gymnasteg, dawns, gweithgareddau athletaidd, gweithgareddau awyr agored ac anturus, a nofio.

- a Faint o weithgareddau y gallwch eu dewis?
- b O faint o grwpiau y gallwch ddewis?
- c Pa weithgareddau a ddewiswyd gennych ar gyfer eich arholiad?
- d Sut y caiff y gweithgareddau hyn eu profi?
- e Pa ganran o'r marciau a roddir iddynt?
- f Oes raid i chi wneud project ysgrifenedig? Os oes, pa ganran o'r marciau a roddir iddo?
- g Pa ganran a roddir i'r papurau ysgrifenedig?

8 Mae rhai ysgolion yn cynnig amrywiaeth eang o chwaraeon. Dim ond ychydig iawn y mae ysgolion eraill yn eu cynnig.

- a Nodwch dri pheth a allai effeithio ar faint o chwaraeon y gall ysgol eu cynnig.
- b Pa broblemau arbennig y gallai ysgolion yng nghanol dinasoedd eu hwynebu ynglŷn â chyfleusterau?
- c Eglurwch sut y gallai ysgol gynnig:
  - i tennis, er nad oes ganddi gyrtiau tennis;
  - ii dringo, er ei bod yng nghanol dinas.
- d Beth allai atal yr ysgol rhag gwneud y pethau awgrymwyd gennych yn **c**?

9 Mae'r llywodraeth yn rhoi'r Wobr *Sportsmark* i ysgolion sy'n hybu chwaraeon yn frwd. I fod yn gymwys, mae'n rhaid i ysgol gyflawni nifer o feini prawf. Gall arddangos y dyfarniad ar ei llythyrau a'i phrosbectws.

- a Rhestrwch bedwar peth y mae'n rhaid i ysgol eu gwneud i fod yn gymwys.
- b Yn eich barn chi, ydy eich ysgol chi'n gymwys? Eglurwch.

10 I gael y Wobr *Sportsmark* mae'n rhaid i ysgol gynnal gweithgareddau chwaraeon cystadleuol o fewn yr ysgol ac yn erbyn ysgolion eraill.

- a Mae rhai pobl yn credu bod chwaraeon cystadleuol yn dda iawn i chi. Sut y gallan nhw fod yn fanteisiol i bobl ifanc?
- b Nodwch anfanteision chwaraeon cystadleuol i bobl ifanc.

11 Pan fydd gwlad yn frwd dros ragoriaeth, bydd yn aml yn dechrau gyda'i phlant. Yn China mae tua 30 miliwn o bobl ifanc mewn ysgolion chwaraeon. Fe'u hyfforddir gan ddefnyddio dulliau gwyddonol.

Roedd y nofwraig Chen Yan, er enghraifft, wedi dechrau yn yr ysgol chwaraeon yn 6 oed. Ymunodd â'r tîm cenedlaethol yn 12 oed. Ym mis Ebrill 1996, yn 15 oed, llwyddodd i drechu sawl nofwraig yn China oedd wedi dal record y byd.

- a Rhestrwch fanteision hyfforddi mabolgampwyr ifanc yn gynnar.
- b Rhestrwch yr anfanteision.
- c Yn gyffredinol, ai syniad da yw hyn yn eich barn chi?
- d Oedd Chen Yan yn nhîm China yn y Gêmau Olympaidd yn Atlanta yn 1996? Os oedd hi, pa mor dda y gwnaeth hi yno?

Pethau i'w gwneud

Arolwg o'r cyfleusterau lleol

- a Rhestrwch y cyfleusterau ar gyfer chwaraeon ac adloniant corfforol yn eich ardal chi o fewn 5 km i'ch ysgol neu i'ch cartref. (Bydd y Tudalennau Melyn neu'r cyfeiriadur Thomson lleol o gymorth.)
- b Ar gyfer pob cyfleuster, darganfyddwch ai'r Cyngor lleol, menter breifat neu fudiad gwirfoddol sy'n ei ddarparu.

Arolwg manwl o un cyfleuster

Gallech weithio ar hyn fesul dau. Dewiswch gyfleuster lleol ar gyfer chwaraeon neu adloniant corfforol. Cysylltwch â'r rheolwr a gofyn a allwch ymweld â'r lle fel rhan o arolwg ysgol. Gofynnwch iddo ateb y cwestiynau canlynol.

- a Pa weithgareddau y mae'n eu cynnig?
- b Pa grwpiau gwahanol o bobl sy'n ei ddefnyddio? Er enghraifft, ydy e'n croesawu pobl anabl neu famau a phlant bach iawn?
- c Pa ddarpariaeth y mae'n ei gwneud ar gyfer y grwpiau gwahanol? Er enghraifft, a oes meithrinfa?
- d Pa bris y mae'n ei godi i'w ddefnyddio? Casglwch wybodaeth am y prisiau gwahanol. Er enghraifft:
  - i Ydy'r pris mynediad yn llai i aelod?
  - ii Beth yw pris ymaelodi?
  - iii Oes prisiau gwahanol i bobl ddi-waith? i deuluoedd? i bobl dros 50 oed? i bobl sydd wedi ymddeol? i fyfyrwyr?
  - iv Oes prisiau gwahanol ar adegau gwahanol o'r dydd?
- e Fyddai unigolyn mewn cadair olwyn yn cael unrhyw broblemau o ran symud o amgylch y cyfleuster? Cerddwch o amgylch ac edrych am rampiau, drysau sy'n swingio ayb.
- f Ydy'r cyfleuster yn cynnig mannau cymdeithasu fel caffi neu far?

Yn awr ysgrifennwch adroddiad ar y cyfleuster ar gyfer y dosbarth.

Dyfarniadau chwaraeon

Mae llawer o gyrff llywodraethol mewn chwaraeon yn cynnig cynlluniau gwobrwyo i fabolgampwyr ifanc. Mae rhai cwmnïau masnachol yn trefnu cynlluniau gwobrwyo hefyd.

Casglwch gymaint o wybodaeth ag y medrwch ynglŷn â chynlluniau gwobrwyo yn eich camp chi a phwy sy'n gymwys ar eu cyfer. Ysgrifennwch adroddiad ar gyfer y dosbarth.

Chwaraeon mewn gwledydd eraill

Pan fydd mabolgampwyr yn ennill medalau yn y Gêmau Olympaidd, mae'n golygu eu bod o'r safon uchaf. Mae hefyd yn golygu eu bod wedi cael digon o gymorth, adnoddau a chyfleusterau i'w helpu i ymarfer a chystadlu.

- a Dechreuwch siart rhifo gyda'r penawdau hyn: Ewrop, Gogledd America, De America, Affrica, Asia, Awstralia.
- b Yn awr chwiliwch am restr o enillwyr medal aur yng Ngêmau Olympaidd Sydney. (Triwch y llyfrgell?)
- c Ar gyfer pob enillydd rhowch farc yn y man cywir ar eich siart. Pa ranbarth enillodd y nifer mwyaf o fedalau aur? Pa ranbarth enillodd leiaf ohonynt? Fedrwch chi egluro pam?
- d Chwiliwch am wlad sy'n datblygu a enillodd sawl medal. Oedden nhw i gyd yn yr un gamp? Ydy hyn yn eich synnu? Pam?
- e Yn awr nodwch y pum gwlad a enillodd y nifer mwyaf o fedalau yn Sydney. Faint ohonynt sydd, neu a fu, yn wladwriaethau comiwnyddol?

14.1 Sefydliadau (1)

Dydy chwaraeon ddim yn datblygu ar eu pen eu hun. Mae angen gwaith caled a chynllunio ar eu cyfer. Yma ac yn yr Uned nesaf cewch fwy o wybodaeth am y cyrff sy'n rheoli a chyfarwyddo chwaraeon.

Y Cyngor Chwaraeon

Fel y nodwyd gennym ar dud. 152, mae pum Cyngor Chwaraeon mewn gwirionedd: *UK Sport* a phedwar Cyngor gwahanol ar gyfer Cymru, Lloegr, Yr Alban a Gogledd Iwerddon.

Swyddogaeth UK Sport yw:

- gofalu am y meysydd sy'n effeithio ar chwaraeon yn gyffredinol yn y Deyrnas Unedig, e.e. hyfforddiant, gwyddor chwaraeon, meddygaeth chwaraeon a rheoli dopio;
- cynrychioli'r Deyrnas Unedig ar y llwyfan rhyngwladol a helpu i ddod â chystadlaethau mawr ym myd chwaraeon i'r Deyrnas Unedig.

Blaenoriaethau'r Cynghorau Chwaraeon cenedlaethol yw:

- gweithio ar y cyd â'r cyrff llywodraethol i ddatblygu chwaraeon yr haenau isaf (*grass roots*), ac yn enwedig ymhlith pobl ifanc;
- hybu rhagoriaeth mewn chwaraeon;
- rhoi grantiau o'u cronfeydd a Chronfa Chwaraeon y Lotri, yn bennaf ar gyfer adeiladu a gwella cyfleusterau chwaraeon.

Gweler Unedau 13.4-13.6 am fwy o wybodaeth am eu gwaith.

Sport England...

Er mwyn gwneud ei waith yn fwy effeithiol, mae wedi rhannu Lloegr yn ddeg rhanbarth gyda swyddfa ym mhob rhanbarth:

Gogledd, Gogledd-Orllewin, Swydd Efrog a'r Humber, De, De-Orllewin, Dwyrain, Llundain Fawr, De-Ddwyrain, Dwyrain y Canolbarth, Gorllewin y Canolbarth.

Cyngor Canolog Adloniant Corfforol

(The Central Council for Physical Recreation - CCPR)

Mae'r corff hwn yn cynrychioli mwy na 270 o gyrff llywodraethol a chymdeithasau o bob maes ym myd chwaraeon ac adloniant.

I'w gwneud yn haws i'w rheoli, mae'r holl feysydd hyn wedi'u rhannu'n chwe grŵp. Mae pob grŵp yn ethol pwyllgor. Mae'r rhain yn eu tro yn ethol y pwyllgor canolog sy'n rhedeg y CCPR. Dyma'r chwe grŵp:

- gêmau a chwaraeon
- prif chwaraeon i wylwyr
- symudiad a dawns
- gweithgareddau awyr agored
- adloniant dŵr
- cyrff sydd â diddordeb.

Nod y CCPR yw:

- annog cynifer o bobl ag sy'n bosibl i gymryd rhan mewn chwaraeon ac adloniant corfforol;
- cynrychioli a hybu buddiannau ei aelodau.

Am arian mae'n dibynnu ar gyfraniadau gan ei aelodau, nawdd gan fusnes, gwerthiant ei gyhoeddiadau a grant gan y Cyngor Chwaraeon.

Gan ei fod yn cynrychioli cynifer o gyrff, gall y CCPR daclo materion o bryder cyffredinol, e.e. trethi 'annheg' ar chwaraeon, camddefnyddio cyffuriau mewn chwaraeon a chwaraeon i'r anabl. Mae'n rhoi cyngor cyfreithiol ac ariannol i'r aelodau ac mae'n eu helpu i gael hyd i nawdd. Mae hefyd yn helpu i hybu chwaraeon Prydain dramor.

Rhai o aelodau'r CCPR...

Cymdeithas Pêl-rwyd Lloegr
Cymdeithas Ceffylau Prydain
Cymdeithas Jwdo Prydain
Clwb Sgïo Prydain ar gyfer yr Anabl
Olwyn Ioga Prydain
Clwb Teithio'r Beicwyr
Y Gymdeithas Bêl-droed
Cymdeithas y Geidiau
Cymdeithas y Dyfrffyrdd Mewndirol
Cymdeithas Cadw'n Ffit
Cyngor Cenedlaethol Chwaraeon yr Ysgol
Cymdeithas y Cerddwyr

Logo Cyngor Chwaraeon Cymru

Logo'r CCPR

Mae llawer o nodau'r CCPR yr un fath â nodau'r Cyngor Chwaraeon ac mae'r ddau'n cydweithio'n dda. Ond trwy gadw ar wahân, yn gorff gwirfoddol, mae'r CCPR yn credu ei fod mewn gwell sefyllfa i ofalu am fuddiannau ei aelodau.

Cyrff Llywodraethol Cenedlaethol

Mae gan bob camp drefnedig gorff llywodraethol cenedlaethol, e.e. Y Gymdeithas Bêl-droed a Chymdeithas Pêl-rwyd Lloegr.

Mae'r cyrff hyn yn gyfrifol am y canlynol:

- llunio rheolau'r gamp ac atal eu camddefnyddio;
- trefnu cystadlaethau lleol a chenedlaethol;
- dewis timau ar gyfer cystadlaethau rhyngwladol, e.e. Pencampwriaeth Ewrop a Phencampwriaeth y Byd;
- datrys unrhyw anghydfod o fewn y gamp;
- rheoli a hyfforddi dyfarnwyr;
- helpu i ddatblygu cyfleusterau;
- cynnal cysylltiadau â chyrff tebyg dramor.

Fel rheol mae'r corff llywodraethol yn cynnwys yr holl gymdeithasau rhanbarthol a sirol, a'r cynghreiriau os oes rhai. Mae'r rhain yn ethol cyngor canolog i'w reoli. Mae'r cymdeithasau sirol yn cynrychioli'r clybiau lleol.

Mae gan y corff llywodraethol gysylltiadau â chyrff llywodraethol tebyg mewn gwledydd eraill, ac â'r cyrff llywodraethol Ewropeaidd a Byd-eang. (Cewch weld sut y mae hyn yn gweithio yn achos nofio ar dud. 166.)

I ariannu ei waith, mae'r corff llywodraethol yn codi arian o weithgareddau mawr yn y gamp, tanysgrifiadau'r aelodau, nawdd, grantiau gan y Cyngor Chwaraeon a Chronfa Chwaraeon y Lotri a, lle bo'n bosibl, gwerthu hawliau darlledu gweithgareddau i'r radio a'r teledu.

Cwestiynau

1 a Sawl Cyngor Chwaraeon sydd?
  b Disgrifiwch y gwaith a wneir ganddynt.
2 Beth mae'r llythrennau *CCPR* yn ei ddynodi?
3 Disgrifiwch sut y trefnir y CCPR.
4 Eglurwch sut y mae'r CCPR yn helpu ei aelodau.
5 Beth mae corff llywodraethol camp yn ei wneud?
6 Enwch bum corff llywodraethol ym myd chwaraeon, gan gynnwys yr un ar gyfer eich camp chi.

14.2 Sefydliadau (II)

Y Sefydliad Cymorth i Chwaraeon (The Sports Aid Foundation - SAF)

Gall ymarfer a chystadlu mewn gweithgareddau fod yn gostus iawn. Ni all llawer o fabolgampwyr addawol fforddio hyn.

Mae'r SAF yn codi arian i helpu'r mabolgampwyr hyn. Mae'n gwneud hynny drwy nawdd a chyfraniadau gan fusnes, awdurdodau lleol, cyrff gwirfoddol a'r cyhoedd. Yna mae'n rhoi grantiau:

- i fabolgampwyr o safon uchel, i'w helpu i gystadlu gyda chlod yn y Gêmau Olympaidd a Phencampwriaeth Ewrop a Phencampwriaeth y Byd;
- i fabolgampwyr ifanc addawol a mabolgampwyr anabl (drwy Ymddiriedolaeth Elusennol yr SAF) i'w helpu i gyflawni eu llwyr botensial.

Mae'n rhaid i fabolgampwyr wneud cais drwy gorff llywodraethol eu camp, sy'n gorfod cymeradwyo'r cais a monitro sut y caiff y grant ei ddefnyddio.

Rhai costau mabolgampwyr o safon uchel

- ffïoedd hyfforddiant
- teithio i gyfleusterau ymarfer, a all weithiau fod dramor
- defnyddio cyfleusterau ymarfer
- teithio i weithgareddau, gan gynnwys teithiau hedfan
- ffïoedd i gymryd rhan mewn gweithgareddau
- llety oddi cartref
- bwyd gan gynnwys unrhyw ddiet arbennig
- cyfarpar
- cit chwaraeon, e.e. esgidiau
- yswiriant
- cymorth meddygol, e.e. ffisiotherapi

Y Pwyllgor Olympaidd Rhyngwladol (The International Olympic Committee - IOC)

Dyma brif bwyllgor y Mudiad Olympaidd. Fe'i dewisir o'r gwledydd sy'n aelodau. Ei brif swyddogaethau yw:

- dewis ym mha ddinasoedd i gynnal y gêmau;
- penderfynu ar y campau sydd i'w cynnwys;
- gweithio gyda'r ddinas sy'n croesawu'r gêmau a chyrff eraill i gynllunio'r gêmau;
- arwain y frwydr yn erbyn dopio mewn chwaraeon.

Am arian mae'r IOC yn dibynnu yn bennaf ar werthu hawliau teledu ac ar nawdd gan gwmnïau amlwladol fel Coca Cola ac IBM. Talodd y cwmni teledu Americanaidd NBC tua £300 miliwn am hawliau darlledu'r Gêmau yn Atlanta. Ni chaniateir i noddwyr hybysebu yn y stadia Olympaidd. Ond fe allan nhw ddefnyddio'r symbolau Olympaidd ar eu cynhyrchion. Fe gân nhw gyfleusterau croeso neilltuedig (*exclusive hospitality*) yn y gêmau a'r slotiau hysbysebu gorau pan gaiff y gêmau eu darlledu.

Mae'r arian a dderbynnir gan yr IOC yn cael ei rannu rhwng yr IOC, Ffederasiynau Rhyngwladol y Campau, y Pwyllgorau Olympaidd Cenedlaethol a'r Pwyllgor Gwaith lleol ar gyfer pob Gêmau Olympaidd.

Cymdeithas Olympaidd Prydain (The British Olympic Association - BOA)

Mae'r Gymdeithas hon yn rhan o'r Mudiad Olympaidd. Ei phrif swyddogaethau yw:

- dewis tîm Prydain ar gyfer y Gêmau Olympaidd;
- codi arian i anfon y tîm i'r gêmau;
- gwneud y trefniadau i fynd â nhw yno;
- gweithio gyda'r cyrff llywodraethol i baratoi'r mabolgampwyr.

Er bod y Gymdeithas yn cael peth arian gan yr IOC, nid yw hyn yn agos at fod yn ddigon i gynnal tîm. Mae'r Gymdeithas yn codi'r gweddill sydd ei angen o nawdd, o drwyddedu ei logo (e.e. ar gyfer mygiau a chrysau T) ac o gyfraniadau gan y cyhoedd.

Yn unol â'r delfrydau Olympaidd, mae'r Gymdeithas yn cadw'n glir o wleidyddiaeth. Yn 1980 roedd y llywodraeth am iddi foicotio'r Gêmau yn Moscow i brotestio yn erbyn goresgyniad Afghanistan gan yr Undeb Sofietaidd. Gwrthod wnaeth y Gymdeithas.

Logo Cymdeithas Olympaidd Prydain, yn ymgorffori'r cylchoedd Olympaidd.

Rhoddir y neges yma ar y bwrdd sgôr ym mhob Gêmau Olympaidd. Yn eich barn chi, ydy'r mabolgampwyr, yr hyfforddwyr a'r gwylwyr yn cytuno â hi?

Mae Cyngor Cefn Gwlad Cymru yn helpu i gynnal a chadw Llwybrau Cenedlaethol a llwybrau eraill ar gyfer cerddwyr.

Cyngor Cefn Gwlad Cymru

Mae Cyngor Cefn Gwlad Cymru yn gofalu am gefn gwlad Cymru ac mae'n cynghori'r llywodraeth ynglŷn â materion yn ymwneud â'r cefn gwlad. Mae'n cael ei ariannu gan y llywodraeth ar ffurf grant gan y Cynulliad Cenedlaethol.

Dydy'r Cyngor ddim yn ymwneud â chwaraeon yn uniongyrchol, ond mae ganddo ran i'w chwarae wrth hybu adloniant corfforol. Ei nod yw sicrhau y caiff pobl fwynhad o ardaloedd cefn gwlad ond hefyd y caiff yr ardaloedd hyn eu gwarchod. Mae'n ymwneud â'r canlynol:

- datblygu a gofalu am Lwybrau Cenedlaethol ar gyfer cerddwyr, beicwyr a marchogion. Mae'r rhain yn cynnwys llwybrau Clawdd Offa ac Arfordir Penfro.
- adfer llwybrau cyhoeddus i'r cyhoedd. Mae miloedd ar filoedd o lwybrau ledled y wlad lle mae gennych yr hawl i gerdded heb eich rhwystro.

Mae hefyd yn rhoi cyngor am ofalu am rannau arbennig o gefn gwlad Cymru:

- y Parciau Cenedlaethol, e.e. Eryri;
- yr Arfordiroedd Treftadol;
- Ardaloedd o Harddwch Naturiol Eithriadol, e.e. Bryniau Clwyd.

Mae gan Loegr a'r Alban gyrff tebyg: *English Nature* a'r *Scottish Natural Heritage.*

Logo Cyngor Cefn Gwlad Cymru.

Cwestiynau

1 Mae'r SAF yn helpu mabolgampwyr Prydain i ragori.
  a Eglurwch pam y mae hyn yn wir.
  b O ble y daw'r arian?
2 Beth yw'r *IOC*? Beth yw ei brif swyddogaethau?
3 Beth yw'r *BOA*? Beth yw ei phrif swyddogaethau?
4 Tybiwch mai eich gwaith chi yw trefnu i fynd â thîm Prydain i'r Gêmau Olympaidd a gofalu amdano yno. Pa bethau y byddai angen i chi eu hystyried?
5 Disgrifiwch ddwy ffordd y mae Cyngor Cefn Gwlad Cymru yn helpu pobl i fwynhau adloniant corfforol.

14.3 Y tu mewn i gamp

Er mwyn cynnal gweithgareddau lleol, cenedlaethol a rhyngwladol mae'n rhaid i gamp gael ei threfnu'n dda.

Trefniadaeth camp

Cymerwn nofio fel enghraifft. Soniwyd am gyrff llywodraethol ar dud. 163. Corff llywodraethol nofio yn Lloegr yw'r Gymdeithas Nofio Amatur *(Amateur Swimming Association - ASA)*. Gwelir isod sut y mae'r ASA wedi'i chysylltu â'r cyrff llywodraethol (cll) eraill ym myd nofio ac â'r clybiau lleol.

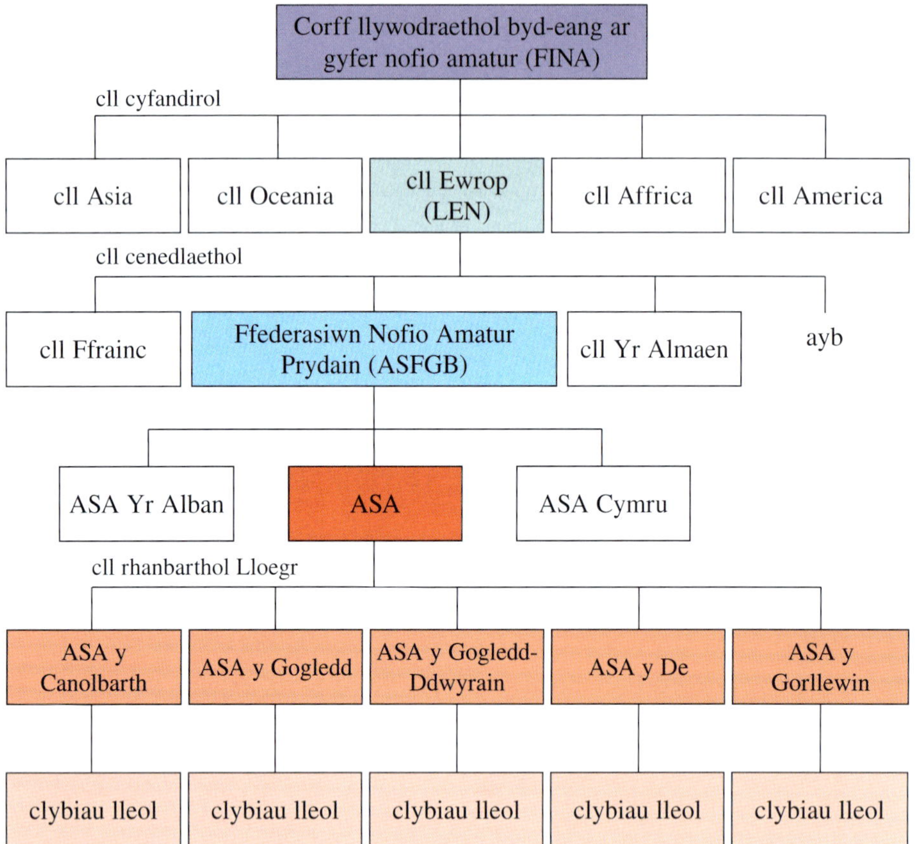

Os ydych yn nofiwr dawnus byddwch yn dechrau ar y gwaelod, yn cystadlu mewn gweithgareddau lleol. Byddwch yn ennill ac yn symud i fyny i weithgareddau rhanbarthol, yna i weithgareddau cenedlaethol, ac yn olaf i weithgareddau rhyngwladol.

Y clybiau lleol

Swyddogaeth unrhyw glwb lleol mewn unrhyw gamp yw:

- darparu cyfleusterau;
- trefnu cystadlaethau;
- hybu'r gamp ac annog aelodau newydd.

Un ffordd dda o annog aelodau newydd yw gwneud cysylltiadau ag ysgolion lleol. Mae hynny hefyd yn fanteisiol i'r ysgolion, fel y nodwyd ar dud. 155.

Gall clwb llwyddiannus fod yn ganolbwynt i'r gymuned a rhoi iddi ymdeimlad cryf o falchder. Allwch chi feddwl am glwb mawr sy'n gwneud hyn?

Y tu mewn i glwb

I raddau helaeth mae gan bob clwb yr un strwythur, beth bynnag fo'i faint a beth bynnag fo'r gamp.

Mae pawb sy'n ymuno â'r clwb yn **aelod** ac yn gorfod talu ffi aelodaeth. Mae'r aelodau'n ethol **pwyllgor** i redeg y clwb. Aelodau'r pwyllgor yw **swyddogion** y clwb. Mae'r pwyllgor yn cyfarfod yn rheolaidd, e.e. bob pythefnos, i wneud penderfyniadau ynglŷn â gweithgareddau'r clwb.

Y pwyllgor

Y cadeirydd. Dyma brif swyddog y clwb. Ef neu hi sy'n cynrychioli'r clwb ac sy'n cadeirio'r cyfarfodydd.

Yr is-gadeirydd. Bydd yr unigolyn yma'n cymryd drosodd os bydd y cadeirydd yn absennol.

Yr ysgrifennydd. Mae'r ysgrifennydd yn trefnu cyfarfodydd, yn cadw **cofnodion** ysgrifenedig o'r trafodaethau ynddynt ac yn sicrhau y caiff pawb eu hysbysu am y penderfyniadau a wnaed.

Y trysorydd. Mae'r trysorydd yn gofalu am gyllid y clwb ac yn rheoli cyfrif banc y clwb. Fel rheol mae'n rhaid i sieciau sy'n cael eu talu gael eu harwyddo gan y trysorydd ac o leiaf un swyddog arall yn y clwb.

Swyddogion eraill. Yn dibynnu ar faint y clwb, gallai fod sawl swyddog arall yno, e.e. ysgrifennydd gêmau i drefnu gweithgareddau, ysgrifennydd aelodaeth i ddod o hyd i aelodau newydd a'u cofrestru, a hyfforddwr.

O ble y daw'r arian?

Fel rheol daw arian clybiau lleol o'r canlynol:

- ffïoedd aelodaeth a ffïoedd gêmau, e.e. mewn clwb sboncen byddwch yn gorfod talu ffi i archebu cwrt;
- grantiau gan yr awdurdod lleol neu gorff llywodraethol y gamp;
- nawdd gan gwmnïau lleol;
- gweithgareddau codi arian, e.e. barbeciw, raffl.

Gall clybiau **proffesiynol** mawr fel Manchester United godi cryn dipyn o arian drwy werthu tocynnau a thrwy werthu **nwyddau** fel cit yn lliwiau'r tîm, baneri a phosteri. Edrychwch ar y bocs ar y dde.

Mae rhai clybiau mawr yn **gwmnïau cyfyngedig cyhoeddus.** Mae eu cyfranddalwyr yn rhoi arian i mewn i'r clwb drwy brynu cyfranddaliadau ac yn disgwyl rhan o'r elw yn gyfnewid am hynny. Un enghraifft yw Manchester United.

Enillion Manchester United, 1995

	£ miliwn
Tocynnau mynediad a gwerthiant rhaglenni	19.6
Teledu	6.8
Nawdd, breindaliadau (*royalties*) a hysbysebu	7.4
Cynadleddau ac arlwyo	3.4
Nwyddau ac ati	23.4
Cyfanswm	60.6

Cwestiynau

1 Yn achos eich camp chi enwch:
   a y corff llywodraethol Byd-eang;
   b y corff llywodraethol Ewropeaidd;
   c y corff llywodraethol yn y DU.

2 Enwch dri swyddog gwahanol a geir mewn clwb ym myd chwaraeon, a nodwch eu swyddogaethau.

3 Nodwch glwb pêl-droed arall sydd yn gwmni cyfyngedig cyhoeddus.

14.4 Cyllid mewn chwaraeon

Mae'n costio cryn dipyn i adeiladu a rhedeg cyfleusterau chwaraeon, i drefnu gweithgareddau, i brynu cyfarpar ac i hyfforddi mabolgampwyr. Pwy sy'n talu?

O ble y daw'r arian?

Y llywodraeth genedlaethol. Mae'r llywodraeth yn codi arian bob blwyddyn drwy drethi ac o ffynonellau eraill. Yna adeg y Gyllideb mae'r Canghellor yn penderfynu faint y gellir ei wario ac yn rhannu hyn rhwng gwahanol adrannau'r llywodraeth.

Adran y Dreftadaeth Genedlaethol sy'n gyfrifol am chwaraeon. Mae'n penderfynu faint o'i rhan hi o'r arian fydd yn mynd i chwaraeon. Caiff y rhan fwyaf o hyn ei rannu rhwng y pum **Cyngor Chwaraeon**. Byddan nhw'n defnyddio'r arian i helpu i ddatblygu chwaraeon, i wella cyfleusterau ac i hybu rhagoriaeth. Cewch fwy o wybodaeth am y rhain yn Unedau 13.4 - 13.6 ac Uned 14.1.

Llywodraeth leol. Mae eich Cyngor lleol yn codi arian drwy'r **dreth gyngor** sy'n cael ei thalu gan bob cartref a thrwy'r **dreth fusnes** sy'n cael ei thalu gan siopau a busnesau eraill. Mae'n defnyddio'r arian i adeiladu a chynnal ysgolion a chyfleusterau adloniadol yn ogystal ag ar gyfer gwasanaethau fel yr heddlu, y frigâd dân a gwaredu gwastraff.

Cyrff llywodraethol chwaraeon. Maen nhw'n ennill arian o bethau fel:

- gwerthu caniatâd i weithgareddau gael eu darlledu ar y teledu a'r radio, e.e. yn 1995 tarodd y Gymdeithas Bêl-droed fargen deledu oedd yn werth £250 miliwn;
- gwerthu tocynnau i weithgareddau mawr fel gêmau terfynol a Wimbledon.

Yna byddan nhw'n rhoi'r rhan fwyaf o'r arian yn ôl i mewn i'w campau.

Y Lotri Genedlaethol. Fe'i lansiwyd yn 1994. Bob wythnos bydd pobl yn prynu 70 miliwn o docynnau lotri a 20 miliwn o gardiau crafu. Mae cyfran o bob £1 sy'n cael ei gwario ar docyn lotri yn mynd i Gronfa Chwaraeon y Lotri. (Mae'r gyfran bron yr un fath ar gyfer cerdyn crafu.) Mae'r gronfa'n cael ei thrafod gan y Cynghorau Chwaraeon sy'n rhoi'r arian fel grantiau ar gyfer projectau ym myd chwaraeon.

Tocyn Lotri Genedlaethol: ble mae'r £1 yn mynd (canol yr 1990au)

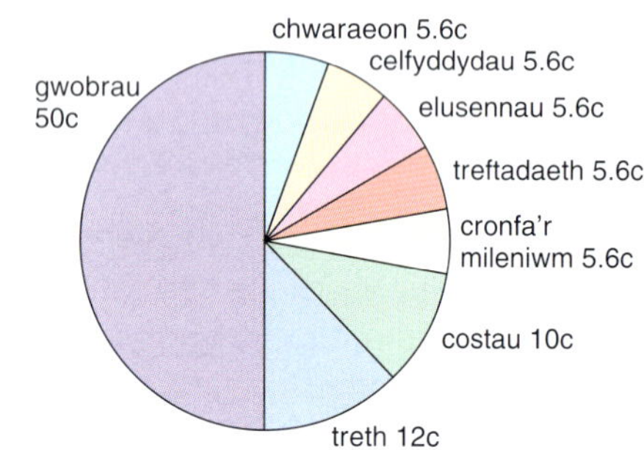

Nawdd. Dyma ffynhonnell fawr o gyllid ar gyfer chwaraeon. Fe welwch enwau noddwyr ar grysau'r gwahanol dimau pêl-droed. Mae noddwyr hefyd ar gyfer y gwahanol gynghreiriau ym myd pêl-droed, rygbi ayb.

Ond nid ar gyfer projectau mawr ac enwau mawr yn unig y ceir nawdd. Gallai busnes lleol dalu am dlws neu git tîm pêl-droed y plant lleol. Ceir mwy o wybodaeth am nawdd yn Uned 15.2.

Unigolion preifat. Gall unigolyn cyfoethog gyfrannu swm mawr at ei hoff glwb neu hyd yn oed ei brynu! Bu Jack Walker, miliwnydd o'r diwydiant dur, yn berchennog ac yn gadeirydd Blackburn Rovers. Bu Alan Sugar o Amstrad yn berchennog ac yn gadeirydd Tottenham Hotspur.

Gwerthu tocynnau a nwyddau. Mae clybiau'n cael arian drwy werthu tocynnau ar gyfer gweithgareddau a phethau fel crysau chwys, sgarffiau, baneri a phosteri. Nodwyd ar dud. 167 faint y gall Manchester United ei ennill o'r ffynonellau hyn.

Ffïoedd aelodaeth. Mae rhai clybiau bach fel y clwb sboncen lleol yn codi ffi aelodaeth i dalu am gostau gweithredu.

Diwrnod y *Grand National*: diwrnod da i'r llywodraeth! Bydd cyfran o'r arian sy'n cael ei fetio ar y ceffylau hefyd yn mynd i'r Bwrdd Rasio i helpu i ddatblygu'r gamp.

Mwy am drethi

Dyma'r mathau o drethi y byddwn yn eu talu i'r llywodraeth:

- **treth ar enillion.** Mae pobl sy'n ennill cyflog yn talu **treth incwm**. Mae busnesau'n talu **treth gorfforaeth.** Po fwyaf y byddwch yn ei ennill, mwyaf i gyd y byddwch yn ei dalu. Mae hyd yn oed cyrff fel Cymdeithas Tennis Lawnt a'r Gymdeithas Bêl-droed yn gorfod talu treth.
- **treth ar wariant.** Mae **treth ar werth** (TAW) yn cael ei chynnwys ym mhris y rhan fwyaf o'r pethau a brynwch, e.e. cryno-ddisgiau, gêmau cyfrifiadurol a thocynnau i gêmau pêl-droed.
- **treth ar gamblo.** Cyn y Gyllideb yn 2001 byddai'r llywodraeth yn cael cyfran o bob £1 y byddai unigolyn yn ei betio ar y *Grand National* neu ar weithgaredd arall. Ond yn sgil newid a gyflwynwyd yn y Gyllideb honno, y bwcis sy'n talu treth bellach. Am bob tocyn £1 yn y lotri (sydd hefyd yn gamblo!) mae'r llywodraeth yn cael cyfran.

Bob blwyddyn mae'r Trysorlys yn cael £3.6 biliwn drwy drethu chwaraeon. Nid yw'n rhoi yn agos at hynny yn ôl i chwaraeon.

Cronfa Chwaraeon y Lotri

Tybiwch fod clwb ieuenctid am adeiladu man cyfarfod newydd. Gall wneud cais i Gronfa Chwaraeon y Lotri am grant. Bydd y cais yn mynd i banel fydd yn dweud ie neu na. Dim ond ar yr amodau canlynol y caiff project arian:

- os bydd o fudd i'r gymuned, gan gynnwys pobl anabl;
- os bydd yn cynnwys adeiladu neu wella rhywbeth neu brynu cyfarpar;
- os bydd wedi'i gynllunio'n dda ac yn debygol o lwyddo;
- os bydd o leiaf 35% o gyfanswm y gost yn cael ei godi rywle arall (neu 10% mewn ardal â blaenoriaeth).

Gall y projectau fod yn fawr neu'n fach. Yn 1996 rhoddwyd £46 miliwn i Undeb Rygbi Cymru i adeiladu stadiwm newydd yng Nghaerdydd. Ar yr un pryd cafodd clwb tanddwr (*sub-aqua*) £2000 i brynu cyfarpar.

Pwy all wneud cais am grant gan Gronfa Chwaraeon y Lotri?

Cyrff fel y rhain:

- clybiau chwaraeon
- clybiau ieuenctid
- cymdeithasau cymunedol
- cymdeithasau chwaraeon
- cyrff llywodraethol chwaraeon
- awdurdodau lleol
- ysgolion a cholegau (ar gyfer cyfleusterau y bwriadant eu rhannu â'r cyhoedd)

Cwestiynau

1 Eglurwch sut y caiff chwaraeon eu hariannu gan:
   a y llywodraeth genedlaethol; b llywodraeth leol.
2 Pan fydd unigolyn yn gwario £1 ar docyn lotri, ble fydd yr arian yn mynd?
3 Disgrifiwch dair treth a godir gan y llywodraeth.
4 Pa gorff sy'n gofalu am Gronfa Chwaraeon y Lotri?
5 Lluniwch broject ar gyfer clwb ieuenctid lleol a allai fod yn gymwys ar gyfer arian o'r lotri. Sut y bydd o les i'r gymuned leol, gan gynnwys pobl anabl? Dylai eich disgrifiad fod mor fanwl ag sy'n bosibl.

14.5 Chwaraeon rhyngwladol

Mae chwaraeon yn dwyn pobl o bob hil at ei gilydd, beth bynnag fo'r gwahaniaethau rhyngddynt.

Y delfrydau Olympaidd

Nod y Gêmau Olympaidd yw hybu:

- rhagoriaeth bersonol
- chwaraeon fel addysg
- cyfnewid diwylliannol
- cyfranogiad torfol
- chwarae teg
- dealltwriaeth ryngwladol

Manteision chwaraeon rhynglwadol

- Rhoi cyfle i chwaraewyr a chefnogwyr o wahanol wledydd gyfarfod a datblygu cyfeillgarwch.
- Uno pobl o wahanol hil, crefydd, diwylliant a dosbarth sy'n rhannu yr un diddordeb.
- Rhoi cyfle i fabolgampwyr gorau'r byd gystadlu yn erbyn ei gilydd. Mae hyn yn hybu rhagoriaeth.
- Lledaenu diddordeb mewn chwaraeon a hybu mwy o bobl i chwarae.

Cystadlaethau rhyngwladol

Mae'r rhan fwyaf o gampau'n cynnal cystadlaethau rhyngwladol. Fe'u trefnir gan eu cyrff llywodraethol rhyngwladol. Yn achos pêl-droed, er enghraifft, trefnir cystadlaethau Ewropeaidd gan UEFA (y corff llywodraethol Ewropeaidd) a threfnir Cwpan y Byd gan FIFA (y corff llywodraethol Byd-eang). Pwy fyddai'n trefnu'r Bencampwriaeth Nofio Ewropeaidd a Phencampwriaeth Nofio y Byd? (Gweler y diagram ar dud. 166.)

Mae cystadlaethau fel Gêmau'r Gymanwlad a'r Gêmau Olympaidd yn cynnwys amrywiaeth helaeth o gampau. Fe'u trefnir gan gyfundrefnau gwahanol gyda chymorth y cyrff llywodraethol. Er enghraifft, y Pwyllgor Olympaidd Rhyngwladol (tud. 164) sy'n trefnu'r Gêmau Olympaidd a Gêmau Olympaidd y Gaeaf, sydd erbyn hyn yn cynnwys mwy na 30 o gampau.

Croesawu cystadlaethau rhyngwladol

Y **croesawydd** (*host*) yw'r ddinas neu'r wlad sy'n cynnal y cystadlaethau.
Y **man cystadlu** (*venue*) yw'r stadiwm lle y cynhelir y cystadlaethau.

Mae'r Gêmau Olympaidd yn cael eu croesawu gan ddinasoedd, e.e. Sydney yn y flwyddyn 2000. Ond mae llawer o gystadlaethau yn cael eu croesawu gan wlad a'u cynnal mewn sawl canolfan. Croesawodd Lloegr Bencampwriaeth Bêl-droed Cenhedloedd Ewrop yn 1996 (*Euro '96*). Roedd y mannau cystadlu yn Birmingham, Leeds, Lerpwl, Llundain, Manceinion, Newcastle, Nottingham a Sheffield.

Seremoni agoriadol y Gêmau Olympaidd yn Seoul yn 1988. Mae gwledydd yn paratoi flynyddoedd ymlaen llaw i gystadlu am y cyfle i groesawu'r Gêmau Olympaidd.

Rhai o fanteision bod yn groesawydd

Yn aml bydd gwledydd a dinasoedd yn cystadlu'n frwd am y cyfle i groesawu cystadleuaeth ryngwladol ym myd chwaraeon. Pam?

- Mae'n dod â bri. Mae croesawu'r gêmau Olympaidd yn cael ei ystyried yn anrhydedd. Os bydd y gystadleuaeth yn llwyddiant, bydd y ddinas a'i chroesawodd yn elwa mewn sawl ffordd, e.e. cynnydd mewn masnach a thwristiaeth.
- Mae'n uno'r wlad ac yn creu ymdeimlad o falchder.
- Mae'n cynyddu nifer y cyfleusterau chwaraeon - a chyfleusterau eraill - yn y ddinas honno. Bydd dinasoedd yn adeiladu neu'n gwella eu cyfleusterau er mwyn croesawu cystadlaethau. Gallant gael eu defnyddio gan y bobl leol ymhell wedi'r cystadlaethau.
- Gall y gystadleuaeth wneud elw. Gall gwerthu hawliau radio a theledu, tocynnau a nwyddau ennill cryn dipyn o arian. Bydd siopau lleol, tai bwyta, gwestai, tacsis a gwasanaethau eraill ar eu hennill hefyd.

Rhai o anfanteision bod yn groesawydd

- Os bydd y wlad neu'r ddinas yn cael trafferthion wrth drefnu'r gystadleuaeth, gall golli arian. Gwnaeth Montreal golled o fwy nag $1 biliwn gyda'r Gêmau Olympaidd yn 1976. Bydd yn cymryd blynyddoedd eto i glirio'r ddyled.
- Bydd cystadleuaeth sy'n denu hwliganiaid yn rhoi pwysau mawr ar yr heddlu. Efallai y bydd yn rhaid patrolio'r trenau a'r meysydd awyr yn ogystal â'r mannau cystadlu.
- Bydd nifer mawr o ymwelwyr yn rhoi pwysau ychwanegol ar westai, cludiant, cyflenwad dŵr ac yn y blaen. Os na allant ymdopi, bydd yna broblemau.
- Mae risg i ddiogelwch wrth gynnal cystadlaethau mawr. Mae miliynau o bobl yn eu gwylio ar y teledu ac felly gallai terfysgwyr a grwpiau eraill eu defnyddio i leisio'u cŵyn. Gallai bygythiadau bom, streiciau a therfysgoedd amharu ar y gystadleuaeth.
- Os na fydd y gystadleuaeth yn mynd yn hwylus bydd delwedd y croesawydd yn dioddef. Bydd y croesawydd yn cael trafferth i ddenu cystadlaethau eraill.

Chwaraeon rhyngwladol a gwleidyddiaeth

Gall chwaraeon hybu heddwch a dealltwriaeth. Ond lle mae gwledydd eisoes yn elynion, efallai y byddant yn defnyddio chwaraeon fel math o 'ryfel oer'.

- Efallai y bydd gwlad yn penderfynu boicotio cystadleuaeth am resymau gwleidyddol.
- Efallai y bydd gwlad yn defnyddio'i mabolgampwyr gorau i brofi ei bod yn gryfach na'i gelynion neu i brofi bod ei system wleidyddol yn well.

Y Gêmau Olympaidd yw'r gystadleuaeth fwyaf ei maint a'r fwyaf trawiadol ym myd chwaraeon. Dros y blynyddoedd fe'u defnyddiwyd yn aml at ddibenion gwleidyddol. Cewch wybodaeth am hyn yn yr Uned nesaf.

Gêmau Olympaidd Atlanta 1996

- 26 o gampau
- 271 o weithgareddau
- Mwy na 10 000 o fabolgampwyr
- Cost: tua $1.7 biliwn
- Elw: tua $13 miliwn

Chwaraeon rhyngwladol ac arian

Gall cynnal cystadleuaeth ryngwladol fod yn arbennig o ddrud. O ganlyniad:

- ni all gwledydd tlawd eu fforddio;
- ni all hyd yn oed y gwledydd cyfoethog fforddio cystadlaethau mawr heb nawdd a gwerthu hawliau darlledu. Cost cynnal Gêmau Olympaidd Atlanta, er enghraifft, oedd tua $1.7 biliwn (mwy nag £1 biliwn).

Mae rhai pobl yn credu bod y Gêmau Olympaidd yn rhy fasnachol erbyn hyn, gydag adloniant ac elw yr un mor bwysig â chwaraeon. Beth yw eich barn chi?

Cwestiynau

1 Nodwch ddwy o fanteision chwaraeon rhyngwladol.
2 Enwch ddinas sydd wedi croesawu:
  a Gêmau Olympaidd yr Haf
  b Gêmau Olympaidd y Gaeaf c Gêmau'r Gymanwlad.
3 Mae eich dinas chi'n bwriadu croesawu cystadleuaeth bêl-droed ryngwladol. Rhestrwch yr holl bethau y bydd angen iddi eu hystyried.
4 a Nodwch ddwy fantais i groesawu cystadleuaeth ryngwladol ym myd chwaraeon.
  b Nodwch ddwy anfantais.
5 Ydych chi'n cytuno bod y Gêmau Olympaidd yn hybu:
  a rhagoriaeth;
  b cyfranogiad torfol mewn chwaraeon?
  Eglurwch pam.

14.6 Trafferth yn y Gêmau!

Y Gêmau Olympaidd yw'r gystadleuaeth fwyaf ac enwocaf ym myd chwaraeon. Maen nhw, felly, yn agored i broblemau mawr gwleidyddol ac ariannol, fel y gwelwch isod.

1936 Berlin

Rhoddwyd y gêmau i Berlin yn 1931. Erbyn 1936 roedd Hitler a'r Natsïaid mewn grym, ond roedd yn rhy hwyr i symud y gêmau.

Defnyddiodd Hitler y gêmau i frolio grym y Natsïaid ac i geisio profi ei ddamcaniaeth bod yr hiliau Gogleddol golau â'u llygaid glas (yr hiliau Ariaidd) yn rhagori ar yr hiliau eraill. Ar y diwrnod cyntaf enillodd yr Almaenwr Hans Woellke y fedal aur yng nghystadleuaeth taflu'r siot. Roedd Hitler wedi ei frolio fel pencampwr Ariaidd.

Ond seren y gêmau oedd yr athletwr croenddu o America, Jesse Owens, a enillodd bedair medal aur. Pan gododd y dorf i'w gyfarch, gadawodd Hitler y stadiwm.

Jesse Owens, seren Gêmau Olympaidd 1936 - er mawr siom i Hitler.

1956 Melbourne

Ychydig wythnosau cyn y gêmau hyn, fe wnaeth Prydain a Ffrainc oresgyn Yr Aifft yn rhan o wrthdaro ynglŷn â Chamlas Suez. Bu i'r Aifft, Iran a Libanus dynnu allan o'r gêmau mewn protest.

Tynnodd China allan hefyd am fod Taiwan ('China rydd') wedi anfon tîm. Tynnodd Sbaen, Yr Iseldiroedd a'r Swistir allan am fod yr Undeb Sofietaidd wedi goresgyn Hwngari. Rhoddwyd y gorau i'r gêm gynderfynol rhwng Hwngari a'r Undeb Sofietaidd yn y gystadleuaeth polo dŵr am i'r ddau dîm ymladd yn ffyrnig â'i gilydd.

1968 Dinas Mexico

Cyn y gêmau cliriwyd y digartref oddi ar strydoedd Dinas Mexico fel na fyddai'r ymwelwyr yn eu gweld. Protestiodd myfyrwyr Mexicanaidd ynglŷn â hyn a'r arian a wariwyd ar y gêmau. Wrth i bobl wylio'r terfysg ar y teledu, saethodd milwyr fwy na 300 o'r myfyrwyr yn farw.

Ymhlith yr enillwyr yn y gêmau oedd y sbrintwyr croenddu o America, Tommie Smith a Juan Carlos. Yn ystod seremoni derbyn eu medalau safodd y ddau gyda'u pennau i lawr a'u dyrnau wedi'u codi yn rhoi cyfarchiad 'grym y duon'. Fe gawsant eu diarddel o Gymdeithas Olympaidd yr Unol Daleithiau a'u hanfon adref ar unwaith.

Mae neidwyr uchel yn cofio'r gêmau hyn am reswm arall. Gwelwyd techneg newydd a llwyddiannus gan yr Americanwr Dick Fosbury. Roedd y Fflop Fosbury wedi'i eni.

1972 Munich

Yn ystod y gêmau hyn, torrodd terfysgwyr Palestinaidd i mewn i'r pentref Olympaidd. Fe wnaethon nhw gymryd naw o aelodau tîm Israel yn wystlon a lladd dau arall. Yn gyfnewid am y gwystlon roedden nhw'n hawlio rhyddhau 200 o Balestiniaid o garcharau yn Israel.

Ceisiodd heddlu'r Almaen achub y gwystlon. Ond methu a wnaethant a lladdwyd y naw mabolgampwr ynghyd â phlismon a phum terfysgwr. Ar ôl y trychineb yma, roedd llawer o swyddogion a mabolgampwyr am roi'r gorau i gêmau Munich. Ond penderfynodd yr IOC y dylai'r gêmau fynd yn eu blaen.

1976 Montreal
Gwnaeth llywodraeth Canada gynlluniau mawr ar gyfer y gêmau. Ond ar ôl sawl anghydfod diwydiannol a gaeaf hir a chaled daeth yr arian i ben. Roedd y stadiwm ar gyfer y seremoni agoriadol heb ei orffen. Roedd llety'r mabolgampwyr yn wael. Mae Montreal yn dal i dalu ei dyledion Olympaidd o $1 biliwn.

Roedd yna hefyd foicot gan wledydd o Affrica. Roedden nhw'n gwrthwynebu cysylltiadau rygbi Seland Newydd â De Affrica a oedd yn gweithredu apartheid. Hedfanodd 22 tîm croenddu o Affrica adref pan wrthododd yr IOC wahardd Seland Newydd.

1980 Moscow
Roedd yr Undeb Sofietaidd wedi goresgyn Afghanistan ym mis Rhagfyr 1979. Mewn protest boicotiodd Gorllewin Yr Almaen, Kenya, Japan, Canada ac UDA y gêmau hyn.

1984 Los Angeles
Dynododd y gêmau hyn ddechrau cyfnod newydd: dyma'r gêmau cyntaf i gael eu hariannu'n llwyr gan nawdd a gwerthiant hawliau darlledu. Fe wnaethon nhw elw o $215 miliwn. (Oddi ar 1984 ni ddaeth unrhyw gêmau yn agos at y ffigur hwn.) Ond roedd beirniaid yn credu bod y gêmau wedi troi'n sioe fasnachol a bod y mabolgampwyr yn cael eu defnyddio i gynhyrchu elw.

Boicotiwyd y gêmau gan yr Undeb Sofietaidd a llawer o'r gwledydd oedd yn ei gefnogi. Trefniadau gwael ynglŷn â diogelwch oedd y rheswm a roddwyd ganddynt. Y gwir reswm oedd eu bod yn talu'r pwyth yn ôl i America am foicotio Moscow yn 1980.

1988 Seoul
Mae Seoul yn Ne Korea. Roedd Gogledd Korea, gwlad gomiwnyddol, am gynnal rhai o'r cystadlaethau. Ond gwrthododd yr IOC. Mewn protest, boicotiodd Gogledd Korea a phedair gwlad arall y gêmau.

Yn y gêmau hyn y dychwelodd tennis, gyda chwaraewyr proffesiynol. Roedd wedi'i wahardd yn 1924 oherwydd amheuon ynglŷn â statws amatur chwaraewyr tennis. Ond yn 1981 dilewyd y rheol ynglŷn â statws amatur. (Cewch fwy o wybodaeth am hyn yn Uned 15.1.)

1992 Barcelona
Roedd y rhain yn gêmau llwyddiannus. Ni wnaeth neb eu boicotio. Parhaodd y duedd tuag at fasnacheiddio (*commercialisation*). Fe wnaeth y gêmau hyn elw bach.

Anfonodd De Affrica dîm am y tro cyntaf ers mwy na 30 mlynedd. (Fe'i diarddelwyd yn yr 1960au cynnar oherwydd ei pholisi apartheid.) Cyfunodd Dwyrain a Gorllewin Yr Almaen i ffurfio un tîm am y tro cyntaf oddi ar 1964.

Yn ôl mewn busnes - tîm De Affrica yn 1992.

Y Gêmau Olympaidd Modern

1886	Athen
1900	Paris
1904	St Louis
1908	Llundain
1912	Stockholm
1916	Wedi'u dileu oherwydd y Rhyfel Byd Cyntaf
1920	Antwerp
1924	Paris
1928	Amsterdam
1932	Los Angeles
1936	Berlin
1940	Wedi'u dileu oherwydd yr Ail Ryfel Byd
1944	Wedi'u dileu oherwydd yr Ail Ryfel Byd
1948	Llundain
1952	Helsinki
1956	Melbourne
1960	Rhufain
1964	Tokyo
1968	Dinas Mexico
1972	Munich
1976	Montreal
1980	Moscow
1984	Los Angeles
1988	Seoul
1992	Barcelona
1996	Atlanta
2000	Sydney
2004	Athen

Cwestiynau

1 Rhowch un enghraifft o Gêmau Olympaidd lle:
   a arweiniodd gwleidyddiaeth at drais
   b roedd ariannu'r gêmau wedi achosi problemau.

2 Casglwch wybodaeth am y gwrthdaro a achosodd i China foicotio'r gêmau yn 1956. (Triwch y llyfrgell.)

3 a Gwaharddwyd De Affrica o'r Gêmau Olympaidd am lawer o flynyddoedd. Pam?
   b Pryd y cafodd hi ei chroesawu yn ôl, a pham?

4 Roedd gan Ddwyrain a Gorllewin Yr Almaen un tîm ar y cyd yn Barcelona. Beth wnaeth hyn yn bosibl?

Cwestiynau ar Bennod 14

1 Beth mae'r llythrennau'n ei gynrychioli?
- i SAF
- ii IOC
- iii BOA
- iv CCPR

2 Cywir neu anghywir
- A Y Frenhines sy'n gyfrifol am y Cyngor Chwaraeon.
- B Mae tri Chyngor Chwaraeon.
- C Y CCPR sy'n gyfrifol am bob canolfan hamdden.
- D Rheolir y BOA gan y llywodraeth.
- E Yr IOC sy'n arwain y frwydr yn erbyn camddefnyddio cyffuriau mewn chwaraeon.
- F Mae'r IOC yn gorff nad yw'n anelu at wneud elw.
- G Mae Cyngor Cefn Gwlad Cymru yn hybu adloniant corfforol.

3
- a Pryd y sefydlwyd y Cynghorau Chwaraeon?
- b Faint ohonyn nhw sydd a beth yw eu henwau?
- c Nodwch ddwy ymgyrch gan y Cynghorau Chwaraeon a anelwyd at grwpiau targed penodol. Beth oedd pwrpas yr ymgyrchoedd hyn?
- d Nodwch dri pheth y mae'r Cynghorau Chwaraeon yn eu gwneud i hybu rhagoriaeth.
- e Nodwch dri pheth y mae'r Cynghorau Chwaraeon yn eu gwneud i gynyddu nifer ac ansawdd cyfleusterau chwaraeon.
- f Nodwch ddau beth y mae'r Cynghorau Chwaraeon yn eu gwneud i hybu chwaraeon ymhlith pobl ifanc yn yr ysgol.
- g Oddi ar 1994 mae'r Cynghorau Chwaraeon wedi gallu rhoi mwy o grantiau ar gyfer cyfleusterau chwaraeon. Pam?
- h Pa fath o waith y mae *UK Sport* yn ei wneud?

4 Un peth y mae'r Cynghorau Chwaraeon wedi'i wneud yw creu cynlluniau safonol ar gyfer canolfannau chwaraeon. Yr enw ar y cynllun yw *Standard Approach to Sports Halls.* Gall awdurdodau lleol ledled y wlad ddefnyddio'r cynlluniau hyn i adeiladu canolfannau chwaraeon sy'n ymddangos yn debyg iawn.
- a Ydy hyn yn syniad da? Nodwch gynifer o resymau ag y medrwch i gefnogi hyn.
- b Allai hyn fod yn syniad gwael? Ym mha ffordd?

5 Yn aml bydd gan y cyrff sy'n rheoli chwaraeon bobl enwog ar eu pwyllgorau. Enwch un person enwog sy'n swyddog yn y canlynol:
- a Cyngor Chwaraeon Cymru;
- b *UK Sport*;
- c Cymdeithas Olympaidd Prydain.

6
- a Beth yw nod y CCPR?.
- b Enwch bum corff sy'n perthyn i'r CCPR.
- c Nodwch ddwy ffordd y mae'n defnyddio'i arian.

7 Y Gymdeithas Bêl-droed yw'r corff llywodraethol ar gyfer pêl-droed yn Lloegr.
- a Enwch y corff llywodraethol Byd-eang.
- b Enwch y corff llywodraethol Ewropeaidd.
- c Rhestrwch bedair o swyddogaethau'r Gymdeithas Bêl-droed.

8 Gwelir isod faint y mae'r clwb tennis lleol yn disgwyl ei wario yn y flwyddyn nesaf:

	£
Addurno'r clwb	1800
Atgyweirio'r cyrtiau	800
Rhwydi newydd	1700
Ffïoedd hyfforddi	800
Tirmon (*Groundsman*)	1000
Yswiriant	550
Post a ffôn	450
	7100

- a Mae 70 o aelodau, sy'n talu £30 y flwyddyn am aelodaeth. Faint o arian a ddaw o hyn?
- b Mae'n costio £1 i archebu cwrt. Roedd 1000 o archebion y llynedd. Faint o arian ddaeth o hyn?
- c Tybiwch y bydd yr un nifer o archebion flwyddyn nesaf. Faint mwy o arian y bydd angen i'r clwb ei gael i dalu ei gostau am y flwyddyn?
- d Chi yw trysorydd y clwb. Ysgrifennwch restr o awgrymiadau ar sut i godi arian er mwyn sicrhau na fydd y clwb yn gwneud colled flwyddyn nesaf.

9 Gwelir isod sut y defnyddiwyd pob £1 a wariwyd ar docyn lotri yn 1996. (Ydy'r un ffigurau yn wir heddiw?) Bob wythnos byddai tua £90 miliwn yn cael ei wario yn y Deyrnas Unedig ar docynnau Lotri a chardiau crafu. Gallwch dybio bod arian y cardiau crafu yn cael ei rannu yn yr un ffordd â'r isod. (Mae'n debyg iawn.)

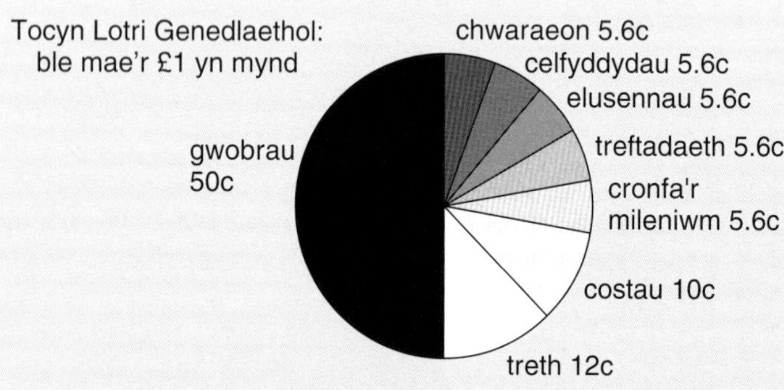

- a Faint o bob £1 oedd yn mynd i chwaraeon?
- b Tua faint oedd chwaraeon yn ei gael bob wythnos?
- c Faint oedd y llywodraeth yn ei gael bob wythnos?
- d Ble mae'r rhan fwyaf o'r arian yn mynd?
- e Ysgrifennwch baragraff o blaid y Lotri Genedlaethol.
- f Disgrifiwch ei heffeithiau niweidiol.
- g Ydych chi o blaid y Lotri neu yn ei herbyn? Pam?

10 a Er nad ydych yn ennill, rydych yn talu treth o bryd i'w gilydd. Eglurwch hyn.
b Mae pobl sy'n gweithio yn talu treth sy'n dibynnu ar faint eu hincwm. Beth yw enw'r dreth?
c Mae cartrefi hefyd yn talu treth.
i Beth yw enw'r dreth? ii Pwy sy'n ei chasglu?
iii Pa bethau y defnyddir yr arian ar eu cyfer?
d Rhowch bedair enghraifft o sut y mae'r llywodraeth yn derbyn arian o chwaraeon.

11 Copïwch a chwblhewch y tabl isod ynglŷn â Gêmau Olympaidd yn y gorffennol.

Dyddiad	Croesawydd	Mater (*Issue*)
1936	Berlin	Defnyddiwyd y gêmau fel propaganda'r Natsïaid.
	Melbourne	
	Dinas Mexico	
	Munich	
1976		
1980		
	Los Angeles	
1988		
	Barcelona	

12 Dyma rai o'r tasgau a gyflawnwyd yn Atlanta wrth baratoi ar gyfer Gêmau Olympaidd 1996:
- adeiladu mannau cystadlu a diweddaru eraill;
- atgyweirio hen bontydd, strydoedd a charthffosydd;
- adnewyddu'r maes awyr;
- cynlluniau manwl ar gyfer diogelwch;
- codi mwy nag $1.7 biliwn i dalu'r costau;
- dosbarthu 11 miliwn o docynnau ledled y byd.

a Rhestrwch y gwahanol fathau o bobl yr oedd eu hangen ar gyfer y tasgau hyn.
b Ym mha ffyrdd y gwnaeth trigolion Atlanta elwa oherwydd y Gêmau?
c Pa broblemau a gododd yn ystod y gêmau, os oedd rhai?
d Oedd y gêmau'n llwyddiant? Eglurwch.

13 Dim ond elw bach iawn a wnaed gan Gêmau Atlanta. Disgwylir i Gêmau Olympaidd yn y dyfodol wneud yr un fath. Dau reswm yw cost uchel diogelwch a'r disgwyl am sioe fwy syfrdanol bob tro.
a Pam y mae diogelwch yn achos pryder mawr.
b Ydy'r elfen o sioe yn angenrheidiol? Eglurwch.
c Pam, er gwaetha'r elw bach, y mae gwledydd yn awyddus i gynnal y gêmau yn y dyfodol?

14 Mae beirniaid y Gêmau Olympaidd wedi awgrymu:
- dim gwisgoedd unffurf cenedlaethol ar gyfer y mabolgampwyr
- dim anthemau cenedlaethol na baneri yn ystod seremonïau derbyn medalau.

a Pa effeithiau positif y gallai'r newidiadau hyn eu cael?
b Nodwch unrhyw effeithiau negyddol posibl.

Pethau i'w gwneud

Cyrff chwaraeon

Disgrifiwyd y cyrff hyn yn y ddwy bennod flaenorol:
- Cyngor Chwaraeon Cymru
- Y Sefydliad Hyfforddi Cenedlaethol
- Cyngor Canolog Adloniant Corfforol (CCPR)
- Y chwe chanolfan rhagoriaeth
- Y Sefydliad Cymorth i Chwaraeon (SAF)
- Cyngor Cefn Gwlad Cymru
- Cymdeithas Olympaidd Prydain (BOA)
- Y Pwyllgor Olympaidd Rhyngwladol (IOC)
- Y Lotri Genedlaethol a'i Chronfa Chwaraeon.

Dewiswch un myfyriwr ar gyfer pob corff. Dylai ef/hi ysgrifennu at y corff a gofyn am fwy o wybodaeth amdano.

Cyrff llywodraethol cenedlaethol

Dewiswch bum camp sy'n cael eu chwarae gan bobl yn eich dosbarth chi. Dylai pum myfyriwr gymryd un gamp yr un ac ysgrifennu at gorff llywodraethol y gamp honno yn gofyn am fwy o wybodaeth. Dylech ddarganfod:
a beth mae'r corff llywodraethol yn ei wneud;
b sut y mae'r gamp wedi'i strwythuro;
c sut y mae'r corff llywodraethol yn codi arian;
d beth mae'n ei wneud i hybu ei gamp yn yr ysgolion.

Cyllid a chwaraeon yn eich ysgol

Oes angen cyfarpar chwaraeon newydd ar eich ysgol, neu oes angen atgyweirio cyfleusterau chwaraeon? Lluniwch restr o'r hyn sydd angen ei wneud. Yna dylai'r dosbarth ddewis un peth i godi arian ar ei gyfer. (Dewiswch rywbeth realistig.)
a Disgrifiwch yr hyn sydd ei angen a darganfod yn fras beth fydd ei gost. Efallai y bydd angen cymorth ar gyfer hyn.
b Cynhaliwch sesiwn tanio syniadau yn y dosbarth ynglŷn â sut i godi'r arian. Bydd pawb yn galw syniad allan yn ei dro heb boeni ydy e'n syniad gwirion. Dylai un aelod o'r dosbarth ysgrifennu'r syniadau ar y bwrdd wrth iddyn nhw gael eu galw allan. Cymerwch ryw 12 munud i wneud hyn.
c Ewch drwy'r rhestr a nodwch y 4 neu'r 5 gorau. Penderfynwch faint o arian y gallech ei godi o bob un.
d Ysgrifennwch gynnig ar gyfer y project gan y dosbarth i'ch pennaeth, yn egluro'r hyn rydych am ei wneud a pham, ac yn nodi'ch cynlluniau'n eglur iawn. Gofynnwch am ganiatâd i fwrw ymlaen â'r project.

Cystadlaethau rhyngwladol ym myd chwaraeon

1 a Defnyddiwch lyfrgell i gael mwy o wybodaeth am hanes y Gêmau Olympaidd. Dylai eich ymchwil gynnwys: yr hen Gêmau Olympaidd a phryd y cawson nhw eu cynnal; y Ffrancwr a ddechreuodd y Gêmau Olympaidd modern; cyfranogiad merched yn y Gêmau Olympaidd modern; dechrau Gêmau Olympaidd y Gaeaf.
b Ysgrifennwch draethawd byr am hanes y gêmau. Ni ddylai fod yn fwy na dwy dudalen.

2 Ewch ati i ddarganfod pryd a pham y dechreuwyd Gêmau'r Gymanwlad. Ysgrifennwch tua hanner tudalen am eu hanes.

15.1 Amatur neu broffesiynol?

Sut mae dweud pwy sy'n amatur a phwy sy'n broffesiynol?

- Dydy **amaturiaid** ddim yn cael eu talu am chwarae eu camp. Y ddamcaniaeth yw mai mwynhad yw'r cymhelliad dros chwarae'r gamp.
- Mae chwaraewyr **proffesiynol** yn chwarae'n llawn amser ac yn cael eu talu am hynny. Dyna'u bywoliaeth.
- Mae chwaraewyr **lled-broffesiynol** *(semi-professional)* yn debyg i chwaraewyr proffesiynol ond maen nhw'n chwarae'n rhan amser yn unig ac mae ganddynt swydd arall hefyd.

Yn wreiddiol roedd y term *amatur* yn arwydd o ddosbarth cymdeithasol. Golygai eich bod yn fonheddwr a allai fforddio chwarae camp er mwynhad. Cewch fwy o wybodaeth am hyn ar dud. 189.

Rhai timau pêl-droed

Proffesiynol
Newcastle United
Tottenham Hotspur
a thimau eraill yn y prif gynghreiriau

Lled-broffesiynol
Woking
Kingstonian
a thimau eraill nad ydynt yn y prif gynghreiriau

Amatur
Y tim lleol sy'n chwarae ar y Sadwrn/Sul

Pwy sy'n penderfynu?

Corff llywodraethol rhyngwladol y gamp sy'n gwneud y rheolau ynglŷn ag amaturiaid a chwaraewyr proffesiynol a'r hyn y gallant ei wneud a'r hyn na allant ei wneud.

- Mae llawer o gampau e.e. pêl-droed, yn rhannu chwaraewyr yn amlwg yn chwaraewyr proffesiynol ac amaturiaid, gyda'r chwaraewyr proffesiynol ar y brig. Fel rheol ni fydd amaturiaid a chwaraewyr proffesiynol yn cystadlu â'i gilydd, ar wahân i gystadlaethau penodol, e.e. gall golffwyr amatur a phroffesiynol gystadlu mewn cystadleuaeth 'agored'.
- Mewn rhai campau mae'r rhan fwyaf o'r mabolgampwyr, hyd yn oed y rhai o'r safon uchaf, yn 'amatur'. Mae nofio ac athletau yn enghreifftiau. Ni all y mabolgampwyr dderbyn arian am chwarae eu campau. Ond gweler isod am ffyrdd o oresgyn hyn!
- Mae rhai campau'n **agored.** Gall chwaraewyr amatur a phroffesiynol gystadlu'n rhydd yn y rhan fwyaf o'r gweithgareddau. Dwy enghraifft yw tennis a rasys ceffylau.

Ydy amaturiaid o safon uchel o ddifri yn cymryd rhan heb gael eu talu?

I fod yn fabolgampwr o safon uchel mae angen ymroi'n llawn amser i'ch camp. Ond os na chaniateir i chi ennill arian o hyn, sut mae disgwyl i chi fyw?

Rhai campau agored

pysgota
bowlio
criced
mynydda
sboncen
tennis

Ysgoloriaethau. Yn America mae mabolgampwyr ifanc yn cael ysgoloriaethau i golegau sydd ag enw da yn eu camp nhw. Gall ysgoloriaethau dalu am bopeth: bwyd, llety, llyfrau a ffïoedd dysgu. Bydd y mabolgampwyr yn ymarfer gyda hyfforddwyr o'r safon uchaf a chyfleusterau o'r safon uchaf. Does dim angen iddynt boeni ynglŷn ag arian.

Mae'r un peth yn dechrau digwydd yn y Deyrnas Unedig. Erbyn hyn mae sawl prifysgol yn y Deyrnas Unedig yn cynnig ysgoloriaethau chwaraeon.

'Swyddi'. Mewn llawer o wledydd rhoddir swyddi 'symbolaidd' i fabolgampwyr, e.e. hyfforddwyr addysg gorfforol yn y fyddin neu'r heddlu, fel y gallan nhw ymarfer yn llawn amser. Mae hyn yn digwydd yn aml mewn gwledydd sy'n datblygu.

Gwersylloedd ymarfer arbennig. Efallai y caiff mabolgampwyr ifanc addawol eu hanfon i ysgolion chwaraeon ac yna i wersylloedd ymarfer. Byddan nhw'n aros yno ymhell ar ôl yr oed pan fydd y rhan fwyaf o bobl yn cael swydd. Mae hyn yn arferol yn China.

Cronfeydd ymddiriedolaeth. Oddi ar 1983 gall athletwyr dderbyn gwobrau ariannol ac arian ymddangos. Ond nid yn uniongyrchol. Caiff yr arian ei dalu i gronfa ymddiriedolaeth er mwyn cadw eu statws amatur. Defnyddir arian o'r gronfa i dalu costau ymarfer a chostau byw y mabolgampwr. Bydd ef/hi yn cael y gweddill ar ôl ymddeol. (Bu Rygbi'r Undeb hefyd yn defnyddio'r system hon tan 1995.)

Grantiau a nawdd. Gall mabolgampwyr amatur geisio am grantiau gan y Sefydliad Cymorth i Chwaraeon (tud. 164) er enghraifft, neu am nawdd gan fusnes. Mae'n rhaid i'r cyrf llywodraethol gymeradwyo'r rhain.

Pam cadw'r gwahaniaeth?

Fel y gwelwch, mae mabolgampwyr 'amatur' o'r safon uchaf yn cael eu talu yn anuniongyrchol mewn gwahanol ffyrdd. Felly, mae'r gwahaniaeth rhwng amaturiaid a chwaraewyr proffesiynol yn aneglur. Pam na roddir y gorau iddo a gwneud pob camp yn agored?

Yr ofn yw mai arian wedyn fyddai'r prif reswm dros gystadlu, gyda mabolgampwyr yn ceisio ennill ar bob cyfrif a thrwy unrhyw ddull. Gallai'r syniad o chwarae teg ddiflannu. Gallai'r cyrff llywodraethol golli eu rheolaeth ar eu campau i gyrff masnachol.

Linford Christie, y rhedwr 100m. Yn dechnegol roedd yn 'amatur', ond enillodd yr athletwr hwn o'r safon uchaf gryn dipyn o'r gamp ac o weithgareddau cysylltiedig.

Amaturiaeth a'r Gêmau Olympaidd

Bwriadwyd i'r Gêmau Olympaidd fod ar gyfer amaturiaid. Gwaharddwyd tennis yn yr 1920au oherwydd amheuon ynghylch statws y chwaraewyr.

Ond dros y blynyddoedd bu'n amlwg nad oedd llawer o'r cystadleuwyr yn wir amatur a bod llawer o'r enillwyr yn cael eu gwobrwyo ar ôl mynd adref, e.e. gyda cheir, swyddi a thai. Yn 1981 cafodd y term 'amatur Olympaidd' ei ddileu o'r rheolau. Gadawyd i dennis, gyda chwaraewyr proffesiynol, ddychwelyd yn 1988. Ond yr unig wobrau ar gynnig yn y Gêmau Olympaidd yw'r medalau Olympaidd.

Yn awr gadewir y penderfyniad terfynol ynglŷn â phwy all gymryd rhan yn y gêmau i Ffederasiynau Rhyngwladol y Campau. Mae rhai campau'n glynu wrth y ddelfryd amatur yn fwy cadarn na'i gilydd. Erbyn hyn, er enghraifft, gall chwaraewyr pêl-droed gymryd rhan yn y gêmau ond ni all bocswyr proffesiynol gymryd rhan ynddynt.

Hanes Rygbi'r Gynghrair a Rygbi'r Undeb

Dechreuodd rygbi yn Ysgol Rygbi. Lluniwyd y rheolau yn 1846. Erbyn 1881 roedd gan Rygbi'r Undeb gyrff llywodraethol yng Nghymru, Lloegr a'r Alban.

Ond yn 1895 dechreuodd Rygbi'r Gynghrair pan gefnodd 22 o glybiau gogledd Lloegr ar Rygbi'r Undeb. Roedd y chwaraewyr am gael eu talu i wneud iawn am yr amser a dreuliwyd ganddynt i ffwrdd o'u gwaith yn ymarfer a chwarae. Roedd Rygbi'r Undeb wedi gwrthod hyn.

Rygbi'r Gynghrair oedd y gêm broffesiynol ac fe ddatblygodd ei reolau ei hun dros y blynyddoedd. Yna yn 1995, gan mlynedd yn ddiweddarach, ildiodd Rygbi'r Undeb o'r diwedd a chaniatáu chwaraewyr proffesiynol.

Tîm St Helens ar ôl ennill Cwpan Sialens Rygbi'r Gynghrair yn 1996.

Cwestiynau

1. Beth yw mabolgampwr *amatur*? Enwch un mabolgampwr o'r safon uchaf sydd â statws amatur.
2. Beth yw mabolgampwr *proffesiynol*? Enwch bedwar.
3. Beth yw camp *agored*? Enwch bedair.
4. Rhaid i 'amatur' beidio ag ennill bywoliaeth o'r gamp. Disgrifiwch dair ffordd o oresgyn hyn.
5. Ydy'r Gêmau Olympaidd ar gyfer amaturiaid yn unig?
6. Pryd a pham y ffurfiwyd Rygbi'r Gynghrair?

15.2 Nawdd

Heb noddwr ni allai llawer o fabolgampwyr barhau â'u camp.

Marathon Llundain 1996, a noddwyd yn bennaf gan *Flora*. Gallwch ddweud ar sail maint y baneri pa gwmni sydd wedi darparu'r nawdd mwyaf.

Beth yw nawdd?

Nawdd yw'r gefnogaeth (ariannol fel rheol) y bydd busnes yn ei rhoi i weithgaredd neu i dîm neu i fabolgampwr. Wrth wylio chwaraeon ar y teledu fe welwch enwau brand y noddwyr ar ddillad y chwaraewyr ac ar fyrddau hysbsebu o gwmpas y mannau cystadlu.

Pam noddi chwaraeon?

Mae'n ffordd o hysbysebu. Caiff enw'r noddwr ei arddangos i'r gwylwyr drwy gydol y gweithgaredd.

Manteision i'r noddwr

- Mae delwedd iach a phositif i chwaraeon. Mae busnesau'n hoffi cael eu cysylltu â hyn.
- Mae nawdd yn aml yn **ddi-dreth,** h.y. ni fydd y cwmni'n gorfod talu treth ar yr arian y mae'n ei wario ar nawdd. (Dyma un ffordd y mae'r llywodraeth yn helpu i hybu chwaraeon.)
- Mae gweithgareddau ym myd chwaraeon a ddarlledir ar y teledu yn cael eu gweld mewn miliynau o gartrefi. Mae enw brand y noddwr yn cael ei weld hefyd. Mae gweithgareddau fel Wimbledon neu Gêm Derfynol Cwpan yr FA yn cael eu gwylio ar filiynau o setiau teledu ledled y byd. Felly, mae logo'r noddwr yn cyrraedd lleoedd y gallai fod yn anodd neu'n ddrud eu cyrraedd drwy fathau eraill o hysbysebu.
- Pan fydd busnes lleol yn noddi tîm lleol, bydd yn ennill ewyllys da y bobl leol.
- Yn gyfnewid am y nawdd, efallai y caiff y noddwr y seddau gorau mewn gêm neu'r hawl i ddefnyddio bocsys dethol moethus. Gall fynd â chleientiaid iddynt.

Anfanteision i'r noddwr

- Mae'r noddwr yn disgwyl i'r mabolgampwr neu'r tîm ymddwyn yn dda neu i'r gweithgaredd fynd yn esmwyth. Ni ellir gwarantu hyn. Os bydd hwliganiaid neu'r tywydd yn amharu ar y gweithgaredd, neu os caiff mabolgampwr ei ddal yn dopio neu'n twyllo neu'n rhan o sgandal, ni fydd y noddwr yn hapus.
- Mae'r noddwr hefyd yn gobeithio y bydd y tîm neu'r mabolgampwr yn llwyddiannus. Ni ellir gwarantu hynny ychwaith.

Mathau o nawdd

Gall nawdd gael ei roi ar gyfer:

- camp, e.e. *Budweiser* yn noddi pêl-droed Americanaidd yn y DU;
- gweithgaredd unigol, e.e. *Flora* yn noddi Marathon Llundain;
- tîm, e.e. *Vodafone* yn noddi tîm pêl-droed Manchester United. Mae cwmnïau eraill yn noddi'r tîmau eraill - fe welwch eu henwau ar grysau'r chwaraewyr.
- unigolyn, e.e. cafodd Linford Christie ei noddi gan *Lucozade* a *Toyota* ac eraill.

Nid arian mo nawdd bob tro. Gall gwneuthurwr ceir ddarparu cludiant am ddim a gall cwmni hedfan ddarparu teithiau hedfan am ddim. Gall cwmni sy'n gwneud nwyddau chwaraeon ddarparu dillad a chyfarpar. Gall cwmni bwyd ddarparu bwyd. Gallai nawdd i unigolyn ifanc fod ar ffurf ysgoloriaeth i ganolfan rhagoriaeth.

Nawdd yn yr ysgolion

Mae'r Cyngor Chwaraeon yn annog busnes i noddi chwaraeon yn yr ysgol, e.e. noddi:

- tîm ysgol;
- maes chwarae yr ysgol;
- hyfforddiant gan hyfforddwyr allanol;
- cludiant i weithgareddau;
- cystadlaethau rhwng ysgolion;
- ysgoloriaethau i ganolfannau rhagoriaeth.

Dod o hyd i nawdd

Gall fod yn anodd i fabolgampwr ifanc anhysbys ddod o hyd i nawdd. Mae noddwyr yn hoffi rhywbeth sicr! Mae mabolgampwyr, hyfforddwyr ac asiantau yn treulio llawer o amser yn galw ar gwmnïau ac yn aml iawn na yw'r ateb.

Gall camp gael trafferth i gael hyd i nawdd os nad oes ganddi slot ar y teledu. Mae noddwyr mawr yn hoffi campau sy'n amlwg iawn ar y teledu. Mae llawer mwy o bobl yn gwylio chwaraeon ar y teledu nag sy'n mynd i'r mannau cystadlu i'w gwylio.

Gall fod yn arbennig o anodd i fabolgampwyr benywaidd neu groenddu. Mae noddwyr sy'n gwneud cyfrifiaduron a cheir drud yn anelu eu hysbysebion at y gwylwyr sydd â'r grym gwario mwyaf. Mae'r rhain yn tueddu i fod yn ddynion gwyn ifanc. Bydd y noddwyr felly yn mynd am hoff gampau, gweithgareddau a sêr y grŵp hwn.

Ond os ydych yn seren ym myd chwaraeon chewch chi ddim trafferth i gael hyd i nawdd. Bydd cwmnïau'n awyddus iawn i'ch talu i gymeradwyo eu cynhyrchion: gwisgo eu dillad, yfed eu diodydd ysgafn neu yrru eu ceir. Gall mabolgampwyr o'r safon uchaf ennill mwy o'r cytundebau hyn nag o'u camp.

Gall sêr ym myd chwaraeon fel Andre Agassi ennill miloedd drwy yfed ychydig o ddiod ysgafn y noddwr yn ystod gêm. Bydd gwisgo dillad neu esgidiau chwaraeon y noddwr yn ennill mwy o lawer iddo.

Y manteision a'r anfanteision i chwaraeon

Manteision i chwaraeon

- I hybu a datblygu camp mae angen cynnal gweithgareddau. Gall hynny fod yn ddrud iawn. Mae nawdd yn ei gwneud hi'n bosibl.
- Mae nawdd hefyd yn helpu mabolgampwyr dawnus i ymarfer a chystadlu. Fel arall efallai na allent fforddio gwneud hyn.
- I fabolgampwyr o'r safon uchaf, gall fod yn broffidiol iawn. Mae hynny'n ddefnyddiol gan y gall eu gyrfaoedd fod yn fyr.

Anfanteision i chwaraeon

- Dim ond am amser penodol y bydd cytundeb yn para. Nid yw'n rhoi sicrwydd tymor hir i dîm neu i fabolgampwr.
- Gall noddwr fod yn wael i ddelwedd y gamp. Ni chaniateir nawdd gan gwmnïau alcohol a thybaco ar gyfer gweithgareddau i bobl dan 18 oed. Mae yna bwysau hefyd ar gwmnïau teledu i beidio â darlledu gweithgareddau a noddir gan gwmnïau tybaco.
- Efallai y bydd noddwyr am bennu amser gweithgareddau ym myd chwaraeon i fod yn iawn ar eu cyfer nhw, e.e. i gyd-fynd â'r amser brig ar y teledu. Efallai nad dyma'r amser gorau i'r mabolgampwyr.
- Efallai y bydd timau a mabolgampwyr yn teimlo eu bod yn cael eu hecsbloetio gan y noddwyr. Gall hynny leihau eu boddhad â'u camp a'u cymhelliant i lwyddo.

Cwestiynau

1 Beth yw *nawdd*?
2 Disgrifiwch ddwy fantais i'r noddwr.
3 Disgrifiwch ddwy broblem bosibl i'r noddwr.
4 Nodwch ddwy enghraifft go iawn (ar wahân i'r rhai a ddefnyddiwyd yma) o nawdd ar gyfer:
  a tîm b unigolyn.
5 Mae timau rygbi merched yn cael anhawster mawr i gael nawdd. Pam?
6 Nodwch un fantais ac un anfantais nawdd:
  a i dîm
  b i unigolyn.
7 Yn eich barn chi, ai syniad da yw nawdd? Pam?

15.3 Chwaraeon a'r cyfryngau

Y **cyfryngau** yw'r enw ar yr holl ddulliau o ddosbarthu gwybodaeth i chi: llyfrau, papurau newydd, cylchgronau, y radio, y teledu, y sinema a fideo.

Sut y mae'r cyfryngau yn effeithio ar chwaraeon

Mae'r cyfryngau'n cael effaith fawr ar chwaraeon. Mae hyn yn arbennig o wir am y teledu. Mae rhai o'r effeithiau'n dda, ond mae rhai'n wael!

Effeithiau positif

- Mae'r cyfryngau'n helpu i hybu chwaraeon. Mae miliynau o bobl yn gwylio gweithgareddau ym myd chwaraeon, yn eu clywed ac yn darllen amdanynt.
- Maen nhw'n creu 'sêr' ym myd chwaraeon sy'n ysbrydoli mabolgampwyr ifanc, e.e. Denise Lewis a David Beckham.
- Pan gaiff camp lawer o sylw ar y cyfryngau, bydd mwy o bobl â diddordeb mewn chwarae'r gamp honno.
- Mae campau sy'n cael llawer o sylw ar y cyfryngau, yn enwedig ar y teledu, yn ei chael hi'n haws cael nawdd.
- Gall y cyfryngau addysgu a rhoi gwybodaeth am chwaraeon, e.e. trwy raglenni dogfen, rhaglenni hyfforddiant a thrafodaeth ar faterion cyfredol.
- Mae cwmnïau teledu yn talu symiau mawr o arian i gyrff llywodraethol y campau am yr hawl i ddarlledu gweithgareddau. Defnyddir hyn i ddatblygu'r gamp.

Mae dawns a gweithgareddau eraill hefyd yn cael budd o'r cyfryngau yn y ffyrdd hyn.

Rhai anfanteision

- Gall sylw ar y cyfryngau feithrin awydd i ennill ar bob cyfrif yn hytrach na chwarae er mwynhad.
- Mae mwy o bwysau ar reolwyr a chapteiniaid i gael canlyniadau da. Efallai y bydd y cyfryngau'n eu gyrru o'u swyddi os byddant yn methu.
- Mae sêr ym myd chwaraeon yn colli eu preifatrwydd. Bydd yna adroddiadau yn y cyfryngau am eu bywydau preifat.
- Efallai y bydd y teledu yn gorfodi newidiadau ar gamp. Yn 1996 newidiodd Rygbi'r Gynghrair o fod yn gêm gaeaf fel y gallai gwylwyr teledu ei weld drwy gydol y flwyddyn. Cyflwynwyd torri'r ddadl *(tie-break)* mewn gêmau tennis i blesio gwylwyr teledu.
- Gall y cyfryngau geisio creu cynnwrf wrth gyflwyno gweithgareddau. Pam y gwnân nhw hyn?

Sut y mae'r cyfryngau'n cyflwyno chwaraeon

Dydy darllen am rywbeth yn y papur newydd neu ei wylio ar y teledu neu wrando ar y radio, ddim yr un fath â bod yno eich hun. Mae'r gweithgaredd wedi'i 'becynnu' ar eich cyfer gan bobl sy'n gweithio yn y cyfrwng. Nhw sydd wedi penderfynu beth i'w gynnwys, beth i'w adael allan a pha safbwynt i'w gymryd.

Yn achos chwaraeon ar y teledu, er enghraifft, gweithredwyr camerâu a golygyddion fideo sy'n dewis pa bethau a welwch ac o ba ongl. Y cynhyrchwyr sy'n dewis pwy y dylid cyfweld â nhw. Y cyfwelwyr sy'n dewis pa gwestiynau i'w gofyn.

Mae'r hyn a welwch yn aml yn fwy cyffrous na'r gweithgaredd ei hun, diolch i luniau agos, ailchwarae darnau yn araf, cyfweliadau a sylwebaeth ddramatig. Mewn bywyd go iawn fyddech chi ddim yn clywed barn chwaraewr cyn gêm nac yn gweld y boen ar wyneb rheolwr wrth i'w dîm golli.

Y gŵr drwg yn troi'n arwr: bu i sylw ar y cyfryngau wneud Eric Cantona o Manchester United yn enw cyfarwydd iawn.

Mae'r ffordd y caiff gweithgaredd ei becynnu ar y cyfryngau yn dibynnu ar faint o amser, lle ac arian sydd ar gael. Ond mae'n dibynnu hefyd ar y nod:

- eich diddanu;
- eich hysbysu;
- eich dysgu;
- cynyddu'r disgwyl ynglŷn â gweithgaredd;
- denu sylw (a gwerthiant) drwy greu cynnwrf yn fwriadol;
- plesio'r noddwyr;
- mynegi barn benodol.

Unigolyn arall a gafodd sylw mawr ar y cyfryngau: dyma Will Carling, oedd ar y pryd yn gapten tîm rygbi Lloegr, yn rhedeg i'r maes am y tro cyntaf ar ôl y cyhoeddiad ei fod yn gwahanu oddi wrth ei wraig.

Papurau newydd

Mae'r papurau newydd yn hoff o chwaraeon am eu bod yn helpu i'w gwerthu. Mae chwaraeon hefyd yn helpu i ddenu hysbysebion. Mae'n well gan rai cwmnïau hysbysebu eu cynhyrchion ar y tudalennau chwaraeon.

Mae'r **wasg dabloid** yn cynnwys *The Daily Mirror, The Sun, The Daily Express.* Mae'r **wasg safonol** yn cynnwys *The Independent, The Times, The Guardian, The Daily Telegraph.* Mae'r ddwy'n rhoi sylw i chwaraeon, ond mae yna wahaniaethau:

Mae'r papurau tabloid yn tueddu i ...	*Mae'r wasg safonol yn tueddu i ...*
fynd am benawdau sy'n creu cynnwrf	fynd am sylw a sylwadau manwl
mynegi eu barn yn gadarn o blaid neu yn erbyn rhywbeth	rhoi dadansoddiad mwy pwyllog
rhoi fawr ddim o sylw i gampau lleiafrifol	rhoi mwy o sylw i gampau lleiafrifol

Cewch gyfle i'w cymharu yn y gweithgareddau ar dud. 189.

Cylchgronau

Mae dwsinau o gylchgronau chwaraeon gwahanol. Mae rhai'n rhoi sylw i amrywiaeth o gampau ac eraill yn rhoi sylw i un gamp yn unig. Maen nhw'n cynnwys erthyglau ynglŷn â gweithgareddau, mabolgampwyr a'r cyfarpar diweddaraf. Mae rhai'n cynnal profion ar gyfarpar gwneuthurwyr gwahanol, sy'n ddefnyddiol pan fyddwch yn ceisio penderfynu beth i'w brynu.

Fideo

Gan y gallwch ailchwarae fideo gynifer o weithiau ag y dymunwch, mae'n gyfrwng da iawn ar gyfer dysgu am golff, cadw'n ffit ac yn y blaen. Fel rheol mae gan siopau sy'n gwerthu fideos adran chwaraeon. Mae llawer o fideos chwaraeon yn rhagorol.

Mae fideo o'ch perfformiad eich hun ym myd chwaraeon hefyd yn ddefnyddiol. Gallwch ei ddadansoddi yn fanwl a'i drafod gyda'ch hyfforddwr.

Cwestiynau

1 Beth yw ystyr *y cyfryngau*?
2 Rhestrwch dair ffordd y mae sylw ar y cyfryngau yn helpu chwaraeon.
3 Disgrifiwch dair anfantais i sylw ar y cyfryngau.
4 Bydd llawer o bobl yn gweithio i ddewis a llunio'r wybodaeth a gewch ar raglen chwaraeon. Enwch dri ohonynt.
5 Nodwch un enghraifft o raglen chwaraeon ar y teledu sydd â'r bwriad pennaf o ddiddanu.
6 Enwch: a un papur tabloid b un papur safonol.
7 Chwiliwch am erthygl am chwaraeon mewn papur newydd sydd:
a yn creu cynnwrf b yn rhoi'r ffeithiau yn unig.
8 Pam y mae fideo yn gyfrwng defnyddiol ar gyfer chwaraeon?

15.4 Mwy am chwaraeon a'r teledu

O'r holl gyfryngau, y teledu sy'n cael yr effaith fwyaf ar chwaraeon - ac i'r gwrthwyneb!

Sut y mae chwaraeon yn llesol i'r teledu

Nodwyd yn yr Uned flaenorol sut y mae'r teledu a'r cyfryngau eraill yn llesol i chwaraeon. Edrychwn yma ar sut y mae chwaraeon yn llesol i'r teledu:

- Yn aml fe'u dangosir pan fyddai'r teledu fel arall yn cael ychydig o wylwyr, e.e. prynhawn Sadwrn. Cynhelir cystadlaethau fel Wimbledon a'r Gêmau Olympaidd yn yr haf, sydd hefyd yn amser tawel i'r teledu.
- Mae rhaglenni chwaraeon yn haws o lawer eu gwneud na drama neu raglenni dogfen. Dim ond ffilmio'r gweithgaredd a golygu'r ffilm sydd angen eu gwneud.
- Mae chwaraeon yn denu cefnogwyr chwaraeon i'r teledu. Efallai na fyddai llawer ohonynt yn poeni gwylio fel arall.
- Mae chwaraeon hefyd yn denu hysbysebwyr. Gall cwmnïau teledu godi mwy am eu slotiau hysbysebu yn ystod gweithgareddau mawr ym myd chwaraeon.

Prynhawn tawel o flaen y teledu. Fyddai llawer o bobl ddim yn poeni gwylio'r teledu oni bai am y chwaraeon. (Ond pe baent yn gwylio llai o deledu, fydden nhw'n treulio mwy o amser yn cymryd rhan mewn chwaraeon?)

Y teledu a'r mabolgampwyr proffesiynol

Mae'r teledu wedi chwarae rhan fawr yn nyrchafiad mabolgampwyr proffesiynol.

Mae mabolgampwyr proffesiynol yn cael eu talu am chwarae camp. Heb y diddordeb a'r arian y mae'r teledu'n eu cynhyrchu ar gyfer chwaraeon, ni allai llawer o'r campau fforddio talu'r chwaraewyr hyn. Ni allai tennis na golff gynnig gwobrau ariannol mor fawr. Ni allai clybiau pêl-droed fforddio ffïoedd trosglwyddo mawr.

Mae'n sbiral ar i fyny. Mae chwaraeon yn talu'n dda i ddenu chwaraewyr sy'n sêr. Mae'r chwaraewyr hyn yn denu mwy o wylwyr i'r gêmau, gwylwyr teledu a noddwyr. Mae hyn yn ei dro yn gwneud mwy o arian i chwaraeon.

Dim ond y chwaraewyr gorau, fodd bynnag, sy'n ennill bywoliaeth dda o chwaraeon. Yn UDA, er enghraifft, mae chwaraewyr tennis sy'n is na'r 50 uchaf yn ei chael hi'n anodd ennill bywoliaeth.

Hawliau darlledu

Er mwyn dangos gweithgaredd ym myd chwaraeon, mae'n rhaid i gwmni teledu dalu am **hawliau darlledu.** Mae fel rheol yn talu corff llywodraethol y gamp.

Os ydy'r cwmni'n prynu **hawliau neilltuedig** *(exclusive)* i weithgaredd byw ym myd chwaraeon, ni all neb arall ei ffilmio. Yna gall y cwmni werthu'r ffilm i gwmnïau eraill. Efallai mai ychydig funudau yn unig a brynant i ddangos yr uchafbwyntiau.

Gyda dyfodiad teledu lloeren cafwyd cynnydd mawr yn nifer y rhaglenni chwaraeon sydd ar gael i'r gwyliwr - os yw'n fodlon talu'r tanysgrifiad.

Mathau gwahanol o gwmnïau teledu

- **Daearol.** Mae'r cwmnïau daearol yn cynnwys y BBC, ITV, S4C a Sianelau 4 a 5. Maen nhw'n trawsyrru rhaglenni o fastiau teledu i'ch erial chi. Mae'n rhaid i chi dalu am drwydded deledu.
- **Lloeren.** Mae *BSkyB* yn enghraifft. Trawsyrrir gwybodaeth drwy loeren i'ch dysgl loeren. Mae'n rhaid i chi dalu tanysgrifiad.
- **Cebl.** Mae *Videotron* yn enghraifft. Cludir y wybodaeth ar hyd ceblau o dan y stryd, gyda llinell i mewn i'ch cartref. Rhaid talu tanysgrifiad.

Gyda lloeren a chebl, mae nifer y sianelau teledu yn cynyddu'n gyflym. Mae llawer yn dangos chwaraeon yn unig.

Yn sgil teledu digidol, bydd cannoedd mwy o sianelau ar gael i danysgrifwyr lloeren a chebl, gan gynnwys sianelau chwaraeon. Yn eich barn chi, fydd hyn yn hybu mwy o bobl i wylio? Neu fydd hyn yn eu diflasu? Mae llawer o bobl yn credu bod pêl-droed eisoes yn dioddef o gael gormod o sylw ar y cyfryngau.

Cystadleuaeth rhwng cwmnïau teledu

Gyda'r cynnydd yn nifer y sianelau teledu, mae'r cystadlu am hawliau darlledu yn frwd. Mae'r cynigion yn mynd yn uwch ac yn uwch. Yn 1995, er enghraifft, cytunodd *BSkyB* i dalu £40 miliwn y flwyddyn am yr hawl i ddarlledu gêmau'r Uwch Gynghrair am 5 mlynedd. (Nodwch enghreifftiau diweddar o gwmnïau teledu yn talu arian mawr am hawliau darlledu ym myd chwaraeon.)

Ymyrraeth y llywodraeth

Mae cwmnïau lloeren a chebl yn barod i dalu arian mawr iawn am hawliau neilltuedig i ddarlledu gweithgareddau poblogaidd fel Pencampwriaeth Wimbledon a Gêm Derfynol Cwpan yr FA. Ond wedyn fyddai pobl sydd heb ddysgl loeren neu deledu cebl ddim yn gweld y gweithgareddau hyn - neu fe fydden nhw ar y gorau yn cael gweld uchafbwyntiau yn unig.

Ydy hyn yn deg? Dydy'r gwleidyddion ddim yn credu hynny. Ym Mesur Darlledu 1996 nodwyd y gweithgareddau y dylai pawb sydd â set deledu gael cyfle i'w gweld. Bydd y rhestr yn cael ei diweddaru yn gyson.

Rhestr o weithgareddau y dylai pawb gael cyfle llawn i'w gweld ar y teledu

- Y *Derby*
- Gêmau terfynol Cwpan y Byd FIFA
- Gêm Derfynol Cwpan yr FA
- Y *Grand National*
- Y Gêmau Olympaidd
- Wythnos gêmau terfynol Wimbledon
- Gêm Derfynol Cwpan Cymdeithas Pêl-droed Yr Alban (yn Yr Alban)

Talu-wrth-wylio

Y rhaglen **dalu-wrth-wylio** gyntaf yn y Deyrnas Unedig oedd yr ornest focsio rhwng Frank Bruno a Mike Tyson yn 1996 i fod yn bencampwr pwysau trwm y byd. Fe'i dangoswyd ar *Sky*. Bu'n rhaid i'r gwylwyr archebu ymlaen llaw a thalu tâl ychwanegol yn ogystal â'u tanysgrifiad arferol.

Ers hynny mae llawer o weithgareddau ym myd chwaraeon a cherddoriaeth wedi cael eu cynnig fel rhaglenni talu-wrth-wylio ar sianelau lloeren a chebl. Mae'r duedd hon yn debygol o gynyddu yn y blynyddoedd nesaf.

Teledu rhyngweithiol

Erbyn hyn mae **teledu rhyngweithiol** *(interactive)* yn fwy cyffredin. Mae'n rhoi mwy o reolaeth i'r gwyliwr ar y wybodaeth y mae'n ei derbyn.

Gall wasgu gwahanol fotymau, er enghraifft, i weld gêm o ongl wahanol, i weld uchafbwyntiau'r gêm neu i weld mwy o wybodaeth am y chwaraewyr. Yn eich barn chi, ydy'r math yma o beth yn gwneud chwaraeon yn fwy cyffrous?

Cwestiynau

1 Sut y mae'r teledu yn llesol i chwaraeon?
2 Beth yw ystyr *hawliau neilltuedig*?
3 Enwch: a un cwmni darlledu daearol
b un cwmni darlledu lloeren.
4 Nodwch ddwy ffordd y byddai'n fanteisiol i gwmni teledu lloeren pe bai'n cael yr hawliau neilltuedig i ddarlledu Pencampwriaeth Wimbledon.
5 Beth yw ystyr *talu-wrth-wylio*?

15.5 Merched yn cymryd rhan

Pam y mae llai o ferched yn cymryd rhan mewn chwaraeon ac adloniant corfforol na dynion? Ai diffyg diddordeb yw'r rheswm?

Merched ac adloniant corfforol

Dyma rai o'r rhesymau pam y mae llai o ferched yn cymryd rhan.

Agweddau tuag at ferched yn y gorffennol. Gan mlynedd yn ôl roedd merched yn cael eu hystyried yn greaduriaid brau. Byddai gweithgaredd corfforol egnïol yn niweidio'u horganau mewnol ac yn effeithio ar eu gallu i gael plant. Roedd hefyd yn anfoneddigaidd i edrych yn wridog, yn anniben ac yn chwyslyd. Dylai fod golwg dyner ar ferch.

Parhaodd yr agweddau hyn am ddegawdau ymhlith dynion a merched. (Ond doedden nhw ddim o reidrwydd yn berthnasol i forynion!)

Diffyg amser ac egni. Rolau traddodiadol merched oedd bod yn wraig ac yn fam a threfnu'r cartref. Dydy hyn ddim yn gadael fawr ddim o amser nac egni ar gyfer adloniant corfforol. Erbyn hyn mae llawer o ferched yn gweithio y tu allan i'r cartref ac yn magu teulu. Mae hynny'n golygu llai byth o amser rhydd.

Diffyg arian. Yn aml ni fydd gan ferched sydd heb swydd y tu allan i'r cartref yr arian i'w wario ar adloniant corfforol.

Problemau cyrraedd y cyfleusterau. Mae nifer y cyfleusterau yn cynyddu. Ond i ferch sydd gartref ac sydd heb fodd i ddefnyddio car, gall mynd i gyfleuster (yn enwedig os oes ganddi blant bach) fod yn ymdrech aruthrol.

% a gymerodd ran mewn gweithgaredd corfforol yn y 4 wythnos flaenorol		
(ar wahân i gerdded)		
Blwyddyn	Gwryw	Benyw
1987	57	34
1990	58	39
1993	57	39
(yn cynnwys cerdded)		
Blwyddyn	Gwryw	Benyw
1987	70	52
1990	73	57
1993	72	57

% o ferched a gymerodd ran yn y 4 wythnos flaenorol		
Blwyddyn	Nofio dan do	Cadw'n ffit/ ioga
1977	4	3
1980	6	2
1983	7	5
1987	11	12
1990	13	16
1993	14	17

Mwy yn cymryd rhan

Ers yr 1970au cynnar mae mwy o ferched yn cymryd rhan, yn enwedig yn achos nofio dan do a chadw'n ffit/ioga. Dyma'r rhesymau:

- y gydnabyddiaeth fod ymarfer yn dda i'ch iechyd.
- mwy o ryddid economaidd. Mae mwy o ferched yn ennill mwy a does dim rhaid iddynt ddibynnu ar ddynion am arian.
- ymdrechion y Cynghorau Chwaraeon i hybu chwaraeon i bawb.
- cynnydd yn nifer y canolfannau sy'n cynnig gweithgareddau sy'n apelio at ferched, e.e. aerobeg, nofio a badminton.

Ond mae'r nifer sy'n cymryd rhan yn dal i fod yn rhy isel o lawer, fel y gwelir yn y tablau ar y dde. Mae ffordd bell i fynd cyn y bydd pob merch yn cael budd o ymarfer yn rheolaidd.

Merched mewn chwaraeon

Mae cyfranogiad merched mewn chwaraeon yn bell ar ei hôl hi o'i gymharu â chyfranogiad dynion. Dyma rai o'r rhesymau.

Credoau anghywir. Y gred oedd bod llawer o gampau yn rhy beryglus neu'n rhy anodd i ferched. Credwyd y byddai'r naid driphlyg yn achosi iddynt fethu â chael plant oherwydd ei heffaith ar ran isa'r corff. Doedd ganddyn nhw ddim digon o gryfder ar gyfer y naid bolyn.

Agweddau tuag at ferched mewn chwaraeon. Mae llawer o ddynion, a merched hyd yn oed, yn credu mai byd dynion yw chwaraeon. Mae'n iawn i ferched ymarfer er mwyn bod yn siapus a deniadol. Ond dydy bod yn galed, yn gystadleuol ac yn gyhyrol ddim yn addas i ferched. Beth yw eich barn chi am hyn?

Prinder delfrydau ymddwyn *(role models).* Delfryd ymddwyn yw rhywun yr ydych yn ei (h)edmygu ac y gallwch ei (h)efelychu. Yn y gorffennol doedd dim llawer o ddelfrydau ymddwyn ar gyfer merched mewn chwaraeon yn y Deyrnas Unedig. Ond mae athletwragedd fel Sally Gunnell, Liz McGolgan a Denise Lewis wedi helpu i newid hyn.

Y cyfryngau. Dydy chwaraeon merched ddim yn cael llawer o sylw ar y cyfryngau. Y neges gudd yma yw nad ydy chwaraeon merched yn bwysig. Pa effaith, yn eich barn chi, y mae hyn yn ei chael ar agweddau merched tuag at chwaraeon?

Diffyg nawdd. Mae chwaraeon merched yn ei chael hi'n anodd denu noddwyr. Mae noddwyr yn defnyddio chwaraeon i hysbysebu eu cynhyrchion ac maen nhw'n mynd am y campau sydd â'r mwyaf o wylwyr. Chwaraeon dynion sydd â'r mwyaf o wylwyr ac yn gyffredinol mae gan ddynion fwy o rym gwario. Chwaraeon dynion, felly, sy'n cael y nawdd.

Llwyddiant ym myd dynion: Karren Brady, rheolwraig-gyfarwyddwraig clwb pêl-droed Birmingham City. Hi yw'r ferch gyntaf i gael y swydd yma mewn clwb proffesiynol mawr.

Merched mewn meysydd eraill mewn chwaraeon

Mae angen gweinyddwyr, hyfforddwyr ac athrawon mewn chwaraeon. Yn achos chwaraeon dynion prin iawn yw'r merched ymhlith y gweinyddwyr a'r hyfforddwyr. Ond hyd yn oed yn achos chwaraeon merched mae'r un peth yn wir.

Dynion sy'n rheoli'r rhan fwyaf o'r campau ar bob lefel o'r top i lawr. Tan 1981 doedd dim merched ar y Pwyllgor Olympaidd Rhyngwladol. Erbyn 1996 roedd 6 o'r 91 aelod yn ferched.

Mae merched yn ddigon abl i hyfforddi merched eraill ac i drefnu a rhedeg eu campau eu hun. Y ffordd orau i chwaraeon merched symud ymlaen yw bod merched yn cymryd mwy o gyfrifoldeb amdanynt.

Sefydliad Chwaraeon y Merched (The Women's Sports Foundation)

Fe'i sefydlwyd yn 1984. Merched sy'n ei redeg. Mae ei nodau'n cynnwys:

- helpu merched i ymhel â chwaraeon ar bob lefel ac ym mhob maes, gan gynnwys hyfforddi a rheoli;
- herio anghydraddoldeb mewn chwaraeon ac annog newid;
- gwella'r sylw a roddir ar y cyfryngau i chwaraeon merched.

Mae'r Sefydliad yn cydweithio'n agos â'r Cynghorau Chwaraeon, Cyngor Canolog Adloniant Corfforol (CCPR) a sefydliadau eraill i hybu chwaraeon merched.

Pencampwraig arall: Merlene Ottey o Jamaica. Wrth i fwy o athletwragedd da ddod i'r amlwg mae'r bwlch mewn perfformiad rhwng dynion a merched yn lleihau.

Cwestiynau

1 Disgrifiwch dri ffactor sy'n helpu i egluro pam fod cyn lleied o ferched yn cymryd rhan mewn adloniant corfforol.
2 Disgrifiwch ddau ffactor sy'n helpu i egluro'r cynnydd ers yr 1970au.
3 Beth, yn eich barn chi, yw'r ddau brif reswm pam y mae cyn lleied o ferched yn cymryd rhan mewn chwaraeon?
4 Pe bai chwaraeon merched yn cael eu dangos ar y teledu ar benwythnosau, beth fyddai'r effaith ar:
 a y cyfranogiad yn y campau hyn; b nawdd?
5 Pam nad ydy cwmnïau sy'n gwneud cynhyrchion harddwch yn cynnig mwy o nawdd i chwaraeon merched?
6 Beth yw Sefydliad Chwaraeon y Merched?
7 Yn y Gêmau Olympaidd does dim gweithgareddau merched mewn bocsio na reslo. Pam?
8 Yn eich barn chi, oes yna gampau:
 a lle na ddylid caniatáu i ferched gymryd rhan? Pam?
 b lle y dylid newid y rheolau fel bo dynion a merched yn gallu cystadlu â'i gilydd.

15.6 Ymddygiad mewn chwaraeon

Ydy ymddygiad gwael yn gyffredin ymhlith mabolgampwyr neu wylwyr yn eich camp chi?

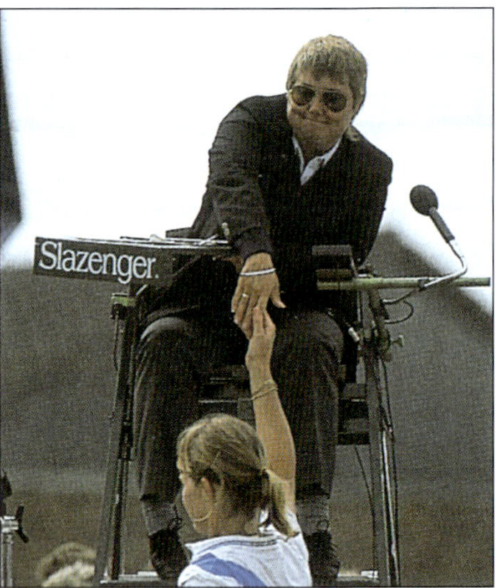

Un enghraifft o foesddefod mewn tennis. Dydy hyn ddim yn un o reolau'r gêm!

Moesddefod chwaraeon

Mae gan gampau reolau ysgrifenedig. Ond mae ganddynt hefyd **foesddefod** *(etiquette)* - cod anysgrifenedig o ymddygiad da. Er enghraifft:

- mae chwaraewr criced yn cerdded o'r cris pan fydd yn gwybod ei fod allan. Nid yw'n aros i'r dyfarnwr ddweud wrtho.
- os caiff pêl-droediwr ei anafu, efallai y bydd y bêl yn cael ei chicio dros yr ystlys yn fwriadol i alluogi i'r chwaraewr gael triniaeth. Fel rheol, pan fydd y chwarae'n ailddechrau, rhoddir y bêl yn ôl i'r tîm a'i ciciodd hi allan.

Nid rheolau mo'r rhain. Does dim rhaid i chi ymddwyn yn y ffordd yma. Maen nhw'n ymwneud ag agwedd deg ac ymdeimlad o chwarae teg. Yn eich barn chi, beth yw effaith y rhain ar y chwaraewyr?

Trais ymhlith chwaraewyr

Mewn rhai campau go brin y clywch am fabolgampwyr yn ymddwyn yn anghwrtais neu'n dreisgar yn ystod gweithgareddau. Mae athletau, nofio a gymnasteg yn enghreifftiau. Ond mewn campau eraill mae trais yn ddigon cyffredin.

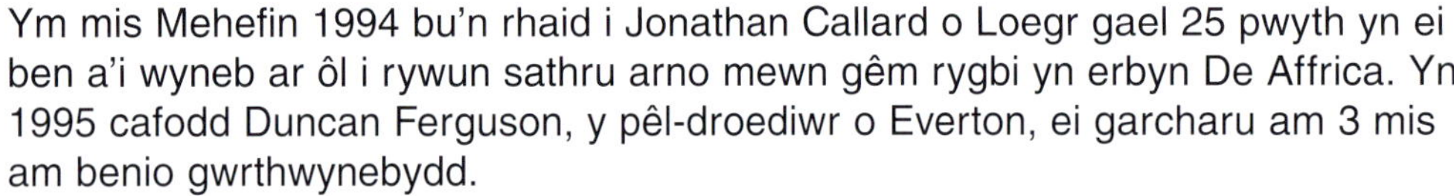
Ym mis Mehefin 1994 bu'n rhaid i Jonathan Callard o Loegr gael 25 pwyth yn ei ben a'i wyneb ar ôl i rywun sathru arno mewn gêm rygbi yn erbyn De Affrica. Yn 1995 cafodd Duncan Ferguson, y pêl-droediwr o Everton, ei garcharu am 3 mis am benio gwrthwynebydd.

Mae trais ymhlith chwaraewyr yn gwneud drwg i gamp. Gwaith y clwb, y rheolwyr, yr hyfforddwyr a'r cyrff llywodraethol yw atal hyn.

Swyddogaeth gwylwyr

Gallwch fod yn wyliwr o flaen y teledu yn eich cartref neu yn gwylio'r gweithgaredd yn fyw yn y man cystadlu. Y naill ffordd neu'r llall rydych yn bwysig i chwaraeon.

- Mewn man cystadlu mae gwylwyr yn helpu eu tîm drwy floeddio'u cefnogaeth. Gall yr awyrgylch fod yn gyffrous iawn. Mae timau'n fwy tebygol o ennill wrth chwarae gartref nag wrth chwarae i ffwrdd o gartref. Pam?
- Maen nhw'n helpu i ariannu eu hoff glybiau drwy brynu tocynnau i weithgareddau a phrynu baneri, posteri a nwyddau eraill.
- Heb wylwyr teledu, fyddai chwaraeon ddim yn cael eu dangos ar y teledu. Heb chwaraeon ar y teledu, byddai clybiau a mabolgampwyr yn ei chael hi'n fwy anodd o lawer i gael hyd i nawdd.

Trais ymhlith gwylwyr

Fel gwyliwr rydych yn helpu chwaraeon. Ond gallwch hefyd wneud drwg iddo. Mae **hwliganiaid pêl-droed** yn enghraifft. Maen nhw'n difetha gweithgareddau drwy ymladd â chefnogwyr y tîm arall. Maen nhw'n taflu cerrig, poteli a phethau eraill ar y cae. Maen nhw'n mynd yn wyllt yn y strydoedd a'r tafarnau yn ardal y meysydd pêl-droed.

Yn aml caiff hwliganiaeth ei chynllunio ymlaen llaw, hyd yn oed ar draws cyfandiroedd. Mae peth yn gysylltiedig â grwpiau hiliol adain dde, fel neo-Natsïaid. Mae'n broblem nid yn unig i'r heddlu a'r clybiau ond i'r gymdeithas gyfan.

Trychineb Heysel. O'r 1960au ymlaen rhoddodd hwliganiaid o Loegr enw drwg iawn i bêl-droed yn Lloegr. Yr isafbwynt oedd 1985. Roedd Lerpwl yn chwarae Juventus yng Ngêm Derfynol Cwpan Ewrop yn Stadiwm Heysel ym Mrwsel. Rhuthrodd cefnogwyr Lerpwl at gefnogwyr Juventus. Cwympodd wal a lladdwyd 41 o gefnogwyr o'r Eidal a Gwlad Belg. Gwaharddwyd clybiau Lloegr rhag chwarae mewn cystadlaethau Ewropeaidd am y 5 mlynedd nesaf.

Pêl-droed i'r teulu, diolch i'r gwelliannau a lwyddodd i wneud y meysydd pêl-droed yn fwy diogel a chyfforddus ac i reoli hwliganiaeth.

Gwrthsefyll hwliganiaeth bêl-droed

Dyma rai o'r camau a gymerwyd i wrthsefyll hwliganiaeth:

- ffensys yn y stadia i gadw cefnogwyr y ddau dîm ar wahân;
- camerâu teledu cylch-caeedig o gwmpas y stadia;
- cynlluniau aelodaeth i'w gwneud hi'n haws gwahardd pobl sy'n achosi trwbl;
- rhai clybiau'n gwahardd holl gefnogwyr timau eraill;
- heddlu gwahanol ddinasoedd a gwledydd yn rhannu gwybodaeth am hwliganiaid hysbys ac yn trosglwyddo rhybuddion ynglŷn â nhw.

Mae'r heddlu'n chwarae rhan fawr mewn atal hwliganiaeth. Maen nhw'n cadw golwg ar y meysydd, y strydoedd gerllaw a'r gorsafoedd rheilffyrdd lleol. Gallan nhw fynnu bod gêm yn cael ei gohirio os nad oes ganddynt ddigon o'u pobl i gadw trefn arni. Mae'r clybiau'n gorfod talu tuag at gostau'r heddlu.

Adroddiad Taylor a stadia seddau-yn-unig

Yn 1989 bu trasiedi yn Hillsborough yn Sheffield. Yn y gêm gyn-derfynol yng Nghwpan yr FA rhwng Lerpwl a Nottingham Forest roedd nifer mawr o gefnogwyr Lerpwl yn dal i fod y tu allan i'r maes wrth i ddechrau'r gêm agosáu. Agorodd yr heddlu glwyd fawr i'w gadael i mewn. Yn y rhuthr am y terasau agosaf fe gafodd llawer o gefnogwyr eu gwasgu mewn twnnel cul a chael eu lladd. Cafodd eraill eu gwasgu ar y teras heb fodd i ddianc oherwydd y ffens o amgylch y cae. Bu farw 99 o bobl.

Sefydlwyd ymchwiliad gan y llywodraeth i'r trychineb o dan arweinyddiaeth yr Arglwydd Brif Ustus Taylor. Y canlyniad oedd **Adroddiad Taylor**. Roedd hwnnw'n argymell y dylid cael gwared â ffensys o amgylch y cae a chael seddau yn unig yn y stadia, heb ragor o sefyll ar derasau.

O ganlyniad i'r adroddiad, gorfodwyd clybiau i wario miloedd ar filoedd o bunnoedd yn gwella'u stadia ac yn eu gwneud yn fwy diogel a mwy croesawgar i'r gwylwyr. Roedd llawer o gefnogwyr yn anfodlon â'r newidiadau. Roedden nhw'n credu bod yr awyrgylch wedi'i ddifetha a'r cyffro wedi'i golli. Ond un canlyniad da yw bod pêl-droed yn denu mwy o deuluoedd i'w gwylio, gyda mwy o fenywod a phlant yn mynd i gêmau.

Cwestiynau

1. Nodwch ddwy enghraifft o foesddefod ym myd chwaraeon nad ydynt wedi'u nodi yma.
2. Gall gwylwyr sy'n bloeddio'u cefnogaeth helpu eu tîm. Ydyn nhw'n effeithio ar y tîm arall?
3. Sut y mae gwylwyr teledu yn helpu chwaraeon?
4. Beth ddigwyddodd yn ystod trychineb Heysel?
5. Disgrifiwch dri cham a gymerwyd i wrthsefyll hwliganiaeth bêl-droed.
6. Pa ddigwyddiad a arweiniodd at Adroddiad Taylor.
7. Beth wnaeth Adroddiad Taylor ei argymell?

Cwestiynau ar Bennod 15

1 Cywir neu anghywir? Eglurwch eich ateb.
- a Os ydych yn fabolgampwr amatur nid ydych cystal â'r mabolgampwyr proffesiynol.
- b Ni all athletwyr amatur dderbyn gwobrau ariannol.
- c Arian ymddangos yw'r hyn a gewch am wisgo logo eich noddwr.
- d Gall golffwyr amatur a phroffesiynol gystadlu mewn cystadleuaeth golff agored.
- e Dydy campau agored byth yn cynnig gwobrau ariannol.
- f Pe na bai neb am wylio chwaraeon ni fyddai yna chwaraewyr proffesiynol.

2 Ydy'r canlynol yn amatur neu'n broffesiynol?
- a Martina Hingis
- b Ryan Giggs
- c Neil Jenkins
- d Jamie Baulch
- e Tanni Grey-Thompson
- f Mark Williams

3 a Eglurwch sut y mae Cronfeydd Ymddiriedolaeth yn gweithio mewn athletau amatur.
- b Rhoddodd Rygbi'r Undeb y gorau i weithredu Cronfeydd Ymddiriedolaeth yn 1995. Pam?

4 a Ydy nawdd ar ffurf arian bob tro? Eglurwch.
- b Mae sêr ym myd chwaraeon yn derbyn llawer o arian am gymeradwyo cynhyrchion.
  - i Beth yw ystyr *cymeradwyo*?
  - ii Pam y mae cwmnïau'n eu talu i wneud hyn?
- c Rhowch un enghraifft o gymeradwyo cynnyrch.

5 Rhowch resymau dros hyn.
- a Mae'n well gan noddwyr noddi gweithgareddau ym myd chwaraeon a ddangosir ar y teledu.
- b Mae noddwyr yn fwy parod i noddi chwaraeon dynion na chwaraeon merched.
- c Bydd mabolgampwr ifanc anhysbys yn ei chael hi'n anodd cael nawdd.
- d Bydd cystadleuaeth gymnasteg yn fwy tebygol o gael nawdd na gêm rygbi merched.
- e Bydd noddwr yn debygol o ddileu contract â mabolgampwr sy'n cael ei ddal yn dopio.

6 a Pa gampau a noddir gan gwmnïau tybaco.
- b Pam y rhoddir pwysau ar gwmnïau teledu i beidio â darlledu gweithgareddau a noddir gan gwmnïau tybaco?

7 a Eglurwch ystyr y *cyfryngau*.
- b Pa gyfrwng sy'n cael yr effaith fwyaf ar chwaraeon? Pam? Rhowch o leiaf ddau reswm i ategu eich ateb.

8 a Pa fanteision sydd gan y radio ar y teledu?
- b Rhestrwch yr anfanteision o'i gymharu â'r teledu.

9 a Lluniwch dabl â dwy golofn fel hyn:

Manteision gwylio chwaraeon teledu i mi	Manteision ar y chwarae chwaraeon i mi

- b Rhestrwch gynifer o fanteision ag y medrwch yn y ddwy golofn.
- c Pa un sy'n rhoi'r mwyaf o fanteision?
- d Pa gyngor y byddech yn ei roi i bobl sy'n treulio oriau yn gwylio chwaraeon ar y teledu?

10 Pam y gall gweithgareddau weithiau ymddangos yn fwy cyffrous ar y teledu nag yn y man cystadlu?

11 Lluniwch baragraff yn gwrthwynebu'r agweddau hyn tuag at ferched mewn chwaraeon.
- a Mae campau fel pêl-droed a rygbi yn anaddas i ferched.
- b Ni allwch fod yn dda mewn chwaraeon *ac* yn ddeniadol.
- c Nid oes gan ferched yr hyn sydd ei angen i fod yn dda mewn hyfforddi.

12 Ai diffyg diddordeb yw'r prif reswm pam na fydd llawer o ferched yn cymryd rhan mewn chwaraeon?

13 Chi yw'r Gweinidog dros Chwaraeon gyda chyllideb fawr. Beth fyddech yn ei wneud i annog mwy o ferched i gymryd rhan mewn chwaraeon?

14 a Beth yw manteision dysgu addysg gorfforol i fechgyn a merched gyda'i gilydd?
- b Beth yw manteision eu dysgu ar wahân?
- c Pa un y byddech chi'n ei argymell? Pam?

15 tennis gymnasteg nofio
rygbi pêl-foli pêl-droed

- a Yn eich barn chi, ym mha ddwy o'r uchod:
  - i y mae trais rhwng chwaraewyr fwyaf tebygol;
  - ii y mae trais rhwng chwaraewyr leiaf tebygol;
  - iii y mae trais ymhlith gwylwyr fwyaf tebygol;
  - iv y mae trais ymhlith gwylwyr leiaf tebygol?
- b Yn eich barn chi, oes cysylltiad rhwng trais ymhlith gwylwyr a natur y gamp?
- c Sut y gallech brofi'r ddamcaniaeth hon?
- d Cynlluniwch broject i'r pwrpas hwn a'i ddisgrifio.

16 Ydy pêl-droed yn achosi trais? Eglurwch.

17 Rydych yn rheolwr-gyfarwyddwr clwb pêl-droed. Disgrifiwch y camau y byddech yn eu cymryd:
- a i wrthsefyll hiliaeth;
- b i wrthsefyll hwliganiaeth;
- c i ddenu teuluoedd i wylio gêmau yn fyw.

Pethau i'w gwneud

Amatur yn erbyn proffesiynol mewn chwaraeon

Yn y system ddosbarthiadau y cafwyd gwreiddiau'r rhaniad rhwng amaturiaid a chwaraewyr proffesiynol. Roedd **amaturiaid** yn fonheddwyr a allai fforddio chwarae camp, yn aml yn llawn amser, er mwynhad. Roedd chwaraewyr **proffesiynol** yn bobl o'r dosbarthiadau isaf a fyddai'n ennill arian o chwaraeon, yn aml drwy wneud rhywbeth am **fet** neu drwy gystadlu am wobrau.

Roedd gweision traed *(footmen)* gan fonheddwyr oedd â choetsys a cheffylau. Gallai bonheddwr oedd yn mwynhau gamblo ddewis gwas troed athletaidd a'i dalu i gystadlu mewn rasys cerdded yn erbyn gweision traed ei gyfeillion. Byddai'r bonheddwyr yn betio ar y ras.

Roedd criced yn boblogaidd ymhlith bonheddwyr. Yn y 18fed ganrif byddai clybiau criced bonheddwyr yn cyflogi rhai cricedwyr o'r dosbarthiadau isaf. Galwyd y rhain yn **chwaraewyr.** Fe'u talwyd i ofalu am y maes, i hyfforddi'r bonheddwyr ac i chwarae gêmau yn eu herbyn.

Wrth i chwaraeon ddod yn fwy trefnedig, cynyddodd tyndra rhwng y bonheddwyr amatur a chwaraewyr proffesiynol y dosbarth gwaith. Yn 1866 sefydlwyd y Clwb Athletau Amatur gan fonheddwyr. Gwaharddwyd dynion o'r dosbarth gwaith oherwydd y gred bod gwaith llaw yn rhoi mantais iddynt o ran cryfder.

Yn 1880 daeth y clwb yn Gymdeithas Athletau Amatur. Fe ailddiffiniodd amatur fel rhywun na fyddai'n ennill gwobr ariannol. Gadawyd y dosbarth gwaith i mewn.

1 a Casglwch wybodaeth am y cricedwyr proffesiynol cynnar. Ysgrifennwch draethawd byr amdanynt.
  b Dowch o hyd i gopi o hen boster ar gyfer gêm rhwng bonheddwyr a chwaraewyr. Beth sylwch chi ynglŷn â'r ffordd y rhestrir eu henwau?

2 Enghraifft enwog o rywun yn cerdded am fet oedd Capten Barclay. Yn 1800 fe gerddodd 1000 o filltiroedd mewn 1000 o oriau am 1000 o ginis. Casglwch wybodaeth amdano. Pwy dalodd yr arian? Ble wnaeth e gerdded?

3 Casglwch wybodaeth am y Clwb Athletau Amatur. Pwy ddechreuodd y clwb? Ym mha gampau y byddai'n cystadlu a ble? Ysgrifennwch draethawd amdano.

Nawdd

a Lluniwch dabl gyda'r penawdau hyn:

Camp	Tîm neu unigolyn	Noddwr	Natur busnes y noddwr

b Llenwch y tabl ar gyfer nifer o gampau a noddwyr.
c Oes unrhyw berthynas rhwng busnes y noddwr a'r gamp? Os oes, eglurwch hi.

Sylw i chwaraeon ar y cyfryngau

1 a Dylai chwe pherson gasglu un papur newydd y dydd am wythnos (Llun i Sadwrn). Dylai'r papurau fod yn gymysgedd o bapurau tabloid a phapurau dalennau llydan (*broadsheets*) (papurau safonol). Dylai un person gasglu *The Guardian*, un arall *The Sun* ayb.
  b Ar gyfer pob papur newydd lluniwch dabl fel hyn:

Enw'r papur newydd: *The Independent*		
Camp	Math	Nifer yr erthyglau
Pêl-droed	Dynion	~~IIII~~ III
	Merched	I
Rygbi	Dynion	III
	Merched	

  c Ewch drwy'r tudalennau chwaraeon yn y papurau. Am bob erthygl ar chwaraeon, rhowch farc rhifo yn eich tabl.
  d Yn awr adiwch y marciau rhifo ar gyfer pob camp. Rhowch y canlyniadau mewn tabl fel hyn:

Cyfanswm yr erthyglau yn yr *Independent* am yr wythnos		
Camp	Dynion	Merched
Pêl-droed	54	
Rygbi		

  e Dangoswch y canlyniadau ar ffurf siart bar. Rhowch chwaraeon merched ar un pen i'r siart a chwaraeon dynion ar y pen arall. Rhowch bob un mewn trefn, gan ddechrau gyda'r gamp a gafodd y sylw mwyaf.
  f Astudiwch y siart bar. Pa gampau sy'n cael y sylw mwyaf? Pa gampau sy'n cael lleiaf o sylw? I ba raddau y rhoddir sylw i chwaraeon merched? Ysgrifennwch adroddiad am yr hyn a welwch.

2 Cymharwch y siartiau bar ar gyfer y papurau gwahanol.
  a Ydy'r un campau yn cael y sylw mwyaf ym mhob un ohonynt? Pa gampau yw'r rhain?
  b Ydy hi'n wir bod y wasg safonol yn rhoi mwy o sylw i gampau lleiafrifol?
  c Pa bapur sy'n rhoi sylw i'r rhan fwyaf o chwaraeon merched?
  d Yn gyffredinol, sut y mae'r sylw a roddir i chwaraeon merched yn cymharu â'r sylw a roddir i chwaraeon dynion? Ceisiwch fynegi hyn fel canran.

3 Dewiswch brif weithgaredd yr wythnos. Cymharwch y sylw a roddir iddo mewn papur safonol a phapur tabloid.
  a Pa wahaniaethau a welwch?
  b Ydych chi'n cytuno â'r sylwadau yn y tabl ar dud.181?

4 Cymharwch y sylw a roddir i chwaraeon dros benwythnos ar y BBC ac ar *BSkyB*. Ar gyfer y ddau ddydd cyfrifwch:
  a faint o oriau o chwaraeon y mae'r naill a'r llall yn eu darlledu;
  b faint o gampau y mae'r naill a'r llall yn rhoi sylw iddynt.
Ysgrifennwch adroddiad am eich darganfyddiadau.

Mynegai

Mae print **trwm** yn dangos lle mae term yn cael ei ddiffinio/egluro.